Vidas em arco-íris

A coleção [CONTRA.luz] é dedicada à sexualidade e segue uma tendência mundial de valorização da discussão e da investigação desta temática na arte e na literatura. Sem se limitar a qualquer gênero, a coleção explora a sexualidade em seus aspectos históricos, políticos, sociais, literários e antropológicos.

OUTROS TÍTULOS DA COLEÇÃO

AGORA QUE VOCÊ JÁ SABE, de Betty Fairchild e Nancy Hayward
O PORTEIRO, de Reinaldo Arenas
ANTES QUE ANOITEÇA, de Reinaldo Arenas
A VELHA ROSA, de Reinaldo Arenas
MAPPLETHORPE: UMA BIOGRAFIA, de Patrice Morrisroe
O FIM DE SEMANA, de Peter Cameron
HOMOSSEXUALIDADE: UMA HISTÓRIA, de Colin Spencer
VICE-VERSA, de Marjorie Garber
BOÊMIA DOS RATOS, de Sarah Schulman
TROÇOS E DESTROÇOS, de João Silvério Trevisan
GUERRA DE ESPERMA, de Robin Baker
HISTÓRIAS POSITIVAS, de Marcelo Secron Bessa
O POÇO DA SOLIDÃO, de Radclyffe Hall
SEIS BALAS NUM BURACO SÓ, de João Silvério Trevisan
CRIAÇÃO EM SEPARADO, de Chandler Burr
A REGRA DE TRÊS, de Antonio Gala
A BIBLIOTECA DA PISCINA, de Alan Hollinghurst
AIMÉE & JAGUAR, de Erica Fischer
DEVASSOS NO PARAÍSO, de João Silvério Trevisan
ABAIXO DO EQUADOR, de Richard Parker
PEDAÇO DE MIM, de João Silvério Trevisan
CRÔNICAS DE UM GAY ASSUMIDO, de Luiz Mott
GENET: UMA BIOGRAFIA, de Edmund White

Edith Modesto
Vidas em arco-íris

EDITORA RECORD
RIO DE JANEIRO • SÃO PAULO
2006

CIP-Brasil. Catalogação-na-fonte
Sindicato Nacional dos Editores de Livros, RJ.

Modesto, Edith, 1937-
M695v   Vidas em arco-íris / Edith Modesto. – Rio de Janeiro: Record, 2006.
(Contraluz)

ISBN 85-01-07481-0

1. Homossexuais – Entrevistas. 2. Homossexuais – Condições sociais. 3. Homossexualismo – Pesquisa. I. Título. II. Série.

CDD – 306.76
CDU – 316.346-055.3

06-1568

Copyright © Edith Modesto, 2006

Direitos exclusivos de publicação em língua portuguesa para o Brasil adquiridos pela
EDITORA RECORD LTDA.
Rua Argentina 171 – Rio de Janeiro, RJ – 20921-380 – Tel.: 2585-2000

Impresso no Brasil

ISBN 85-01-07481-0

PEDIDOS PELO REEMBOLSO POSTAL
Caixa Postal 23.052
Rio de Janeiro, RJ – 20922-970

*[Ao Marcello, que me despertou
para a luta por um mundo mais justo]*

[Sumário]

[17] [Agradecimentos]

[19] [Prefácio]

[21] [Apresentação do projeto]

[31] [Parte 1] HOMENS

[33] [Relatos de vida]

[33] 1. Depoimento de Fábio

[38] 2. Depoimento de Rivelino

[49] 3. Depoimento de José

[59] 4. Depoimento de Caio

[68] 5. Depoimento de Cláudio

[75] [Depoimentos comentados]

[75] 1. Infância
   1.1 Relacionamento familiar
   1.2 Jogos e brinquedos
   1.3 Primeiros indícios de homossexualidade
   1.4 A homossexualidade não é uma opção
   1.5 Sentimentos de inadequação e não-aceitação
   1.6 Preconceitos na infância

[80] 2. Adolescência

    2.1 A solidão e a vergonha

    2.2 Sinais de homossexualidade

    2.3 A homossexualidade não é uma opção

    2.4 Influência das normas e modelos sociais

[83] 3. A descoberta tardia da homossexualidade

    3.1 O relacionamento com as mulheres

    3.2 Bloqueios sexuais

[85] 4. A auto-aceitação da homossexualidade

    4.1 Graus de dificuldade para a auto-aceitação

    4.2 Influências exercidas sobre a auto-aceitação

    4.3 Preconceitos que dificultam a auto-aceitação

        4.3.1 Preconceito estético

        4.3.2 Preconceito contra os efeminados

        4.3.3 Preconceitos contra os transexuais e travestis

        4.3.4 Preconceitos contra os *gays* mais velhos

        4.3.5 A discriminação e suas consequências

    4.4 A bissexualidade

    4.5 A auto-aceitação e a religião

        4.5.1 Crença em Deus

        4.5.2 A homossexualidade dentro da Igreja Católica

        4.5.3 O problema enfrentado pelos *gays* religiosos

    4.6 Tratamentos psicológicos e psicanalíticos

        4.6.1 Terapias de auto-aceitação

        4.6.2 Eventual preferência por terapeuta *gay*

        4.6.3 Terapias de reversão

    4.7 Consultas médicas e DSTs (Doenças Sexualmente Transmissíveis)

        4.7.1 Há falta de capacitação nos médicos?

        4.7.2 A preocupação com as DSTs

        4.7.3 O perigo do *dark room* e das cabines

        4.7.4 O tratamento da Aids

[115] 5. A revelação
5.1 Revelação à família
5.2 A importância do apoio familiar

[121] 6. Vida adulta
6.1 Aparência pessoal
6.2 Divertimentos
6.3 Identificação entre *gays*
6.4 Amizades e lugares de encontro
6.5 Sexo casual
6.5.1 As boates com *dark room*
6.5.2 A troca de parceiros
6.5.3 As conseqüências da baixa auto-estima
6.5.3.1 A promiscuidade
6.5.3.2 A exposição inconsciente às DSTs – O impulso suicida
6.5.4 O ato homossexual masculino
6.6 Namoro
6.6.1 A dificuldade de arrumar namorado
6.6.2 A dificuldade de manter o namorado
6.7 Casamento
6.7.1 Relacionamentos estáveis
6.7.2 Casamentos heterossexuais anteriores
6.8 Opção por filhos
6.9 Relatos de períodos difíceis da vida
6.10 A realização profissional
6.11 A velhice

[149] [Conceitos e opiniões sobre a homossexualidade]

[149] 1. Definições

[150] 2. Homossexualidade: opção ou descoberta?

[151] 3. Origem ou causas da homossexualidade
3.1 Vantagens da descoberta da causa/origem da homossexualidade

3.2 Hipóteses sobre as causas da homossexualidade
3.2.1 Origem genética
3.2.2 Fatores externos
3.3 Os perigos, vícios e dificuldades da pesquisa

[157] 4. Tipos e grupos de homossexuais
4.1 *Gays*
4.2 Transexuais, travestis, transformistas e *drag queens*
4.3 *Barbies* e *ursos*
4.4 Comparando grupos

[163] 5. Denominações
5.1 Homossexualismo e homossexualidade
5.2 A denominação *gay*
5.3 A denominação lésbica
5.4 Símbolos homossexuais
5.5 Gírias referentes aos homossexuais

[169] 6. Conceitos e preconceitos
6.1 Opiniões dos *gays* sobre os *gays* e sobre a comunidade homossexual
6.1.1 Opiniões sobre a efeminação dos *gays*
6.1.2 Opiniões sobre as travestis e *drag queens*
6.1.3 Críticas à comunidade homossexual
6.2 Preconceitos dos heterossexuais contra os homossexuais

[182] 7. Os homossexuais e os heterossexuais

[186] 8. Os *gays* e as mulheres
8.1 Os *gays* e as mulheres em geral
8.2 Os *gays* e as lésbicas
8.2.1 Preconceitos
8.2.2 Comparando *gays* e lésbicas
8.2.3 Estereótipos lésbicos
8.2.4 Interesse dos *gays* por questões das lésbicas

[190] 9. Drogas

[191] 10. Artes e comunicação
    10.1 Sensibilidade artística
    10.2 Atuação das mídias
    10.3 Imprensa e livros
        10.3.1 Livros científicos
        10.3.2 Literatura de temática homossexual
        10.3.3 Revistas dirigidas aos homossexuais
        10.3.4 Jornalismo
    10.4 Televisão
        10.4.1 Novelas
        10.4.2 Programas brasileiros de humor e cobertura da Parada
        10.4.3 Programas de entrevistas
    10.5 Cinema
    10.6 Internet

[207] [Militância]

[207] 1. Primórdios do movimento homossexual brasileiro
    1.1 Grupo Somos
    1.2 Grupo CORSA — Cidadania, Orgulho, Respeito,
        Solidariedade, Amor
    1.3 A primeira Parada do Orgulho Gay no Brasil
        1.3.1 A militância do Grupo CORSA
    1.4 Trajetória do primeiro presidente da Associação da Parada
        do Orgulho Gay
    1.5 O Mix Brasil e algumas de suas áreas de atuação
        1.5.1 O Festival Mix Brasil e a BBS
        1.5.2 O Mercado Mundo Mix

[219] 2. Outros grupos brasileiros de militância
    2.1 O Clube Rainbow de Serviços de Belo Horizonte
    2.2 O início do Grupo JGBR — Judeus Gays do Brasil

[222] 3. Opiniões sobre a atuação política homossexual

[223] Anexo
O que você achou da entrevista?
Você concorda em não ser identificado no livro?

[225] [Parte 2] MULHERES

[227] [Relatos de vida]

[227] 1. Depoimento de Sílvia

[238] 2. Depoimento de Elenice

[245] 3. Depoimento de Carolina

[254] 4. Depoimento de Roberta

[261] 5. Depoimento de Bruna

[269] [Depoimentos comentados]

[269] 1. Infância
1.1 Relacionamento familiar
1.2 Jogos e brinquedos
1.3 Primeiros indícios de homossexualidade
1.4 Discriminação na infância
1.5 Abuso sexual na infância

[273] 2. Adolescência
2.1 Sinais de homossexualidade
2.2 Sentimento de inadequação

[276] 3. A descoberta tardia da homossexualidade
3.1 Homossexualidade: opção ou descoberta?
3.2 Influências sobre a homossexualidade

[Vidas em arco-íris]   **[13]**

[280] 4. A auto-aceitação da homossexualidade

4.1 Graus de dificuldade para a auto-aceitação

4.2 Influências exercidas sobre a auto-aceitação

4.3 Preconceitos que dificultam a auto-aceitação

4.3.1 Exemplos de discriminação

4.3.2 Preconceito racial

4.4 A auto-aceitação e a religião

4.5 A bissexualidade

4.6 Violência sexual

4.7 Tratamentos psicológicos e psicanalíticos

4.8 DSTs e tratamentos médicos

4.8.1 Prevenção contra as DSTs

4.8.2 Problemas nas consultas médicas

[297] 5. A revelação

5.1 Revelação à família

5.2 A importância do apoio familiar

5.3 Revelação à sociedade

5.4 Revelação no trabalho

[307] 6. Vida adulta

6.1 Aparência pessoal

6.2 Divertimentos

6.3 Amizades e lugares de encontro

6.4 Identificação entre lésbicas

6.5 Sexo casual

6.6 Uso de drogas

6.7 Namoro

6.8 Casamento/Relacionamento estável

6.8.1 Casamento heterossexual anterior

6.8.2 Casamento

6.8.3 Relacionamento aberto

6.9 A questão da fidelidade

6.10 Opção por filhos
6.11 A família das lésbicas com filhos
6.12 A prática da sexualidade
6.13 A velhice

[331] [Conceitos e opiniões sobre a homossexualidade]

[331] 1. Definições

[332] 2. Origem ou causas da homossexualidade

[335] 3. Denominações
3.1 Homossexualismo e homossexualidade
3.2 Lésbica e *gay*
3.3 Gírias referentes às lésbicas
    3.3.1 *Sapatão* e *sapa*
    3.3.2 Outras denominações
3.4 Gírias referentes aos *gays*

[341] 4. Tipos e grupos de homossexuais
4.1 *Barbies, ursos* e outros grupos
4.2 *Drag queens* e *drag kings*
4.3 Travestis, transformistas e transexuais

[344] 5. Conceitos e preconceitos
5.1 Opiniões das lésbicas sobre a comunidade homossexual
5.2 Opiniões sobre promiscuidade
5.3 As diferenças entre lésbicas e *gays*
    5.3.1 Diferenças de comportamento sexual entre lésbicas e *gays*
    5.3.2 Opiniões sobre a efeminação dos *gays* e a masculinização
    das lésbicas
5.4 Preconceitos de lésbicas contra lésbicas
    5.4.1 Escolha de parceiras
    5.4.2 Opiniões das lésbicas sobre a bissexualidade

5.5 A falta de visibilidade das lésbicas

5.6 Opiniões das lésbicas sobre os heterossexuais

[356] 6. Artes e comunicação

6.1 Sensibilidade artística dos homossexuais

6.2 Atuação dos meios de comunicação

6.3 Imprensa e livros

6.3.1 Livros

6.3.2 Jornais e revistas

6.4 Cinema

6.5 Televisão

6.6 Internet

[371] [Militância]

[371] 1. Posição do Brasil em relação aos homossexuais

[372] 2. Defesa dos direitos dos homossexuais

[374] 3. Associações militantes

[376] 4. Alguns grupos brasileiros de militância lésbica

4.1 Grupo CORSA — Cidadania, Orgulho, Respeito, Solidariedade, Amor

4.2 INOVA — Associação Brasileira de Famílias GLTTB

4.3 MoLeCa — Movimento Lésbico de Campinas

4.4 Grupo Famílias Alternativas

4.5 Grupo Umas&Outras

4.5.1 O trabalho do grupo

4.5.2 Razões para um grupo de militância ser somente para mulheres

4.5.3 Grupo de socialização ou objetivo político?

4.5.4 Histórico do Grupo Umas&Outras

4.6 Associação Coturno de Vênus

[384] 5. Opiniões de militantes lésbicas sobre assuntos importantes

[385] 6. Parada do Orgulho Gay

[389] Anexo
O que você achou da entrevista?
Você concorda em não ser identificada no livro?

[Agradecimentos]

Algumas pessoas contribuíram para que o projeto fosse levado adiante e a elas sou profundamente agradecida. O empresário André Fischer — criador do Mix Brasil — foi o primeiro a tomar conhecimento do projeto e me incentivou muito, indicando alguns dos homens entrevistados. Maria Helena de Almeida Freitas, do MoLeCa — Movimento Lésbico de Campinas —, e as amigas Lívia Maria de Oliveira e Valéria Melki Busin acreditaram no projeto e o divulgaram, conseguindo interessar algumas das entrevistadas. Daniela Schmitz divulgou o projeto entre seus amigos. O escritor João Silvério Trevisan sugeriu modificação no título do livro, esclareceu dúvidas e deu sugestões.

Além disso, e principalmente, se não fossem as pessoas que aceitaram dar seu depoimento, este livro não existiria. A elas, os meus mais calorosos agradecimentos, minha profunda estima e meus parabéns.

[Prefácio]

Ao longo de minha carreira como professora universitária, convivi com milhares de jovens e ouvi muitas confidências espontâneas dos meus alunos. Procuravam orientação e apoio com a mestra, em temas que não tinham coragem de debater com a família. Eu os atendia, como gostaria que atendessem aos meus filhos. Naturalmente, o assunto homossexualidade — que me preocupava particularmente — apareceu várias vezes e pude constatar vivamente a intensidade do sofrimento e angústia dos jovens frente ao enorme preconceito da sociedade em relação ao assunto.

Não sei se alguém já perguntou aos homossexuais como é a sua vida e como se sentem. Mas, se já perguntaram, foi para formular teorias ou ir em busca de estatísticas. Esse não é o propósito deste livro.

Além da visão acadêmica, a homossexualidade tem sido conhecida, pela maioria, somente através dos estereótipos de homossexuais veiculados através das mídias: jornais, revistas e televisão. E muitos nem sequer imaginam que, mesmo sem o saber, podem estar convivendo de perto com pelo menos um homossexual, todos os dias.

Dessa realidade nasceu a idéia de escrever este livro, sem pretensão acadêmica, mas justamente para mostrar, através das palavras dos próprios entrevistados, como foi e como é a sua vida, o que sentem no convívio social e consigo mesmos, o que pensam, do que gostam, o que almejam... Isso quer dizer que o livro trata da sexualidade, uma parte importante do ser humano, mas não somente dela, trata de gente, por inteiro.

Algumas perguntas não programadas, introduzidas em momentos oportunos no decorrer dos depoimentos, e a posterior organização das respostas no livro serviram para evidenciar diferenças significativas de gostos, opiniões e experiências de vida que foram apontadas por mim, nas partes "Depoimentos Comentados", "Conceitos e Opiniões sobre a Homossexualidade" e "Militância". Além, ou apesar, dessa intervenção, este livro apresenta o que os homossexuais masculinos e femininos disseram, com as suas palavras e à sua maneira, pois, na medida do possível, respeitamos até o modo peculiar de cada um se expressar.

A intenção foi estabelecer contato, compartilhar sentimentos em relação à homossexualidade, perceber mais claramente essas vivências, de modo a (re)formular o conceito de homossexualidade, para os próprios homossexuais e, principalmente, para os heterossexuais. A partir disso, o livro se propõe a estimular uma discussão pública e uma reavaliação do que se concebe como homossexualidade.

A experiência de ficar conhecendo tantos homossexuais pessoalmente foi muito enriquecedora para mim, do ponto de vista intelectual e afetivo, e espero que também o seja para quem venha a ler o livro. O que essas pessoas compartilham conosco, na sua maioria anonimamente, com tanto amor e honestidade, vem de uma rica experiência de vida que geralmente fica oculta, mas que aqui se mostra e antecipa a coragem e o potencial de os homossexuais mudarem o *status quo* preconceituoso e discriminatório que ainda perdura.

Foi um privilégio para mim dirigir este projeto e é com muita satisfação que apresento o seu resultado.

Edith Modesto

[Apresentação do projeto]

[Apresentação do projeto]

[1] Tipo de pesquisa

Conheci pela Internet — em um grupo de discussão sobre a homossexualidade — os primeiros homossexuais — *gays*, lésbicas e bissexuais — convidados a participar deste livro e que me concederam depoimentos ao vivo. Essas pessoas indicaram-me outras e assim por diante, fazendo com que a pesquisa crescesse, abordando uma grande variedade de casos, relativamente a idade, raça, localidade de origem, grau de instrução etc.

A amostragem, portanto, foi não-probabilística por julgamento, tendo a escolha facilitada por se tratar de uma população homogênea, com características uniformes em relação ao tema que me interessava.

A pesquisa foi qualitativa, exploratória e através de entrevistas em profundidade, ou seja, as entrevistas foram pré-agendadas, individuais e realizadas em local reservado; as perguntas foram abertas, previamente planejadas em um roteiro, e os entrevistados estimulados a pensar livremente sobre o assunto proposto.

De acordo com os especialistas, a abordagem qualitativa realça os valores, as crenças, as representações, as opiniões, atitudes, e usualmente é empregada para que o pesquisador compreenda os aspectos caracterizados por um alto grau de complexidade interna do fenômeno pesquisado. Por outro lado, a crítica à abordagem qualitativa diz respeito ao rigor do método utilizado, ou seja, à problemática verificação de seus dados.

[2] Entrevistas

Foram entrevistadas 89 pessoas. Duas entrevistas foram perdidas por problemas de gravação de áudio. Com exceção de 20 entrevistas enviadas por *e-mail* — a maior parte de mulheres e duas de brasileiros que estavam no exterior —, as demais foram realizadas ao vivo. A maioria dos entrevistados não são pessoas famosas, e essa foi uma das escolhas que fiz para este livro. Embora alguns dos entrevistados, entre os identificados no item 5 desta "Apresentação do projeto", sejam pessoas muito conhecidas pelo público em geral e pela comunidade homossexual em particular, e que também nos honraram com a sua confiança.

[Edith Modesto]

[3] Organização das entrevistas

Em "Relatos de Vida", alguns depoimentos foram transcritos por extenso, embora nenhum na íntegra. Os critérios de escolha desses depoimentos foram a espontaneidade do relato e a exemplificação da diversidade de histórias de vida de homossexuais, anônimos, que fossem representativos da comunidade homossexual em geral. Já em "Depoimentos Comentados" e em "Conceitos e Opiniões sobre a Homossexualidade", foram citados os demais depoimentos, organizados por assuntos e comentados comparativamente, ressaltando coincidências ou contrastes entre situações narradas, idéias, sentimentos e opiniões. Em "Militância", o objetivo foi documentar etapas importantes do movimento homossexual brasileiro.

[4] Perfil dos participantes

4.1. Idade

15 a 62 anos

4.2. Local de origem dos participantes

A maior parte dos(as) entrevistados(as) é de São Paulo, capital. Vários(as) entrevistados(as) são de cidades do Estado de São Paulo: Campinas, Cosmópolis, Fernandópolis, Guarujá, Guarulhos, Itapecerica da Serra, Itapira, Osasco, Ribeirão Bonito, Ribeirão Preto, Santos e Sertãozinho.

Muitos(as) entrevistados(as) são de outros estados do Brasil: Alagoas, Amazonas, Bahia, Distrito Federal, Espírito Santo, Goiás, Mato Grosso, Mato Grosso do Sul, Minas Gerais, Rio Grande do Norte, Rio de Janeiro, Rio Grande do Sul, Pará, Paraná e Pernambuco.

Dois entrevistados são de outros países (mas moram no Brasil): EUA e Uruguai.

4.3 Nível de escolaridade

Ensino fundamental incompleto (1); ensino fundamental completo (6); ensino médio completo (15); universitários (25); curso superior completo (31); mestrado (6); doutorado (2); pós-doutorado (1).

[Vidas em arco-íris]   **[25]**

4.4 Ocupação (no masculino para generalizar)

Administrador de empresas (1); advogado (3); analista de sistemas (2); analista de suporte técnico (1); antropólogo (1); arquiteto (1); artesão (3); ator (1); avaliador de diamantes lapidados (1); bibliotecário (2); biólogo (1); comerciário (balconista e caixa) (2); cantor e compositor (2); livreiro (1); consultor de análise de sistemas (1); corretor de imóveis (1); dançarino (1); *designer* gráfico (2); dentista (1); editor (1); engenheiro (3); escritor (3); dramaturgo (2); empresário (2); estudante — ensino médio, terceiro grau, vestibulandos, alunos de faculdades, pós-graduandos — (39); flanelinha/guardador de carros (1); farmacêutico (1); fotógrafo (2); funcionário público (3); funcionário de empresa de telecomunicações (1); funcionário de gráfica (2); guia de turismo (1); instrumentador (1); jornaleiro (1); jornalista (5); profissional da área de matemática (2); *bartender* (1); produtor de eventos de moda (1); professor de educação artística (1); professor de educação física (1); professor de cinema (1); professor de línguas: inglês (2) e francês (1); professor universitário (3); pedagogo (2); profissional da área de artes cênicas (1); profissional da área de educação física (2); programador visual (1); psicólogo (6); psiquiatra (1); médico (2); publicitário (4); profissional da área de comércio exterior (2); profissional da área de hotelaria (1); profissional de relações públicas (1); profissional da área de telefonia móvel celular (1); recepcionista (1); roteirista (2); técnico em automação industrial (1); técnico em informática (1); teólogo (1); tradutor (1).

Obs.: vários entrevistados têm mais de uma ocupação.

4.5 Raça (declarada)

— Orientais (descendentes): 4
— Afro-descendentes: 17
— Brancos: 66

[5] Identificação de alguns dos participantes

Tendo em vista as circunstâncias sociais, fui obrigada a omitir no texto muitos dados (nomes de pessoas, cidades, escolas, universidades, empresas) que pudessem prejudicar os entrevistados, ou revelar-lhes a identidade social, assim como das pessoas a que eles se referiam.

[26] [Edith Modesto]

Dentre todos, puderam e quiseram revelar que participaram do livro: André Fischer — jornalista e empresário —, criador do Mix Brasil; Ari Teperman — funcionário público —, JGBR — Judeus Gays do Brasil; Beto de Jesus — filósofo, teólogo e educador — Associação da Parada do Orgulho Gay, IEN — Instituto Edson Neris, ILTGA [International Lesbian, Transvestite, Transexual, and Gay Association], da América Latina e Caribe, ABGLTT [Associação Brasileira de Gays, Lésbicas, Travestis e Transexuais] da Região Sudeste; Danilo Ramos de Oliveira — ONG Clube Rainbow de Serviços e diretor/editor do *Informativo do Clube Rainbow de Serviços* de Belo Horizonte; Irina Bacci — fisioterapeuta — INOVA — Associação Brasileira de Famílias GLTTB; João Silvério Trevisan — escritor e professor; Dr. José Gatti — professor universitário e pesquisador; Júlio César Cordeiro do Nascimento — psicólogo (no texto, prenome fictício); Laura Bacellar — escritora e editora; Lívia Maria de Oliveira — universitária e analista de sistemas (no texto, prenome fictício); Lula Ramires — filósofo e educador — Grupo CORSA — Cidadania, Orgulho, Respeito, Solidariedade e Amor; Maria Helena de Almeida Freitas (Lena) — funcionária pública — Grupo MoLeCa — Movimento Lésbico de Campinas; Maria Rita Lemos — psicóloga — Grupo Famílias Alternativas; Rildo Gonçalves — consultor de análise de sistemas (no texto, prenome fictício); Paulo Sérgio de Pascoali Miguez (Serginho) — empresário, livreiro (antiga Livraria Futuro Infinito); Rita Quadros — socióloga, funcionária pública e militante; Sirleide Paiva (Pink) — artesã e militante; Susane Capo — jornalista (no texto, prenome fictício); Thais Rodrigues — estudante e militante; Valéria Melki Busin — escritora, professora e militante; Vange Leonel — cantora, compositora e escritora (no texto, prenome fictício).

Obs.: O professor Luiz Mott, antropólogo e sociólogo — fundador do GGB — Grupo Gay da Bahia —, não foi entrevistado, mas apoiou o projeto e enviou material de consulta.

[6] Análise das entrevistas

Para organizar os depoimentos, recorri aos meus conhecimentos de semiótica francesa (greimasiana), uma teoria da significação. Logo de início, durante as entrevistas, senti-me à vontade para encadear perguntas em momentos que julguei oportunos. Depois, ao ler e reler os relatos e as diferentes respostas às mesmas perguntas, comparando-as entre si, percebi e enfatizei algumas coincidências e contrastes em relação a alguns estereótipos sociais sobre a homossexualidade.

[Vidas em arco-íris] **[27]**

A organização do livro formou-se a partir de um roteiro básico que norteou as entrevistas e aparece no decorrer do livro. Nele, os grandes temas e assuntos já estavam delineados. Durante as entrevistas e na sua organização, minha maior preocupação foi a de não entrar com nenhum juízo de valor. Tentei somente constatar o que me foi apresentado pelos entrevistados, apontei algumas semelhanças e diferenças entre as diversas experiências, opiniões e sentimentos e comparei-as com o que a sociedade acredita saber sobre a homossexualidade.

[7] Algumas dificuldades na realização do projeto

O projeto não contou com nenhuma subvenção de entidades governamentais ou particulares. Na verdade, essa necessidade só apareceu na hora em que percebi ser impossível transcrever todas as fitas de áudio sem auxílio. Tive de pagar muitas transcrições de entrevistas, trabalho especializado, demorado e, geralmente, bastante dispendioso. Além do mais, eu não poderia confiar as fitas gravadas nas entrevistas a qualquer pessoa, por motivos óbvios. Em vista disso, pedi o auxílio de dois profissionais muito competentes e da mais absoluta confiança. Esses amigos me auxiliaram nas transcrições de áudio, a um custo abaixo do preço de mercado, e lhes sou muito grata.

Na verdade, a maior dificuldade para a realização deste projeto deveria ter vindo antes das transcrições, porque eu tinha de me preparar para fazer as entrevistas e, principalmente, precisava conquistar a confiança das pessoas para que se dispusessem a colaborar. No entanto, durante cerca de dois anos, eu havia participado de listas de discussão pela Internet, a fim de aprender com os homossexuais um pouco do que é a homossexualidade. E quando pensei em organizar o livro, eles foram os meus primeiros incentivadores. Dali em diante, eu não tinha idéia de quantos amigos e amigas, maravilhosos, eu iria ganhar!

[8] Os motivos do interesse dos homossexuais no projeto

Acredito que o leitor tenha curiosidade em saber por que os homossexuais se interessaram em participar do projeto.

[Por que você aceitou participar do projeto?]

A maioria dos entrevistados participou do projeto com a finalidade de colaborar para a maior aceitação social da homossexualidade, de várias maneiras:

a) Muitos entrevistados quiseram informar a sociedade em geral sobre a homossexualidade e sobre o modo de ser e agir da comunidade homossexual: Por exemplo:

Carlos — "Acho importante qualquer pesquisa para esclarecer a sociedade sobre o que é a homossexualidade."

Rubens — "Sabe o que é a primeira coisa que falam? 'Nossa, você não parece homossexual, você não parece *viado, gay, bicha*'... Ou, então, pensam assim: 'Ele vai botar aquela roupa e vai fazer ponto na esquina.' [risos] Coisa que eu nunca fiz na minha vida! Edith, eu vim fazer a entrevista porque eu quero falar isso para o mundo!"

b) Vários colaboraram especificamente para diminuir o preconceito social. Por exemplo:

Bruna — "Porque eu acho que as pessoas têm de saber que, na verdade, a homossexualidade não é uma opção, assim como a heterossexualidade não é... Só que a sociedade é preconceituosa."

Sérgio — "... Eu acho muito importante um projeto desse tipo... Tudo que você fala de informação... Porque o preconceito tem a ver com falta de informação, então, quanto mais informação, melhor pra diminuir o preconceito."

c) Uma pequena parte enfatizou a possibilidade de os homossexuais viverem relacionamentos homoafetivos estáveis. Por exemplo:

Celso — "Para tentar mostrar que somos pessoas comuns, com sonhos, dificuldades, particularidades e amor, principalmente amor... Que é o que define uma família... Mesmo para os que não se casam, que preferem viver sozinhos..."

d) Duas entrevistadas quiseram informar a comunidade religiosa sobre a homossexualidade. Por exemplo:

Elenice — "Concordei pra colaborar com as demais pessoas que pertencem, principalmente, à minha religião. Dentro da minha religião, isso é pouco comentado."

e) Muitos entrevistados participaram com a intenção de ajudar no autoconhecimento e auto-aceitação dos próprios homossexuais. Por exemplo:

Jacira — "Eu acredito que o seu trabalho vai ajudar muita gente a não sofrer na vida o que eu sofri até poder descobrir todo esse meu lado da homossexualidade... Eu perdi muito tempo na minha vida... Sofri muito por falta de informação..."

Lula — "... O grande problema da homossexualidade é que ainda permanece invisível para a maior parte da sociedade... Então, quando alguém descobre que é *gay*, ele se acha único e não tem uma experiência que seja mais libertadora... Quando ele descobre que há outras pessoas como ele e que são pessoas inteligentes, trabalhadoras, que têm família, têm um rosto, têm sentimentos... Acho que isso ajuda, fortalece as pessoas... Eu me sinto contribuindo..."

f) Muitos entrevistados também quiseram atingir as famílias de origem dos homossexuais. Por exemplo:

Laura — "Acho que a sociedade precisa ser educada sobre o que realmente vem a ser orientação homossexual, o que é uma pessoa homossexual. E educar os pais é melhor ainda, porque o potencial deles de tornarem a vida do filho *gay* uma completa merda é bem alta."

Yuri — "Eu acho que este livro pode ser muito importante pra quando eu for conversar com minha mãe, ou até com os meus parentes, pessoas próximas... De repente, abrir o livro e falar: 'Olha, este é o meu depoimento. Um pouquinho do que passei por 42 anos...'"

g) Muitos entrevistados, entre os quais os militantes, realçaram o fato de eu ser heterossexual. Por exemplo:

Rivelino — "Quando recebi o projeto do livro e o convite, achei que estaria contribuindo para um trabalho pioneiro e que tivesse uma visão não-comprometida sobre a homossexualidade, já que você é hétero."

Ronaldo — "Acho uma qualidade do livro ele ser escrito por hétero. Se fosse escrito por *gay*, diriam que era tendencioso, o que não ocorre, mesmo com um hétero falando contra."

h) Vários aceitaram colaborar, pelas qualidades que, segundo eles, o livro tem. Por exemplo:

Originalidade
Luís — "Acho sempre interessante poder formular um pensamento mais elaborado sobre essa questão, especialmente pela originalidade do trabalho."

Não ser acadêmico
Marcos — "Pelo que entendi o seu projeto me pareceu uma tentativa de dar ao discurso um tom que não fosse só de pesquisa, de um discurso psicológico."

[Edith Modesto]

Veracidade

Yuri — "É um trabalho sério e eu não tenho por que mentir, se eu quero quebrar os preconceitos, até porque pode ser um favorecimento pra mim, como homossexual. Eu tenho de abrir a minha alma pra você, Edith."

i) Vários entrevistados aceitaram fazer a entrevista, também com a finalidade de aumentar o autoconhecimento e auto-aceitação. Por exemplo:

Pilar — "Acredito que concordei porque eu nunca tive essa oportunidade antes... Eu nunca dei uma entrevista como essa antes, nunca conversei com família, com amigos, talvez seja um desafio pra mim porque eu sou uma pessoa muito fechada."

Yuri — "Eu acho que o principal motivo de eu colaborar é por que eu quero ter orgulho de mim. Eu cansei de ter vergonha de mim. Eu cansei. Eu sei que o meu nome não vai ser publicado, mas eu vou poder abrir este livro e ter orgulho de ter feito isso. Mais uma vez eu estou quebrando o meu medo, estou tendo a coragem de enfrentar isso."

j) Vários aceitaram participar, porque já me conheciam e acreditaram no meu trabalho. Por exemplo:

Pedro — "Resolvi fazer a entrevista pra ajudar você, minha amiga, em sua pesquisa sobre a homossexualidade e, com isso, ajudar-nos de volta."

Bruno — "Concordei, porque era com você. Acho que, se fosse outra pessoa, dificilmente eu aceitaria."

k) Algumas mulheres participaram para aumentar a visibilidade social das lésbicas. Por exemplo:

Cristina — "... Para as lésbicas não ficarem de fora, porque muitas ainda têm preconceitos dentro delas mesmas e têm medo de responder uma entrevista, admitindo o que elas realmente são..."

l) Mais de um entrevistado aceitou participar por indicação do jornalista André Fischer. Por exemplo:

Luiz — "Primeiro, aceitei participar porque foi o André que pediu..."

m) Um número menor de entrevistados participou também para documentar o percurso dos homossexuais. Por exemplo:

Lula — "Acho que é importante a gente ter um registro de histórias de vida, de experiências sociais e políticas em relação à homossexualidade."

parte **[1]**

[Homens]

[Homens]

[RELATOS DE VIDA]

[1] Depoimento de Fábio

"Eu queria brincar de boneca,
eu queria pentear as bonecas.
Eu queria ter cabelos compridos...
Eu queria ser uma menina..."

Fábio

Infância

"Sou o filho mais velho e tenho um irmão mais novo. Fui uma criança muito protegida pela minha mãe... não tive a companhia de meu pai. Eu gostava mais, sem dúvida, da minha mãe. Fui criado com muito cuidado. Com cuidado excessivo. Pra você ter uma idéia, minha mãe me dava banho com água mineral! Eu já era uma criança introspectiva e já era uma criança gorda... Hoje sou um adulto gordo... O que causa, nessa época da infância, uma separação natural, porque o gordo já é recriminado pelas outras crianças. Me chamavam de gordo e isso gerava mais timidez. A partir do momento em que comecei a tomar consciência maior do mundo exterior, a infância passou a ser uma parte muito infeliz da minha vida."

Adolescência

"Minha adolescência foi muito sofrida. Ela me marcou muito. É uma fase que, infelizmente, eu não posso ter de volta e sinto ter perdido, de uma certa forma. Isso porque eu passei, muito tempo dela, pensando. Os meus impulsos sexuais, vamos dizer assim, foram tardios em relação à maior parte dos meus amiguinhos. Mas, com 10, 11 anos, eu já tinha consciência da minha homossexualidade. Eu queria brincar de boneca, queria pentear as bonecas. Queria ter cabelos compridos... Eu queria ser uma menina. Depois, vi que os outros meninos não eram assim. Eu nunca gostei de jogar futebol... Eu também não era bom aluno na adolescência. O fato de ter tomado consciência dessa minha forma diferente de ser, que mais tarde eu entenderia que era a minha homossexualidade, me deixava um pouco afastado do meu irmão. Ou melhor, bem afastado. E me deixava pouco à vontade com meus pais. Eu não podia ser eu mesmo... E pra uma criança de 10, 11 anos, foi uma coisa muito difícil. Depois comecei a ter alguns amigos na adolescência, mas com meus pais não tinha a menor condição. Tinha medo de desagradar, medo de rejeição, medo de deixar de ser amado, medo do que estava acontecendo comigo, medo de ser anormal, medo de ser transviado. Tive uma adolescência infeliz."

[A homossexualidade é opção ou uma descoberta?]

"Eu não fiz opção pela homossexualidade de maneira nenhuma! Achava que poderia ser uma fase que iria passar... que, de repente, pela natureza, o corpo humano se transformasse... que aquilo pudesse passar. E eu tive muita dificuldade de me aceitar como homossexual e ainda tenho. Pensei muitas vezes em me matar, mas nunca tentei. Durante grande parte da minha adolescência eu pretendia não contar isso pra ninguém."

A revelação

"Resolvi que contaria para os meus pais no momento em que me apaixonasse por alguém. Isso realmente aconteceu. Eu me apaixonei e contei pra eles. Acredito até que já soubessem... Mas minha mãe não teve uma reação boa. Ela ficou profundamente triste. Quer dizer... Ela não ficou agressiva, mas ficou profundamente triste. E essa tristeza, para mim, foi a pior reação que uma pessoa poderia ter. Acho que minha mãe não poderia ter ficado triste. Acho que ela deveria ter escondido a tristeza. Deveria ter superado a tristeza... Acho que ela deveria ter se inteirado do que acontece... Do que é o homossexualismo. Porque acho que quem conhece o que é não pode ter preconceito. Não pode ter uma reação dessas... Nem mesmo uma mãe pode ter. Porque eu acho que essa atitude de uma tristeza profunda, que muitas mães têm, é uma forma de preconceito. Depois de tempos, ela mudou um pouco, mas nós não conversamos... E ela continua triste. Eu fico triste porque sei que ela está triste. Minha mãe nunca tocou no assunto e pede que eu não toque no assunto."

[E seu irmão?]

"Minha mãe tinha medo de uma atitude preconceituosa por parte do meu irmão. Mas a atitude preconceituosa era dela. Contei pro meu irmão... Meu irmão acabou recebendo bem e não me lembro de alguma atitude preconceituosa dele. Era uma atitude preconceituosa dela."

[E seu pai?]

"Meu pai é uma pessoa mais racional do que minha mãe. Uma pessoa que teve uma criação machista, obviamente, mas que aceitou dentro da racionalidade. Conseguiu enfrentar isso de uma forma melhor. Mas também não conversamos a respeito disso."

[Você acha que teria sido importante um maior apoio da sua família?]

"Eu acho importantíssimo o apoio da família ao homossexual. Porque é esse apoio que vai dar a essa pessoa chance de encontrar alguma felicidade dentro dessa realidade que pra ele já foi tão dura. Acho importantíssimo, fundamental, e acho que a maneira de o homossexual tratar o assunto depende da maneira como seus pais trataram o assunto."

[Você já foi discriminado em lugares públicos?]

"Eu nunca fui discriminado em lugares públicos, por causa da minha forma de ser. Talvez já tenha sido discriminado entre amigos, alguns poucos... Na maior parte, a minha relação com eles melhorou. Me sinto discriminado é pela minha família, desde que a minha vida emocional, sexual etc. é omitida, quer dizer, não se toca no assunto, ninguém quer saber pra não se machucar... Isso machuca muito mais. Quer dizer, será que a minha mãe não imagina que o fato de eu estar sozinho me faz sofrer?"

[E no seu trabalho?]

"A minha condição homossexual não é visível, mas eu não considero uma coisa boa eu passar despercebido como homossexual quando eu estou procurando um relacionamento. Acho que o homossexual deve se revelar como tal, sempre que possível. Eu nunca tive problema no trabalho por ser homossexual."

Vida adulta

[Você se acha bonito?]

"Eu me acho bonito. Me acho charmoso. Não cuido do meu físico... estou muito gordo, mas da minha aparência eu cuido. Gosto de me vestir bem, mas confortável. Gosto de me sentir bem com o que visto. Não compro roupas em lojas *gays*. Sou uma exceção. Quando é preciso, uso terno e gravata também."

[Você acha que a sua homossexualidade é visível?]

"Eu não acho que a minha homossexualidade é visível à primeira vista. Às vezes, isso é benéfico e às vezes não. Depende. Eu não tenho tatuagens. Hoje em dia, não há mais aquela febre de tatuagem entre os *gays*. Mas eu faria uma. Eu uso brinco, mas isso não indica que alguém é *gay*, apesar de muitos *gays* usarem. Já o *piercing*, acho que é uma forma de ir contra o social, de ir contra os padrões."

[Do que você mais gosta?]

"Eu gosto muito de animais e plantas e sou apaixonado por música. Também gosto de viajar. Eu viajaria para Londres porque lá a homossexualidade é mais respeitada. Mas eu jamais faria excursões especializadas para *gays*. É uma maneira de conhecer outros *gays*, mas eu não gosto dessa separação em guetos."

[Você tem mais amigos gays *ou héteros?]*

"Eu tenho muitos amigos que não são *gays*. E a minha maior amiga não é *gay*. E eu tenho poucos amigos. Amigas, eu tenho em maior número. Eu diria que tenho mais amigos héteros do que *gays*."

[Você já namorou meninas?]

"Eu já namorei menina. Mas nunca transei. Era uma espécie de namoro. Ela nunca soube da minha homossexualidade."

[Aonde você vai pra conhecer pessoas, arrumar namorado?]

"A comunidade *gay* vive em guetos, eu acho... quando estão querendo externar a sua sexualidade, quando querem procurar namorado, amigo, a tendência é a gente ir a lugares *gays*: são bares e *night clubs*."

[Você já pagou, já recebeu dinheiro, presentes, pra transar?]

"Eu já paguei para transar. Eu encontro essas pessoas na rua. Há lugares especiais... Mas eu, particularmente, nunca fiz sexo anal com ninguém. A minha transa é uma coisa mais leve, uma coisa pra você se ver livre daquele impulso sexual que tomou conta de você naquele momento. Fiz isso algumas vezes e pretendo fazer outras vezes."

[Você se preocupa com as doenças sexualmente transmissíveis?]

"Acho perigoso, mas doença você tem como se prevenir... Nem o fato de você conhecer alguém que seja o seu grande amor não impede o perigo de doença. Acredito que a homossexualidade facilita o contágio da Aids... eu já fui neurótico em relação à Aids... A peste *gay*... Mas, pelas estatísticas, quem pega mais Aids agora são as mulheres..."

[Vidas em arco-íris] **[37]**

[Você já transou com alguém que acabara de conhecer?]
"Eu já transei com uma pessoa que eu não conhecia, mas não costumo fazer isso. Foi esporádico. Foi com alguém que eu conheci pela Internet. Talvez eu repita essa experiência... Há essa possibilidade... Mas eu gostaria de conhecer alguém com quem eu teria uma relação não somente fundamentada em sexo. Aí, eu teria um sentimento, uma amizade... Eu tenho um sentimento feminino, nesse sentido... Sabe, a mulher que se preserva? Pois eu me preservo."

[Você tem namorado?]
"Eu não tenho namorado, mas já tive. O meu namoro durou três meses. Acho muito difícil arrumar namorado. Acho difícil por questões minhas, provavelmente relacionadas à minha homossexualidade. Justamente essa forma de preconceito que os homossexuais sofrem, a rejeição os torna pessoas mais complicadas. Há uma grande relação entre homossexualidade e a droga, há uma grande relação entre homossexualidade e violência... O homossexual é um marginal porque foi colocado como um marginal e isso torna as pessoas interessantes e disponíveis para namorar, às vezes, um pouco raras. Opinião minha. Meu namorado era bissexual. Era muito complicado. Porque, aí, você tem dois tipos de rivais. Eu acho que o meu relacionamento não deu certo por culpa de ambos, mas acho que eu tenho grande parcela da culpa, por estar despreparado... Eu tinha apenas 22 anos e tinha acabado de admitir a minha homossexualidade, então tinha medo, preconceito, e isso faz um caldo venenoso... Eu gostaria de ter um relacionamento profundo, duradouro, com alguém. E eu gostaria de me casar de fato, não de direito, porque não concordo com papéis. Também não gostaria de morar na mesma casa, isso não, porque acaba com qualquer relacionamento."

[Você gostaria de ter filhos?]
"Não. Eu não acho criança desinteressante, mas... Eu não acho que teria esse desejo egoísta de ser pai. Por quê? Porque as pessoas têm filhos porque querem ser pais e não pelo filho."

[Qual foi a época mais infeliz da sua vida? E a mais feliz?]
"Eu acho que a época mais infeliz da minha vida foi a minha adolescência e a mais feliz foi quando eu me apaixonei. O meu maior fracasso, decepção, foi quando esse relacionamento não deu certo."

[Quais são os seus planos para o futuro?]
"Não tenho planejado muito... Em relação a quê? Eu considero a vida muito efêmera... Mas quero ser uma pessoa melhor, quero tornar este planeta melhor. Agora, eu acho a velhice mais perigosa para o *gay*... Porque o *gay* não constitui família. O homossexual tende a ficar só. Mas se ele estiver bem com ele mesmo... Para o *gay* ter família, ele

[38]   [Edith Modesto]

tem de adotar alguém. Eu adotaria uma criança pra fazê-la uma pessoa melhor... Pra ajudar a criança... Pra ajudar o mundo, nem é pra ajudar a criança. Pode ser uma coisa filosófica e tal, mas eu quero ajudar. Agora, ter filhos naturais, casar com mulher, ter filhos, netos... Não há o que fazer. Eu já pensei tanto nisso..." [muito emocionado]

[2] Depoimento de Rivelino

"Minha mãe falou: 'Quando você sai de casa, você se veste de mulher?'
Foi triste, sabia?" (muito emocionado)

Rivelino

Infância

"Passei a minha infância inteira me policiando porque tenho recordações muito antigas da minha homossexualidade, da minha atração por outros homens e tive um pai muito repressor e meu nome é em homenagem a um jogador de futebol. Então eu fui a antítese do filho que meu pai queria ter em tudo, desde sempre. Eu nunca gostei de futebol, nunca lutei judô, que era uma coisa que ele queria que tivesse feito... Nunca foi afronta, nunca foi proposital, sempre foi uma coisa natural."

[A homossexualidade foi uma opção ou uma descoberta?]

"Humm... Nessa época, eu já notava que era diferente. Até os 12 anos, eu tinha uma luta interna muito grande, eu percebia indícios da diferença, por exemplo, eu não gostava de jogar futebol, não gostava da estética masculina machista que tinha na infância. Na infância, eu me dava melhor com minha mãe. Na minha casa, somos minha irmã e eu. Meus pais se divorciaram, há uns vinte anos. Eu tinha 14 anos quando eles se divorciaram e meu pai constituiu uma outra família, e ele saiu de casa por causa disso, mas ele sempre foi um pai ausente. Uma época eu fiz terapia e eu me questionava um pouco isso, se tinha direta ou indiretamente alguma influência de ter tido um pai repressor, mas aí eu desencanei porque acho assim: tem tanta gente que tem pai amoroso, dedicado, maravilhoso e também é *gay*... [muito emocionado]"

[Vidas em arco-íris] **[39]**

Adolescência

"Pois é, com 11 anos eu fui morar no interior, foi minha primeira experiência homossexual de verdade. Nesse ano em que eu morei no interior, eu estava com 12 anos e estava na quinta série, tinha um rapaz que estava na oitava série que era o cara mais bonito da escola e namorava a menina mais bonita da escola, então era o casal perfeito. Loiro, de olho azul, aquela coisa que a gente tem assim meio de príncipe. Um dia, ele falou: 'Vamos sair, dar uma volta', e ele era superatlético, gostava de correr — 'Vamos correr até o lugar tal' — e no interior tinha muito essas coisas assim de riacho, de nadar — 'Vamos nadar em lugar tal' — só eu e ele. E chegou uma hora que a gente começou a brincar de luta, e ele fez isso propositadamente pra me agarrar, me sentir, e, quando a gente se abraçou, a gente estava deitado na grama, eu percebi que ele estava excitado e aquilo pra mim foi uma sensação muito interessante, porque eu já estava com 12 anos, já sacava um monte de coisas, não tinha ainda começado nada na vida, mas já tinha consciência, já tinha uma coisa erótica. Eu fui começar a me masturbar nessa época. Foi na casa dele... A gente ficou lá assistindo TV e aí sim, a gente meio que se masturbou e ele foi o primeiro cara que me beijou na boca. Não sei se ele é *gay*, porque eu morei só um ano no interior. Nesse intervalo de um ano aconteceu tudo isso. Depois a gente voltou pra nossa cidade [nome], e eu nunca mais o vi. A partir disso, a minha consciência, enquanto homossexual, aflorou. Depois dessa fase dos 12 anos, até os 14, eu fiquei mais tranquilo. Voltei pra minha cidade [nome], ficava na minha, não tinha muitas oportunidades e no ginásio que fui começar a tentar a namorar meninas e comecei a conhecer algumas garotas... Eu não me conformava de ser tratado diferente dos outros meninos, porque eu tinha o mesmo porte físico... 'Eu não quero saber, quero ser igual, não quero ser diferente...' e brigava com os meninos, detestava quando, às vezes, alguém me chamava de *viado* e eu brigava. Eu não me entendia como homossexual, eu queria ser tratado como heterossexual. Com 13 ou 14 anos, já comecei a ver que a coisa era por aí, porque eu já tinha namorado duas ou três meninas e não rolava, ficava aquela coisa assim: beijava, mas não era o mesmo tesão, o tesão era outro. Eu tinha muito mais admiração, respeito pelas meninas do que qualquer outra coisa. Eu me lembro bem que, dos 14 aos 18 anos, foi assim. Começou quando meu pai saiu de casa, quando meus pais se divorciaram e eu comecei a trabalhar. Minha mãe era operária, ganhava 700 'paus' por mês, com dois filhos pra criar, eu estudava em escola pública — tinha inclusive passado na federal, que era uma escola de segundo grau [ensino médio] muito boa — eu pensei: 'Eu não posso fazer isso, é sacanagem, vou começar a trabalhar' e fui começar a trabalhar. Trabalhar de *office-boy* pra ajudar minha mãe e, quando você cai no mundo, você toma contato com tudo de uma vez. E eu, com 16 anos, comecei a sair pra lugares *gays*."

[Você conversava com alguém sobre o assunto, tinha um apoio?]

"Eu não tinha ninguém pra me orientar. É engraçado, porque a minha formação, quanto a caráter, personalidade, sempre foi muito embasada, porque, apesar de meu pai ser um cara ausente e minha mãe ter sempre trabalhado fora, as regras morais e de costumes, dentro da minha casa, sempre foram muito presentes. Minha mãe nunca foi uma mãe desleixada. Ela estava sempre ensinando, incutindo coisas... Isso pra mim foi tudo o que eu precisei, porque, na idade em que precisei de um pai, meu pai não estava, então não tinha ninguém pra me dizer nada. De sexo, eu não falava com minha mãe. Imagine, na década de 80 não se falava de sexo com a mãe. Então, lógico, fui falar com amigos, com gente da rua, e encontrei gente dos 14 aos 18... Um monte de gente queria estar comigo, mais velhos... Porque eu sempre tive um porte legal... Eu era superdesejado. E eu estava meio que disponível, estava fragilizado, porque não tinha com quem conversar. Então eu era um cachorro sem dono, você me dava uma camisinha eu ia atrás, abanando o rabo... E eu quebrei muito a cara. Tive doença sexualmente transmissível, tive gonorréia com 16 ou 17 anos. E sempre foi assim, tudo na porrada. Aprendendo com a vivência mesmo. Minha sorte foi que eu cruzei com pessoas de bem, não sei se pela minha cara, pelo meu jeito de ser, eu acabei atraindo gente legal, sempre pessoal mais esclarecido, um pessoal mais instruído. E esse pessoal ia me falando as coisas, me trazendo um lado legal falando: 'Isso aí não é legal, dentro do meio *gay* isso é podre.' Eu sempre fui um cara muito curioso. Hoje, pra mim, eu tenho já estabelecido um monte de coisas que servem ou que não servem, mas eu conheci todas. Eu fui a banheiro público, fui a cinema, fui a sauna, fui participar de festinhas."

A revelação

"Com 18 anos, eu conheci um cara de outra cidade [nome] e nessa época minha mãe já desconfiava. Eu percebia que era porque eu não tinha namorada, não trazia namorada em casa, saía à noite e não falava aonde ia, e minha mãe com a pulga atrás da orelha. Nessa época conheci o carinha, comecei a namorar, ele vinha todo fim de semana pra minha cidade, até que uma vez ele falou: 'Vem passar o fim de semana aqui na minha casa, eu te dou o mapa, você vem e eu vou te buscar na rodoviária.' E

[Vidas em arco-íris] **[41]**

ele me mandou uma carta com esse mapa. Eu me lembro disso até hoje. Era uma sexta-feira, ele falou: 'Você chega em casa, me liga, depois de uma hora você chega e eu vou te buscar.' E eu fui superfeliz pra casa, já sabendo que a carta ia estar lá, porque ele tinha mandado no dia anterior. Cheguei em casa e cadê a carta, não tinha. Eu perguntei pra minha irmã: 'Não chegou uma carta?' Ela respondeu: 'Chegou, a mamãe pegou e eu vi ela guardando.' Minha mãe tinha saído e eu fui mexer nas coisas da minha mãe porque ela tinha umas pastas que ela guardava documentos e achei a carta aberta. Edith, eu fiquei tão mal, a carta não tinha nada, tinha o mapa e estava escrito no final: 'Um beijo', assinatura. Aquela situação pra mim era muito tranqüila, eu podia ter tirado de letra, ter falado: 'Beijo, beijo?' Mas eu fiquei tão enfurecido dela ter aberto a minha carta, porque minha mãe sempre foi uma mulher muito direita e uma das primeiras coisas que ela ensinava pra gente era a gente não mexer em correspondência dos outros: 'Se você achar alguma coisa na rua, você devolve pras pessoas...' Minha mãe sempre foi assim, corretona mesmo, graças a Deus. Eu não me conformava, eu falava: 'Como que uma mulher que me ensinou a ser direito desse jeito vai abrir uma carta que está endereçada a mim?' Quando ela chegou, eu não queria nem saber de papo de *gay*, eu já fui puto pra cima dela, e eu estava enfurecido. 'Quem lhe deu o direito de abrir uma correspondência minha? Você não me ensinou que nessas coisas não se mexe? Estava no meu nome, estava fechada, com que direito você abriu?' E a conversa começou daí. Ela disse: 'Eu abri porque estou desconfiada de algumas coisas. Que história é essa de amigo teu te mandar um beijo?'. Eu falei: 'Por quê? A senhora quer saber o quê? Seja mais direta. A senhora quer saber se eu sou homossexual? É isso?' Aí eu falei: 'Se é isso, a senhora não precisava ter aberto a carta, a senhora podia ter perguntado pra mim, e como a senhora está dizendo agora, eu vou falar: 'Sou, sou homossexual.' Ela começou a chorar... Começou a chorar... Ela não sabia o que fazer. Na época, minha mãe tinha uns 42 anos. 'Mas como você é homossexual?', ela dizia, 'eu queria um filho pra ser homem, não queria um filho pra ser isso.' E eu tentando manter a calma, mas eu não conseguia, também comecei a chorar e falei: 'O que eu posso dizer pra senhora? Esse cara que a senhora viu, eu conheci, a gente está se gostando, eu estou indo pra casa dele.' 'Não, você não vai pra casa dele, você vai ficar aqui em casa porque se você sair por essa porta pra ir pra esse lugar, você não precisa mais voltar.' Eu falei: 'Então tá, é assim que a senhora vai me tratar? Então tá bom.' Eu falei: 'A gente pode conversar, eu posso tentar falar pra senhora o que está acontecendo, eu também estou confuso... Mas, nesse momento, eu tenho uma viagem pra fazer, eu não vou deixar de ir pra lá. Depois, quando eu voltar, se a senhora quiser, a gente conversa.' E minha mãe assim, louca, não queria que eu fosse. Eu falei: 'Vou, já está tudo pronto, só estava esperando a senhora chegar.' E fui embora. Cheguei à cidade dele [nome], arrasado, contei pra ele, ele tentou me ajudar, mas, imagine, ele também tinha 19 anos, morava com a família, não tinha o que fazer. Eu fiquei lá uns dois dias e voltei pra casa, no domingo à noite. Quando eu cheguei em casa, minha mãe me tratou como se nada tivesse acontecido. Conversou normal, me deu beijo, perguntou se eu já tinha comido. Eu pensei: 'O que será que aconteceu com essa mulher?' Aí, eu pensei: 'Gente, o que vai acontecer?' E eu morto de medo, né? E preocupado com ela. Passou segunda-feira e, na terça-feira, minha mãe chegou no meu trabalho — ela trabalhava durante o dia... Eu estava saindo pra almoçar, e ela falou: 'Eu queria conversar com você.' Eu já sabia do que era, lógico. O pessoal saiu pra almoçar e ficamos só eu e ela na minha sala e ela falou assim: 'Eu vim conversar com você porque estou com aquela história ainda, estou com um monte de dúvidas e queria que você me ajudasse.' Eu falei: 'Pode falar.' Ela perguntou: 'Como que aconteceu isso? Você gosta de outros homens?' Eu falei: 'Olha, mãe, gosto...' E ela falou: 'Eu olho pra você e não consigo ver... Porque eu conheço vários, tem gente que trabalha comigo... Tem um cara que trabalha lá, mas ele parece uma mulherzinha, ele trabalha inclusive na turma das operárias... Eu olho pra você e não vejo isso.' Eu falei: 'Mãe, é porque eu não sou isso.' Minha mãe falou: 'Quando você sai de casa, você se veste de mulher?' Foi triste, sabia? [muito emocionado] A gente ficou umas três horas conversando e eu falei: 'Mãe, eu não me visto de mulher.' Aí eu expliquei: 'Entre a gente tem esses que se vestem de mulher, tem aqueles que a senhora vê na rua que falam fino, que a gente sabe que é *gay*. E tem o filho da senhora. E, igual a mim, tem, provavelmente, o chefe da senhora, o cobrador de ônibus que a senhora pega todo dia pra ir trabalhar, e um monte de gente que passa na vida da senhora, porque é assim que é, a gente é igual a todo mundo. Tem gente que prefere demonstrar, prefere ter trejeitos, e tem gente que não escolhe, é assim e pronto. Eu não sou assim.' Ela falou: 'E as pessoas não mexem com você na rua, no seu trabalho, na sua escola? O pessoal não fica fazendo piadinha com você?' Eu falei: 'Não, porque eu não dou motivo, eu me dou ao respeito. Ninguém no meu trabalho sabe que sou *gay*, ninguém na minha escola sabe que sou *gay*. Lá eu sou estudante, no meu trabalho eu sou programador. Quando saio com meus amigos, tenho meu namorado, mas eu sou eu, mãe, a senhora sabe quem eu sou, foi a senhora que me criou, eu sou eu.' Eu falei: 'Lá no bairro onde a gente mora, meus amigos de infância, a senhora viu o que virou aquele monte de gente?' Porque a gente sempre morou na periferia, sempre foi uma vida muito difícil. Eu falei: 'Todo mundo virou marginal, ou

[Vidas em arco-íris] **[43]**

virou drogado, ou virou *bebum*, ou engravidou menina e teve que casar com 17, 18 anos. Eu não queria nada disso pra minha vida e eu não pretendo fazer isso com a senhora, não é isso que eu pretendo.' Ela falou assim: 'E, aí, você não vai casar? O que acontece quando vocês vão pra cama?' Eu falei: 'O que acontece! A gente fica junto, namora, dá beijo, abraça, cheira, tem um que dá, tem um que come, às vezes o outro dá também e o outro come, como homem e mulher... Só que a gente usa outro lugar, é a mesma coisa.' Eu falei: 'Eu sei que é frustrante pra senhora, porque toda mãe tem um sonho, quer ver os filhos casados, formados, ter netos e eu não quero tirar esse sonho da senhora, só quero que a senhora substitua ele por outro sonho.' Acho que isso foi muito bom pra ela. Eu falei: 'Se a senhora esperava que eu casasse, tivesse filho e desse um neto pra senhora, se esse era seu sonho, pensa outro, sonha outra coisa tão boa quanto, assim eu posso fazer um monte de coisa pela senhora, quero retribuir muita coisa do que a senhora fez por mim. Mas isso nunca vai acontecer, eu nunca vou casar, nunca vou ter um filho e a senhora nunca vai ter um neto, não por mim. Pela minha irmã, pode ser, por mim não.' Minha mãe falou: 'Olha, eu não queria te dizer que eu acho que você está entrando num caminho muito difícil, tem doença...' Aí a gente conversou sobre Aids um pouco. Ela falou assim: 'Tem tanta doença, tem gente ruim, você vai ser motivo de piadas, um dia. Eu queria tanto que não fosse assim pra você, porque vai ser tão difícil a sua vida... Mas eu queria que você soubesse que independente do que aconteça, você é meu filho e eu vou ser a primeira pessoa a te defender quando te acontecer alguma coisa... [muito emocionado] E, enquanto eu viver, ninguém vai falar mal de você e, enquanto eu viver, tudo que você precisar, você pode contar comigo, porque você é meu filho... [muito emocionado]. Aí a gente chorou muito e aquilo pra mim foi libertador, minha vida começou ali porque pela primeira vez eu tive alguém que podia cuidar de mim, que eu podia conversar, que eu podia falar. Em seguida, peguei o exame de Aids que eu tinha feito, era recente, mostrei pra ela e falei: 'Tá aqui, eu me cuido, eu me amo, espero que nada nunca aconteça comigo porque eu ainda quero viver muito, quero ser muito feliz.' E a gente ficou assim, muito tempo sem voltar a falar do assunto. A Aids começou a ficar muito presente, tinha muitos casos e começou a ficar muito comum você ter amigo com Aids, ter vizinho com Aids... Isso aconteceu no início da década de 90, por aí. Ela entrou numa fase em que queria que eu deixasse essa vida e que eu fosse para o budismo, ela disse que tinha gente lá que estava praticando e que hoje era casado e tinha filhos... E tem, porque há reações muito diversas quando você fala de Aids. Tem gente que o trauma é tanto, que prefere mudar de vida, se anular... E a gente voltou a se falar de novo e eu falei pra ela: 'Mãe, nada mudou nesse tempo, muito pelo contrário, hoje eu tenho muito mais certeza daquilo que eu quero da minha vida do que na época que eu contei pra senhora.'"

[E o seu pai?]

"Ah, eu não falei do meu pai... Naquela mesma época, minha mãe contou para o meu pai e meu medo maior sempre foi meu pai, eu me borrava de medo de que um dia meu pai escutasse qualquer coisa a meu respeito relacionada a isso. Mas, quando minha mãe contou para o meu pai, eu estava tão seguro e tinha uma visão tão distante de pai... Assim, pra mim, ele já não podia fazer mais nada comigo porque, na minha opinião, ele tinha abandonado a família, minha mãe ficou com dois filhos pra criar, eu que tive que me virar pra ser gente, então eu não tinha mais nada que dar satisfação pra ele. Ainda assim, ele foi em casa e perguntou pra mim. Eu lembro disso até hoje: 'O que a sua mãe contou pra mim é verdade?' Eu falei: 'Eu não sei o que ela contou pra você, mas se ela falou que eu sou homossexual, é verdade.' Não me lembro bem o que ele disse, mas deve ter dito alguma coisa, como: 'Como? Por quê?' E ele falou uma frase pra mim assim: 'Eu só queria dizer pra você que, quando você chegar na velhice, você vai ser muito infeliz, você vai morrer sozinho, porque você não vai ter uma esposa, você não vai ter filhos, você não vai ter netos. Você vai morrer sozinho, infeliz.' Eu falei: 'Então, vou dizer uma coisa pro senhor, se eu tiver que passar minha velhice infeliz, eu prefiro que seja a velhice, porque eu não vou passar a minha vida inteira infeliz pra fazer você feliz, porque o senhor e a mamãe já tiveram projeto de vida, já tiveram seus filhos, vocês já fizeram da vida de vocês o que vocês quiseram... Essa é a minha vida, então eu vou ser feliz a minha vida inteira e tenho certeza que Deus não vai deixar eu ser infeliz na minha velhice. E se, ainda assim, eu tiver que morrer sozinho, eu prefiro morrer sozinho, mas vou ter tanta lembrança boa da minha vida toda que pra mim isso não vai fazer a menor diferença.' E eu nunca mais falei com meu pai, nunca mais."

Vida adulta

[Quando você arrumou seu primeiro namorado?]

"Durante muitos anos eu nunca tive um relacionamento estável, nunca consegui. Depois que falei com ela, de tempos em tempos, eu voltava a fazer exame [Aids] e contava pra minha mãe, mostrava pra ela. Eu costumava fazer de seis em seis meses e o meu médico falou, porque eu sofria muito: 'Eu gostaria que você fizesse de um em um

[Vidas em arco-íris]   **[45]**

ano... Se você se cuida, se protege, não tem necessidade de fazer de seis em seis meses.' Aí eu fui realizar o meu projeto de vida, fui fazer faculdade, fui estudar, terminei meus estudos, fui arrumar bom emprego, fui estruturar minha vida profissional, financeira, fui viajar, conhecer um pouco do Brasil. Há uns cinco anos, conheci um rapaz e foi aquela coisa arrebatadora. A gente se conheceu e meio que a gente falou assim: 'Você é minha alma gêmea, eu sou sua alma gêmea...'"

[Onde vocês se conheceram?]

"A gente se conheceu num baile de carnaval em [local]. E eu nunca tive preconceito com relação a isso, porque todo mundo fala que você nunca vai encontrar ninguém que presta em cinema, sauna, ou em boate, ou em carnaval, porque no carnaval todo mundo só quer trepar. Eu sempre fui contra isso, porque gente boa tem em qualquer lugar. O fato de um cara estar numa sauna não significa que ele não é uma boa pessoa. Pra mim o que faz uma pessoa é o caráter, não o lugar que ela freqüenta. Eu estava pulando carnaval e a gente se conheceu em pleno carnaval e eu falei: 'Imagina, isso não vai virar nada', e virou, a gente começou a sair, começou a conversar, e virou aquela paixão, aquele amor, e a gente ficou quatro anos juntos. E ele era um cara assim: apesar de a gente ter a mesma idade, ele era um cara que estava um pouco mais à frente, já tinha apartamento, carro, já tinha uma profissão estável, ganhava muito bem. E, além de ter sido uma pessoa que emocionalmente me fez crescer, ele me ajudou num monte de coisas, não financeiramente, um pouco até financeiramente, mas ele é arquiteto e a gente sempre viveu numa casa muito pobre, que minha mãe e meu pai compraram quando ainda estavam juntos, era uma casa muito velha, não tinha condições quase de ficar dentro, e quando a gente se conheceu ele começou a incutir isso na minha cabeça: 'Por que você não faz alguma coisa com a sua casa ou vende?' Porque eu sempre achei que era um passo muito grande pra mim, eu sempre me senti meio adolescente, meio criança, pela minha cabeça nunca passou que eu podia ter uma casa, que eu podia comprar uma casa. E logo que a gente se conheceu, eu apresentei ele a minha mãe, apresentei a família toda... Eu tinha um carro na época, vendi o carro e comecei a construir uma casa. Minha mãe sempre quis uma casa e eu não sei se era um sentimento de culpa que eu tinha, não sei explicar, mas eu achava que eu ainda tinha essa obrigação com a minha mãe, eu tinha que dar uma casa pra ela. E a gente teve muito conflito por isso até, porque ele sempre falava que eu não precisava fazer mais nada, que eu já tinha ajudado muito... Ele dizia: 'Você não deve nada pra sua mãe. Nem ela deve pra você. Você deve fazer porque você quer, porque você tem vontade. Você não tem vontade de morar num lugar melhor? De ter uma casa melhor?' E eu construí uma casa pra

[46]   [Edith Modesto]

minha mãe do jeito que ela queria, uma casa enorme, toda acabada, com tudo de bom, e falei pra ela: 'A gente vai jogar tudo fora, tudo que lembre o passado, roupa, roupa de cama... A gente vai jogar tudo fora e a gente vai começar uma vida nova.' E a gente fez isso. Tudo, desde talher até roupa de cama era tudo novo na minha casa, a gente começou do zero. Minha mãe amou. Eu construí a casa em um ano e depois levei mais um ano pra mobiliar, terminar e dar o acabamento. E nesse ano eu fiquei morando com o meu namorado [nome]. Eu saí de casa, porque era um a menos pra ficar naquela bagunça e morei no apartamento dele um ano. E esse foi um dos motivos que a gente terminou o relacionamento. Porque, sabe o que acontece, Edith, ele tinha uma vida muito estruturada já. Ele tinha um apartamento de 280 metros quadrados, com coisas valiosas, então eu não tinha condições de começar uma vida com ele de igual pra igual, não dava pra propor isso. O que ele propôs foi: 'Vem morar comigo, eu adoraria que você morasse comigo.' Pra ele isso sempre foi muito tranqüilo, pra mim isso sempre foi um problema, porque eu sempre me sentia em dívida, eu não sei explicar. Porque eu não participava de nada, eu não ajudava na casa, nas despesas..."

[Você se sentia diminuído?]

"Eu me sentia diminuído. E tinha um problema também: se eu não gostasse, por exemplo, daquelas duas estátuas, eu também não podia tirar de lá, porque a casa não era minha, era dele. Então, eu morei um ano com ele e me senti um ano morando na casa dele, como hóspede. Então, sabe o que aconteceu? Eu não era companheiro, eu era o mordomo da casa, então eu ficava tentando manter tudo em ordem, apesar de ele ter empregada, eu deixava tudo do jeito que ele gostava, preparava comida — eu sei cozinhar muito bem. Chegou uma época que isso começou a me pirar a cabeça, porque eu fazia academia à noite, musculação, ginástica, e eu abri mão disso pra poder ter tempo de cuidar dele à noite. Então eu me pegava assim, ele na academia malhando e eu na cozinha fazendo jantar. Isso, no começo, era muito bom, mas, no final, começou a ficar assim: 'Eu tenho meu espaço também, eu tenho minha vida.' Então, aquilo passou a não ser mais um prazer."

[Você se sentiu como muitas mulheres se sentem: exploradas, diminuídas?]

"Pois é. Eu falei: 'Eu estou sendo a esposa dele.' Tudo bem, eu tenho uma dívida de gratidão com ele muito grande... Isso foi no terceiro ano do relacionamento, depois disso, quando a casa ficou pronta, a primeira coisa que eu fiz foi voltar pra minha casa."

[Mas você não acha que sempre a culpa é dos dois?]

"Com certeza. Eu estou contando essa história porque a minha mãe... A gente começou um diálogo muito aberto pela primeira vez na família, era como se eu tivesse casado,

[Vidas em arco-íris] **[47]**

então eu era um recém-casado e eu tinha o meu namorado [nome] que era meu marido, mulher, enfim era tudo, meu companheiro, e ele participava da minha família como eu participava da família dele, que me adotou como segundo filho e a minha família adotou o meu namorado [nome] como segundo filho. E então a gente viveu uma relação maravilhosa durante muito tempo. Com a minha mãe, eu conversava muito... Quando a gente brigava, minha mãe virava minha confidente, eu conversava horas com a minha mãe. Estou dizendo isso porque os últimos quatro anos foram anos de muito diálogo com minha mãe a respeito da minha homossexualidade, por conta dele. Então eu me senti muito mais tranqüilo pra conversar com ela, por exemplo, quando eu estou meio deprimido, porque está fazendo um ano que a gente se separou e, depois disso, eu não consegui mais ficar com ninguém."

[Percebi que você se preocupa com doenças sexualmente transmissíveis. Você pode falar sobre isso?]

"A Aids foi uma coisa muito difícil pra mim quando eu estava com 18 anos — isso foi em 85, 86 —, foi quando a gente teve o primeiro caso de Aids no Brasil. A gente já ouvia falar de Aids nessa época e eu estava no final da minha adolescência, mas era assim, era um caso de um cara que era rico que tinha viajado para os EUA e tinha voltado para o Brasil... nunca era gente amigo teu... A gente começou a usar camisinha depois de 90 e poucos, 94, 95... Não existia camisinha na farmácia pra vender, na minha época de moleque, eu nunca lembro de ter. E mesmo quando começou a vender camisinha, o pessoal tinha vergonha de comprar. Na minha casa, eu morria de vergonha que minha mãe visse camisinha. Então, eu ainda sou da geração que viveu sem a camisinha durante muitos anos. Eu transava sem camisinha."

[Você teve a proteção de Deus?]

"Tive a proteção de Deus e foi em 91 que eu fui fazer meu primeiro exame de Aids, ou foi em 90... E foi assim: um dia, conheci um amigo, por quem eu fiquei apaixonado, o garoto [nome], que era lindo de morrer e era um cara extremamente puritano, que estava também chegando na vida, tinha também a minha idade — acho que 18, 20 anos —, e a gente se conheceu num bar... E eu sempre fui muito tranqüilo com a minha vida, sempre conversei de tudo, nunca escondi nada. E, nessa época, era assim: você era dividido em classes, se você, por exemplo, já tinha freqüentado sauna ou não, se você era promíscuo ou não. E ele falou: 'Você já foi em sauna?' 'Já, uma ou duas vezes', respondi. E aquilo acabou com nosso relacionamento, porque percebi que, quan-

[48] [Edith Modesto]

do falei isso pra ele, eu já não servia mais pra ele e ele arrumou uma desculpa qualquer, porque ele tinha muito medo de Aids. Nessa época eu trabalhava numa empresa que era de prestação de serviços médicos... Pra mim era muito fácil fazer exames, e nem fiz por consciência do problema, fiz pra provar pra ele que eu não era pior do que os outros só porque eu já tinha ido à sauna. E eu fui fazer o primeiro exame, tirei um xerox, pus no correio e mandei pra casa dele."

[Quando chegou o exame você ficou com medo?]

"Morrendo de medo. Naquela época, ninguém sabia o que era Aids e só o fato de você ir ao médico pedir pra fazer exame de Aids era uma vergonha e eu lembro que fiz o primeiro exame de Aids e fui no maior desespero pegar o resultado, porque... Imagina uma pessoa que passou cinco anos transando sem camisinha? Eu estava desesperado. Graças a Deus deu negativo, mandei pra ele e tal... A Aids foi uma coisa muito difícil pra mim..."

[Sei que a militância contra o preconceito é uma parte importante da sua vida.
Como isso começou?]

"Em 2001, eu fui pela primeira vez à Associação da Parada. E sabe que eu fiquei um pouco chocado? Porque a gente tinha umas 80 pessoas na reunião... E é assim: as reuniões que antecedem à Parada são as de elaboração e de planejamento, você podia contar nos dedos de uma mão as pessoas que só pelo primeiro olhar você não conseguisse identificar como *gay*. E isso foi uma coisa que me incomodou num primeiro momento. Eu falei: 'Pô, cadê todo mundo ajudando, esse povo?'... E nesse exato momento eu decidi: 'Eu vou ficar aqui e trazer mais gente.' Nada disso traz tanto resultado imediato quanto você ir lá na rua, ou quanto você ir à Assembléia, ou quanto você ir na porta de um Fórum, como a gente foi, quando teve a sessão dos *skin-heads* que mataram o Edson Néris. Eu acredito nisso, quer dizer, quanto mais gente estiver se mostrando, estiver trabalhando em prol da causa, estiver dando depoimentos, dando entrevistas, contando a vida, contando os casos, isso serve de referência para outras pessoas, isso ajuda outras pessoas a saírem do armário, ajuda mães a entenderem os filhos enquanto *gays*... E assim vai."

[O que de legal a militância traz pra você?]

"O que eu acho legal na militância é que a gente tem conseguido pessoas muito interessadas na causa, pessoas como você... A gente tem grupos fortíssimos em Campinas, São Paulo, Porto Alegre, Salvador... Têm trabalhado ao nosso lado, conquistando espaço, mantendo encontros exclusivos de lésbicas, fóruns de debates para as causas em que elas acreditam..."

[Vidas em arco-íris] **[49]**

[Quais são seus sonhos, seus desejos para o futuro?]
"Eu quero viver a minha vida, eu quero sair do jeito que eu sou, eu quero pegar na mão do meu namorado, eu quero estar num cinema com ele e, quando o filme for triste, eu quero chorar no ombro dele... Qual é o problema? No que isso incomoda? O que nisso é feio? No que é ruim? Eu não consigo ver... E a sociedade não aceita."

[3] Depoimento de José

"O meu filho mais velho é adolescente,
tem mais de 1,90m de altura,
joga basquete, é 'bofe', supermachão...
Ele chega pra mim e diz:
'Pai, vai passar um filme gay na TV,
você quer que eu grave pra você?'

José

Infância

"Meus pais se separaram quando eu tinha 9 anos. Meu pai se casou novamente e foi morar em [cidade]. Teve mais um casal de filhos e eu me dou bem com a mãe deles... Eu e meu irmão fomos criados pela minha mãe, uma mulher batalhadora. Meu pai foi à falência depois do divórcio e minha mãe 'segurou as pontas'. Eu tinha amigos e amigas, era muito sociável. Eu andava de bicicleta, brincava de teatro, gostava de natação. Não gostava de futebol. Eu gostava mais de minha mãe. Gostava muito da convivência com os meus tios do interior, quando ia passar as férias lá... Dos meus primos e primas também. Sempre fui muito gregário, muito familiar, muito sociável. Eu freqüentei basicamente dois colégios. O colégio particular [nome] foi péssimo em todos os sentidos, com professores péssimos, convivência péssima, direção pedagógica horrorosa. Hoje, vejo isso, como professor. Um colégio lamentável. Depois, consegui vaga e passei para a escola pública. Era década de 1960. Foi lá que encontrei inteligência, professores excelentes.

Sempre fui bom aluno, de regular para bom. Acho que tive uma infância feliz. A separação dos meus pais foi uma coisa traumática, até que me dei conta de que era um problema deles. Aos 12 ou 13 anos, me percebi como um indivíduo com seus próprios espaços... Como posso dizer que não tive uma infância feliz? Fui sempre bem alimentado, mesmo quando havia falta de dinheiro..."

Adolescência

"A descoberta de que você é homossexual se dá desde a primeira masturbação. A minha primeira já foi com imagens de homens, fotos de uma revista *Seleções*, imagine! Era uma propaganda de roupa de baixo, num vestiário, homens usando cuecas. E eu fiquei impressionado com aquilo. As minhas fantasias mais recônditas já estão associadas à homossexualidade. Minha primeira experiência com homem foi aos 10 anos. Sempre admirei homens mais velhos. Hoje eu percebo como eu tinha impulsos de desejo sexual, erótico, por esses homens mais velhos. Mas, depois, as minhas primeiras experiências sexuais foram com mulheres. Também era bom e tem o lado cultural. As coisas estão direcionadas pra isso. Quando se vai a um bailinho não se dança homem com homem. Hoje, até é possível, mas quando se ia a um baile de formatura, já se tinha todo um caminho traçado *a priori*. Quem é da minha geração, sabe disso. Os homens põem *smoking*, as meninas põem aqueles vestidos vaporosos e o legal é dançar com elas. Isso na década de 60."

[Você teve dificuldades de auto-aceitação?]

"Eu tinha 12 anos. Perceber que se é diferente dos amigos implica uma enorme angústia, uma enorme depressão. Eu me senti muito angustiado, muito pressionado e muito inadequado. Eu tinha medo. E achava, como muitos naquela época, anos 60, que haveria possibilidade, não de cura, mas de um certo ajustamento em direção à heterossexualidade. A homossexualidade era algo que eu queria ocultar de mim mesmo. Quem não tem vergonha de ser chamado de *bicha* na escola? E como o meu nome é José, quase sempre caía no número 24. A cada ano era aquele pânico. Na hora da chamada, era aquela gargalhada. A minha sexualidade foi algo que eu sempre senti... A minha sexualidade que inclui a homossexualidade como predominante. Dentro de mim, a hegemonia é homossexual, a minha libido, o meu desejo. Sempre senti alguma coisa que vive dentro de mim, desde criança, desde que me lembro, a atração física, libidinosa, por corpos masculinos, por masculinidade, por testosterona... É algo que já nem me lembro quando começou, sempre existiu em mim. Então, não posso colocar isso como escolha, como opção. É óbvio que passei na adolescência e parte da juventude por períodos de culpabilização, porque faço parte dessa nossa cultura judaico-cristã. Então, me senti atormentado, errado, rejeitado. Fui rejeitado por muitos grupos sociais nos quais tentava me inserir, principalmente na adolescência. Fui debochado, caí no flagra de perceber que meus desejos não estavam coincidindo com os desejos dos outros que estavam ao meu lado e isso me deixava completamente angustiado. Então, não dá pra dizer que uma bomba caiu na minha cabeça e eu virei homossexual e nem que eu tivesse virado heterossexual. Agora eu entendo, vendo em retrospectiva, que todos os meus impulsos heterossexuais têm a ver com a pressão cultural e social. Também posso dizer que, quando tinha 20 anos, eu reprimi muito a exposição da minha homossexualidade por uma outra razão, que não a vergonha de mim mesmo, e essa outra razão era muito simples. Eu pertencia a grupos de esquerda que não aceitavam duas coisas: desvios da heterossexualidade e manifestações hedonistas como, por exemplo, o culto ao corpo. A esquerda tinha esse lado horroroso: você tinha que reprimir a sua sexualidade. Você tinha mesmo era que procriar. Então, durante os anos 70, eu reprimi muito a minha homossexualidade. Eu tinha muito mais relações com heterossexuais do que com homossexuais, porque era uma parte separada, uma coisa esquizofrenizada da minha vida. E, à medida que o tempo foi passando, eu fui me abrindo mais para mim mesmo. Com o tempo, ou fazendo psicanálise. A primeira vez que tive relação com um homem foi uma libertação tão grande, foi uma explosão de liberdade imensa. Eu mesmo não acreditava e não sabia como eu poderia ser tão feliz!"

A revelação

"O interessante é que, como eu sou gregário, sou sociável, logo que comecei a assumir para mim mesmo, evidentemente eu percebi que deveria compartilhar isso com pessoas que estavam passando por problemática semelhante, sem dúvida. Sempre busquei entre as outras pessoas os meus pares, outros *gays*. Isso é muito importante, é a ligação comunitária mínima que você tem para poder se sustentar diante desse mundo, que é um trator. Eu descobria rápido quem era *gay*, principalmente numa cidade como [nome de capital], na virada dos anos 60 pra 70. Agora, a família é outra coisa. Meu pai e minha madrasta foram receptivos. Meu irmão veio a saber, claro. A gente compartilhou muito. Depois, meus irmãos de [outra cidade] também vieram a saber. Minha madrasta foi um pouco incômoda porque, quando eu ia lá com um amigo — que não tinha nada a ver, às vezes amigos heterossexuais — ela perguntava: 'Você não quer dormir na nossa cama de casal?' E eu respondia: 'Mas, [nome], ele é apenas meu amigo!' É que ela fazia questão de se mostrar liberada e eu percebia o esforço que ela fazia. Ela era carinhosa. Meu pai também me aceitou com dignidade, e tudo o mais. Meu pai e minha mãe eram comunistas nos anos 30, eram intelectuais. Antes, minha mãe foi anarquista. Ela tem uma vasta biblioteca... Enfim, eu venho de uma família de pessoas que lêem, de pessoas com uma vida intelectual intensa. Minha mãe está relendo Balzac agora, aos 83 anos... e diz: 'Você nunca leu *A condição humana*, você tem que ler, meu filho.'"

[E qual foi a reação da sua mãe?]

"Minha mãe, tão avançada, foi a última a saber e foi um erro meu. Eu estava fazendo doutoramento nos Estados Unidos e namorava um rapaz. Eu já estava com 40 anos. Ela me telefonou e perguntou: 'E aí, meu filho, não está namorando nenhuma moça?' Minha mãe é uma 'escorpiona', tem seu lado fechado, e por isso eu nunca tinha me aberto com ela. Então, eu respondi: 'Mãe, você sabe que eu moro com um rapaz aqui, o fulano...' Foi uma exclamação de surpresa e aí ela fez o maior escândalo ao telefone. Minha mãe renegou esse conhecimento durante décadas! Ela não quis aceitar o fato de que ela sabia que eu era *gay*. E foi um erro, porque, ao invés de eu me abrir com ela de uma forma mais paulatina, mais pensada, eu deixei passar, como se as coisas não ditas não precisassem ser ditas. E, no dia em que eu disse, ela reagiu de uma forma extremamente agressiva. Eu me lembro que fiquei tão tocado com isso que, quando desliguei o telefone, meu namorado me perguntou o que tinha acontecido. E eu só tinha vontade de chorar. Peguei o telefone, liguei pra minha madrasta e disse: '[nome], minha mãe não aceitou.' E ela respondeu: 'Mas o que você podia esperar, meu filho? Você precisa ter paciência com sua mãe.' Isso quer dizer que quem me serviu de mãe naquele momento foi a mulher do meu pai. E foi engraçado isso, porque foi uma primeira reação. A minha segunda mãe, que nunca chegou a ser uma segunda mãe, nesse momento, foi. E minha mãe foi ajudada por vários amigos meus, principalmente por uma amiga minha, que foi namorada do meu irmão e minha aluna por vários anos. Ela foi conversar com minha mãe, foi fazer a cabeça da minha mãe, que é uma mulher muito aberta e acabou aceitando. Esse processo levou alguns anos e culminou em maio do ano passado, quando recebi um presente da minha mãe... e tenho muito orgulho em dizer isso, apesar de ser um orgulho meio entristecido. [comovido] Bem, eu tinha me separado de um rapaz com quem morei durante seis anos. Na verdade ele se separou de mim. Eu fiquei muito mal e recebi dois presentes. Fui a [nome de cidade] e encontrei minha madrasta na casa da minha irmã. Quando eu cheguei e a cumprimentei sorrindo, ela disse: 'Meu filho, esquece o seu namorado [nome], você precisa encontrar um novo amor.' Eu sorrindo na frente dela, e ela lendo através de mim. Isso é segunda mãe, mesmo! E foi a minha mãe que me deu o outro presente. Eu estava na casa dela e, depois do almoço, ela, olhando para o tricô que estava fazendo, sem olhar pra mim, disse: 'Você já tinha sido rejeitado antes, meu filho?' Fiquei sem saber o que dizer e respondi: 'Acho que não, mãe.' E minha mãe, sem tirar os olhos do tricô, continuou: 'Você entende agora o que eu senti quando seu pai foi embora?' Edith, você entendeu que presente eu recebi da minha mãe? [comovido] Ela disse, em outras palavras — e foi assim que eu li: 'Aceito a sua sexualidade, eu equiparo a sua sexualidade e a sua vida amorosa à minha; eu entendo a sua decepção amorosa e não estou fazendo distinção entre hétero e homo.' Esse foi o presente que eu recebi da minha mãe."

[E no trabalho, sabem que você é homossexual?]

"A universidade é um espaço especial, privilegiado. Não se pode comparar a universidade com uma empresa. Numa grande empresa, eu seria muito mais discreto até o momento de ser admitido e ver comprovada a minha capacidade. Aí sim, eu conseguiria me expor mais. Mas, na universidade, não tenho a menor papa na língua. Inclusive os alunos me procuram — tanto meninos como meninas — para pedir conselhos porque sabem que eu sou *aquele*."

[Você nunca teve problemas no trabalho?]

"Na universidade, é muito importante eu me colocar como *gay*. Mas isso já me causou problema. Não em sala de aula, mas por ser denunciado por colegas. E todos eles deram com os burros n'água. Tentaram até atingir a mãe dos meus filhos, que é minha colega de departamento. Então, eu me sinto muito fortalecido na universidade porque esses grupos de esquerda ortodoxa são formados por pessoas que caíram em desgraça muito em função da minha posição *gay*. E tenho muito orgulho de dizer isso. Passei por maus momentos. As manifestações de solidariedade — inclusive da imprensa de [nome da cidade] — foram tão grandes que essas pessoas tiveram que calar a boca. Não só eu, mas também alunos foram denunciados, vilipendiados, e eu me coloquei ao lado deles. Vejo isso como um papel importante na minha profissão. Como o fato de ficar depois da aula, porque alunos e alunas vêm pedir bibliografia, perguntar se pode fazer um trabalho sobre *gays* no cinema etc. Então, percebo que esse é um tipo de coisa que eu devo fazer porque estou vivendo esse momento histórico, é um lado que ultrapassa minha obrigação profissional, mas que penetra no terreno da militância

[54]   [Edith Modesto]

e da orientação. Esses alunos e alunas vêm de contextos familiares, culturais e sociais trágicos: expulsos de casa... A mãe descobriu que ela, por exemplo, tinha uma namorada... Então, eles vêm a mim buscando um tipo de orientação e eu me sinto na obrigação e tenho prazer em dar. Engraçado é que nunca tive caso com aluno. Não sei por quê, mas existe uma distância. Mas não sou contra quem tenha."

[Qual a importância do apoio da família?]

"A minha família toda me aceita e me defende. Sou um homem abençoado. O que mais poderia esperar?" [comovido]

Vida adulta

[Você se acha bonito, charmoso? Cuida do corpo, preocupa-se com roupas?]

"Sou muito vaidoso. Cuido da minha aparência, adoro me sentir bem e, quando faço ginástica, me sinto bem. Se não treino, não penso direito. Nunca me esqueço que, depois de tantos anos na esquerda me reprimindo, hoje eu percebo o que é ser de esquerda e cuidar do próprio corpo. Quando eu estava fazendo doutorado, meu treinador me convidou para participar de um campeonato de levantamento de pesos. Era na categoria dos quarentões. Aprendi técnicas sofisticadas com ele e ganhei o campeonato. Fiquei muito feliz com o troféu. Então, consegui escrever a tese, porque o treino me deu disciplina. Tenho feito muita ginástica e me sinto mais capaz intelectualmente. Isso faz eu me sentir bem e gostar de mim mesmo. É uma questão de disciplina."

[Você acha que esse cuidado com o corpo é uma característica **gay***?]*

"Em algum momento isso acabou acontecendo, mas os héteros foram atrás rapidinho. Inclusive os *gays* lançam moda, lançam estilos de vida, dança, música. Depois, os héteros vão atrás. Os *gays* saem na frente. Até a moda do básico, não *gay*, jeans e camiseta, foi criada pelos *gays*. Eles estão lá pra receber porrada, então têm de usar as coisas mais arrojadas. Usam brinco antes, bolsa antes, cuidam do corpo antes, forma de dançar... E aí os outros vão atrás."

[Você tem um **hobby***?]*

"Gosto de correr, fazer musculação, dançar, fotografar... Gosto de todo tipo de música.

[Você acha que, à primeira vista, as pessoas identificam você como **gay***?]*

"Sinto um prazer imenso quando, num determinado momento da conversa, com uma pessoa que não me conhece, digo: 'Meu namorado' e a pessoa se espanta. Eu brinco

[Vidas em arco-íris]   **[55]**

com isso, usufruo disso. Pode ser um pecadilho meu, mas eu faço questão. Eu brinco com a expectativa da pessoa e ela desmonta. É o tipo de coisa que uma *bichinha* desmunhecada não vai poder fazer. Mas eu posso e sinto prazer em fazer porque estou desafiando os heterossexuais. E, como ariano, eu adoro desafiar os outros e, se tenho de desafiar alguém, vão ser os heterossexuais. E eu tenho a maior admiração pelo *gay* efeminado, porque é ele que leva porrada, antes de mim."

[Você acha difícil arrumar namorado?]

"Não acho difícil. Mas passo períodos sozinho porque sou romântico, tenho de me apaixonar. Às vezes é bom ficar sozinho, galinhar bastante, paquerar, dançar, sair por aí. Mas, se alguma coisa me toca o coração, eu me entrego na relação."

[Você teve relações com mulheres?]

"Tive relações duradouras com homens e mulheres. Já tive relações duradouras, de alguns anos, e tenho dois filhos adolescentes, um rapaz e uma menina. Minha orientação sexual foi por muito tempo, digamos, bissexual, mas sempre me identifiquei como *gay*... minha libido está muito mais direcionada para o lado homossexual. Nunca me casei. Na nossa geração, quem é que se casava com papéis? Poucas pessoas. Interessante é que minha ex-mulher, a mãe dos meus filhos, casou-se recentemente com um estrangeiro que precisava de permanência no Brasil. Eles se casaram na igreja, foi uma festa maravilhosa e eu fui padrinho. Minha ex-mulher, mãe dos meus filhos, casou-se depois que nos separamos."

[Como foi o relacionamento duradouro homossexual?]

"Eu vivi seis anos com esse rapaz em [cidade], que ajudou a criar os meus filhos, foi o melhor amigo da mãe deles, companheiro de atletismo do marido dela, quer dizer, uma pessoa muito integrada. Vivemos uma relação muito intensa. Nossas casas eram próximas, no mesmo condomínio, quer dizer, era uma coisa aberta. Meus filhos sempre tiveram uma relação muito aberta quanto à homossexualidade, desfilaram junto comigo na Parada do Orgulho Gay, nos Estados Unidos. O meu filho mais velho é adolescente, tem mais de 1,90m de altura, joga basquete, é *bofe*, supermachão... Ele chega pra mim e diz: 'Pai, vai passar um filme *gay* na TV, você quer que eu grave pra você?' É uma gracinha. Minha filha deixa a revista [nome de revista hétero], que fala sobre o assunto pra eu ler e eu digo: 'Filha, eu li a reportagem. Legal, né?' Um dia, o rapaz se separou de mim. Eu tinha um projeto de vida com ele, mas deu um piripaque, aquela volta de Saturno na vida dele, e ele disse: 'Vamos nos separar. Eu preciso ir embora, vou para os Estados Unidos', e ele foi embora. Sempre fui eu quem terminou as relações. Nunca ninguém tinha dito isso pra mim: 'Não quero mais.' Minha mãe

adorava ele, um cara festivo, um atleta olímpico — dardo, disco, 400 metros rasos —,
mas ele adorava se vestir de mulher no carnaval. Era um cara supermasculino, mas
adorava se vestir de mulher. Minha mãe também me deu um presente, no dia em que
ela o chamou no quarto dela e lhe deu a coleção de perucas que ela usara nos anos 60.
Isso queria dizer que ela aceitou esse meu companheiro totalmente. E a aceitação chegou ao ponto dela lamentar comigo o fato dele ter me deixado.”

*[Você contou para os seus filhos sobre a sua homossexualidade ou deixou que
fossem percebendo aos poucos?]*

“Durante anos, nós — eu, a mãe deles, o marido dela e o meu companheiro — nos
preparamos, porque eu achava que quando eles entrassem na adolescência, eles iriam
me rejeitar. Mas eu só tenho recebido manifestações de apoio. Eu nunca deixei de abra-
çar e beijar meus namorados dentro de casa, na frente deles e da mãe deles. Então, pra
eles, isso sempre foi uma coisa muito natural. Eles têm plena consciência da discriminação, que é ‘mal falado’, e estão entrando nesse patamar de compreensão de que eles
têm um exemplo em casa, o que é muito mais contundente, mais verdadeiro e mais
forte. E hoje, eu e a mãe deles temos certeza de como valeu a pena, porque cada vez
que eles vêem um *viado* sendo aviltado, eles têm esse exemplo de casa que é muito
mais sólido, que é o exemplo da casa, da família deles.”

[Você sabe se seus filhos são homossexuais?]

“Sei lá! Quero que meus filhos sejam sexuais, que tenham vida sexual plena e
satisfatória, feliz, seja qual for. Não dá pra saber, porque a gente tem um respeito
tão grande pela privacidade dentro da nossa família, que não dá. O menino tem tido
experiências com meninas. Acho ótimo e dou a maior força, dou conselhos. A menina não está tendo nenhuma experiência ainda. Caso algum deles seja homossexual,
eu me sentirei capacitado para orientar naquilo que for necessário. E eu não ficaria
triste, porque eles são privilegiados. Estão sendo criados numa família que lhes dá
todo o instrumental necessário para enfrentar essa situação muito melhor do que o
que eu tive.”

[Você está casado, atualmente?]

“Estou noivo. A gente não mora na mesma casa, mas numa quadra ao lado da outra. Eu
divido o apartamento com um amigo meu e ele divide o apartamento com um amigo
dele. Estamos juntos todos os dias, mas não estamos comprando casa juntos. Não
estamos casados, nesse sentido. A gente divide as responsabilidades, naturalmente.
Por exemplo, eu sou superdesorganizado. Ele sempre me lembra de que estou esque-
cendo a chave. Então, eu conto com ele. Nesses seis meses de convivência, as coisas

[Vidas em arco-íris] **[57]**

vão se encaixando naturalmente. Com o meu outro companheiro, com quem morei durante seis anos, também era uma coisa natural. Eu sabia que eu teria de arrumar as roupas que ele deixava espalhadas pelo chão, em compensação quem levava meu filho pra assistir ao campeonato de surfe era ele. Isso é uma coisa natural que acontece na convivência com quaisquer pessoas. Eu já vivi em comunidade, nos anos 70, já morei em repúblicas... Então você descobre os seus talentos pra algumas coisas. Sei que vou ter de lavar a louça, mais do que o meu amigo que mora comigo, mas ele vai ter outras contribuições no cotidiano. Agora, eu optei por vir fazer o meu pós-doutorado em [nome de capital], pra ficar perto da minha mãe, que está com 83 anos, e do meu irmão que está morando com ela. É ela quem cuida dele. Ele está vivendo uma fase de angústia e depressão. E depressão, hoje eu entendo, é doença. Ele está doente e não se convence disso."

[No seu casamento anterior, havia papéis definidos? Alguém era o cabeça do casal?]
"Na minha convivência de seis anos com o meu companheiro [nome], de certa maneira, sim. Porque eu tinha a renda mais importante, era o dono da casa, antes dele ir morar lá. Quer dizer que há uma série de ajustes que são naturais. Mas, cabeça do casal no sentido de vamos casar na igreja, eu sou o noivo e você é a noiva, portanto eu sou o cabeça do casal, é papo furado. Sou de uma geração que questionou esses valores."

[Você já sonhou com um relacionamento que durasse a vida toda?]
"Não. Que coisa chata! Sonho com uma coisa que consegui poucas vezes na vida e consegui com a mãe dos meus filhos: manter uma relação de amizade depois de terminar um caso."

[Você já transou com alguém que acabara de conhecer? Você já pagou, já recebeu pra transar?]
"Claro que já transei com quem eu acabara de conhecer. Várias vezes. Mas, atualmente, é muito esporádico. Eu nunca paguei a ninguém pra transar comigo e também nunca me prostituí. Sei que tem gente que gosta de pagar. Faz parte da sua fantasia sexual, mas isso não faz parte da minha. Gosto muito de pensar, de saber, de viver uma relação sexual, mesmo passageira, que seja de igual para igual."

[Você toma cuidados com as doenças sexualmente transmissíveis?]
"Eu tomo cuidado com doenças, mas não acho que ser homossexual, atualmente, facilite o contágio pela Aids. Acho que se eu tiver uma relação esporádica com alguém da comunidade homossexual, as chances que tenho de encontrar um parceiro consciente e cuidadoso são muito maiores do que no meio heterossexual. Mesmo assim, sei que

[58]   [Edith Modesto]

tem muito homossexual que não usa camisinha, mas os héteros são em muito maior número. Quanto às doenças sexualmente transmissíveis, estou muito mais preocupado com meus filhos que estão se iniciando agora. Tanto que estou seguindo os conselhos de um amigo meu que é pediatra... Ele me deu indicações bem precisas de como me comportar com o meu filho, que está aprendendo a se masturbar com camisinha, porque ela tem de fazer parte da fantasia sexual, não pode ser aquela coisa broxante. Tenho de dar camisinha pra ele se masturbar e não somente pra transar com a menina. Meu filho é muito correto e, há uns dois anos, quando eu lhe dei a camisinha e o gel ele disse: 'Está legal.' E, quando ele sai pra alguma festa, eu pergunto se ele está com uma camisinha no bolso."

[Você acha que tem sido um bom pai?]

"Eu sou bravo, mas nunca bati nos meus filhos. Acho que sou um bom pai e sei que eles me amam muito. Só vim fazer esse pós-doutorado aqui porque eles já estão crescidos."

[Qual foi a época mais feliz da sua vida?]

"É agora. Estou sendo muito feliz nesse momento. Estou contente por morar em São Paulo outra vez, quero voltar pra cá, me aposentar e trabalhar aqui."

[Qual foi a sua maior derrota?]

"Acho que tive umas derrotas bem feias... como não compreender a situação do outro e ser ousado demais em momentos equivocados, não só em relação à minha mãe, mas em relação a colegas. Por exemplo, coloquei uma das minhas melhores amigas em uma situação comprometedora, desnecessariamente, e depois me arrependi. Já vivi muitos arrependimentos... não se pode falar da sexualidade dos outros, cada um que fale da sua."

[Qual foi a sua maior decepção?]

"A minha maior decepção é ver meu irmão, talentoso e heterossexual, afundado na própria angústia, depressão. E a coisa que mais me preocupa é convencê-lo a fazer pisicoterapia. Ele está doente e não se convence disso. Essa está sendo uma decepção muito grande pra mim. Ele era um homem bonito, talentoso..."

[Quais são os seus planos para o futuro?]

"Voltar a morar aqui, trabalhar aqui. Está sendo uma perspectiva profissional muito boa. E amar muito."

[4] Depoimento de Caio

"Ele foi o meu primeiro amor.
Ainda estou no meu primeiro amor que deu certo... [risos]"

Caio

Infância

"De quando eu me lembro, com 5 ou 6 anos, eu sempre brinquei com meninos e meninas. Eu gostava de brincar de carrinho, de brincar com terra, porque meus pais sempre tiveram sítio, chácara, e meus avós também. As brincadeiras eram masculinas, sempre construindo coisas. Jogava bola, mas não futebol. Eu era ruim, mas meu pai também não jogava porcaria nenhuma de nada, tem essa relação. Então eu fui a pessoa que teve alguma masculinidade de jogar vôlei, de jogar tênis, nadar, correr, uma série de coisas, mas nunca joguei futebol porque achava difícil demais para mim. Quando, na quinta série, tive que jogar foi um terror, na educação física, porque não sabia jogar. Então passava vergonha e não jogar bem era uma coisa de não ser macho, então tinha aquela coisa assim: 'Ah... ele não é muito macho, né?' Tinha insinuações na escola, na quinta e sexta séries, mas nunca foi uma coisa muito grave."

Adolescência

"Meu maior amigo foi com quem eu tive contato homossexual, aos 13, 14 anos. Eu o conhecia desde pequeno e o engraçado é que, aos 12 anos, eu tinha todo um desejo pelo sexo oposto, porque o grupo de amigos tinha aquela coisa de revista de sacanagem e o acesso que você tem é revista de sacanagem heterossexual, não é? Depois é que eu comecei a perceber que tinha sonhos com os atores de televisão, aquelas fantasias, aquelas coisas... E aos 13 anos e meio tive minha primeira experiência sexual, que foi com esse meu melhor amigo, e essa relação durou dos 13 aos 21 anos. Não foi um amor, foi uma experiência sexual, porque a gente era amigo... E ela foi diminuindo, porque depois eu fui fazer faculdade em outro local. Engraçado é que hoje a gente

[60] [Edith Modesto]

não é mais amigo. Estranho que, quando eu percebi que era homossexual, eu ainda não tinha realizado [fisicamente] isso. Mas não tive problema. Quando eu tive a primeira experiência sexual com esse meu melhor amigo, ele me disse: 'Amanhã você vai se sentir muito mal, vai chorar, vai falar eu sou culpado, eu sou errado, porque eu senti isso.' Eu não me senti assim. Claro, teve algum pequeno encabulamento: 'Como é que vai ser? Gosto de mulher? Gosto de homem? Os dois?' Eu não sabia, mas não fiquei chateado. Eu tinha 12 anos. Na minha adolescência eu era tímido, mas levei tudo numa boa. Sim, mas não foi amor, assim de beijo, de relacionamento, era só sexo, era uma necessidade física, né? Porque numa cidade pequena, de 70 mil habitantes, no interior do estado, aos 12 anos, você tem pouca coragem de descobrir homossexuais, porque tudo se fica sabendo numa cidade pequena. Então, existia aquele ali, que era a minha possibilidade de ter relacionamentos sexuais, entendeu? E eu tinha outros amigos, com 14, 15 anos, do grupo de teatro — porque faço teatro desde os 14 anos —, que também eram homossexuais, e havia festas, encontros, mas eu nunca tinha nada com esses amigos no sentido sexual, ou namoro, ou afetivo. Na minha adolescência, eu fui tímido, até os 17 ou 18 anos, não tinha muitas oportunidades e tinha essa coisa das meninas..."

[As pessoas da cidade comentavam alguma coisa sobre você?]

"As pessoas na cidade, algumas faziam comentários que eu era meio efeminado, porque eu tocava piano muitíssimo bem, tinha talentos artísticos... Mas acho que sim, que tinha alguns trejeitos, não jogava futebol... Isso não importa muito mais para as pessoas hoje, mas há 10 ou 15 anos atrás isso importava demais. Mas eu jogava muito bem tênis e vôlei, de uma forma masculina. Inclusive me vinguei, porque na quinta e sexta séries é aquela coisa, porque educação física é futebol, quando entrei na sétima série, eu jogava vôlei muitíssimo bem, e eu me vingava daqueles que tinham feito coisas comigo."

[Você teve uma adolescência feliz?]

"Eu não tive uma adolescência feliz, porque acho que não tinha maturidade suficiente para estar à vontade no mundo com a minha homossexualidade, porque morava numa cidade pequena, então não havia muitas pessoas como eu que pudesse conhecer, porque quase todo mundo ali era hétero. Claro que existiam! Eu sabia que havia homossexuais ali no meio, mas eu não sabia perceber direito, então eu ficava pensando quais seriam os possíveis. Então era uma solidão de não ter papo com a família, de ter uma cidade pequena e preconceituosa, de não existir possibilidade de achar seus iguais... Me sentia muito sozinho. Me sentia até feio, e falava: 'Pô, nada acontece...' Quando fiz o colegial [ensino médio], no terceiro ano eu só estudei."

[Vidas em arco-íris] **[61]**

[E na universidade?]

"Entrei na universidade e aí comecei a sair um pouquinho mais. Ia a boates, mas ia a boates héteros, também porque os meus amigos da faculdade eram héteros... Eram pouquíssimas as pessoas homossexuais naquela época, ou que eu podia perceber. Eu tinha 17 anos."

[Você já transou com mulher?]

"Já, quase, uma vez. Quando eu tinha 16 ou 17 anos. Eu estava numa festa do meu grupo de teatro e uma menina se insinuou a noite toda e eu acabei ficando com ela. Fomos para um quarto, na festa, e a gente, vamos dizer assim, teve um envolvimento sexual, mas não teve penetração. Eu quis, e ela falou que não porque ela era virgem. Não sei se era, entende? Nem é uma coisa que me atraía, a vagina. Me atraem o seio, as nádegas... Acho o corpo da mulher muito bonito, mas a vagina não me atrai. Não houve penetração porque ela não quis. E foi uma curiosidade minha, na época."

A revelação

"Acho que meus pais não perceberam que eu gostava de meninos. E nem eu falei nada, embora o menino, meu amigo, fosse à minha casa. Minha família é religiosa e todas as segundas, quartas e sextas-feiras meus pais iam à igreja. Eu nem sempre ia, ia uma vez por semana. Então, nesse horário — das oito às nove — meu amigo ia na minha casa e a gente transava [risos]. Às vezes eu ia na casa dele. E cinco pras nove ele saía. Eu era muito esperto. Naquela idade [pré-adolescência], eu não sentia necessidade de falar com ninguém mais velho e também achava que eles não compreenderiam. Comecei a sentir necessidade de falar, muito tempo depois, já adulto. E eu nunca me declarei pra cidade como homossexual, pois, aparentemente, sou heterossexual. Hoje não tenho mais problemas. Não tenho necessidade de ficar declarando. Não tenho problema de ser homossexual pra ninguém, a não ser para meu pai e para minha mãe, que ainda não sabem até hoje. Nunca tivemos uma conversa nesse sentido. Eles devem saber, com certeza, porque sou casado, moro com homem, essas coisas todas, mas... Não conversam sobre. Às vezes, até não sabem mesmo... Ficam se enganando, né? Eu ainda não contei para eles, porque vou ter que passar por toda uma fase de explicar anos de convivência, até eles julgarem que meu companheiro é bom para mim e de que sou feliz com aquilo, porque é muito diferente deles. Eles estão com 60 anos

[62] [Edith Modesto]

e vieram de uma geração onde a homossexualidade era tudo clandestino, não podia existir, né? Então, para eles ainda é complicado."

[Como você gostaria que fosse?]

"Quer saber como eu me sentiria extremamente feliz? Com meu pai e minha mãe sabendo e, no Natal e Ano Novo, eu não ter mais que optar com quem vou passar, porque eu não posso levar o meu marido lá, assim como o marido da minha irmã está lá... Eu queria levar o meu marido lá e não ter perguntinhas como: 'Quem é o homem, quem é a mulher', aquelas indagações. Por isso não conto para o meu pai e pra minha mãe, porque não estou mais disposto a passar por isso. Acho que vou acabar contando, vou ter que ter forças... Quando esse livro ficar pronto, acho que vou dar o livro pra eles lerem... [risos]: 'Olha, papai e mamãe, isso é uma prévia pra vocês entenderem melhor... [risos]"

[Você acha que eles foram criados de outra forma e você não quer entristecê-los?]

"Se eu expressei isso foi bobagem. Acho que o ser humano tem é que crescer. Eles estão com 60 anos, têm aí 20, 30, 40, não sei quantos anos de oportunidade pra continuar crescendo... E se você perde um preconceito que você tem, se você é capaz de amar o seu filho com aquela diferença dele — odeio essa palavra —, por ser diferente deles, é porque você evoluiu como ser humano, espiritualmente. Não sinto pena, não, acho é que eles deveriam ter essa chance na vida. Assim como eu dei essa chance pra minha irmã e ela só começou a mudar depois que eu comecei a cobrar, depois de quatro anos: 'Você precisa mudar, você sabe há quatro anos e continua a deixar o meu marido de lado, você me chama pra ir na sua casa e não chama ele... Eu vou começar a te excluir da minha vida, porque cada vez mais eu tenho um casamento e, se você não aceita o meu casamento, naturalmente, eu vou conviver mais é com quem aceita o meu casamento...'"

[Você já foi discriminado em lugares públicos?]

"Acho que sim. É tão engraçado... A única vez foi justamente numa agência de publicidade, onde não deveria haver esse problema, né? A produtora, que estava gravando o teste, falou: 'Olha, você é um excelente ator, seu teste é maravilhoso, mas em alguns momentos você está *viadando* um pouquinho.' Eu dei risada e falei: 'Pode deixar que da próxima vez eu vou gravar o melhor possível'. Gravei e ela falou: 'Você, realmente, é um excelente ator.' [risos] Essa coisa de 'se você for trabalhar nessa empresa, você não vai poder falar que é *gay*'... é essa a verdade. Conheço executivos da [nome de multinacional] que, se falarem que são *gays*, vão perder o emprego. Na maioria das empresas... Isso é um saco, acho que vai chegar um dia em que não terá problema."

[Vidas em arco-íris]   **[63]**

Vida adulta

[E você se acha bonito?]

"Bom, eu sei que não me encaixo no meu padrão de homem bonito, porque não sou extremamente masculino. Mas me acho uma pessoa bonita, sim. Já cuidei mais da minha aparência mas, hoje, o meu trabalho me toma muito tempo e é uma coisa que está me incomodando... Eu me preocupo com roupas, minhas roupas são bonitas... Hoje eu não tenho problemas, antes eu tinha preconceitos com roupas que achava um pouco efeminadas... Hoje não tenho mais isso, acho até muito bonitas, desde que se tenha bom gosto, eu gosto de combinar cores. Em relação à minha aparência, acho que eu precisaria ser um pouco mais fortinho, não por causa dessa moda musculosa, que está superligada ao homossexual, essa coisa do corpo... Então tenho essa preocupação: sou uma pessoa que cuida da pele, cuida do cabelo..."

[Você acha que, à primeira vista, as pessoas sabem que você é gay*?]*

"Hoje em dia, acho que sabem, mas não acho que é qualquer pessoa, não. Quando contei pra minha irmã, há quase cinco anos, ela falou que não imaginava... [riso]. Achei uma coisa tão absurda, porque pra mim já era claro que ela sabia. Tenho amigos que me dizem assim: 'Você é uma pessoa brincalhona, muito divertida. Antes de você ter intimidade e fazer essas brincadeiras, você não parece *gay*.' Mas acho que muita gente sabe, sim, que eu sou *gay*... Principalmente os *gays*. [risos]"

[Você tem um hobby*? Gosta mais de fazer o quê?]*

"Olha, Edith, sou uma pessoa que, aos 28 anos, já experimentei muita coisa... Eu já joguei tênis, vôlei, sou formado em piano clássico, fiz faculdade [profissão], sou ator, já fui produtor, tive uma empresa de produções culturais e hoje tenho um [nome de empreendimento comercial]... Então já experimentei tantas coisas e gosto delas todas. Acaba sendo uma característica da minha personalidade fazer várias coisas diferentes. Hoje, eu escolhi uma coisa que desse dinheiro... Estou procurando essa coisa e aí fazer teatro e as coisas que me dão prazer, que seriam vários *hobbies*, vamos dizer assim."

[Você só tem amigos gays*?]*

"Teve um tempo que passou pela minha cabeça um certo preconceito contra heterossexual, mas foi tão rápido... Porque tenho amigos maravilhosos heterossexuais, tão maravilhosos quanto os homossexuais..."

[Você tem namorado? Já teve?]

"Com 19 anos, eu encontrei alguém e namorei uns três ou quatro meses e terminei. E hoje eu acho que fui imaturo por ter terminado tão cedo, porque eu gostava dele e ele

[64]   [Edith Modesto]

gostava de mim. Depois eu tive vários, assim de um mês, e o que dificultava era que todos eram de outras cidades próximas, nunca de [nome da cidade], onde eu vivi por cinco anos e meio por causa da faculdade. É porque eu convivia num grupo de héteros e eu gostava muito daquelas pessoas, que eram meus amigos da faculdade e são meus amigos até hoje, embora eu não tenha contado da minha homossexualidade pra eles. Mas eles nunca me fazem perguntas sobre a minha namorada, por exemplo. Devem saber, está claro. Todos se casaram... Eu convivia com eles e me sentia feliz. Depois vim para [capital] e daí a um ano e meio eu conheci o meu namorado, que hoje é o meu esposo há cinco anos e pouco."

[Como você conheceu o seu esposo?]

"Foi assim: vim pra [capital] pra fazer teatro, logo que acabei a faculdade. Foi ótimo. E depois de um ano, eu fui fazer matérias na Escola de Artes Cênicas como aluno especial e foi lá que vi o meu namorado. Na terceira vez, a gente se encontrou e ficou um olhando para o outro de longe e veio aquela coisa... Eu, muito decidido, fui andando em direção a ele, que estava parado. E foi uma coisa muito forte, mas foi uma atração sexual que não rolou. É engraçado como é o relacionamento que dá certo, né? A gente ficou nessa coisa de se paquerar e de saber se era isso ou aquilo, durante uns 25 dias a um mês quase, pra acontecer alguma coisa... Aí, depois de uns 25 dias, conversando sobre problemas pessoais meus, eu fui ver uma sala em que ele trabalhava na faculdade e a gente acabou ficando junto, assistimos à aula depois e fomos pra casa dele e transamos pela primeira vez. Foi ótimo. Dali a dois dias, nos encontramos e transamos pela segunda vez e, no terceiro dia, saímos pra passear, pra ir ao cinema, e ele já me apresentou pra todo mundo como namorado dele. Hoje ele é formado, dá aula de interpretação teatral, está em cartaz com um espetáculo que ele dirigiu, que eu acho o máximo, acho lindo... E, a partir daí, dormimos juntos quase todos os dias... Foi uma paixão muito forte mesmo, que dura até hoje, com as crises normais."

[Vocês foram morar juntos?]

"Eu tenho um apartamento de dois quartos em [bairro] e sempre morou alguém comigo. E apareceu uma oportunidade. Aí eu convidei: 'Vamos morar juntos?' Fomos e estamos juntos até hoje. Estamos completando cinco anos de relacionamento. Há dois anos, estamos morando juntos. Eu sempre sonhei ter um relacionamento que durasse toda a minha vida. Coisa de príncipe... [risos]"

[Você pensa em casamento legal?]

"Eu gostaria de deixar herança pra ele, uma vez que eu tenho uma família que não participa da minha felicidade conjugal. Quem participa da minha felicidade? Só o meu esposo... então, pra mim, o fruto material do nosso casamento é pra ele. Por exemplo, minha irmã não participa... Dei a ela a chance de participar e até hoje ela não participa. Inclusive, tendo essa lei ou não, eu vou deixar tudo no nome dele..."

[O que você sonha fazer, que vai demorar tanto assim?]

"Sonho estar supertranqüilo financeiramente — acho que no país de hoje está difícil para a pessoa começar a evoluir, parece que antes era mais fácil. Teatro sempre foi e a parte financeira está demorando cada vez mais [risos]. Fazer arte parece que não combina com dar dinheiro, pelo menos no Brasil.

[Como é o seu sonho de homem?]

"Ele [o esposo] não é o meu sonho de homem, não! [risos] Meu sonho de homem é um que parece o sonho comum de todos... Um homem de terno, bonito, branco, de cabelos pretos, com uma característica masculina, bem cuidado, culto... Tipo empresário. Não envolve dinheiro, envolve bem-apessoado, boa postura, entende? Mas ele foi o meu primeiro amor. E ainda estou no meu primeiro amor que deu certo... [risos] E ele não é o meu sonho, é totalmente oposto. Ele é negro, pobre, é totalmente diferente de mim, embora seja a pessoa mais culta que conheci na minha vida. Mas não é a pessoa mais culta no sentido de conhecimento acumulado, estudando, fazendo faculdade... Tem muita gente assim. Ele também é isso, mas é uma pessoa dotada de uma forte capacidade de observação e de pegar isso e transformar em trabalho muito forte. Uma pessoa que venceu na vida e veio de uma família pobre, pobre... Então é uma pessoa por quem eu tenho uma admiração, assim... Se a gente ficar sem dinheiro nenhum e não tiver o que comer, ele inventa alguma coisa e eu como superbem por causa dele. Então é uma pessoa que tem capacidade... Então ele é um pouco um sonho de homem. Eu admiro demais isso nele."

[Dentro de casa, como você e seu companheiro dividem as tarefas?]

"Essa é uma pergunta muito legal porque, olhando para um e para o outro, ele parece muito mais masculino do que eu, mas a parte administrativa e financeira da casa quase sempre é minha. Ele cozinha muitíssimo bem e eu não gosto de cozinhar. Na divisão de tarefas em casa, eu tenho as tarefas mais masculinas. Às vezes, do ponto de vista heterossexual, eu sou a esposa que deita no colo e pede conselhos também, porque eu acho ele muito mais vivido do que eu. Hoje, acho que já estou quase me equilibrando com ele... [risos]"

[Você acha que foi sorte vocês ficarem juntos, serem felizes juntos?]

"Eu sou feliz, porque tenho um casamento... Mas houve crises no meu casamento... Uma separação há dois anos e, pouco a pouco, a gente voltou e procurou uma tera-

[66]   [Edith Modesto]

pia de casal. Muito casal heterossexual se separou e nunca mais voltou. Ficar junto muito tempo, o que as pessoas consideram felicidade, é uma capacidade de amadurecimento individual, heterossexual ou homossexual. Por exemplo, acho o meu casamento muito mais feliz do que o da minha irmã. Por causa do preconceito, não vão falar que eu sou mais feliz do que ela, não é? Eu vejo ela e meu cunhado brigando, ela gritando com ele, dando ordem pra ele, desprezando ele. Eu respeito o meu marido pra caramba, e ele me respeita pra caramba como indivíduo. Acho que a gente é tão mais resolvido que eles... O meu casamento é mais feliz do que o dela, mas vai falar isso pra ela... [risos]"

[Você já transou com alguém que você acabou de conhecer? Você já pagou pra transar?]

"Já transei com pessoas que tinha acabado de conhecer, inúmeras vezes. E nunca me arrependi ou me senti mal por isso. Também já paguei pra transar e foi sem o menor problema e vou explicar por quê. Um deles, eu nem sabia. Ele me falou no final, depois, e eu não paguei. Eu convenci ele de que ele não tinha me dito, que aquilo não era justo e que eu não tinha dinheiro. Na verdade eu tinha, entendeu? Porque era uma questão assim: 'Imagina, pagar pra isso? Eu sou bonito, todo mundo me paquera, eu tenho quem eu quero, vou pagar pra quê?' A segunda vez eu paguei, não porque ele era michê — por que eu ia pagar um michê? —, mas porque eu gostei daquele cara e porque eu achei tão barato... Eu falei: 'Que barato, que tonto, que idiota.' E a terceira vez — eu falei que foram três — foi porque eu achei o cara lindo, maravilhoso, e eu convidei. As três vezes foram ocasionais."

[E você já recebeu alguma coisa para transar com alguém? Presente, dinheiro ou favor?]

"Eu tive uma história muito forte nesse sentido, que é assim: quando conheci meu esposo, daí a uns 15 ou 20 dias, eu me senti rejeitado pelo meu esposo... E eu conheci um outro cara naquele dia, um cara com muito dinheiro."

[E como foi a história com esse cara endinheirado? [riso]

"O que eu chamo de muito dinheiro... O cara tinha muitas empresas e aquilo me seduziu, porque eu era jovem, segundo ano em [nome de capital], querendo ser ator, você já vê a possibilidade de um patrocinador, aquelas histórias, né? Era um interesse financeiro, mesmo! Não era um tipo que me atraía. Então, rolou assim: eu tentei ter um relacionamento com esse cara, contei para meu esposo e ele falou: 'Vai, e veja o que você quer, você é novo, não posso impedir sua vida, a gente acabou de se conhecer...' Eu fui, vi o que eu queria, tentei uns dois ou três meses, mas era uma droga. Eu ia

[Vidas em arco-íris] **[67]**

comprar empresa junto com o cara, ver galpões industriais... O combustível do meu carro ele punha nos postos de gasolina dele... Minha vida ficou linda, mas eu nunca pedi dinheiro pra ele. Dele pra mim existia uma relação, não de pagar, mas de me levar no melhor restaurante, de me levar não sei o quê... Então tinha essa relação e eu tentava fazer uma situação: 'Olha, não é, eu não estou aqui pra isso', mas era, sim, porque eu tentava que virasse um relacionamento para que eu aproveitasse de coisas muito maiores depois, uma coisa bem interesseira mesmo. Só que não deu certo. O motivo era que eu amava meu esposo, estava apaixonado... O que eu queria, na época, era sentir também pelo outro esse amor, para poder ficar com as duas coisas: o amor e o dinheiro. Claro, ninguém é tonto. Mas não rolou isso."

[Você sabe por que não conseguiu amar o cara?]

"Ele não conseguia se envolver. Hoje eu tenho uma hipótese do porquê disso tudo. Ele faleceu, não sei se foi de Aids, o que é que foi, mas ele não me beijava direito, não transava comigo... Era uma coisa assim a distância, eu acho que ele tinha Aids e me protegia, entendeu? Eu acho que sim, porque liguei pra ele um bom tempo depois, assim um ano e tanto que eu não o via mais, e ele estava no hospital. Aí eu liguei daí a um mês e ele tinha falecido, segundo a família, de câncer disseminado. Pode ser de câncer, mas pode não ser, e eu acho que ele me protegia. Bem, voltando à história do dinheiro, então não rolou essa história, eu escolhi mesmo o amor. Então, assim, hoje, quando lembro disso, tenho um orgulho tão grande, sabe?"

[Você se preocupa com doenças?]

"Muito, muito... Sempre. Encanações assim absurdas, sempre de camisinha. Não tive uma vida sexual como gostaria de ter tido. Não tenho até hoje, por causa da Aids. É uma coisa horrível porque acho que a minha geração... Quando eu tinha 17, 18 anos, eu comecei assim a despertar mais fortemente para o sexo, já estava essa coisa assolando, muito chato, né? Eu acho horrível."

[Qual foi a época mais feliz da sua vida?]

"A época mais feliz foi o início do meu relacionamento, que foi a época da paixão com o meu esposo [nome], e eu estava em cartaz com a peça que eu tinha produzido e estava tudo lindo, maravilhoso!"

[Qual a época mais infeliz?]

"A época mais infeliz da minha vida foi quando eu me separei dele, durou uns dois meses. Foi depois de dois anos e dois meses de casado. Foi uma crise da gente. Essa época foi a mais infeliz, de chorar constantemente. A gente fazia terapia de casal... Porque partiu dele a separação, mas eu queria ficar com ele e ele não sabia... A gente

[Edith Modesto]

fez terapia e isso se resolveu e graças a Deus estamos juntos. Nós dois ficamos extremamente doentes, todas as doenças do mundo nós tivemos... Foi grave."
[Quais são os seus planos para o futuro?]
"Trabalhar pra ganhar dinheiro, pra fazer teatro tranqüilamente, me expressar como artista."

[5] Depoimento de Cláudio

"... Veio o resultado definitivo do exame dele,
com carga viral e tudo,
e ele simplesmente morreu por dentro."

Cláudio

Infância

"Minha infância, pra não dizer que foi uma merda, foi algo muito perto disso. Bem, eu sabia ler e escrever desde muito pequeno, até que um dia meu irmão — que é cinco anos mais velho que eu — pediu pro meu pai um computador, que ele queria fazer curso. Bem, meu pai deu o computador pra ele, ele fez dois dias de curso e largou mão. Daí, o computador parado lá em casa, eu lá sem fazer nada, um belo dia achei o manual do computador, inclusive com um manual de como programar em *Basic*, eu tinha 6 anos... Nem preciso dizer como foi a escola, né? Só não tinha amigos, porque eu achava eles muito burrinhos... Bem, além do computador, eu era uma criança normal. Meu pai e minha mãe não se davam bem e uma coisa que marcou a minha infância foi que eu não podia ganhar nada de minha mãe, porque meu pai ameaçava quebrar. Me lembro que eu queria muito um autorama, mas minha mãe dizia sempre que era caro, até que eu fiz uma proposta pra ela, coisa de criança. Eu ficava sem ganhar nada por um ano e ela me dava... Ela topou na hora. Faltando mais ou menos um mês pra ela comprar, meu pai disse a célebre frase: 'Se comprar, eu quebro.' Não deu outra, chegou o Natal, eu ganhei o autorama. Dois dias depois,

[Vidas em arco-íris] **[69]**

quando voltei do clube, cheguei no meu quarto e só encontrei os pedacinhos do autorama. Comecei a chorar feito um doido, me lembro que meu pai entrou no quarto e, quando me viu, eu vi uma espécie de sorrisinho sarcástico na cara dele, tipo: 'Bem-feito, se fodeu, não avisei?' Aquilo me deu uma raiva tão grande, mas tão grande, que eu parei na hora de chorar, olhei pra cara dele bem sério e disse: 'Você não é meu pai, nunca mais falo com você!' E comecei a jogar tudo o que eu encontrava na minha frente nele. Voltei a falar com ele exatamente uma semana antes de ele morrer. Depois daquela data em que ele quebrou o meu brinquedo, foram Natais e Natais que na hora da família reunida para a entrega de presentes, eu deixava sempre uma caixa sem abrir em cima da mesa. Era o que ele tentava me dar. Não sei... Hoje, às vezes, me arrependo de ter sido tão cabeça-dura... Na escola eu sempre fui viciado em matemática e em debates onde entrava alguma coisa de educação social, leis ou história. Sempre fui representante de turma, presidente do grêmio estudantil no segundo grau [ensino médio] e fui presidente do centro acadêmico na universidade, no segundo ano. Mas meu maior prazer, daquela época até hoje, sempre foi o computador. Me lembro a primeira vez que eu desenvolvi uma fórmula matemática pra um programa, que funcionou perfeitamente e reduziu o programa quase pela metade... Sabe, ver aquilo funcionando, parecia uma coisa viva que fluía, a sensação foi quase de ter tido um orgasmo! Sem exageros, eu tinha 9 anos, ninguém me agüentava mais, eu explicando pra todo mundo como tinha chegado àquela solução. Meu pai me chamava de '*viado*' desde pequeno, por quê, eu não sei. Nunca fui efeminado. Minha mãe nunca falava nada, nada mesmo. Às vezes, eu me sentia filho do vizinho, todas as atenções eram pro garoto enxaqueca [irmão], que só fazia merda, e botava toda culpa em mim. Me lembro que um dia eu passei o dia todo trancado no quarto em cima do meu computador e, de noite, apanhei porque quebrei a vidraça do vizinho com a espingarda de pressão. E não adiantava dizer que não tinha sido eu. A única pessoa que me defendia era minha irmã."

[Você teve dificuldade para aceitar-se?]

"Nessa época, me sentia diferente dos outros, porque sabia que era *gay* e, como eu escutava que isso era doença, eu já tinha ligado *gay* igual a doente; eu *gay*, eu doente. E que teria de ficar quietinho, porque, se alguém soubesse, ninguém mais ia gostar de mim..."

Adolescência

"Na adolescência, eu trabalhava pra me manter, estudava e nunca repeti um ano. A empresa teve um crescimento gigantesco nos cinco anos que trabalhei ali. Eu sabia muito bem que era *gay*; tive, digamos, uma primeira experiência com 13 anos com um cara que era muito mais velho, ele tinha uns 35 anos mais ou menos. Eu não ouso chamar ele de pedófilo, porque fui eu que provoquei e sabia muito bem o que eu queria... Eu praticava natação por obrigação, imposto por mim, me sentia maravilhosamente, esplendorosamente, magnificamente bem e, naquela época, tinha uma namorada por dia, pois eu fazia a linha descartável."

[Você tentou deixar de ser gay*?]*

"Já tentei, com uma superdose de sexo heterossexual, mas só serviu pra me deprimir."

[Você teve com quem conversar sobre o assunto?]

"Eu tive um confidente, digamos, antes de eu começar a minha vida *gay*. Eu conheci um namorado do meu primo de [nome de cidade] e nós tínhamos alguns interesses em comum — eletrônica, computadores etc. Sempre conversávamos à noite, mais ou menos uma hora. Ele era psicólogo, e acho que ele fazia terapia comigo, e foi praticamente ele quem tirou a minha neura de ser *gay*."

A revelação

"Na família da minha mãe, que eram todos liberais, não se importavam muito com o meu primo que é *gay*, fora a minha mãe que atacava ele de diversas maneiras, quando souberam — pela minha mãe, óbvio — que eu sou *gay*, simplesmente sumiram do mapa, o único que ficou foi o meu primo. Quando estourou a bomba na cidade da minha mãe, de um dia para o outro, eu passei de superconhecido a um estranho qualquer. Ficaram somente aqueles que eram realmente meus amigos. Já na família do meu pai, que são todos machistas, daquele tipo de coçar o saco, cuspir no chão e decidir a que horas sai com o carro pra bater em *bicha* na rua, quando descobriram que sou *gay* — a fofa da minha mãe entrou em ação aqui também —, ao invés de me repudiar, simplesmente não me deixaram mais em paz, estavam sempre ligando pra saber como eu estava, se estava precisando de algo, se tinha alguém me incomodando... Depois disso, eu descobri que quem me amava me aceitava de qualquer maneira, quem não me amava, no primeiro problema, sumiu. Por isso, não esquentei muito a cabeça..."

[Vidas em arco-íris]   **[71]**

[Hoje, você ainda esconde que é gay?]

"Hoje, às vezes me escondo ou, pelo menos, me escondo até saber se a área é boa ou não pra se falar algo do tipo. Hoje, eu aprendi a camuflar muito bem, nunca convido ninguém pra ir na minha casa e nunca conto nada da minha vida pessoal a pessoas que eu ache que tenham algum tipo de preconceito, ou que não se definiram a favor ou contra... Acho que hastear a bandeira não é certo: cada um é cada um..."

[Você já foi discriminado socialmente?]

"Me lembro uma vez, quando um cara da universidade descobriu que sou *gay*, e começou a dar indiretas, sempre me fazia de bobo, até que um dia escutei em alto e bom som o meu nome vir seguido de um *bicha*. Só sei que eu perdi a cabeça, e quando me dei conta, estava em cima dele, ele com a cara destruída de tanta porrada que dei, não sei o que desencadeou toda essa violência... Talvez tenha sido uma raiva que vinha se reunindo há dias, mas foi bom pois, depois disso, ele nunca mais falou um 'a' de mim — nem ele nem mais ninguém —, e, mesmo quando assumi ser *gay* com meus amigos, todos me trataram com o maior respeito — não sei se foi respeito à base de porrada."

Vida adulta

[Você se acha bonito? Cuida da sua aparência, das roupas?]

"Não sou ridículo nem bonito. Me cuido, faço a barba, corto o cabelo... Só. Me preocupo com roupas quando tenho de passar... Odeio comprar roupas, sapatos... Normalmente me visto de jeans e camiseta. O meu estilo pessoal de vestir é a primeira calça jeans do calceiro e a primeira camiseta da estante. Acho que não existe nada melhor do que um terno e gravata para os momentos especiais, mas eu não gosto de me vestir, porque realmente chamo a atenção quando me visto... Eu tenho 1,96m de altura e, quando o pessoal me olha, me sinto envergonhado. A minha homossexualidade é indetectável."

[Aonde você vai para conhecer pessoas?]

"Eu vou a um bar que se chama [nome do bar], direcionado a pessoas mais velhas. Todos os meus amigos são homossexuais, inclusive o meu melhor amigo. Amigos hétero, só no trabalho."

[Como você prefere: um homem com um jeito efeminado ou machão?]

"Muito efeminado dá vontade de ficar bem longe... E o moderadamente macho me atrai... Se usar gravata, então..."

[72]   [Edith Modesto]

[No trabalho, você prefere um chefe homossexual, hétero ou não importa?]
"Bem, trabalho é trabalho, você pode trabalhar com um travesti que não faz diferença nenhuma... Contanto que faça o seu trabalho bem-feito e não me atrapalhe. Agora, o único problema que eu tenho, de vez em quando, no trabalho, é com a mulherada, que não larga do meu pé..."

[Você tem namorado? Já teve?]
"Eu tive dois namorados: um, por dois anos, e outro, por cinco anos e meio. Arrumar um namorado é dificílimo, porque todos só querem saber de trepada fantasminha — goza e some —, ninguém quer saber de compromisso... Mas, às vezes, quando a gente está quase desistindo de procurar e partir pro fantasminha, aparece alguém... E te confesso que não tem coisa melhor nesse mundo! Meu primeiro relacionamento longo, eu comecei a ter idéia do que era ser casado, ou melhor, morar junto. Quando acabou, peguei uns seis meses de férias de relacionamento, pensei muito em tudo: onde eu errei, onde ele errou, o que fazer... Daí conheci o meu segundo namorado. Foram cinco anos maravilhosos, tinha tudo, companheirismo, e eu era mais ou menos o chefe da casa, mas infelizmente eu errei numa coisa: mergulhei no trabalho e nos estudos e ele fez o mesmo. Quando vimos, nosso amor tinha virado amizade comum como qualquer outra, mas até hoje nos gostamos muito, nunca discutimos em nenhum momento, nunca fechamos a cara um pro outro, nada... E pra ser bem sincero, nem dizemos um pro outro que acabou. Eu simplesmente vim pra [país] fazer o curso aqui, ele já veio me visitar quatro vezes... Agora falando sobre casamento, de véu e grinalda — putz, ia ser uma briga pra ver quem entrava de noiva —, isso eu sou contra, as religiões são contra o homossexualismo, e não é legal forçar a barra, sou a favor da união civil, direito a herança etc. Eu tenho um contrato de sociedade civil, registrado em cartório, muito bem redigido por um advogado, que, caso eu morra, ou ele morra, aquilo que construímos juntos passa automaticamente pro outro..."

[Você gostaria de ter filhos?]
"Dizem que eu tenho um filho perdido pelo mundo... Se é verdade eu não sei. Ando sonhando muito com adoção, mas tenho medo, medo de não saber educar ele como um pai deve realmente ser... Não tive exemplos decentes..."

[E aí onde você está, arrumou namorado?]
"Deixa eu te contar a minha história com o Clóvis [nome fictício]. Eu vim pra cá, no ano passado, conhecer como era a cidade e fazer a inscrição na escola. Cheguei aqui e no aeroporto eu vi um indivíduo, ele também me olhou muito. Não perdi tempo e fui conversar com ele. Deixei o número de telefone do hotel onde eu estava e fui pro ho-

[Vidas em arco-íris]   **[73]**

tel. Mal cheguei lá, ele me ligou me convidando pra sair à noite... Acabei conhecendo só a escola onde eu estudei e o apartamento dele. Aí eu voltei pro Brasil, porque tinha algumas coisas sérias pra terminar de resolver, e voltei pra minha cidade [nome] poucos meses depois. Chegando, liguei pra ele e digamos que tivemos um início de relacionamento muito bom, até antes do Natal, quando ele esfriou um pouco — acho que o hospital tinha pedido pra ele refazer o exame de Aids, e ele começou a se preocupar. Depois foi tudo às mil maravilhas até janeiro, quando veio o resultado definitivo do exame dele, com carga viral e tudo, e, ele, simplesmente, morreu por dentro. Bem, eu entrei em estado de choque, sempre morri de medo de Aids, mas não sei por quê, ali naquele momento tudo o que eu queria era estar junto dele e dar força pra ele. Mas ele estava tão desconcertado que pediu pra eu dar um tempo a ele. Eu me lembro de que, aquele dia, voltei pro meu apartamento praticamente destruído. Naquela noite, gastei uma fortuna em telefone falando com minha irmã, mas incrivelmente eu não pensava em mim, se eu estava infectado ou qualquer coisa do tipo... Enviei uma mensagem pro Clóvis dizendo: 'Não sei se te amo ou te odeio.' Segunda-feira fui ao hospital fazer o bendito exame, retirei o sangue e conversei muito com o médico. Expliquei toda a história. Eu tinha dúvidas realmente de que o Clóvis soubesse que estava contaminado há tão poucos dias... Depois, fui falar com ele. Quando eu cheguei lá no apartamento dele, estava simplesmente tudo quebrado, encontrei ele chorando e arrumando a bagunça... Daí ele me contou que sabia em que dia ele foi contaminado. Foi logo depois que ele me conheceu. Como ele não sabia se nós realmente iríamos ficar juntos ou não, ele estava na praia, conheceu um, transaram e o preservativo se rompeu. Como ele é passivo, e eles se deram conta disso só depois, ele recebeu todo o esperma infectado... O apartamento demolido foi por culpa da mensagem que eu mandei pra ele. Estive junto dele naqueles dias, até o dia que saiu o meu resultado: deu negativo... Nós passamos mais alguns dias bem, mas via nele, a cada dia que passava, que ele estava cada vez mais frio, não tinha vontade de fazer mais nada, queria ficar só em casa — ele é aposentado e tem 52 anos. A mãe dele tem a doença de Alzheimer, e só tem ele pra cuidar dela... Ele pede pra gente terminar, eu digo tudo bem, chego em casa toca o telefone é ele perguntando se amanhã eu vou lá na casa dele... Então, está mais ou menos assim: eu gosto muito dele, não quero dizer a palavra amo, e o que ele sente por mim, eu realmente não sei... Sei que um dia foi algo muito forte, mas que hoje ele quer acabar com esse sentimento. Faz mais ou menos um mês que eu decidi que ia voltar para o Brasil, porque, se eu ficar por lá, eu vou é ficar louco. Eu gosto demais dele e, ficando perto, eu acho que terei pro resto de minha vida uma situação mal resolvida..."

[Você gostaria de ter um relacionamento que durasse para toda a vida?]

"Eu acho que já tive relacionamentos demais, por favor não me assuste, pretendo que o próximo seja muito longo, e de acordo com minha preferência e idade, não creio que poderei ter um pro resto de minha vida..."

[Você já pagou, já recebeu dinheiro ou presentes para transar?]

"Uma resposta pra tudo isso... Não! Abomino sexo por favores ou dinheiro, e aqui, [país], peguei realmente trauma disso, porque 99% dos *gays* brasileiros que estão aqui são michês."

[Qual foi a época mais feliz da sua vida? A mais infeliz?]

"A época mais feliz foi quando eu tinha a minha agência. O maior fracasso foi não ter continuado com ela por causa de pressão externa. Fui praticamente obrigado a vender a minha parte e, depois que saí, em três meses, a agência foi à falência. A época mais infeliz foi quando o Clóvis descobriu que tinha Aids."

[Quais são seus desejos, seus sonhos para o futuro?]

"As três coisas básicas: Ferrari, *bofe* lindo, bom emprego. O que eu almejo na vida: paz, saúde, estabilidade, amor e carinho."

[DEPOIMENTOS COMENTADOS]

[1] Infância

1.1 Relacionamento familiar

[Como foi a sua infância?]

A maioria dos entrevistados não era próxima ao pai. Alguns externaram a mágoa pelo descaso paterno. Por exemplo:

Flávio — "Meu pai sempre foi muito quieto e na verdade eu sempre me dei muito mal com ele."

Jair — "Meu pai odiava isso... Me perguntava se eu era gay, se queria usar roupas de meninas, já que não gostava de coisas de menino. Eu sempre negava... Eu não entendia o porquê dele agir assim... Não me importava na escola os meninos me chamarem de *viadinho*, mas meu pai? Isso me deixava magoado. Quando brigava comigo, sempre dava um jeito de me chamar de *viado*, maricas e coisas do gênero."

Alguns entrevistados acham que decepcionaram o pai. Por exemplo:

João — "Eu tinha que tomar conta da padaria do meu pai, porque eu era o mais velho... Enquanto estava tomando conta do bar, eu fazia cirquinhos no quintal da minha casa com a meninada... E isso não era considerado suficientemente masculino... Então, eu era um menino suspeito e meu pai percebeu isso de cara e eu fui uma grande decepção pra meu pai..."

Yuri — "A minha sexualidade incomodou muito meu pai. [comovido] Eu via a vergonha estampada no rosto dele. Meu pai não me beijava... Meu pai não me abraçava..."

O paradoxo nas relações afetivas entre os pais e seus filhos *gays* fica evidente o tempo todo. Por exemplo, um pai pediu desculpas pelo seu desamor para com o filho. Por outro lado, esse mesmo filho ficou feliz por ter sido perdoado por seu pai.

[76]   [Edith Modesto]

Yuri — Antes dele morrer, ele se desculpou comigo. Ele disse que eu não parasse de estudar e que eu era um orgulho pra ele. E que ele me pedia desculpas pelo pouco amor que ele tinha me dedicado. Eu também acho que, se existe a necessidade de um perdão pra mim, esse perdão foi dado. Meu pai me perdoou porque eu o fiz sofrer muito..." [muito comovido]

Alguns entrevistados eram muito ligados às suas mães. Por exemplo:
Beto — "Eu sou muito feliz por ter sido criado pela minha mãe, eu podia absorver coisas que são fantásticas dela... Eu não acho que isso influenciou pra minha homossexualidade."
Paulo — "Me dava melhor com minha mãe. Lembro mais da minha mãe, não lembro muito do meu pai. Acho que é porque ele trabalhava fora."

Um dos entrevistados foi muito maltratado na infância.
Lucas — "Eu tinha problema nas perna... Não andava... A minha mãe tentou me matá. Ela colocou uma almofada bem na minha cabeça pra me matá sufocado, a minha madrinha não deixou. Ela chegou em tempo. Ela me levou pro hospital no mesmo minuto. Fiquei sete mês internado... Fui crescendo muito maltratado... Meu pai não trabalhava, minha mãe não trabalhava... E a gente ficava pedindo [esmolas]."

Muitos cresceram em família tradicional, receberam carinho de pai e mãe e se davam bem com eles. Por exemplo:
Danilo — "Me dava bem com os dois, meu pai, muito enérgico, mas gentil, minha mãe muito lutadora e amorosa."
Rodrigo — "Foi uma infância feliz... No interior... Então tinha muita coisa pra se fazer... Pra brincar... Era uma família grande, morava muita gente na mesma casa. Então uma casa muito festiva... Olha, eu acho que não faço diferença entre meu pai e minha mãe..."
Lula — "Eu me dava superbem com meus pais. Meus pais me ensinaram a ser uma pessoa livre... Meu pai principalmente... Meu pai é uma pessoa fantástica, por quem eu tenho a maior admiração..."

1.2 Jogos e brinquedos

A maioria não gostava de jogar futebol. Por exemplo:
Paulo — "Ah, eu tinha horror era de educação física... Jogar futebol. [risos] Não sei por quê, mas a maioria dos homossexuais não gosta de jogar futebol na infância."

[Vidas em arco-íris]   **[77]**

Rubens — "Eu odiava jogar bola, detestava jogar, odeio futebol... Acho que do fundo do meu coração."

Um pequeno número de entrevistados disse que gostava de jogar futebol. Por exemplo:
Pedro — "Eu gostava de jogar bola... É muito engraçado... Na verdade, a maioria das pessoas *gays* não gostam de jogar futebol..."

1.3 Primeiros indícios de homossexualidade

Na infância, alguns preferiam brincar com meninas. Outros queriam vestir-se como elas. Por exemplo:
Ronaldo — "Quando criança, eu sonhava em fazer uma operação de mudança, vestia roupas de minha mãe e sonhava em casar e ter filhos, que deveriam nascer de mim!"
Sérgio — "A única coisa de que me lembro da infância, foi uma vez que eu me vesti com as roupas da minha irmã e meu pai e minha mãe chegaram em casa e meu pai me deu uma surra. Foi a única surra que tomei na minha vida, porque eles não eram desse tipo. Mas meu pai ficou acabado, porque eu estava lá vestido de menina e eu me lembro disso. Foi um certo trauma... Eu devia ter uns 4, 5 anos. Eu estava me achando lindo e estava esperando eles pra mostrar..."

Alguns entrevistados experimentaram sentimentos homossexuais desde a infância. Por exemplo:
Bruno — "Com 10 anos, eu tinha um amiguinho da mesma idade... E por esse menino eu já sentia um tipo de paixão. Eu já sabia. Eu lembro que eu gostava muito do cheiro do corpo dele, e achava ele muito bonito. Numa criança de 10 anos, isso é engraçado."
Marcos — "Mas eu queria dançar com o menino... Eu devia ter o quê? Cinco anos de idade e achava ele mais bonito do que qualquer uma das meninas lá."

1.4 A homossexualidade não é uma opção

Todos os entrevistados disseram ou insinuaram que não optaram pela homossexualidade e vários deles experimentaram sentimentos homossexuais desde a infância. Por exemplo:
Ronaldo — "Eu tinha vergonha de ser homossexual, eu tinha medo da reação das pessoas também. Ainda tenho. Com 5 ou 6 anos eu já percebia que não era igual aos ou-

[Edith Modesto]

tros meninos. Teve uma época em que eu duvidei... Me fizeram ficar confuso. Eu só tive contato com homossexuais após os 10 anos... Aí eu já sabia que era. Infelizmente, não conversei com ninguém. Tive dificuldades de conviver com isso... Hoje, não tanto."

Rubens — "Não gosto de opção, aí eu acho: 'Opa, eu não escolhi nada, não, foi contra a minha vontade.'"

1.5 Sentimentos de inadequação e não-aceitação

A maioria dos entrevistados sentia-se diferente dos outros garotos, desde criança. Por exemplo:

Paulo — "Minha homossexualidade foi percebida por mim desde a infância. Só que eu não aceitava essa condição de maneira alguma. Hoje eu tenho certeza de que sou homossexual e isso não me atrapalha em nada. Já duvidei várias vezes porque não era fácil eu ter que esconder isso dos outros. Eu achava que era o único homossexual no mundo."

Danilo — "Percebi muito cedo, desde os 7 anos, que me interessava por garotos, me sentia mais seguro em companhia deles, principalmente os mais gentis e companheiros. Durante toda a minha vida, 46 anos, neguei a mim mesmo este fato. Foi um sofrimento atroz. Tentei ser outra pessoa. Todo o ambiente em que eu vivia era puramente hétero. Não havia lugar para o ser que eu era. Tinha que ser hétero a qualquer custo, e olhe que tentei de verdade, não conheço ninguém que tenha tentado mais que eu."

Lucas — "Eu percebi que eu era *viado* com 10 ano de idade. Meu pai não quis aceitá. Ele disse: 'Agora que eu não te quero mais aqui! Eu fiz um filho homem, tá?' Eu não falei nada pra ele e fui embora chorando. Eu quis me matá, mas os meus amigos não deixou eu me matá... Aí eu continuei morando com a minha madrinha. Ela não tinha descobrido ainda."

Dois entrevistados tinham irmãos gêmeos, heterossexuais, e falaram sobre como é complicado lidar com essa diferença. Por exemplo:

Miguel — "A minha adolescência foi uma fase mais complicada. Meu irmão gêmeo já estava fazendo amizades, mas a gente começou a ter amigos diferentes. A turma dele era mais de líderes, uma turma mais badalada... E eu fazia parte do grupo dos esquisitos, porque meus amigos eram engraçados: um era gordinho, o outro dentuço... Depois disso [a homossexualidade] ficou difícil e, com 14 anos, acho que eu pensava até em suicídio, mas nunca tentei. Me achava sem saída. Era uma época que a gente

[Vidas em arco-íris]   **[79]**

estava se preparando para a crisma... Eu tinha um embate com Deus [risos], era uma coisa impressionante. Me sentia injustiçado!"

1.6 Preconceitos na infância

Alguns pais e irmãos acreditavam que a influência do ambiente e da companhia feminina tornava os meninos homossexuais e tomaram precauções. Por exemplo:

Jorge — "Sou o caçula de quatro filhos. Sou, além disso, o único homem. Na infância, preocupados com esse fato, meus pais me separaram radicalmente de minhas irmãs. Meu quarto era em um andar diferente da casa, meus horários de refeição, ida para a escola e tudo mais era propositadamente diferente."

Ari — "Uma vez eu fui estudar num colégio montessoriano... E uma das metodologias é fazer trabalhos manuais... E, dentro das opções que a professora me deu, eu escolhi fazer uma tapeçaria. Daí, meus pais foram brigar com a professora porque achavam que aquilo era coisa de *gay*."

Alguns entrevistados também deram importância ao ambiente feminino e de pai ausente em que foram criados. Por exemplo:

Ronaldo — "Prefiro dizer que no meu caso eu nasci assim, pelo menos sou desde tão pequeno que não poderia haver alguma causa... Talvez tenha me identificado mais com a figura feminina... Mas tenho irmãos por parte de pai e eles foram criados sem suas mães, e as meninas não são lésbicas! Tenho primos que, do mesmo modo que eu, foram criados sem seus pais e não são *gays*!"

Rubens — "Eu fui escoteiro desde os 6 anos de idade até os 15. Meu pai era muito ausente, ele estava sempre trabalhando dois turnos, uma coisa absurda."

[E você tem irmãos?]

Rubens — "Tenho, a gente era quatro homens e uma mulher."

[E com esse pai ausente, os quatro homens viraram gays?]

Rubens — "Não, só eu, os outros, pelo contrário, eram bem héteros. [risos]"

Um pequeno número de pais percebeu que o filho era homossexual desde a infância. Por exemplo:

Lucas — "Quando eu tinha uns 5 ano, meu pai dizia: 'Esse menino quando crescer vai ser *bicha*... Tô desconfiando...' Meu pai não trabalhava e a gente ficava pedindo na rua [centro de São Paulo] e ficava olhando carro. A gente morava na favela... A maio-

[80]   [Edith Modesto]

ria é tudo barraco... Rua de terra com água fedida... Os traficante não deixa ninguém na rua depois das 10 hora. Tem de todo mundo entrá pra casa. Se fica na rua, eles te mata mesmo, sem dó. Aí foi passando, eu cresci, tinha 7 ano... Minha mãe entrou nas droga... Conheceu um morador de rua e foi morá com ele. Aí me deu uma depressão e eu fui falá com a minha madrinha: 'Oi, madrinha, minha mãe foi pra rua, abandonou eu e meus irmão... Tem como a senhora deixá eu e meus irmão morá aqui? Meu pai tá bebendo... Batendo na mãe pra caramba... Ela falou: 'Eu só posso aceitá um aqui.' Eu disse: 'Tá bom, então vou eu'... Eu estudei até a sexta... Como não tinha o que de comê dentro de casa, eu parei. Aí tô aqui, continuo na rua, trabalhando de olhá carro."

[2] Adolescência

2.1 A solidão e a vergonha

[Como foi a sua adolescência?]

A maioria relatou como a adolescência foi uma fase sofrida. Por exemplo:

Luís — "Eu me sentia muito solitário... Eu não tinha ninguém para falar sobre as minhas angústias. Eu não tive uma adolescência feliz porque acho que não tinha maturidade suficiente para estar à vontade no mundo com a minha homossexualidade, porque morava numa cidade pequena, então não tinha muitas pessoas que pudesse conhecer. Então era uma solidão, de não ter um papo com a família. Me sentia sozinho, sim. Me sentia até meio feio..."

Paulo — "Na minha adolescência começaram todos os problemas. Já me sentia diferente de todos. Até uns 15 anos, nunca tinha saído para uma danceteria ou bar. Os meninos da escola já não se davam mais comigo. Então comecei a gostar mais da companhia das meninas. Eu era um ótimo aluno e nunca tive namorada. Não gostava de praticar esportes. Não foi uma fase feliz. Meus pais falam que eu era estranho, não gostava de sair..."

2.2 Sinais de homossexualidade

A maioria dos entrevistados apresentou sinais de homossexualidade na adolescência. Por exemplo:

Rodrigo — "Com 10 anos, eu fui abordado por uns meninos... Era abordagem sexual. E eles fizeram porque sacaram alguma coisa mais feminina... Eu era um menino bonito [risos], inclusive de belas coxas e uma bela bunda... Eu lembro que eu andava de *short*, claro, né, nessa idade de 7, 10 anos."

Beto — "Na adolescência, eu começava a ter um gosto estético diferenciado do meu irmão, mesmo pra roupas... Não roupas de mulher, mas eu queria que as minhas roupas fossem diferentes, tinha uma outra cor, tinha um outro jeito, mesmo com cabelo..."

2.3 A homossexualidade não é uma opção

A maioria descobriu-se *gay* na adolescência. Todos os entrevistados disseram ou insinuaram que a homossexualidade não foi uma opção. Por exemplo:

Tiago — "Ninguém opta por ser homossexual. A pessoa é ou não é. A descoberta... Isso é, na adolescência mesmo você sente mais desejo pelo seu amigo do que pela amiga..."

Otávio — "A minha homossexualidade veio crescendo comigo. Fez parte do meu dia-a-dia. Nunca escolhi — e ninguém escolhe — ser, e não teve época, nasceu comigo... Desde que comecei a perceber a diferença entre meninos e meninas, já sabia que gostava de meninos. E nunca duvidei ou tentei trocar a minha sexualidade. Hoje e sempre tive e tenho certeza dela. Ninguém alicia ninguém pra ser homo."

Lucas — "O tempo foi passano... A minha voz começou a mudá... O jeito... Porque, quando eu tinha 10 ano, eu andava normal... Quando foi chegando nos 13... Eu comecei com um modo estranho de andá, de falá, de sentá... Eu falei: 'O que tá aconteceno comigo?' Eu falei: 'Eu não acredito que eu virei *viado*.' Acho que era verdade do meu pai... 'Eu vou ficá com uma menina pra ver se é verdade... Não, eu não tô sentino nada por essa menina...' Entrei em depressão... Não queria comê nada... Só pensava em me matá... Aí eu conheci o [nome] meu amigo. E eu vi que ele era igual... E falei: 'Ele é *viado* também'... E ele é meu amigo. Uma vez ele tentou... Passou a mão em mim... Mas eu não quis e ele acabou pedindo desculpa e tal... Eu disse: 'Normal.'"

2.4 Influência das normas e modelos sociais

A maioria dos entrevistados vivia de acordo com as normas e modelos sociais até se descobrirem a contragosto. Por exemplo:

Rubens — "Bem, na adolescência continuei tendo minhas namoradas, mas aí, quando eu comecei a sacar... E é engraçado como eu saquei, porque eu olhava muito pros caras, achava eles muito bonitos, a beleza do corpo mesmo. Mas eu sentia estranho com outros caras perto, aquilo me desviava a atenção. Eu olhava muito pra eles e eu achava que isso era normal, que eu estava me espelhando neles, que eu queria ser como eles. Até um dia, comecei a perceber que eu estava olhando com muita recorrência pra homens e não olhava pra mulher, não me interessavam..."

[Mas você continuava com a namorada?]

Rubens — "Eu tinha minha namorada, mas eu tinha porque todo mundo tinha... Isso eu já tinha uns 16, 17 anos... Foi tarde a minha descoberta... Aí uma vez eu estava no metrô e olhei prum cara e na minha cabeça veio a frase: 'Puta, que gato!' Aquela hora eu tomei um susto... Sabe quando você toma um choque? E foi aumentando isso, até que um dia, quando estava com 17 anos, eu percebi que estava perdidamente apaixonado por um dos meus melhores amigos."

Alexandre — "A adolescência... Principalmente em relação à sexualidade, eu comecei a namorar, tive uma namorada que eu era louco por ela, mas não passava muito pela sexualidade, era uma coisa mais platônica. Depois dos 20 anos, porque eu me assumi como *gay* mesmo aos 26 anos de idade e durante um período grande eu vivi uma espécie de assexualidade, porque eu tinha relações com mulheres, saía com mulheres, e tinha uma energia amorosa com elas, mas a sexualidade não existia muito. Vivi alguns anos com esse estigma... Eu não conseguia relaxar, ficava criando patologias na minha cabeça. E aí eu podia ter pirado, eu vivia muito bravo com isso, porque vivi essa dicotomia durante alguns anos e sem ter ajuda nenhuma."

Alguns entrevistados já sabiam que eram homossexuais na pré-adolescência, mas tentavam esconder o fato. Por exemplo:

Jair — "Na minha época de escola, eu tinha medo que os outros viessem a descobrir que eu era homossexual. Pra mim tava tudo resolvido... Só que não queria lutar contra todos, entende? Meu primeiro namorado foi na sexta série, ele era mais velho uns quatro anos. Estudamos juntos até a oitava e ficamos juntos até lá... Ele namorava uma amiga minha e eu também tinha uma namorada de fachada... A gente saía os quatro juntos, depois deixávamos as meninas em casa e íamos pra casa dele, já que os pais viajavam nos finais de semana. Na escola, ele sempre me defendia, como meu protetor. Percebi que eu teria três caminhos a seguir, nenhum deles fáceis... Todos me fariam sofrer, mas um deles era menos doloroso. Eu poderia me assumir de vez e virar um *viadinho* e viver num inferno, desencadear uma crise em casa. O segundo, eu poderia virar um *gay* enrustido, namorar as meninas, até casar com elas, deixando todos felizes... Daí eu pergunto: e eu? Daí resolvi seguir o terceiro caminho: seria enrustido, mas não deixaria de sair, de namorar, me sentir *gay*. Porém, com todo cuidado pra que ninguém da minha família descobrisse."

[E como você se sentia, vivendo essa vida dupla?]

Jair — "Não vou dizer que eu era o homem felicidade... Eu não podia dividir com os meus pais minhas dores do crescimento, mas também eu não era infeliz, pois estava conseguindo levar de uma forma que aos poucos eles estavam tranqüilos."

[3] A descoberta tardia da homossexualidade

3.1 O relacionamento com as mulheres

[Como foi o seu relacionamento amoroso com mulheres?]

Alguns se descobriram tardiamente e falaram sobre a dificuldade de relacionar-se sexualmente com mulheres. Por exemplo:

Rodrigo — "Com mulher eu nunca tive atração para beijar. Agora a cópula foi muito boa. Pra mim, não sei se pros outros. Eu não consigo é ter atração por uma mulher. A gente tem afeições, não é?"

Bruno — "Eu não tinha consciência da homossexualidade, até uns 21 anos... Só me sentia diferente. Namorei... Eu gostava muito dela, ela é um doce de pessoa, nós somos amigos até hoje, só que sexualmente e mesmo afetivamente ficava faltando alguma coisa, era incompleto. Não rolava."

Mário — "Eu me descobri homossexual bem tarde... Fui ter certeza mesmo com 20 anos. Minha infância foi normal, eu era muito acanhado, poucos amigos, tímido demais, e ficava isolado, mas acho que não era devido à homossexualidade, era uma característica minha. Eu forçava a barra para ficar com garotas, quando eu ficava com meninas em festas era como se eu estivesse cumprindo a obrigação de macho, eu não ficava com prazer."

[84]   [Edith Modesto]

3.2 Bloqueios sexuais

Alguns entrevistados passaram por um bloqueio sexual. Por exemplo:

Ari — "Na infância e na adolescência... Eu nem imaginava... Eu sentia que existia algo diferente na maneira como eu via os homens, mas nunca ia imaginar que... Não tinha nem noção na época, mesmo porque o assunto sexualidade era uma coisa que nunca foi conversada em casa... Meus pais não tinham essa liberdade com a gente. Eu percebi que a minha sexualidade era diferente quando, aos 36 anos de idade, eu comecei a ter acesso à Internet e, naquela época, começou a sala de *chat*, essa coisa toda... E uma vez, sem querer, eu entrei numa sala e lá foi o primeiro indicativo... Vendo aquelas imagens, eu comecei a me excitar... Foi aí que começou um pouco a história da minha sexualidade...

André — "No meio da minha adolescência, isso começou a ser um grande problema, na verdade... Eu não conseguia me relacionar sexualmente com as garotas... Tinha namoradas, mas não conseguia me relacionar e, quando começou a surgir essa dúvida se eu teria desejo por outros garotos, foi uma coisa que começou a me apavorar... Eu já trabalhava desde muito cedo... Aí eu fui fazer terapia escondido dos meus pais. Gastava meu salário inteiro fazendo terapia pra tentar resolver isso... E era engraçado porque não era uma coisa de que eu queria fugir, eu queria resolver, era um bloqueio... Eu queria resolver... Eu queria transar com homens também e não conseguia, era um bloqueio mesmo."

[Como você conseguiu resolver o bloqueio?]

André — "Era uma coisa assim: eu deixava a namorada em casa e ficava dando voltas, passava em frente de boate *gay* e não entrava nunca... E ficava aquela coisa meio desesperada. Quando eu comecei a fazer terapia, falava nesse assunto uma ou duas vezes por semana. Foi aí, na verdade, que ficou mais claro. E resolveu... A primeira experiência que eu tive com homem foi com 19 anos, estava acabando a faculdade."

Três entrevistados abstiveram-se de relações sexuais com alguém até a maturidade. Por exemplo:

Yuri — "Eu nunca me envolvi sexualmente com ninguém, nem com homem, nem com mulher, até os 40 anos. Eu nunca me permiti. Foi muito complicado, Edith... Meu pai faleceu e eu tinha 20 anos. Nessa época, inclusive, eu era seu aluno na faculdade... Eu acabei assumindo a postura do meu pai em casa: passei a ser o chefe da casa. Trabalhava pra manter tudo. Aos 34 anos, mais ou menos, eu entrei numa depressão profunda e não entendia por quê..."

[Vidas em arco-íris]   **[85]**

[4] A auto-aceitação da homossexualidade

4.1 Graus de dificuldade para a auto-aceitação

[O que você sentiu quando se percebeu gay?]

A quase totalidade dos entrevistados falou do sofrimento para aceitar a homossexualidade, por um conjunto de motivos:

a) medo das conseqüências de ser diferente

Roberto — "Eu percebi minha homossexualidade aos 19 anos, mas não aceitava de jeito nenhum e procurava imitar e agir como outros homens. Não dava chance ao meu lado homossexual."

Carlos — "Eu percebi minha sexualidade aos 14 ou 15 anos, quando comecei a sentir atração sexual por homens. Me achava diferente de todos os colegas, no começo da adolescência. Nessa fase da minha vida eu me sentia um E.T. Nunca senti atração por mulher. No começo da adolescência eu achava que era coisa passageira, que ia passar. Eu me tranquei numa redoma e tinha vergonha de tudo e de todos. Tive dificuldade em me aceitar homossexual simplesmente por causa do preconceito social. Um dia, eu cheguei e disse a mim mesmo: "Não posso ser isso. A partir de hoje, vou ter ódio de *gay*."

b) preocupação com a família

Otávio — "No começo, eu achava assim: 'Não posso ser homossexual, isso vai ser muito ruim para mim e minha família...' Com o tempo aceitei isso e comecei a pensar assim: 'Ok, vou ter relações com homens, porém vou casar, ter filhos e, esporadicamente, saio com homens!' Achei que tinha achado a solução. Mas, no decorrer da vida, achei que isso também não era correto. Então, pensei: 'Vou ser *gay* mas ninguém vai saber.' Mas o tempo passou mais ainda, e descobri que contar para minha família seria no mínimo justo, pra mim e pra eles."

c) falta de modelos

Flávio — "Nunca duvidei da minha homossexualidade e nem acho que alguém tenha me aliciado. Foi um processo natural. Eu também não ignorava que existiam outras pessoas homossexuais. Mas eu lembro de que eu lia a respeito disso e diziam que apro-

[86]   [Edith Modesto]

ximadamente 10% da população é homossexual, e eu ficava perplexo porque eu não conhecia nenhum. Nunca conversei com ninguém sobre isso, até a chegada da Internet."

Marcos — "Os meninos faziam muita chacota de mim, inclusive algumas meninas também da escola me gozavam muito. Eu sofria muito, gaguejava pra falar com as pessoas que eu não conhecia. E não tive ninguém pra conversar sobre isso... Nem um amigo... Nem ninguém, nem alguém mais velho... Ninguém, ninguém. Eu segurei sozinho a onda."

d) preconceitos sociais

Lucas — "Aí eu tinha uns 14 ano... Conheci um amigo mais velho. Ele disse: 'Lucas, você é um *gay*, você tem de sabê se defendê porque essa vida não é fácil... Você vai sê muito desmoralizado... Vai tê de enfrentá muita coisa na sua vida. Olha aqui: uma *bicha* se defende muito com uma gilete... Então eu vou ensinar a se defendê que nem elas... Dona tem de sabê soltá a gilete, entendeu? Se uma pessoa quisé mexê com você, é só você tirá a gilete do céu da boca e jogá, porque a gilete sai cortano a cara de todo mundo que mexê com você.' Aí eu aprendi a jogá a gilete... E eu fiquei mais firme. Deixei o cabelo crescê... Ia pra baile, ia pra boate... Primeiro eu fiquei com uma mulher, segundo que eu fui tentá ficá de novo com outra e não deu... Terceiro, quando eu fui com homem, eu vi que era tudo diferente."

João — "O *outing* foi complicado pra mim, na verdade... Quando a gente começa a ter o despertar sexual, tudo isso é jogado socialmente o tempo todo: '*Viado... Fresco*... Vai dar o cu... Vou passar a mão na tua bunda'... Isso está presente no universo masculino o tempo todo... Então você fica marcado, é uma espécie de marca de origem que você tem com o masculino. Então, eu sempre digo que pra ser homossexual você tem que repensar toda a cultura, é um massacre exercido sobre a cabeça dos adolescentes e das adolescentes. Acho que a comunidade homossexual é extremamente neurotizada, porque ela foi massacrada, ela sofreu um processo que pode depois, claro, ajudá-la, porque isso tudo lhe deu também uma visão muito especial do mundo e depois da idade adulta, se ela conseguir integrar tudo isso, ma-ra-vi-lha! Mas... Muita gente não consegue, não é?"

e) preconceitos políticos

João — "Então, sob a ditadura, eu entrei em vários grupos de esquerda, grupos inclusive clandestinos... Vários amigos que foram pra guerrilha... Eu estava integrado numa produtora, meus amigos todos eram do Partido Comunista, e era uma coisa que eu não

[Vidas em arco-íris] **[87]**

podia discutir com eles porque aí saiu a religião e entrou a esquerda... 'Homossexualidade é coisa de burguês, é um vício burguês...' Então eu fazia tudo aquilo sempre escondido, era tudo anônimo."

José — "Eu pertencia a grupos de esquerda que não aceitavam duas coisas: desvios da heterossexualidade e manifestações hedonistas como, por exemplo, o culto ao corpo. A esquerda tinha esse lado horroroso: você tinha que reprimir a sua sexualidade. Você tinha mesmo era que procriar. Então, durante os anos 70, eu reprimi muito a minha homossexualidade."

Alguns entrevistados declararam explicitamente que se sentiam anormais. Por exemplo:

Carlos — "Não sei se chegava a considerar má a homossexualidade, mas considerava anormal. Atualmente acho tão normal quanto a heterossexualidade, sem diferença alguma. Mas, em virtude do preconceito, é mais difícil ser homossexual do que hétero."

Lucas — "Com 13 anos, eu conheci um menino chamado Zé... Aí eu comecei a conversá com ele... 'Eu vou fazê esse teste... Pra mim vê se eu sou *gay* ou não...' Comecei a tê amizade com ele... Eu acabei ficando com o Zé. No dia seguinte eu falei: 'Agora eu sinto que não levo mesmo pro lado do home'... Aí eu comecei a chorá... Eu não queria tê nascido desse jeito... [emocionado]

Alexandre — "A culpa sempre foi muito forte. Era uma culpa de uma anormalidade. Não era uma culpa religiosa. Um dos motivos, eu faço questão de falar mesmo, acho que essa sensação de que a gente está fazendo uma coisa errada, alguma coisa que é doente, tanta fantasia que altera outros segmentos da vida, invade tudo, a sexualidade invade tudo, a gente passa a se sentir uma não-pessoa, uma pessoa não-oficial, uma pessoa não-digna... É como se a base virasse uma coisa meio movediça, isso é muito ruim. Acaba com o amor-próprio... Falta de amor-próprio associa a sexualidade a uma coisa perigosa, que tem a ver com doença, aí vem a história da Aids, que piorou essa história... Então, vira um universo de fantasmas e de monstros."

Alguns entrevistados se aceitaram tardiamente e se sentem felizes. Por exemplo:

Danilo — "Eu era homossexual, sabia disso, mas não aceitava em hipótese alguma o fato, e foi assim por 46 anos. Hoje, graças a Deus, isto passou, sou assumido e muuuito mais feliz. Tomei uma atitude radical... Por incrível que pareça, um garoto de 18 anos me ensinou como. Sua coragem em assumir-se, aos 16 anos, para si e para sua família, me encheu de coragem e esperança. Vi que não era difícil, apenas uma questão de decisão. E tomei."

Antônio — "Parecia que o estar vivendo com ela [esposa, durante quinze anos] era um fardo pesadíssimo e, quando um faz sacrifício, exige que o outro se sacrifique mais ainda. Até que chegou a um ponto em que a convivência se tornou impossível. Então decidi me separar!"

Uma minoria entre os entrevistados não teve problema de auto-aceitação. Por exemplo:
Flávio — "Eu sempre soube que gostava de homens, mas por um bom tempo eu pensava nisso como um fato isolado, e só depois de um tempo eu acordei e pensei que eu era homossexual mesmo e pronto. Não tive muita crise, porque eu sabia que eu sempre tinha sido assim, só que agora eu tinha um nome pra aquilo."
Ricardo — "Por incrível que pareça, nunca foi um tormento na minha cabeça. Achava tudo normal, que uma hora ia passar... Mas não que eu queria que passasse."

4.2 Influências exercidas sobre a auto-aceitação

[O que ajudou você no seu período de auto-aceitação?]

Alguns entrevistados falaram sobre o que os ajudou no período de auto-aceitação: terapias, Internet, amigos, namorados... Por exemplo:
Bruno — "Ajudou... A Internet, as terapias de grupo... As terapias de grupo para mim são uma forma excelente de se conhecer homossexuais, porque eles são *gays* e estão querendo se autoconhecer, têm a mesma proposta que eu, então isso nos une muito e chega ali todos falam das suas dúvidas. A Internet... Tem muita importância. Acho que, se quando eu era adolescente eu tivesse a Internet, eu não passaria pela metade do que eu passei. De solidão, de ter um modelo, de alguém falar: 'Não tem nada a ver, não deve esquentar a cabeça com isso', que é a única frase que a pessoa precisa ouvir."
Carlos — "O apoio da família é muito importante. Se te apóiam, você se sente fortalecido; se não te apóiam, você pode ficar um pouco desequilibrado emocionalmente. Mas tendo apoio de amigos e do namorado, tudo se normaliza. Muitas vezes contamos mais com os amigos do que com a família... Com relação a isso não é diferente. Pra mim, não teve muita importância... Hoje sou assumido para os amigos, mas para a família só parcialmente."

[Vidas em arco-íris]   **[89]**

4.3 Preconceitos que dificultam a auto-aceitação

[Os homossexuais têm preconceito contra os próprios homossexuais?]

Muitos entrevistados falaram sobre o preconceito que existe entre os homossexuais. Todos criticaram o preconceito de *gays* contra *gays*. Por exemplo:

Fábio — "Antes eu não gostava de estar entre homossexuais. Hoje sim. Mas há um preconceito enorme entre nós, homossexuais..."

Rivelino — "Existe, existe muito preconceito entre os *gays*..."

4.3.1 Preconceito estético

[A beleza do corpo e a moda são fatores de discriminação entre os gays?]

Muitos entrevistados apontaram o físico e o traje como eventuais fontes de preconceito de *gay* para *gay*. Por exemplo:

Tiago — "Hoje, falando de classe média, claro, se o cara é *gay*, se ele não freqüenta uma academia, se ele tem um corpo meio esculhambado, tem barriga, ele é desprezado totalmente. Os *gays* têm uma maneira particular de se cuidar... Há héteros que também se cuidam... Mas entre os *gays* a coisa tá ficando muito forte, mesmo. Você tem de se cuidar, senão você fica desprezado."

Daniel — "Eu vi a evolução na década de 80, eu morava fora do Brasil... A gente lutava pelos nossos direitos. Era uma conscientização genérica... E hoje, passado este estágio, você vê que existe um, eu não sei como poderia dizer... Um nazismo, você precisa ter um corpo perfeito, você precisa ter uma atitude perfeita, você precisa se vestir de maneira uniforme, então você vai em qualquer lugar, eles estão uniformizados. Teve um tempo que seria um *jeans* leve, uma camiseta muito apertada, cabelinho bem cortado por aquela máquina 1 ou 2, tatuagem... Isso deu uma massificada e dentro desse grupo criaram-se várias divisões... Eu acho que vem muito dos americanos."

4.3.2 Preconceito contra os efeminados

[Existe preconceito dentro da comunidade homossexual contra os efeminados?]

Rivelino — "Existe, existe muito preconceito entre os *gays*. E tem discriminação. É claro que, quando você fala que 10% da população, por estimativa, é homossexual, você está falando de milhões de pessoas e não seria diferente, dentro desse universo,

[90] [Edith Modesto]

que não houvesse diferenciações, assim como existem na nossa sociedade. Então, existem transexuais, existem os *gays* que são bem efeminados, são bem femininos, existem as *drag queens*, existem os travestis, existem os bissexuais... E, às vezes, uma turma acaba não se bicando muito com a outra e existe o preconceito. Agora acho que os transgêneros, os travestis, é um grupo mais distinto, porque não tem como você se misturar porque eles têm toda a parte de estereótipo de mulher."

[Você acha que o preconceito do gay mais masculino, daquele que pode esconder que é gay, contra os outros gays efeminados, que não podem esconder, é conseqüência do preconceito da sociedade contra a homossexualidade?]

Rivelino — "Acho que mesmo se a sociedade não fosse tão preconceituosa quanto ela é pra determinados grupos, ainda assim acho que os *gays* tentariam se camuflar porque o *gay* está muito ligado com uma parte estética, uma parte comportamental, porque ele quer ser amado, ele quer ser identificado por determinadas regras comportamentais. Acho que ainda assim o *gay* teria preconceito, porque talvez ele quisesse continuar mantendo na cabeça dele uma coisa assim: 'Eu sou melhor do que o outro.'"

Tiago — "Há preconceitos entre *gays*, sim. 'Ah não! Esse é muito *bichinha*...' Mas entre os *gays* não pode ter isso. Mas tem. Como tem!"

4.3.3 Preconceitos contra os transexuais e travestis

[O que você acha dos transexuais e travestis?]

A maioria dos entrevistados não os entende e prefere manter certa distância dos travestis e transexuais. Por exemplo:

Tiago — "Transexual... É uma coisa que você não pode simplesmente condenar. Como isso não é compreensível pra mim como *gay*, como também não é compreensível para os héteros alguém ser *gay*, por isso tanto preconceito! Você não pode simplesmente condenar. A pessoa faz isso porque ela precisa de alguma forma fazer isso, né?"

[Há algum tipo que você não gostaria de ser?]

Tiago — "Eu tenho preferências, mas só pra me relacionar... Eu acho que não gostaria de ser travesti. É um caminho muito sofrido... É aquele que se traveste... Tem o transexual, que vai tomando hormônio, vai mudando seu corpo, vai virando mulher. Nunca me passou pela cabeça ser assim. Eu não consigo me imaginar fazendo esse tipo de coisa. Acho que o preconceito que a gente sofre como *gay* é redobrado se for assim. Porque há um grande preconceito contra eles, inclusive dos *gays*. Há uma pre-

[Vidas em arco-íris] **[91]**

disposição genética que a pessoa tem que seguir um caminho, ela não tem escolha. Ninguém faz isso por brincadeira! Alguém só chega a esse ponto porque precisa muito. Não dá pra condenar."

Alguns entrevistados criticaram comportamentos, que consideram inadequados, de alguns *gays*. Por exemplo:

Ricardo — "Tem um tipo de *gay* que eu não suporto... Não gosto de estar perto... O *gay* muito histérico. Determinado ao excesso... Que gosta de aparecer e que não respeita as pessoas. Uma pobreza de espírito."

Ronaldo — "Não suporto o tipo que parece Carmem Miranda, cheio de apetrechos e balangandãs, afina a voz e fala alto, tentando agredir as pessoas!

4.3.4 Preconceito contra os *gays* mais velhos

[É verdade que os gays *jovens têm preconceito contra os* gays *mais velhos?]*

Alguns falaram sobre o preconceito que existe contra os *gays* mais velhos. Por exemplo:

João — "Ser velho é uma das piores coisas que podem acontecer a um homossexual. Homossexuais mais velhos são maltratados na comunidade homossexual, com descaso e menosprezo muito grandes. Então, é muito duro para os homossexuais envelhecerem, por conta do espectro da solidão e da rejeição, porque o culto da juventude, da beleza e da masculinidade são três moedas que valem tudo na comunidade homossexual. Se você estiver fora de um deles, você é um desgraçado..."

Yuri — "Eu notei muito preconceito na comunidade. Principalmente com relação à idade. Dizem que a vida começa aos 40, né? Mas parece que é somente a vida hétero. [risos] Eu me sinto discriminado. O que agrada realmente são os 20 anos, aquela meninice, o que nós, aos 42 anos, não temos mais."

Alexandre — "Eu não gosto de *gays* mais velhos. Amorosamente falando, nunca me atraíram homens mais velhos. Mais novos sim, ou da minha idade. Eu vejo algumas relações muito bonitas, mas tem algumas outras... Pode ser um preconceito meu, mas eu vejo uma coisa muito tipo *putana*: 'O que esse velho está fazendo aí com esse meninote?' Isso é um tipo de coisa que assusta muito, ver *gays* mais velhos ficando com rapazes muito jovens, e pensa: 'Será que eu vou ficar ridículo desse jeito?' É uma coisa muito boa quando descubro que alguém está junto há 20, 30 anos, e tem uma rotina determinada. Mas o que é que a gente vê? Você vai pra boate e você vê, naquele

[92]   [Edith Modesto]

ritual de caça, velhos que estão ali com a mesma energia de um cara de 20, 30 anos, nesse sentido, investindo nas mesmas coisas. É constrangedor. Você fala: 'Será que vou chegar nessa idade e não vou construir nada? Vou continuar desse jeito?' Inclusive tem uma coisa ruim: o cara chega nessa idade, vai perdendo o vigor físico e, como forma de compensação... Pode ter uma boa condição financeira e aí atrai garotos mais jovens que não têm isso. Tem uma patologia aí que é muito ruim de se ver."

4.3.5 A discriminação e suas consequências

[Você já sofreu com o preconceito, já foi discriminado?]

Muitos relataram situações de violência, como conseqüências do preconceito/discriminação. Por exemplo:

Tiago — "Discriminação? Já, fui discriminado, sim... Sempre há conversinha velada, se você está andando na rua alguém te xinga... Por quê? As pessoas podem morrer, simplesmente porque são *gays*. Há uns dois anos em São Paulo, depois de um jogo de futebol, invadiram um bar *gay* e mataram um monte de gente. Por que você acha que fazem isso? Os caras que fazem isso, como esses carecas e tal. Não sei se vou estar sendo muito radical, mas o *gay* incomoda tanto esse cara que ele deve ser *gay* e ele não aceita isso de jeito nenhum. O medo, o pavor... Eu acho que é a única explicação. Se você tem alguma coisa em você que você não aceita, você quer destruir... Você vai destruir no outro."

Lucas — "Pra vida do *gay* não é fácil... Eu tinha um amigo que eu adorava muito ele. Ele saiu com uma gangue de home. Levaram ele na casa deles... Transaram com ele e depois matou ele. Eu falei com a polícia, mas não adiantou nada... Eles não tão nem aí... É isso daí que rola. Muita maldade que rola pra *gay*. É uma vida monstruosa, bastante monstruosa mesmo... Ela tá insinuando a prostituição pra você... Não é normal. Mas eu nunca fiz isso. Agora que eu tenho 15 ano, vários cara me oferecem pra sair comigo... Me oferecem grana... Mas eu falo não. Eu trabalho... Guardo carro, flanelinha... Porque a Aids, essa doença aí... Os corrimento... Tá muito perigoso... E pega mesmo. Eu tenho um monte de amigo morto."

Rafael — "Eu era realmente muito efeminado mesmo, notava que as pessoas me reparavam na rua, quando eu abria a boca era um desastre. Não tinha amigos e comecei a ver que eu só era motivo de chacota para os outros. Lá pelos meus 15 anos, eu comecei a ficar diferente, queria a qualquer custo me comportar como homem e foi isso que

[Vidas em arco-íris] **[93]**

eu comecei a fazer. Foi uma etapa terrível da minha vida, parei de falar com as pessoas, não ria pra mais nada, ficava com o rosto sério o tempo todo, parei de ir aos almoços de família que tinha todo domingo na casa da minha avó. A única coisa que eu queria era ficar sozinho, eu tinha vergonha de mim mesmo. Já estava todo mundo ficando preocupado comigo, mas pelo menos uma coisa eu estava conseguindo: respeito... Ninguém mais zombava de mim porque eu era sempre muito sério. O tempo foi passando e eu notava que já tinha melhorado muito, mas a minha voz ainda sempre me denunciava. Acho que o fato de eu ter ficado sério me ajudou muito, pois nesse estado, eu ficava com os trejeitos muito mais limitados. Daí pra frente, sempre que eu falava com as pessoas, tentava ao máximo calibrar a minha voz pra que ela ficasse grave — principalmente porque no meu trabalho eu tinha que atender muito o telefone e as pessoas sempre tinham dúvida se estavam falando com homem ou com mulher — e com o tempo, tudo isso passou a ficar mais fácil pra mim. Me policiava o tempo inteiro e já percebia claramente que eu tinha voz de homem e me comportava como homem. Não tenho dúvidas de que essa forma que eu encontrei pra me transformar me marcou profundamente. Hoje eu sinto que eu sou uma pessoa meio seca, rio muito pouco, mas, ao menos, é impossível uma pessoa descobrir que eu sou *gay* pelo meu comportamento. Eu não carrego mais nenhum traço feminino em mim, seja nos meus gestos ou no timbre da minha voz. Acho que não preciso dizer que a minha adolescência, eu não tenho dúvida nenhuma, foi muito, muito, infeliz. Nunca tive amigos, só colegas. Quando eu tinha uns 15 anos, todos os meus irmãos já tinham muitas namoradas e eu não. Senti muita falta na minha vida por não ter amigos. Queria muito, mas não tem jeito. Eles vão conversar sobre futebol e eu não gosto; vão falar de mulher e eu não gosto. E todos os *gays* que eu conheço aqui na minha cidade são hiperefeminados e eu não quero ser amigo deles. Na escola, eu tive alguns colegas mais próximos, mas nunca ninguém me chamou pra sair, nunca ninguém ligou pra minha casa."

Alguns entrevistados falaram da dificuldade maior de auto-aceitação do *gay* efeminado. Por exemplo:

Alexandre — "Os *gays* efeminados... Tem *gays* que dá pra perceber uma *forçação* de barra, que é uma atuação, que se investiu nisso."

[E você imagina o porquê desses gays *se investirem desses estereótipos ultradesmunhecados?]*

Alexandre — "Me parece que é uma situação de defesa: 'Eu vou virar tão mulher que ninguém vai ter dúvida alguma e eu não vou precisar fazer nada.' Me parece um siste-

[94]   [Edith Modesto]

ma de defesa mesmo, uma *forçação*, quase uma agressão, tem muita energia ali, tem uma coisa muito forte ali."

4.4 A bissexualidade

[O que você acha da bissexualidade?]

Quase todos os entrevistados acham que a bissexualidade, na maior parte dos casos, é resultado de um problema de aceitação da homossexualidade. Por exemplo:

Tiago — "Pode parecer preconceituoso, mas a maioria das pessoas que eu conheço que se auto-intitula bissexual é um *gay* ou uma lésbica enrustidos. Não têm coragem... Você transa com dez homens e uma vez a cada dez anos você transa com uma mulher só pra dizer... 'Eu não sou *bicha*...' Porque acha que ser *gay* é ser inferior. Claro, há bissexuais mesmo... Que deve ser uma maravilha! Você tem o dobro de chance de encontrar alguém..."

Marcos — "Transar com homo e se dizer hétero é a forma de você se livrar da culpa, entendeu? Você transa de vez em quando, né? E você fica tranqüilo porque aí você fala: 'Eu não sou *gay*, não sou daquela forma.' Tenho muitos pacientes assim, é que essas pessoas no fundo têm dificuldade de juntar a corrente sexual com a corrente amorosa. Então, geralmente, o conceito de homossexualidade pra esse tipo de indivíduo é ter uma paixão terna por um homem, não um desejo sexual. Por isso que eles se permitem isso..."

Para alguns entrevistados, a bissexualidade seria inerente ao ser humano, mas a cultura faz com que, na maioria dos casos, os que se dizem bissexuais sejam enganadores. Por exemplo:

João — "Acho que, teoricamente, a bissexualidade é uma circunstância inerente ao ser humano... Do ponto de vista da teoria junguiana, por exemplo, a gente sabe que todo masculino tem a sua *anima*, que é o seu lado inconsciente feminino, e todo feminino tem o seu lado inconsciente masculino, que é o *animus*... Toda mulher tem o seu falo interior, que é aquele aspecto mais agressivo, e todo homem tem interiormente aquele aspecto mais terno, mais sensível, que é o lado culturalmente chamado de feminino... Mas, infelizmente, os homens são criados dentro de um projeto cultural e as mulheres dentro de outro projeto cultural e acho que na prática a porca torce o rabo... Então, o que eu conheço de bissexuais é um fiasco. São homossexuais que, por puro conformismo, se casaram... Muitos deles se tornando extremamente infelizes e mendigando alguma outra coisa que complementasse o seu desejo não contemplado... E existem outros que são grandes mentirosos. Eu já tive contato com vários deles quando estou na Internet, por exemplo, em sala de namoro... 'É casado? Até logo'... Eu não transo com gente casada porque acho que eles têm uma dupla vida e provavelmente um duplo caráter, tendem a ser sem caráter, infelizmente."

Tiago — "Todas as pessoas são preparadas biologicamente para ter relações homo ou heterossexuais. E as pessoas que são *gays* têm 100% de relações homossexuais e as pessoas hétero têm 100% de relações heterossexuais. Mas a grande maioria das pessoas transita um pouco entre esses dois extremos. Eu já tive relações heterossexuais. Mas acho que nem por isso eu deixo de ser homossexual. Porque aí tem aquele papo ridículo da posição que você ocupa na cama: se você é ativo ou passivo. Isso não tem o menor sentido! Se você tá transando com pessoas do mesmo sexo, não importa o que você faça. Se você quer ser hétero, vá transar com uma mulher. O cara tá travestido de mulher? Não interessa! É um homem. Você tá tendo uma relação homossexual."

Alguns disseram ou sugeriram que homem que transa com *gay* e com mulher não é *gay* nem heterossexual: é bissexual. Por exemplo:

Carlos — "Uma pessoa ter relações sexuais com *gays* e não ser *gay*? Não. No mínimo, essa pessoa é bissexual."

Otávio — "Não acho impossível alguém ter relações sexuais com *gays* e não ser *gay*, mas acho pouco provável. Quando se é criança, até pode ser, as famosas brincadeiras de troca-troca, porém, depois de adulto, e mais de uma vez? Acho muito pouco provável."

Alguns entrevistados disseram que muitos homossexuais fantasiam ser heterossexuais. Por exemplo:

Alexandre — "Aqui no Brasil, tem essa história de que tudo pode, desde que seja por debaixo dos panos. Acho que o homem brasileiro tem muito isso... Inclusive essa fantasia que alguns têm de que o heterossexual é assim: 'Qualquer pessoa que me toque, tocando no meu pênis, e, se ele se excitar, é porque eu sou homem; mesmo que seja outro homem que toque...' Isso não quer dizer que eu seja *gay*, estou fazendo meu papel de ser o garanhão, o que não nega fogo.' Na fantasia de muitos, ser *gay* é ser passivo, o que é uma história besta. Acho que não interessa como você está na cama com outro homem, porque acho que hétero mesmo, ele não tem atração por outro homem, não tem."

[96]   [Edith Modesto]

Uma minoria dos entrevistados acha que um heterossexual pode se relacionar com um *gay* por curiosidade e não deixar de ser heterossexual. Por exemplo:

Paulo — "Eu acho que há possibilidade de alguém ter, voluntariamente, mais de uma vez, relações sexuais com *gays* e não ser *gay*."

Luís — "É possível que um homem que seja basicamente, fundamentalmente, heterossexual possa ter uma experiência com outro homem sem que isso arranhe sua imagem de uma maneira que nunca mais ele consiga olhar pra uma mulher, desejar uma mulher. Eu acho que o comportamento sexual é tão amplo..."

Alguns entrevistados falaram sobre as vantagens de ser bissexual. Por exemplo:

Rodrigo — "Eu acho que se alguém pode fazer uma opção é um bissexual... Pelo lado hétero dele ou pelo lado homo... E acho que é a única pessoa que pode optar por alguma coisa."

Ricardo — "As pessoas que transam com homem e com mulher, eu acho maravilhoso. Então eu acho que, se o homem, o hétero, sente prazer também em transar com homem, de vez em quando, por que essa preocupação em saber se ele é *gay* ou não?"

Um entrevistado disse que o bissexual quer tudo e considera as lésbicas que foram casadas com heterossexuais, provavelmente bissexuais.

Luís — "O bissexual não hesita entre ser hétero e homo. Eu acho que já se resolveu. Quer ficar com os dois. A questão da bissexualidade é muito perturbadora pros dois lados: os *gays* tendem a achar que o bissexual é um *viado* enrustido e os héteros tendem a achar que os bissexuais são *viados*... isso do ponto de vista dos homens. Pras mulheres, isso muda. Eu já ouvi depoimentos de que uma mulher, decepcionada com um casamento machista, pode se interessar por outra mulher. Mas eu não deixo de achar que isso só é possível se essa mulher tiver o interesse em desenvolver a sexualidade dela ao lado de uma mulher, porque, se ela não tiver esse interesse homossexual, ela procura outro homem e não uma mulher."

[Como são os michês?]

Alguns entrevistados disseram que os michês costumam se dizer heterossexuais. Por exemplo:

João — "Os michês costumam se dizer héteros. Acho que o problema dos michês é muito grave, tem a ver com a repressão, tem a ver com o enrustimento... Eles se recusam a serem chamados de homossexuais. Esse é um outro problema que pode acirrar

[Vidas em arco-íris] **[97]**

seus conflitos... No meu livro *Devassos no paraíso* coloquei essa hipótese de que o michê, quando ele se encontra diante de um homossexual cliente dele e, por algum motivo, ele vê sua virilidade, aquilo que ele entende por virilidade, em perigo, ele quebra o espelho que o reflete, ele mata... Não por acaso, ele mata, muito freqüentemente, com 50, 90 facadas... Como dizia o Fernando Gabeira: 'Se três facadas são suficientes pra matar, a quem ele quis matar com o restante das facadas?' Ele quis matar o seu próprio desejo projetado no outro."

Um entrevistado disse que ser michê é resultado de falta de auto-estima.
Sílvio — "Os michês são baratinhos, eu ouço dizer que custam, no máximo, 30 reais. Eu tenho um amigo que recorre a isso porque ele gosta de pessoas muito novas, de pré-adolescentes, entre 13 e 16 anos. Tem michê de 13 anos, tem de 14 anos... Do meu ponto de vista moral, eu acho que tanto quem está procurando uma prostituta, como quem está indo pro *dark room,* não se valoriza... Não está num caminho muito legal, mas isso é porque eu tive condições... Acho que se eu não tivesse condições, eu talvez também estivesse lá..."

4.5 A auto-aceitação e a religião

4.5.1 Crença em Deus

[Você acredita em Deus?]

A maioria dos entrevistados acredita em Deus, mas não segue uma religião específica. Por exemplo:
Ricardo — "Eu acredito em Deus. Não vou à igreja, mas penso muito... Passo em frente a igrejas, faço o sinal-da-cruz, penso, rezo as minhas orações..."
Danilo — "Sim, acredito em Deus. Pergunto como um Deus de amor mandaria seus filhos a uma prova sem o amar incondicionalmente? Se ele enviou um filho com orientação sexual diferente, na certa ele tem uma missão para ele, seguir uma evolução, não tenho dúvida disto."

Alguns entrevistados sentem necessidade de seguir uma religião. Por exemplo:
Celso — "Tenho certeza que Deus existe, ou esta entidade, pois ele conspirou para me dar minha filha, que é minha maior prova da existência de Deus. Durante muitos anos fiquei sem igreja, flertei com o budismo, a meditação, e cheguei mesmo a ir a duas

[Edith Modesto]

igrejas voltadas para a comunidade homossexual. No ano passado, comecei a ouvir notícias de igreja que tinha padres assumidamente homossexuais e alguns deles estavam sendo indicados para serem bispos, e também que estavam fazendo casamentos no Canadá... Eram da Igreja Anglicana, acabei me interessando e, através de um *site*, conversei com um reverendo de [cidade], que também tinha dado uma entrevista no Mix Brasil. Ele me indicou uma paróquia e tenho freqüentado esse lugar."

[Deus criou você homossexual?]

Um pequeno número de entrevistados respondeu que Deus os tinha criado homossexuais. Por exemplo:

Ricardo — "Criou. Ele, Deus, quis me criar *gay* porque Ele sabia que eu tinha um papel importante no mundo pra fazer... Ele me colocou aqui pra fazer alguma coisa..."

Beto — "Na verdade, até penso... Eu sou muito religioso e no livro do Gênesis fala que Deus nos criou à sua imagem e semelhança, então eu fui criado assim por Deus."

[Então, há uma parte gay em Deus?]

Beto — "Sem dúvida, como há uma parte mulher, como há uma parte negra, como há uma parte oriental, como... Na verdade é uma reflexão das multifacetas de Deus."

A maioria dos entrevistados repudiou a possibilidade de Deus os ter criado *gays*. Por exemplo:

Marcos — "Se Deus me criou homossexual? Não, eu acho que Ele... Eu não penso muito nisso [risos], não consigo. Acho que Ele é superior a essas pequenas coisas."

Roberto — "Se Deus quis que eu fosse *gay*? Sem comentários. Essa frase é ridícula."

4.5.2 A homossexualidade dentro da Igreja Católica

[Como é a homossexualidade dentro da Igreja Católica?]

Dois entrevistados entraram para o seminário e um terceiro candidatou-se a padre. Os três saíram de cursos de Exatas para estudar Filosofia.

João — "Na adolescência, quando entrei no seminário, o meu desejo homossexual encontrou um campo fértil... Então eu vivia apaixonado pelos meus amiguinhos, mas a repressão era a mesma... Mas aí eu comecei a desenvolver o meu outro lado, que foi o meu lado agressivo... Nós tínhamos alguns momentos em que a gente jogava futebol americano e aí eu era in-su-pe-rá-vel, porque era um jogo de uma brutalidade total...

[Vidas em arco-íris] **[99]**

Com toda a minha raiva eu agarrava aquela bola e ia abrindo caminho... Aí a minha agressividade foi se desenvolvendo... Eu me lembro de um fato muito importante, além de todos os meus amores..."

[Esses amores no seminário eram platônicos?]

João — "Amores absolutamente platônicos... Era proibidíssimo qualquer coisa sexual, porque você podia ser expulso no ato. Quando mudou toda a linha do seminário, a linha pedagógica, nós começamos a ter aula de sexualidade... E ao mesmo tempo os padres nos deram uma certa abertura, eram padres jovens, então a gente contava pra eles o que estava sentindo e eles próprios muitas vezes tinham algum tipo de relação terna com os alunos... Muitos deles tinham, por exemplo, seus prediletos... Isso tudo eu conto no meu romance... Eu me tornei um grande líder... Eu saí do seminário quando tinha 19 anos de idade... Final de 64... Eu era interníssimo... Passava seis meses fora, só voltava para as férias pra casa... Eu saí do seminário junto com o rapaz por quem eu era apaixonado... Eu não sabia mais o que fazer e ia pro diretor espiritual dizer pra ele: 'Padre, eu não agüento mais, o que é que eu faço?'"

[O que o padre respondia?]

João — "Ele dizia: 'Você tenha calma, que isso passa'... Ele também não tinha resposta nenhuma, mas ele sabia me dizer uma coisa que foi muito importante: 'Você não deixe o [nome do colega], porque vocês são muito importantes um para o outro'... Eram padres mais jovens... Mas continuava toda a coisa da religião, assim massacrante... Eles não podiam dizer mais do que isso e pra nós era um drama. Foi dolorosíssimo o processo porque, por um lado, era uma coisa muito linda... Os meus amores de adolescência são provavelmente a coisa mais linda que eu tive na vida, pre-ci-o-sos, mas eu não pude saboreá-los, eles eram proibidos..."

Beto — "Eu fui para o seminário, só que nessa época, antes de ir ao seminário eu tinha uma vivência muito forte com a Teologia da Libertação, de trabalho na periferia. Fui fazer filosofia, e chegando no seminário eu tive um problema supersério porque tinha pessoas completamente alienadas, eu vinha de uma experiência já muito positiva com a homossexualidade, de trabalho muito engajado junto à Teologia da Libertação e me senti assim superconfinado, preso. Eu saí do seminário, mas eu não voltei a morar com meus pais, eu voltei a morar com um padre que era o vigário da minha paróquia, que é meu grande amigo até hoje, uma pessoa que eu gosto muito, e continuei trabalhando assiduamente..."

[Você foi morar com o padre, como namorado?]

Beto — "Não, fui morar com ele porque, quando eu voltei do seminário, eu voltei fazendo um trabalho como agente da Pastoral na paróquia e eu morava com ele e coordenava um centro de educação popular. Terminei filosofia, comecei a fazer uma especialização em educação na USP [Universidade de São Paulo], isso em 86... Aí eu decidi fazer teologia. Na teologia eu conheci o [nome], que era um estudante... Foi um relacionamento superespecial. No primeiro ano superplatônico, no sentido popular da palavra. Ele acabou indo embora para [nome de outro estado], aí a gente se escrevia... A gente não tinha tido nenhum contato físico, até a última semana antes de ele ir embora, foi quando a gente se denunciou, a gente falou do amor que a gente sentia um pelo outro... Foi uma semana fantástica, foi uma coisa superlinda, e ele foi pra lá e a gente continuava se escrevendo, se falando, não tinha *e-mail* nessa época, era carta mesmo, se escrevia muito. Um dia, era *Corpus Christi*, era uma quinta-feira à noite, eu passei muito mal, chorei, sentia muita dor no corpo, no outro dia eu fui até a biblioteca buscar um livro, na Faculdade de Teologia, e aí as pessoas me contaram que ele tinha se suicidado, quer dizer, não tinha segurado a história de ter saído da congregação... Era uma pessoa brilhante, brilhante... E eu recebi uma carta dele no dia que eu soube da morte, foi uma coisa muito forte... Eu achava que tinha encontrado a pessoa com quem eu queria ficar... Eu passei por um tempo só, mas a vida vai dando contorno e você vai chegando... Eu conheci uma outra pessoa, esse era um padre mesmo, a gente se relacionou...

[Como vocês lidavam com essa história de, ao mesmo tempo, ter a sua crença, a sua fé... Os padres fazerem voto de castidade, e vocês terem um relacionamento?]

Beto — "Se você pega a história da Igreja, até uma época, os papas casavam, o problema estava ligado a uma questão de herança, uma questão de quem cuidava do espólio, dos bens que eram da Igreja. Então, eu sempre dividi uma coisa muito forte, o que é minha fé e o que é minha religião. Então, quando eu decidi, eu saí do seminário, eu falei: 'Eu não quero ficar dentro dessa estrutura.'"

[Você não era padre, mas ele era, pra ele não era muito pesado?]

Beto — "Não... Acho que vem de uma matriz semelhante da minha discussão... A gente não tinha problemas em relação a isso, sabe? Mas era muito apegado às coisas que eu fazia na Igreja, eu levava muito a sério meu trabalho e eu era um agente pastoral leigo. Um dia ele foi atender um chamado de uma comunidade para realizar uma missa, e na volta ele teve um acidente de carro e morreu. Às vezes, quando eu conto essa história, as pessoas falam: 'Puxa, você não acha que isso era um sinal?' Eu falo: 'Não, isso é um sinal pra eu continuar amando...'"

Lula — "Meus pais são muito religiosos, eles são católicos e sempre participaram da vida da paróquia... E eu cresci nesse ambiente, eu fiz primeira comunhão, fiz o curso

[Vidas em arco-íris] **[101]**

de crisma e depois me tornei catequista... Fiz encontro de jovens... Eu era uma lide-rança juvenil dentro da paróquia... Então, num determinado momento em que esses conflitos ficaram muito fortes dentro de mim, qual foi o caminho que eu achei? Eu falei: 'Já que não tenho uma sexualidade normal, entre aspas, eu não vou ter nenhu-ma'... E qual era a possibilidade? Ser padre. E no final, pra ser padre, você precisa estudar filosofia e teologia... Talvez, porque a Igreja Católica naquele momento esti-vesse em dificuldades financeiras, mas não me mandaram para o seminário, como seria o caminho normal, e aí o meu orientador espiritual falou: 'Não, continue morando na sua casa e vá fazer filosofia na USP'... Eu já tinha entrado em engenharia... Eu fiz curso técnico de eletrônica... Era um curso basicamente masculino... Pra alguém que era homossexual, bastante complicado... Eu tinha entrado em engenharia, eu larguei o curso de engenharia na Politécnica pra fazer filosofia... Eu nem estudei, fiz o vestibu-lar e passei... Eu tinha contado para meus pais... só para meus pais."

Alguns entrevistados falaram sobre padres e seminaristas, homossexuais. Por exemplo:
José — "Tem inclusive padres homossexuais que até podem não ter vida homossexual. Então, não são praticantes do homossexualismo. São assexuados? Não. Então, a sexua-lidade deles é a homossexualidade, mas a prática sexual é nenhuma."
Alexandre — "Tem uma história entre os seminaristas que é assim: 'isso me deixa mais feliz, estou perto dos outros homens e estou ao mesmo tempo defendido, estou protegido de um mundo que abomina isso."
[Você conheceu algum seminarista?]
Alexandre — "O seminarista [nome]... Ele tinha saído do seminário, morando sozi-nho, ele dividia a casa com outros ex-seminaristas, mas a gente resolveu alugar uma casa... E tinha uma cara de liberdade, era uma nova fase pra nós dois. A partir daí, o seminarista começou mesmo a exercer a condição dele de homo e eu, de uma maneira muito tímida, ia com ele."

4.5.3 O problema enfrentado pelos *gays* religiosos

[Como é a auto-aceitação da homossexualidade para um gay *religioso?]*

Alguns entrevistados, religiosos, temiam o castigo divino ou sofriam muita culpa. Vá-rios procuraram apoio nas religiões: católica, evangélica, oriental, judaica... Por exemplo:

Bruno — "A adolescência foi quando começaram as crises, porque, pra mim, que era protestante, eu tinha a minha realidade formada, eu acreditava em todo aquele mundo que a religião mostra. Então, na adolescência, óbvio que depois aconteceu de eu me apaixonar por outro rapaz e não entender o que estava acontecendo. Eu me preocupava com a minha família religiosa, e com Deus... Tinha uma coisa de Deus extremamente presente, absolutamente cruel. Eu iria ser muito castigado... Seria a minha destruição, com certeza."

[Você achava a homossexualidade horrível?]

Lula — "A homossexualidade era horrível, até porque eu era ligado à Igreja e aí eu tinha sempre essa culpa... Eu tinha esse desejo e não conseguia me livrar dele, queria não desejar... Eu encarava isso como uma tentação, que eu tinha que combater, como Jesus no deserto, com o diabo oferecendo poder, dinheiro, comida... E que eu tinha que resistir. Hoje, pra falar a verdade, não sou uma pessoa muito religiosa, mas acredito em Deus... Inclusive durante o curso de filosofia fui aluno da professora Marilena Chauí... Eu estudei muito Spinoza, e Spinoza é um racionalista do século XVII, e a visão que eu tenho de Deus eu herdei do Spinoza... de como Deus é a substância infinitamente infinita, que não criou um mundo fora de si mesmo, porque, se é infinito, não tinha um fora... Deus não pode falar: 'Eu vou até aqui e o mundo está lá'... então, pra Spinoza, o mundo e as coisas são uma autotransformação dessa substância que é Deus... Então, eu me sinto parte de Deus, eu não preciso conversar com Deus porque eu sou uma pequena fração dele... Hoje eu me preocupo com o peso que as religiões exercem sobre as outras pessoas e tento, na medida do possível, fazer um trabalho que leve a reflexão a elas."

Dois entrevistados falaram sobre a Igreja Católica não aceitar seminaristas nem padres homossexuais. Ambos acham que a igreja é o lugar onde os homossexuais se escondem.

Yuri — "Essa agora é a última do Papa [Papa Bento XVI]... Eu fui católico, hoje não sou mais. Eu acho essa proibição absurda! Eu me travei muito por causa do catolicismo, essa questão do pecado. E essa última decisão foi um absurdo, porque, dentro da igreja, na minha visão, é onde existe o maior número de homossexuais, que vão se esconder debaixo de uma batina."

[Mas como fica o padre que realmente tem vocação e é homossexual?]

Yuri — "Exatamente. E qual é o problema? Ele não vai deixar de ser um bom padre porque é homossexual. E pode até ser melhor... Eu não sei o que a igreja está queren-

[Vidas em arco-íris] **[103]**

do esconder. Porque eles já brigaram tanto, se cederem, a igreja vai desmoronar? Eu imagino que seja isso. Eles estão querendo segurar os alicerces da igreja com uma lei tão radical... E não estão se dando conta que estão perdendo adeptos aos milhares todos os dias."

Celso — "A igreja, mais uma vez, vai perder o bonde da história. Porque ela se recusa a enxergar o que está acontecendo. Ela vai ter de admitir que 85% dos padres são homossexuais! E 30% são pederastas, ainda pra completar. Qualquer *gay*, se entrar na igreja, o radar dele apita o tempo todo. Impossível não ser, porque é o lugar mais fácil de se esconder."

[Você acha que a maioria vai ser padre pra se esconder?]

Celso — "Sim, a maioria vai ser padre pra se esconder. Entre eles, todos sabem que são *gays*... E a maioria deles, eu acredito, optam por não praticar sexo. O que não significa que eles deixem de ser *gays*. O hétero que não pratica também não deixa de ser hétero... Então ele é *gay*, mas não pratica."

[Alguns entrevistados separam sua fé, sua espiritualidade, da doutrina da igreja. Por exemplo:]

Jorge — "Sou católico, apostólico romano, praticante. Há muito tempo separei igreja de fé. Mas sou do tipo que acredita ter que pertencer a uma igreja e esta é a minha. O que os padres da minha igreja pensam sobre o homossexualismo pouco ou nada me importa. Não me reporto a eles, mas a Deus."

João — "Eu saí do seminário tão horrorizado com o que conheci da Igreja Católica que entrei naquele grupo dos assim chamados 'sem fé'. Eu não saberia dizer se não acredito mais em Deus... Talvez eu seja 'ateu graças a Deus', eu não tenho nenhuma idéia de Deus formalizada. Um dos meus melhores amigos é um padre, que foi meu colega de seminário, e ele uma vez me disse: 'João, eu invejo o teu Deus, porque ele está sendo construído e o meu veio pronto'... Eu tenho horror desse Deus pronto, desse Deus do judaísmo, desse Deus do islamismo, desse Deus do budismo... Acho que Deus é um ser que está dentro de nós, não vou teorizar muito a esse respeito... Na verdade, eu me dei muito bem com a psicologia junguiana, dentro da qual eu fiz terapia durante muito tempo... Deus está no seu interior... Isso faz absoluto sentido pra mim... Então: Que é Deus? Quem é Deus?... Não tenho a menor idéia, mas eu dialogo com alguma verdade interior que está dentro de mim, que estou desvendando no meu processo de vida, da qual faz parte, inclusive, a minha homossexualidade..."

[104]   [Edith Modesto]

4.6 Tratamentos psicológicos e psicanalíticos

4.6.1 Terapias de auto-aceitação

[Você já fez algum tipo de terapia, tratamento psicológico, psicanalítico?]

Muitos entrevistados foram fazer terapia, quando perceberam ou desconfiaram ser homossexuais. Poucos tentaram reversão. Por exemplo:

Jorge — "Faço análise há muitos anos. Mas isso em nada tem a ver com a minha sexualidade. Ou tem, na medida em que isto é importante na vida de qualquer pessoa. Nunca lutei de forma concreta contra a minha sexualidade e, menos ainda, 'tentei deixar de ser homossexual'."

Alexandre — "Não fiz terapia pra deixar de ser *gay*, nunca. Eu já sabia que não dava... Quando eu comecei a fazer, eu levava as situações para ela e estava querendo uma saída... Pensando bem, acho que tinha uma fantasia que eu poderia recuperar a heterossexualidade... Mas era uma fantasia que no fundo eu não queria isso, e eu pude ficar mais forte depois."

Alguns entrevistados experimentaram a falta de preparo de alguns profissionais. Por exemplo:

Sílvio — "Falei pro meu pai, pra minha mãe que eu queria fazer terapia... Aí eles perguntaram por quê. E não contei, na verdade, eu dei uma embromada, porque eu estava confuso, eles me levaram num psiquiatra. Um cara terrível, uma das piores experiências da minha vida! Entrei no consultório do psiquiatra, ele virou e falou assim: 'Tá, qual é o problema?', bem burocrático. E eu na cadeira não sabia como dizer... Fiquei enrolando, e ele foi grosso comigo. Ele falou: 'Ah, fala logo!'... Ele foi completamente indelicado. Aí eu falei que eu estava confuso sexualmente, que achava que me interessava por homem que eu não sabia o que estava acontecendo comigo... E aí ele me passou pra uma psicoterapia. Nem deu remédio não, e aí eu fui fazer com uma terapeuta... Análise transacional... Humm, foi superlegal pra mim. Agora, faço terapia há três anos já. Sempre com a mesma terapeuta."

Um entrevistado foi fazer terapia porque tinha sido estuprado.

Ari — "Eu não falei com ninguém sobre o estupro... Fiz algumas terapias que não deram em nada porque, ou as pessoas não me entendiam, ou eu não sabia me expressar... Mesmo porque tem coisas que eu não conseguia colocar pra fora... Meus pais só souberam de tudo muitos anos mais tarde. Na época, eu não sabia nem como reagir. Eu não tinha nem a noção de que aquilo que aconteceu era um estupro. Eu tinha entre 9 e 11 anos..."

Para a maioria dos entrevistados, a terapia ajudou muito. Por exemplo:
Yuri — "...E aí eu cheguei ao meu atual psicólogo e já na primeira sessão o meu desespero era tão grande que ele acabou ficando comigo três horas... E, pra minha surpresa, depois de eu ter contado tudo, ele vira pra mim e fala: 'Eu não entendo o que te trouxe aqui. Eu não vejo onde você tem problema.' E eu respondi: 'Como, qual é o meu problema? Eu tô te falando que eu sou homossexual.' E ele disse: 'Desde quando a homossexualidade é problema?' E ele é heterossexual: casado, eu faço terapia com ele há 4 anos... E eu falei pra ele: 'Você consegue me curar disso? Eu quero ser heterossexual. Eu quero me casar e quero ter filhos. Eu dou um prazo pra que isso aconteça, caso contrário eu vou acabar com a minha vida porque eu não agüento mais isso.' E ele disse: 'Se você acreditar em mim e permitir que eu te ajude, eu vou tentar descobrir se realmente você é homossexual ou não. Através das nossas conversas. Mas o que eu tenho a te dizer é o seguinte: seja você o que for, você não está cometendo pecado nenhum, nem erro nenhum. O que você precisa é se aceitar como você é. E isto eu me proponho a fazer por você.'"

4.6.2 Eventual preferência por terapeuta *gay*

[Você prefere um terapeuta gay?]

Para a maioria dos entrevistados não importa se o (a) terapeuta é homossexual ou não. Por exemplo:
Sílvio — "Não faço questão que seja *gay*, contanto que ele consiga lidar com a homossexualidade, que não tenha preconceito...
Bruno — "Acho que não importa se o terapeuta é *gay* ou não. Se ele é um terapeuta bom, a sexualidade dele não vai influir em nada. A minha terapeuta não é homossexual e ela entende perfeitamente as coisas pelas quais o homossexual passa. Eu acho que ela foi enviada por Deus. [risos] Ela é maravilhosa!"

Alguns preferem que o terapeuta seja *gay*. Por exemplo:
Mário — "Meu analista não é hétero. Eu fiz questão de procurar analista que fosse *gay*. Eu mandei um *e-mail* para o Estruturação [Grupo LGBT de Brasília] perguntando se eles conheciam algum analista que tivesse contato com homossexuais. Fiz isso pra ficar mais à vontade. Acho que, com certeza, ele vai entender melhor..."

[106] [Edith Modesto]

[Não tem o perigo de esse terapeuta tratar você só do ponto de vista da homossexualidade e não como uma pessoa por inteiro?]

Mário — "Teria esse perigo, Edith, mas a gente tem que arriscar. Tanto é que hoje em dia eu sei que não tem esse perigo. Ele diz para eu tentar não ficar tão preocupado só com essa parte."

Um entrevistado fez terapia de casal.

Caio — "Eu sou feliz, porque tenho um casamento... Mas houve crises no meu casamento... Uma separação há dois anos e, pouco a pouco, a gente voltou e procuramos uma terapia de casal. Muito casal homossexual se separou e nunca mais voltou... Muito casal heterossexual se separou e não voltou mais. É o que o terapeuta falava: 'Olha, hétero também se separa, homossexual também se separa, e também se reconciliam'..."

4.6.3 Terapias de reversão

[O que você acha das terapias pra deixar de ser gay (reversão)?]

Muitos teriam feito tratamento para deixar de ser *gays*, principalmente na adolescência, se essa possibilidade existisse. Por exemplo:

Paulo — "Se na época [adolescência] existisse tratamento para deixar de ser homossexual, seria a primeira coisa que eu faria, porque eu era muito infeliz. Hoje, não."

Luís — "Quando eu era adolescente? Talvez tivesse feito... Eu estava tão sozinho porque talvez eu achasse que seria mais fácil ser hétero. Achei isso até um tempo atrás. Hoje já não acho mais. Eu achava que era mais fácil ser feliz como hétero... Porque o mundo se movia de uma forma heterossexual, o modelo que eu tinha de felicidade era meu pai e minha mãe, um casamento entre sexos opostos. Existia um modelo pra mim numa cidade pequena? Fui conhecer outros modelos depois, mais tarde."

Mais de um entrevistado acredita que dê para deixar de ser *gay*...

Carlos — "Nunca tentei deixar de ser *gay*, mas acho que aquele que realmente quiser mudar pode até conseguir. Não sei, acho que com hipnose ou outro meio, talvez isso seja possível."

... mas um deles relatou a sua experiência negativa com terapia de reversão.

Rafael — "Não acho que seja possível deixar de ser homossexual. Pode deixar de praticar, mas não de sentir. Houve um período de quase um ano na minha vida, em que eu freqüentei uma psiquiatra e que ela tentou mudar a minha homossexualidade através de regressão. Quase acabou com a minha vida, pois eu já tinha praticamente me aceito por completo e ela me fez entender que eu era anormal. Nunca tinha tido depressão e, nesse tratamento, eu estava tomando remédio de tarja preta para não me matar, Edith. Mas no final eu saí do tratamento e fiquei bem... Por sorte."

Todos os outros entrevistados negaram a possibilidade de existir um tratamento para deixar de ser *gay*. Por exemplo:

Ricardo — "Eu nunca pensei em fazer um tratamento pra deixar de ser *gay*. Engraçado... Eu achava que ia ser difícil, mas isso nunca foi um pesadelo de ficar sem sono... Ser hétero ia ser mais fácil pra um monte de coisas, mas eu acho a vida hétero tão chata... [risos]"

Tiago — "Não, nunca fiz tratamento pra deixar de ser *gay*. Não acredito nisso. Não é possível! Palhaçada. Uma piada!"

Alguns entrevistados estão felizes como *gays* e não fariam tratamento de reversão, mesmo se ele existisse. Por exemplo:

Ricardo — "Não, não faria tratamento. Sabe por quê? [risos] Por incrível que pareça, nunca foi um tormento na minha cabeça. Achava tudo normal, que uma hora ia passar... Mas, não que eu queria que passasse, entendeu? Tô assim... Tudo bem."

Vários entrevistados criticaram terapias para deixar de ser *gay* (reversão). Por exemplo:

Mário — "De forma alguma eu acho que há possibilidade de reverter o homossexualismo, com tratamento psicológico ou com religião... Os poucos que disseram que conseguiram se curar, acho que não eram homossexuais, talvez fossem bissexuais e apenas abafaram o lado homossexual deles. E, com certeza, esse tipo de coisa deve fazer muito mal."

Alguns entrevistados, quando mais jovens, fizeram terapia de reversão (para deixar de ser *gay*). Por exemplo:

Bruno — "Eu procurei terapia, porque estava muito mal, porque acho que o que mata o *gay* é a solidão, acho que é a dor maior, acho que é maior do que a dor do preconceito, a solidão que se vive se não tem com quem falar, compartilhar. E eu procurei terapia, só que sozinho. Eu tinha 19 ou 20 anos, procurei pela lista telefônica. Imagina se eu ia arrumar uma terapeuta boa? E fiquei anos fazendo terapia com uma pessoa que

[108] [Edith Modesto]

não acreditava em homossexualidade. Ela fazia terapia de reversão. Eu queria falar e ela falava: 'Você está procurando chifre em cabeça de cavalo, isso não existe, você não é homossexual, a gente precisa trabalhar sua relação com seus pais...' Isso eu ouvi anos a fio."

Alguns entrevistados não acreditam em terapia. Por exemplo:

Paulo — "Não, eu nunca fiz terapia... Porque não acredito em terapias. O meu terapeuta sou eu mesmo. Há alguém melhor que eu para entender eu mesmo?"

Tiago — "Caso de terapia... Para quem gosta de fazer... Não é o meu caso, eu não acredito..."

4.7 Consultas médicas e DSTs (Doenças Sexualmente Transmissíveis)

4.7.1 Há falta de capacitação dos médicos?

[Você já teve problema de saúde pelo fato de ser gay *e foi ao médico? Você disse para ele que é* gay*?]*

Todos os entrevistados falaram sobre a dificuldade de se revelar gays para os médicos. Por exemplo:

Rubens — "Uma vez que eu fiz passivo pra um cara e acho que me machucou... Não sei, nunca tinha acontecido isso antes... Depois conheci o meu namorado [nome], ele foi comigo ao médico e aguardou na sala de espera. O médico falou: 'Olha, isso foi o começo... Poderia ter sido grave, mas não foi...' Ele foi bem rápido e seco, mas foi muito atencioso. No final, pensei: 'Deixa eu falar com ele mais abertamente pra ver... Eu não vou voltar aqui sempre, né?' Eu falei: 'Olha, é que eu sou *gay* e a gente faz sexo anal, queria saber se haveria uma proteção...' Ele disse: 'Não, não, não posso te ajudar muito'... Ele não disse praticamente nada... Ficou olhando pro papel, ficou com vergonha de me olhar, fiquei com vergonha dele, me arrependi de perguntar, quis sair dali voando. Ele me deu um remédio pra eu passar, acho que acabei nem usando o remédio, tava melhor e passou."

Lula — "Hoje eu falo pro médico que sou *gay*... No passado, não. Eu tive uma experiência muito ruim... Como eu falei, de 85 a 88, eu transei indiscriminadamente, sem camisinha, e em janeiro de 88, quando voltei pra São Paulo, tive uma doença venérea... Aí, fui ao médico e, quando insinuei que isso teria sido uma relação anal, ele fez uma cara... Ele mudou o comportamento e teve um tratamento completamente frio em relação a mim... E isso foi uma experiência muito ruim, muito negativa... Eu não soube reagir na época... Por sorte, eu tomei algum remédio à base de penicilina, o problema se resolveu. O médico não me orientou em nada, nada. Eu me lembro que, inclusive, eu tive um problema pra comprar... Aí eu tive que ligar e ele me atendeu de uma maneira pouco profissional, digamos assim, como se dissesse: 'Você fez sexo com outro homem, agora você que se vire'... Isso foi uma coisa muito ruim, mas eu tenho uma experiência de um ano atrás que é o oposto disso. Eu tive uma infecção intestinal... Em primeiro lugar me perguntou, da maneira mais tranqüila, sem fazer nenhuma careta, qual era minha orientação sexual e eu disse na maior tranqüilidade que eu era homossexual e ele não moveu um músculo da face, anotou no prontuário tranqüilamente e disse: 'Olha, a gente não sabe se essa sua infecção foi contraída por algum alimento que você comeu ou em alguma relação sexual, por via urinária; se a gente tivesse certeza que era alimentar, você deveria tomar esse remédio por sete dias, se fosse urinária, por dez dias; como nós não sabemos, você toma por dez dias'... Aí, você está falando de como o preconceito pode afetar a saúde das pessoas..."

4.7.2 A preocupação com as DSTs

[Você se preocupa com as doenças sexualmente transmissíveis?]

Todos os entrevistados se preocupam muito com as DSTs. Por exemplo:

Lula — "Dos anos 85 a 88, o auge da Aids no Brasil entre os homossexuais... Um crescimento vertiginoso, que fez com que ela fosse inclusive chamada de 'peste *gay*'... Porque eu não peguei essa bendita dessa doença eu não sei, porque até os 28 anos eu nunca tinha transado de camisinha... E o meu melhor amigo, que era um pouquinho mais novo do que eu, morreu em 92... Ele teria quase 30 anos na época, mais ou menos... E a gente freqüentava os mesmos círculos... Se ele pegou, eu tinha tudo pra ter pegado... A vida inteira eu sempre me perguntei: 'Se é pra ser religioso, é pra ser religioso nessa hora; se existe um Deus, esse Deus com certeza me protegeu, porque eu não peguei...' Hoje, eu coordeno um projeto de proteção ao HIV..."

Lucas — "O *gay* já vai se entregano... Mas não sabe o que vai acontecê depois... As causa assim que vai dá depois... Tem que sempre usá camisinha pra ir pra cama com alguém. Eu sempre falo pras minhas amiga [prostitutas e travestis] quando elas vai sair com alguém pra obrigá a usá camisinha pra não pegá doença... E uma coisa que eu

[110] [Edith Modesto]

não faço de jeito nenhum pra nenhum moleque é sexo oral... Pode me dá um carro, uma BMW... Mas sexo oral não faço pra ninguém..."

Mas nem sempre o medo das DSTs impede o homossexual de correr riscos:

a) Três entrevistados apaixonaram-se por soropositivos. Por exemplo:

Ricardo — "Me preocupo, tomo cuidado... Eu já namorei um cara que é portador do vírus... Eu senti isso da gente estar na cama junto e era tão bom que não precisava haver o sexo pelo sexo. A gente nem chegou a transar... Mas era tão bom estar ali, eu ficava realizado em estar junto, dormir junto... É muito romântico, muito gostoso. Foi uma paixão..."

Alberto — "Conheci o [nome] quando eu tinha uns 23 anos e ele 26. Edith, foi amor à primeira vista e, pra falar a verdade, eu ainda o guardo no meu coração. O que interessa é que ele, sendo HIV positivo, sempre me tratou com o maior respeito que um ser humano pode ter com o outro. Ele me contou logo no princípio que tinha a doença."

[E sexo?]

Alberto — "Quanto a sexo, levou um bom tempo até acontecer e, quando aconteceu, ele montou um verdadeiro aparato pra que nada saísse errado e eu viesse a me contaminar. Ele ia sempre ao dentista e nunca me beijava se tivesse alguma afta ou algo parecido na boca. Se cuidava pra estar sempre saudável, apesar da pouca instrução e dinheiro que tinha.

[Quanto tempo vocês ficaram juntos?]

Alberto — "Namoramos durante um ano e foi o melhor ano da minha vida. Até hoje eu nunca fui tão feliz! Até que um dia ele chegou pra mim e disse que ia embora. Fiquei arrasado com a notícia, perguntei por quê, e ele disse que não agüentaria me ver sofrendo quando ele estivesse morrendo... Fora o medo que ele tinha de sem querer me transmitir o vírus do HIV. Depois ele me levou até próximo da minha casa e foi essa a última vez que o vi."

[E você acha que os HIV positivos são assim?]

Alberto — "A maioria dos HIV positivos que conheço são sacanas, enganam, são revoltados e querem passar o vírus para o maior número de pessoas. Depois disso, passei a participar como voluntário em programas de ajuda a HIV positivo e sempre encontrava pessoas tristes, amarguradas, praguejando contra o mundo e querendo que todos ficassem doentes. Nunca encontrei ninguém que pensasse como o [nome do namorado].

[Vidas em arco-íris] **[111]**

[Você acha que os HIV positivos deveriam abster-se de sexo?]
Alberto — "Acho difícil dar um parecer, às vezes eu acho que HIV positivo deveria viver com voto de castidade, outras vezes acho que deveriam namorar somente com outros HIV positivos e nunca com negativos... Mas daí eu me lembro do [nome do namorado] e acho que o melhor é cada um ser sincero com o parceiro: se positivo, dizer sempre antes da transa e sempre usar camisinha."

b) Alguns transam sem camisinha porque confiam no namorado. Por exemplo:
Alexandre — "Doenças sexuais me preocupam muito. Sempre usei camisinha. Agora estou vivendo uma experiência nova porque eu confio muito no meu namorado [nome]. Ele fez o teste, eu fiz, deu negativo e a gente transou sem camisinha, com esse contrato de que, se a gente, por acaso, tiver um outro caso, a gente vai ter que usar camisinha. Isso é uma coisa muito nova pra mim porque eu confio muito nele e é recíproco... Eu sei que pra mãe, pra qualquer pessoa da família, pode ser assustador. Mas é uma coisa que eu às vezes acho que é necessária, esse ato de confiança. É uma prova de amor."

c) Um entrevistado, muito jovem, disse que só usaria camisinha se houvesse perigo de Aids.
Rafael — "Morro de medo de pegar Aids. Aliás, acho que o que me impediu mesmo de ter transado com aquele rapaz no Rio, Edith, foi o fato de que nós não tínhamos camisinha. Quanto a precauções, eu as tomaria somente no caso da Aids. Se eu tivesse um cara que eu soubesse que não tem Aids, eu transaria com ele sem camisinha, mesmo sabendo que eu posso contrair outras doenças, pois seriam de dimensões muito menores e acho que vale a pena pagar o preço. Transar com camisinha deve ser horrível!"

4.7.3 O perigo do *dark room* e das cabines

[Essas boates com **dark room***, cabines, são perigosas?]*

Alguns entrevistados falaram sobre as boates com *dark room* e outros locais para sexo. Quase todos apontaram seu "papel social" mas, também, alertaram para os perigos. Por exemplo:

[112] [Edith Modesto]

Rivelino — "Na minha época, o primeiro contato que o adolescente tinha com o mundo *gay* era na rua, ou num banheiro público, ou no cinema, ou numa boate — que na época já existia —, mas era difícil porque você tinha vergonha de freqüentar, em 1981, por exemplo. Você tinha medo de ser visto entrando num determinado lugar. Hoje, o que é que um garoto tem pra freqüentar? Continua tendo as mesmas boates, ou seja, um lugar pra se dançar, e, para os mais novos, geralmente domingo tem as matinês mesmo nas boates. Tem barzinhos que são voltados exclusivamente para os homossexuais, que são barzinhos de encontro..."

[Há perigos nesses barzinhos, boates, para homossexuais?]

Rivelino — "Não sei, Edith. Perigo, pra mim, tem em todo lugar. Mas se um adolescente vai a uma boate com *dark room* é perigoso... *Dark room* é uma coisa... De 95 pra cá. E é engraçado sabe por quê? Porque acho que o *dark room* veio com o coquetel da Aids e a gente tem debatido muito isso nos grupos de apoio. Por quê? A garotada de hoje não viu a Aids como a gente viu, ninguém viu um cara morrendo de Aids, na cama, cheio de sarcomas, deitado, esquelético, morrendo. Hoje em dia você não vê quase mais esse quadro. A garotada de hoje vê o soropositivo e o homossexual que tem Aids como um igual, então ele acha que o cara toma 'coquetel' e é como se ele estivesse com gripe, e o cara vai normal: 'Eu vou me cuidar, mas, se de repente acontecer alguma coisa, tem o coquetel, eu vivo mais 20 anos, 30 anos, até alguém descobrir a cura.' No meu tempo não tinha essa perspectiva e também não tinha *dark room*. E então, não sei se existe mesmo esse paralelo, mas eu particularmente acho que tem esse paralelo."

[E as cabines?]

Rivelino — "São bares fechados, de encontros, que têm os quartinhos, e existem alguns funcionando aqui [capital], que estão lá única e exclusivamente pra sexo, porque ali não tem nada, não tem diversão, não tem dança, tem música de fundo, mas não tem nada pra se fazer a não ser ir, beber, encontrar alguém e trepar nas cabines. É uma sauna sem precisar tirar a roupa, porque as saunas *gays*, de pegação, elas são meio fachada, a princípio se tem uma coisa meio saudável, faz bem pro corpo, você vai lá e relaxa, mas isso é fachada, porque ninguém fica na sauna pra ser saudável, vai na sauna pra trepar. Então esses bares estão vindo pra tirar isso, não precisa ir pra sauna. Nesse sentido é perigoso, é perigoso, sim, mas acho que o perigo não mora aí, porque o *dark room* está lá como está qualquer outra coisa, como as boates com os cantinhos escuros na minha época."

[Vidas em arco-íris] **[113]**

[Mas as pessoas usam preservativo?]

Rivelino — "Hoje existe uma distribuição maciça de preservativos nesses lugares... Você tem a opção de ter preservativo se você quiser. Geralmente quando você entra nesses bares — e eu já fui —, você paga a entrada e eles te dão duas camisinhas e um sachê de gel lubrificante pra você usar lá dentro. Hoje em dia tem mais apelo sexual porque, se você vai numa boate que não tem *dark room*, você enche a cara e só o fato de não ter *dark room* já é um fator dificultador pra você fazer alguma besteira, entendeu? O *dark room*, não, o *dark room* é uma porta aberta. Mas eu acho que hoje o risco está de igual pra igual, acho que tanto o *gay* que tem 35 anos sabe dos riscos que ele corre, quanto o garoto de 15 anos, porque o acesso à informação é o mesmo, as coisas que eu escuto são as que ele escuta... O que muda talvez seja o apelo, o apelo pra cabeça de um cara de 15 anos... Dele estar se envolvendo com a facilidade com que estão proporcionando pra ele isso."

João — "Acho que as boates com *dark room* são perigosas para os jovens, mas também acho que elas têm sua função a cumprir, porque as pessoas estão muito conscientes... A minha freqüência atesta isso... Usa-se camisinha... E eu acho que há um exercício muito interessante da sexualidade anônima... É também uma sexualidade importante... Porque a sexualidade é muito livre, ela é muito ampla... Então eu gosto, por exemplo, da sexualidade que evolui, tenho horror das pessoas que têm o seu parametrozinho e não saem daquilo, se agarram naquilo como um carrapato... De repente, 'por que não? Vamos ver'... Claro que tudo isso preservando a minha saúde, preservando a minha vida, tomando todo o cuidado... Respeitando o outro... A sexualidade saudável, a sexualidade que te enriquece, inclusive interiormente..."

4.7.4 O tratamento da Aids

[Você já esteve em contato com alguém que fazia tratamento para Aids? Com o coquetel, a Aids é uma doença tratável?]

Alguns entrevistados já estiveram em contato com soropositivos. Um desses entrevistados, militante, falou sobre o tratamento da Aids.

Rivelino — "Quanto ao coquetel, pra mim o coquetel se mostrou uma faca de dois gumes... Dá segurança e dá perspectiva. Antigamente o cara era diagnosticado HIV positivo e ele estava recebendo a sentença de morte dele. Hoje em dia não é mais assim, mas ninguém fala dos efeitos colaterais do coquetel."

[114]   [Edith Modesto]

[Se você conhece alguém que toma, poderia contar como é?]
Rivelino — "Conheço. Imagine que você sofresse de incontinência urinária e que essa incontinência urinária te acometesse a cada uma hora, então vamos supor que você fique acordado 14 horas por dia, e de hora em hora você tem que sair correndo pro banheiro porque você está com vontade de fazer xixi. A vida de um cara que toma coquetel é assim: ele passa a conviver com uma sobrecarga, uma tarefa diária que é cronometrar determinados remédios que ele tem que tomar e ele não pode atrasar 15 minutos, ele não pode adiantar 15 minutos, porque senão o efeito já não é mais o esperado..."
[Tem efeitos colaterais?]
Rivelino — "Os efeitos colaterais variam muito de pessoa pra pessoa, mas tem de tudo: tem escamação da pele, tem queda de cabelo, tem disenteria, tem mal-estar, tem suores, tem tremedeira, tem dor de estômago, tem náusea, tem vômito... Tem gente que não consegue tolerar o coquetel porque não consegue suportar os efeitos colaterais. Mas isso ninguém mostra. Eu estive numa conferência, no espaço da USP na rua Maria Antônia, e eu estava conversando com um rapaz de Campinas, que é usuário do coquetel e ele falou: 'Eu queria que alguém passasse um dia do meu lado pra saber o que é essa bosta, eu tenho de tanto em tanto tempo ficar olhando o relógio, tenho que separar os comprimidos certos durante o dia todo que eu tenho que tomar, eu não posso comer um monte de coisas, toda hora tenho que correr pro banheiro, tem dia que não consigo levantar da cama, e o povo acha que o coquetel é uma pílula pra gripe, você toma uma vitamina C...'"
[Isso tudo não precisava ser contado para as pessoas?]
Rivelino — "Lógico! Mas o que acontece? Os laboratórios querem contar o lado bonito da coisa, eles querem contar os avanços, eles querem contar o quanto é negativo a carga viral da pessoa. Por quê? Pra você comprar o medicamento deles, e eles faturam bilhões em cima disso..."
[Mesmo que o Brasil tenha conseguido uma vitória internacional com o menor custo dos remédios para Aids?]
Rivelino — "Mas você não vai ver os laboratórios falando, mostrando uma campanha na TV, dos efeitos colaterais dos remédios que eles produzem, eles não vão fazer isso."

Um entrevistado disse que os *gays* românticos são os que pegam doença.
Fernando — "Eu me previno bastante... Acho que todo mundo se previne... Os *galinhas* também. São os que mais se previnem, porque na vida *gay*, por incrível que pa-

reça, acho que quem pega doença é o idiota do sentimental que confia no namorado e vai transar sem preservativo."

[5] A revelação

5.1 Revelação à família

[Você contou para sua mãe que é gay? Para sua família?]

A maioria dos entrevistados nunca contou espontaneamente aos pais que é homossexual, mas muitos deles acham que "mãe sempre sabe". Por exemplo:

Tiago — "Meus pais sabem, bom, meus pais sabem, com certeza, apesar de eu nunca ter dito claramente que eu era *gay*. Nunca cheguei na mesa de jantar e falei: 'Eu sou *gay*.' Mas, com certeza eles sabem. Por atitudes, por postura eles sabem com certeza."

Alexandre — "A minha mãe tem 70 e poucos anos, a gente nunca falou sobre isso, mas eu sei que ela sabe. Ela não pergunta nada sobre isso, eu gostaria muito que ela soubesse, mas ela não me pergunta porque a gente não tem esse assunto, mas ela sabe, eu tenho certeza. Aquela coisa de mãe. Eu tenho uma teoria: acho que mãe sempre sabe."

Várias mães ficaram sabendo através de correspondência particular dos filhos. Por exemplo:

Daniel — "Numa das minhas viagens para o Brasil, o meu esposo escreveu várias cartas, todos os dias... E a última carta eu já tava em Londres, e a minha mãe ficou preocupada... Daí ela abriu. Ela pediu um milhão de desculpas e, no fim da conversa, ela, como toda a mãe, achou que tinha alguma culpa, né?"

Sílvio — "Eu não tinha com quem conversar... Até as minhas amigas, acho, se chocariam... Meus pais ficaram horrorizados com o que leram no meu diário."

[Mas você escreveu um diário que o seu irmão leu; depois escreveu no computador e sua família toda leu. Não tem alguma coisa errada aí?]

Sílvio — "Pois é... 'Quem procura acha...' Minha mãe pirou de vez. Foi nisso que também descobriram que eu estava namorando um rapaz, então aí ferrou tudo. Os meus pais simplesmente me trancafiaram em casa... Eu fiquei, acho, uns dois, três meses sem poder sair pra lugar nenhum, trancado."

[Edith Modesto]

[Você não conseguiu conversar com sua mãe?]
Sílvio — "Não, nunca buscaram um diálogo. Era um monólogo só. Eles falavam: 'Isso é nojento, isso é horroroso etc. e tal... e ponto.' Aí eu ia falar e mandavam eu calar a boca. Nessa época, até apanhei algumas vezes."
[Se seus pais quisessem conversar com você, seria melhor?]
Sílvio — "Acho que sim. Talvez eles entendessem um pouco melhor. Porque eu acho que a culpa não era minha, não era da Internet, a culpa não era deles... Mas eu não sabia o que falar pra eles e eles também não sabiam escutar."

Uma minoria entre os entrevistados se viu obrigada a revelar sua homossexualidade. Por exemplo:
Lucas — "Porque o dia que eu contei pra ela, foi assim. Eu tava gostano de um menino... Aí eu acabei brigano com ele... Aí eu peguei um veneno de rato e tomei ele todinho, dentro do banheiro. Aí eu comecei a passá mal e ela me agarrou e perguntou o que tava aconteceno... Eu disse: 'Eu sou *viado*... Queria falá pra senhora mas não dava...' Ela chorou. Chorou bastante. Minha madrinha sentou comigo e conversou: 'Filho, não sou ninguém pra julgar, quem só pode julgá é Deus, mas o que eu peço é pra você não ficá saino com qualquer cara... Eu já tinha desconfiado disso daí da sua infância, porque eu criei você desde pequeno...' Porque ela tem eu como um filho... E é duro pra uma mãe sabê que tem um filho assim... E tem mãe que não aceita. Tem mãe que manda até os cara matá os filho que eu já vi... Minha madrinha aceitou numa boa... Foi Deus que mandou essa madrinha pra mim."

Entre os poucos entrevistados que se revelaram a suas mães, espontaneamente, a maioria já era adulta e comprovou que, contrariando a crença popular, nem "sempre a mãe sabe". Por exemplo:
Danilo — "Minha mãe tinha 71 quando assumi. Ficou sabendo na mesma semana. Chorou um pouco, sofreu mais ainda, mas seu amor por mim foi maior. Não tocamos no assunto quando estamos juntos, mas ela sempre tem notícias sobre mim, pelo meu trabalho local na militância homossexual."

Para uma minoria dos entrevistados, a não-aceitação da mãe foi total. Por exemplo:
Paulo — "Meus pais sabem que sou *gay*. Mas minha mãe não aceita de maneira alguma... Ela é evangélica. Eles ficaram sabendo porque eu contei. Contei porque minha mãe começou a desconfiar e me pressionou a falar a verdade. Eu me senti humilhado,

[Vidas em arco-íris] **[117]**

mas tenho certeza que meus pais se sentiram pior do que eu. Tirando meus irmãos, nunca me importei com o resto da família. Como o nome já diz, é só o resto. Eu morria de vergonha de ser homossexual. Hoje não tenho nenhuma. Tanto que todos os meus amigos sabem. Até os da faculdade. Eu sempre falo antes de ficar muito íntimo da pessoa, para que não seja um choque maior depois. Mas... O repúdio familiar sempre traz muita revolta. E foi isso que aconteceu comigo. Já tentei me suicidar várias vezes. Hoje sei que foi tudo uma bobagem. Não posso fazer minha mãe aceitar o homossexualismo..."

Os entrevistados experimentaram diferentes caminhos para se revelar à família: falar antes para irmãos; falar que é bissexual... Mesmo assim, várias mães que ficaram sabendo não conversam sobre o assunto. Por exemplo:

Alexandre — "Eu falei para os meus três irmãos mais próximos... Com minha irmã mais jovem acho que foi um jeito mais suave de falar, muito de brincar, que primeiro é falar da bissexualidade para depois falar da homossexualidade, para ir aos poucos. Para meu irmão, nós somos muito próximos, aí contei pra ele. E foi ótimo, porque tem aquele susto inicial, aquela história: 'Toma cuidado com a Aids.' Depois, ele ficou muito tempo sem me perguntar nada."

Carlos — "Minha mãe sabe que eu sou homossexual, mas ainda não conversamos sobre isso. Ficou sabendo porque dei a ela dois livros do GGB [Grupo Gay da Bahia], direcionados a pais de homossexuais. Ela leu e depois não quis mais falar sobre o assunto. Até hoje espero uma conversa... Eu me senti ignorado, indiferenciado"...

Yuri — Minha mãe vai ficar com vergonha. O meu medo é justamente esse: que ela deixe de viver a vida dela... Que ela comece a se fechar em casa... Entendeu? Eu não quero esse prejuízo pra ela. Eu quero que ela seja feliz. E o meu medo é que eu vá fazê-la infeliz. Eu não quero isso."

[Mas você não quer ser você mesmo, não quer conversar com sua mãe sobre os seus sentimentos?]

Yuri — "Olhe, Edith, eu só vou me sentir totalmente livre o dia em que eu não tiver de esconder nada de ninguém. Porque eu sou um cara bom, honesto, carinhoso, amigo... Fui, eu tenho certeza disso porque minha mãe e irmã me dizem, eu fui um excelente filho... Só que eu nunca fui bom pra mim. Eu sempre me machuquei, sempre me feri, me anulei."

[Então, isso que eu perguntei: você não precisa pensar um pouco mais em você?]

Yuri — "Sim, é muito importante. Mas eu estou dividido: eu tenho muito medo de magoar, de machucar minha mãe. Então estou dando um tempo... Mas eu sei que fatalmente ela vai ficar sabendo. Eu quero amar alguém, viver com alguém, sem ter medo, sem ter vergonha. Isso eu vou ter de enfrentar."

Alguns entrevistados ainda estão procurando o melhor caminho para se revelar a suas mães. Por exemplo:

Mário — "Eu contei pra minha irmã, esperei ela casar... Ela casou tem uns três meses mais ou menos. Eu contei pra ela que sou *gay* e ela me disse que desconfiava, mas tinha dor na consciência de achar isso de mim. Por aí eu vejo o que ela deve achar o que é ser homossexual. Mas ela conheceu esse meu namorado. Ela, com certeza, sabe que ele é meu namorado. Para o resto da minha família acho que não vou contar nunca. Pra minha mãe... Ela está superdesconfiada dele, tanto é que ele está evitando agora de ir lá... Estou evitando de levá-lo em casa. Eu fui dar o livro o *Terceiro travesseiro* [autor: Nelson Luiz de Carvalho — Editora ARX] pra minha mãe ler. Se eu soubesse que ia encontrar esse rapaz agora, eu não teria dado... Acontece que eu estava lendo, quando terminei de ler, eu chorei de emoção pelo livro, ela viu e insistiu tanto que eu acabei cedendo. Eu disse pra ela do conteúdo e ela disse que tudo bem, que não era fechada a ponto de não ler um livro desses, mas agora eu vou ver que uma coisa é ela falar, outra coisa é agir. Acho que agora ficou pior, depois que ela leu esse livro.

Um pequeno número de entrevistados foi aceito mais facilmente pela mãe e pela família. Por exemplo:

Otávio — "Toda a minha família sabe que sou *gay*. Eu cheguei um dia, depois de uma decepção amorosa, e contei pra minha mãe. Depois disso, foi uma escada, cada um contando para o outro dentro da minha família. Senti, sinceramente, que o mundo saiu das minhas costas. Um alívio e uma aceitação imensa. Nunca senti vergonha de ser homossexual."

Rubens — "Eu imaginei que falar fosse uma catástrofe, imaginei que eles fossem ter crises histéricas... Achei que meu pai ia ficar muito nervoso, meu pai era tenente já nessa época, ele odiava *gay*, odiava muito, mas depois que um meu irmão morreu, ele virou espírita..."

Alguns entrevistados falaram que têm de esconder a homossexualidade da família dos amigos... Por exemplo:

Fernando — "...Os pais da [nome da amiga] me tratam como um filho. Pena que tenho de esconder a minha homossexualidade deles... Tivemos uma conversa sobre o assunto, daí eu disse: '[Amiga], o que você acha da gente contar pra sua mãe?' Ela respondeu: 'Você é quem sabe...' Daí a [nome da irmã da amiga] achou melhor não contar... Se a mãe dela soubesse, ia contar pro marido, e daí os irmãos, primos, tias, todos iam ficar sabendo e seria algo ruim pra mim, pois eles são de [cidade do interior], e, no interior rola muito machismo e temos de 'ficar no armário'... Essa família me trata como filho... Já passei Natal e Ano-Novo com eles... Realmente, eu sou um *gay* discreto..."

5.2 A importância do apoio familiar

[O apoio da família é importante para o homossexual?]

Quase todos os entrevistados disseram que o apoio da família é muito importante. Por exemplo:

Otávio — "O apoio familiar é simplesmente tudo que poderia acontecer de bom para um *gay*. Ele dá base para que um adolescente cresça. Pra mim, foi fundamental. Me deu base para encarar a vida e as pedradas que levo no dia-a-dia em relação à homossexualidade.

Sérgio — "Eu acho que muda tudo. Acho importantíssimo o apoio das famílias... Na minha família teve essa história de me botarem na terapia e não sei o quê. Que me fez um bem danado. Mas foi um assunto que foi arquivado. Nunca mais se falou nisso, na minha família. E todo mundo sabia e sempre soube que eu fui e sou *gay*. E nunca mais se tocou no assunto. Quando eu fiz 40 anos a Ana Fadigas, diretora da revista *G Magazine*, me convidou pra fazer um depoimento... Aí eu pensei uma loucura: eu vou ligar e convidar algumas pessoas da minha família e pedir pra darem um depoimento sobre mim. Aí eu pedi pra eles escreverem como eles tinham descoberto que eu era *gay* e como tinha sido isso pra eles. Ficou uma matéria boa. E aí foi a primeira vez, em todos esses anos, que eu tratei desse assunto com eles. E foi um alívio geral! Todo mundo achou superlegal porque eu abri pra falarem nisso. Foi a primeira vez... Porque as pessoas acham que, se não falarem das coisas, elas não existem."

Alguns falaram do esforço que fazem para ser aceitos pelos pais. Por exemplo:

Jair — "...Meus pais já sabiam que eu era *gay*, mas eu tinha conseguido o respeito deles... O fato de eu morar sozinho, tomando conta da minha vida fez com que tudo

[120]   [Edith Modesto]

ficasse normal. Aí, minha irmã resolve, pra meu espanto, sair do armário da forma mais traumática possível! Agride fisicamente e verbalmente meus pais, começa a namorar uma mulher casada, mente que arrumou um emprego e vai pra casa da moça. Meu pai descobriu, brigou com ela e quis mandá-la pra longe. Daí ela disse que não vai embora porque ele não me mandou embora de casa e, se eu pude ficar, ela também poderia. Pronto. Tudo que eu passei anos construindo, ela destruiu em cinco meses, Edith. A partir daí, meus pais mudaram da água pro vinho... Começaram a me tratar mal. Eu converso com a minha irmã... Falo pra ela fazer da mesma forma que eu fiz, mas ela grita que a vida é dela e, se eles a amam, vão ter de ser do jeito que ela quer. E meus pais não querem nem conversa. Os pais se gabam de passar a vida inteira protegendo os filhos... Só que eles se esquecem de que, muitas vezes, os filhos também passam a vida protegendo os pais."

Alguns entrevistados falaram sobre a falta de apoio família ao homossexual. Por exemplo:

Daniel — "Não, minha irmã não aceitou bem o meu compromisso... Eu não compreendo uma pessoa que tenha estudado na Universidade de São Paulo, que tenha feito medicina, lê, não é uma iletrada..."

Miguel — "... Agora, meu irmão está se separando da mulher dele. Eles se casaram na igreja e tudo, e minha mãe ainda não sabe [risos], mas ela vai saber por esses dias... Eu tenho certeza de que a separação do meu irmão vai doer muito mais do que a minha. A minha mãe quer ter um neto logo...

Alguns entrevistados disseram que os amigos são uma alternativa para a falta de aceitação, apoio, da família. Por exemplo:

André — "Eu tenho consciência de que tenho uma sorte muito grande... Eu lembro que uma vez eu escrevi um artigo de Natal pra *Revista da Folha* [encarte do jornal *Folha de S. Paulo*], onde eu sugeria às pessoas que aproveitassem o clima de paz e compreensão e usassem esse clima pra sair do armário, pra falar pra família... E eu recebi uma carta de um menino que foi expulso de casa na noite de Natal porque ele resolveu falar. Então, eu sei que eu tenho uma sorte que a maioria das pessoas na verdade não tem... Pra mim, o apoio da família foi fundamental, eu sinto que, se eu tivesse que falar antes, eu teria tido espaço, eu falei pra eles no momento que eu me senti preparado. Mas acho que tem vezes que não adianta você dar murro em ponta de faca...

Porque, se você sabe que tua família não vai te apoiar, sabe que a família tem problema com isso, é bobagem... Acho que é um desperdício. Acho que, se os pais soubessem, entendessem... Que na verdade só afastam os filhos, acho que poderia mudar... Mas, se é um problema tão grande para os pais essa questão, é melhor você se afastar da tua família. Você não vai conseguir mudar... Não adianta também ficar endeusando família quando você tem uma família que só te atrapalha... E, muitas vezes, um bom par de amigos é melhor do que uma mãe que atrase tua vida..."

Carlos — "O apoio da família é muito importante. Se te apóiam, você se sente fortalecido, se não te apóiam, você pode ficar um pouco desequilibrado emocionalmente. Acho que é fundamental. Mas tendo apoio de amigos e do namorado, tudo se normaliza."

[6] Vida adulta

6.1 Aparência pessoal

[Você se acha bonito, charmoso, elegante?]

A maioria dos entrevistados valoriza a beleza física e a elegância. Para muitos, é primordial. Por exemplo:

Rafael — "Chegou a melhor parte. Beleza na minha vida ocupa uma posição ímpar a tudo. Dou muito, muito valor à beleza... Faço musculação de segunda a sexta.

[E as roupas, são diferentes?]

Rafael — "Quanto a roupas, tem uma diferença, sim. Eu até uso camisa de botão, de vez em quanto, mas no dia-a-dia eu uso é camisa de malha mesmo. Gosto de usar camisas que não tenham mistureba de cores. Geralmente eu uso uma cor só. Eu vejo que os outros meninos são muito mais relaxados com isso. Eu tenho muito pouco pêlo no corpo e no peito — até barba eu tenho muito pouca, e minha pele é muito branca — o pouco que eu tenho eu depilo... Sou contra pêlos."

José — "Sou muito vaidoso. Cuido da minha aparência, adoro me sentir bem e, quando faço ginástica, me sinto bem.

[122]　　[Edith Modesto]

6.2 Divertimentos

[Você tem um passatempo?]

Os entrevistados falaram de passatempos, os mais variados. Por exemplo:

Tiago — "Eu gosto de ouvir música... De todos o tipos. Música clássica não é a minha preferida. Música popular brasileira, música pop, rock."

Alexandre — "Eu gosto de cinema desesperadamente, basicamente de cinema, música e literatura."

Rodrigo — "Meu *hobby* é colecionar tartaruguinha."

Jorge — "Recentemente resolvi investir meu tempo e dinheiro na área de computação gráfica, mais especificamente em WebDesigner e WebDeveloper. Fui para a escola, aprendi as ferramentas e constituí uma pequena produtora Web na qual trabalho na parte da noite. É meu *hobby* atual."

Roberto — "Gosto de natação."

6.3 Identificação entre *gays*

[Como os gays *se reconhecem?]*

A maioria acha que os *gays* se reconhecem pelo olhar. Por exemplo:

Alexandre — "É uma comunicação muito intuitiva, acho isso muito interessante porque é pelo olhar. É uma coisa que é intuição mesmo, é um olhar e você procura outros indícios para confirmar, como o jeito de se vestir, o jeito de falar, mas na verdade essa comunicação se estabelece em outro nível, tanto que eu consigo reconhecer outros *gays*, como perceber indícios, às vezes, de homossexualidade em homens héteros que, às vezes, nem sabem que têm isso."

Outros entrevistados insinuaram que há entre eles a percepção de uma *gestalt*, de uma forma organizada característica. Por exemplo:

Rubens — "Como a gente se reconhece... O cara me reconheceu até antes de eu ter consciência de que era *gay*... É engraçado, isso merece estudo científico... É uma coisa de treino também. Eu acho que tem um certo padrão comportamental, alguma coisa que se repete em todos eles. A gente fala que sente 'o cheiro da mexerica'."

André — "Acho que tem essa coisa do *gaydar* mesmo. O *gaydar* funciona muito assim, você tem ali o cara que tá tentando de qualquer maneira fazer pra não parecer *gay*, mas ele tem um jeito de virar o cabelo que... Abre pelo menos pra uma possibilidade que ele seja *gay*... Porque tem os óbvios... Em espanhol eles usam muito esse termo 'tem os óbvios'... Mas fugindo dos óbvios, você muitas vezes consegue reconhecer... Eu sou meio ruim... meu *gaydar* é meio quebrado."

6.4 Amizades e lugares de encontro

[Onde você vai passear, conhecer pessoas?]

A maioria dos entrevistados vai conhecer pessoas em locais *gays* e defendem o objetivo social desses lugares. Por exemplo:

Tiago — "Eu vejo um pouco assim: no começo, na adolescência, meus amigos eram todos héteros. Depois teve aquela coisa de eu me descobrir *gay*... E eu comecei a freqüentar lugares *gays* e conhecer *gays*, o que foi fundamental... Pra minha auto-estima... Isso é muito importante. Você conhecer outras pessoas... Parecidas com você, pelo menos nesse aspecto..."

Mário — "Em relação a bares *gays*, eu achava isso um pouco humilhante, só poder manifestar carinho em locais específicos, mas eu conversei com meu analista — eu faço análise tem alguns meses — e ele disse que isso é uma conquista porque, anos atrás, nem isso tinha. Então, não é que confinaram os *gays* a guetos, os *gays* conquistaram alguns lugares..."

Muitos entrevistados enfatizaram a importância, para os *gays*, de arrumar amigos. Por exemplo:

Jorge — "Como já disse, algumas vezes, estou muito bem escondido dentro do armário... Freqüento locais caretas e *gays* em igual proporção e com a mesma naturalidade e prazer. Meu melhor amigo, entretanto, é aquele com quem posso dividir todas as minhas questões, angústias, alegrias e preocupações e que enxerga o mundo com uma ótica mais parecida com a minha, portanto *gay*.

Alexandre — "Em boates, saunas, você também conhece pessoas... Quase todos os meus ex-casos são meus amigos, a gente conversa... Os amigos, para os *gays*, são importantíssimos. Eu não gosto muito dessa história de que você sai com alguém e depois encontra essa pessoa em outros lugares e finge que não conhece... A não ser que tenha sido uma experiência muito ruim..."

[124]   [Edith Modesto]

Poucos entrevistados falaram sobre os perigos de alguns locais de encontro. Por exemplo:
Fernando — "...Autorama é um local que fica dentro do parque [nome]. O pessoal vai de carro e fica lá. Aliás, o lugar está perigosíssimo, eu já fui assaltado lá duas vezes."

6.5 Sexo casual

[Você já transou com pessoas que tinha acabado de conhecer?]

A maioria dos entrevistados já transou com pessoas que acabara de conhecer. Por exemplo:
Rodrigo — "Já transei com pessoas que acabei de conhecer. Se gostei... Depende como foi a relação. Depende como a pessoa age depois da relação."
Carlos — "Geralmente encontro pessoas pra transar em saunas. Pra namorar ou ter relação de amizade, na Internet. Mas, atualmente, só vou à sauna com meu namorado, quando ele quer."
[Você acha que em lugares de pegação há possibilidade de alguém arrumar namorado?]
Celso — "A princípio, sim, mesmo parecendo difícil, mas eu acho que o fato de estarem num lugar desses pode aproximar as pessoas, pois um monte de barreiras hipócritas já estão vencidas, as pessoas estão mais despidas — não literalmente necessariamente e expõem seus desejos e aspiração mais autenticamente. Se bem que pode ser bem difícil encaixar tudo..."
[O que você acha dos gays *que falam que os* gays *não querem relacionamentos estáveis?]*
Celso — "Acho que eles vão mudar de idéia... É uma fase deles... [risos] Pois existem héteros assim... Esses *gays* são uns bobos que estão perpetuando um modelo de liberação da década de 60, sem terem certeza de que isso é o melhor pra eles. Se existem cafajestes héteros não existiriam cafajestes *gays*?"

6.5.1 As boates com *dark room*

[Você já freqüentou boates com **dark room***? É um costume perigoso?]*

A maioria dos entrevistados pouco freqüentou e não gosta de *dark room*. Por exemplo:
André — "Não sei se nos *dark rooms* das boates as pessoas se preocupam com doenças... Porque eu tenho muito pouca experiência, na verdade, de *dark room*... Eu entrei

[Vidas em arco-íris] **[125]**

uma ou duas vezes na vida... A última vez, que eu lembro, eu fui com namorado... Uma coisa assim 'fantasia sexual', então vou com namorado... Eu sou completamente paranóico... Já tive gente muito próximo morrendo, não só de Aids... Eu estou há cinco anos com uma pessoa... Eu nunca fiz sexo sem camisinha... Mas obviamente que você tem contato com a pessoa que você conhece... Quando eu estou transando com uma pessoa que eu não tenho muita intimidade, o meu espectro de ações é muito limitado, eu não toco muito porque é uma questão assim, é pra não ter que ficar paranóico depois... Por exemplo, essa coisa de sexo oral... Já tive até um pouco, mas hoje, não... Sou um pouco grilado... Até que façam sexo oral em mim, por exemplo... Se eu vou transar com alguém que já conheci, já vi que é direitinho coisa e tal, pode até fazer sexo oral em mim, mas eu não faço em ninguém porque me dá agonia mesmo..."

Lula — "Eu sempre tive uma dificuldade muito grande em relação a *dark room*, porque eu não conseguiria me relacionar com uma pessoa sem ver o rosto dela, eu não consigo. Poucas vezes ao longo da minha vida inteira, uma vez por ano mais ou menos... O máximo que eu conseguia fazer era ficar na porta do *dark room*, passar alguém que eu olhava e me sentia atraído e aí eu ia atrás dessa pessoa, porque eu já tinha visto..."

Um entrevistado prefere as cabines e explica o motivo.

Fernando — "Ontem eu fiquei animado porque eu conheci um cara na boate e, quando a gente conhece alguém que parece ser especial, a gente resgata a esperança, de encontrar alguém... A que eu fui chama [nome da boate]... Lá tem umas cabines... Eu não gosto de *dark room*, porque eu não vou ficar com alguém que eu não estou enxergando. Essa boate tem três ambientes, tem o primeiro, que tem um bar e uma pista de dança; o segundo, que tem um bar também; e o terceiro, que tem umas cabines e o povo entra lá pra fazer sexo. E esse cara me falou que já tava me olhando na pista de dança... A gente se conheceu e entramos na cabine, mas foi uma ficada diferente, pode-se dizer assim, foi uma coisa legal. A gente fez sexo? Fez. Mas, antes da gente fazer sexo, ele conversou bastante comigo."

Alguns nunca freqüentaram *dark rooms*. Por exemplo:

Celso — "Não, nunca freqüentei *dark rooms*, acho que não é meu esquema, até confesso que tenho curiosidade. Acho que estes ambientes devem ser muito deprimentes, especialmente por reduzirem as pessoas a um monte de carne no açougue, o que não me agrada... Acho que ficaria com uma sensação muito ruim. Mas tem que deixar as pessoas livres para decidirem..."

[126]   [Edith Modesto]

Alguns entrevistados justificaram o "sexo pelo sexo", mas valorizam a relação estável. Por exemplo:

Sérgio — "*Dark room* é o sexo pelo sexo. As pessoas têm um pouco de preconceito com relação a isso... Eu acredito, as pessoas não são monogâmicas... Então, tem esse impulso do sexo, que eu acho que tem que realizar mesmo, se você está com aquela coisa naquele momento... Eu estive em Estocolmo há uns três anos e conheci o primeiro casal sueco que se casou. Foi o primeiro casal na Suécia que se casou depois da aprovação da lei, e eles se conheceram no *dark room,* fizeram sexo louco, depravado... [risos] Saíram, se gostaram, se casaram e são felizes... E já estão há anos juntos... Quer dizer, não tem isso também que a pessoa que freqüenta *dark room* nunca mais vai conseguir ter uma relação estável... Só quer sexo e tal... Isso eu acho também uma bobagem."

[Esse compromisso de relação estável é psicologicamente importante?]

Sérgio — "É uma coisa muito misteriosa esse negócio, né? Tem uma coisa que é importante... Psicologicamente importante. E eu senti isso assim quando fui a um casamento... Quando aquele casal saiu dali abençoado pela família, pelos amigos... Então eles são reconhecidos... Então são pouquíssimos homossexuais que conseguem enfrentar a sociedade e ter uma vida digna... Acho que é por isso um pouco essa sensação que a gente tem... Que o próprio *gay* tem... Que é muito pro lado do sexo. Por quê? Porque é um escape total, é o momento ali que o cara se realiza..."

6.5.2 A troca de parceiros

[Os gays *trocam muito de parceiros?]*

Muitos disseram que a constante troca de parceiros é uma característica das pessoas: homossexuais e heterossexuais. Por exemplo:

Rodrigo — "Inclusive aquela questão: 'Ah... Porque o *gay* é *galinha* não, ele não é *galinha*. Todo mundo é *galinha*. Só que *gay* fala que ele fez a *galinhagem* e o hétero não fala. A diferença é essa. É porque ele tem uma esposa, filhos... É a coisa da salvaguarda, tem que guardar aquilo. Agora o *gay* fala porque ele não tem filho, não tem nada disso... então eu acho que é igual."

Caio — "Eu não acho que é o fato de ser homossexual que faz trocar muito de parceiros, acho que é o fato de ser homem. Existem mulheres em que o sexo é muito mais importante do que para os homens, mas acho que para os homens, em

[Vidas em arco-íris] **[127]**

geral, é mais intenso isso, o sexo é mais importante... Entre *gays* são dois homens, não é?"

Vários entrevistados disseram que a causa da troca de parceiros é a conceituação cultural da diferença entre o homem e a mulher. Por exemplo:

Ricardo — "Olha, a maioria dos *gays* bota pra quebrar. Mas é essa bendita idéia de que o homem tem que ter mesmo vários parceiros... Que o homem pode... Que homem isso e aquilo. O homem, sexo masculino. Então tem essa idéia. Mas, hoje, eu conversando com as pessoas, acho que, na verdade, no fundo, todo mundo tá a fim de casar. Ficar direitinho no seu canto. Enquanto isso não acontece, eu vou aproveitar."

João — "Humm... Que os homossexuais não querem relações estáveis... Querem só transar... Acho que existe uma certa verdade nisso, mas que não é apenas um problema da homossexualidade. Acho que é, antes de tudo, um problema do masculino. Há muito na conceituação cultural do masculino essa coisa do estar pra fora, do ir à caça, do ir em busca de... Por outro lado, veja, são dois homens, quer dizer... É coisa do masculino, mais acentuada, é claro... Porque com as lésbicas é muito diferente... Tem uma piada que é muito boa: 'Duas lésbicas que se encontram e se apaixonam e depois, como é o segundo encontro? No segundo encontro a outra já aparece com o caminhão de mudança... Quando dois homens se encontram, como é o segundo encontro? Não tem segundo encontro.' Essa piada faz muito sentido... Mas não acho que isso se possa generalizar..."

Alexandre — "Existe uma cisão: sexo para homens e amor para mulheres... Pode ser que seja um dos motivos para alguns *gays* serem promíscuos... Essa questão do controle é muito forte, manter o controle dos próprios sentimentos. Isso é uma coisa que eu vejo mais nos homens do que nas mulheres e acho que nos *gays* masculinos. Algumas características masculinas ficam muito ressaltadas e acho que essa história da *galinhagem* é muito masculina."

Alguns afirmaram que trocar muito de parceiros não é uma característica *gay*. Por exemplo:

José — "Não. Não acho que mudar muito de parceiros seja uma característica *gay*. Acho muito pior os homens casados, héteros, que têm relações o tempo todo com outras mulheres e com outros homens também. E que isso não transparece."

Luís — "Não, não necessariamente trocar muito de parceiros é uma característica *gay*."

[128] [Edith Modesto]

Um pequeno número de entrevistados disse que a afetividade vem à frente do sexo. Por exemplo:

Ricardo — "Pra mim, o sexo nunca foi o carro forte da história... Eu sempre achei que o sexo fosse conseqüência de um relacionamento bacana... A minha primeira experiência sexual foi com o meu primeiro namorado, eu tinha 15 anos, e rolou porque eu quis, tava a fim e rolou bacana. Foi ok... Mas eu sempre soube não viver em função disso, tanto que eu tive pouquíssimos parceiros sexuais... Porque acho complicado... Acho uma intimidade muito grande... A maioria é ligada à coisa sexual, e a afetividade vem depois. Pra mim é ao contrário: primeiro é você conhecer a pessoa, estar bem com a pessoa... Há poucos *gays* assim, infelizmente."

6.5.3 As conseqüências da baixa auto-estima

6.5.3.1 A promiscuidade

[Quais as conseqüências da possível baixa auto-estima de um jovem gay?*]*

Vários entrevistados enfatizaram a questão da auto-estima para explicar a troca de parceiros. Por exemplo:

Marcos — "Primeiro *gay* que eu conheci, também só queria amizade de mim, eu fiquei supertraumatizado: 'Gente, então eu não tenho sexualidade? As pessoas não me acham atraente'... Aí, eu comecei a traçar: eu quero conhecer alguém, eu quero namorar... Aí foi que eu comecei a sair pra boate. Aí eu tinha a mesma lógica do hétero que é assim: sai pra boate, fica com um, fica com outro, e quanto mais você fica, mais chique você é. A primeira vez que eu fui numa boate *gay*, eu fiquei com sete caras. Beijei sete caras, aí eu entrei pra coisa bem da promiscuidade mesmo. Assim, eu comecei a transar cada noite... Essa coisa de transar cada final de semana com um cara diferente, não me fazia mal a princípio, porque eu dizia assim: 'Nossa! Eu sou bonito, as pessoas podem me desejar, eu posso ter prazer.' Entendeu? Obviamente, depois de um tempo, eu falava assim: 'Ah, isso não me traz nada'... Porque você transa, fica um vazio muito grande, e o que acontece? Muitas dessas pessoas com quem eu transava, que eu ficava na noite, se apaixonavam por mim, e aí eu ficava muito mal de ver aquela pessoa sofrendo, me procurando e eu não querendo e, às vezes, ao contrário, eu me apaixonava pelas pessoas e não acontecia nada, então isso me machucou muito. Depois eu vi que era um preço muito grande pra você sentir uma auto-estima boa..."

João — "Acho que escrevi uma vez um artigo sobre por que homossexuais se traem tanto: acho que há um problema gravíssimo de auto-estima. Quando alguém se apaixona por você, se você não gosta de você, naturalmente você vai diminuir aquela pessoa... Então, a partir do momento em que alguém se apaixona por você, a tendência é que você se distancie daquela pessoa, aí fica um jogo de sedução pra você reforçar sua auto-estima... no momento que você conquista, você se desinteressa. Claro que isso é um processo extremamente neurótico, neurotizante! Mesmo assim, acho que já existem muitos casais e, pelo contrário, existem homens que têm horror da promiscuidade, que não querem, inclusive, freqüentar o meio, por causa disso. São pessoas que querem casamento... Hoje tem muito homossexual casado... Também existe muito adultério homossexual. Eu fico furioso na Internet quando encontro casado... Não só os heterossexualmente casados, mas os homossexualmente casados: 'Não quero conversa, cara... Você primeiro resolva, porque estou procurando um namorado.'"

Alguns entrevistados acham que o preconceito leva os *gays* à promiscuidade. Por exemplo:

Carlos — "Mudar constantemente de parceiros não é uma característica homossexual. É uma característica da pessoa que se deixa afetar pelo preconceito."

Lula — "Eu acho, e cada vez mais eu me convenço disso, é que viver um relacionamento, viver um namoro é uma construção que a gente tem de fazer, que a gente adquire pela experiência social nossa. O que eu estou querendo dizer é o seguinte: eu acho que as relações homossexuais são precárias porque elas são clandestinas, na sua esmagadora maioria... então, quando você pensa: um rapaz... Um adolescente de 15, 16 anos... Está namorando uma garota e a família sabe, os colegas sabem, os professores sabem, no momento em que esse relacionamento se rompe, existe uma cobrança e uma pressão da sociedade: 'Por que você terminou o namoro com aquela garota? Ela era tão legal, tão bonita'... Existe uma cobrança... Alguma explicação você vai ter que dar... No caso dos homossexuais, ninguém nem ficou sabendo que eles estavam juntos, muito menos que terminou... Então, é muito mais comum entre dois homossexuais de, de repente, simplesmente parar de telefonar, como se nunca tivesse existido aquilo... Eu acho que isso vem das condições sociais... Porque as relações homossexuais são mais precárias..."

Fernando — "Edith, talvez você não concorde comigo, mas, a realidade da vida *gay* nunca irá mudar, será sempre a mesma. Será pra grande maioria uma vida solitária e promíscua. Como o *gay* nunca terá o direito de se expor pra sociedade, o que resta pra ele? Resta freqüentar os locais *gays* e conhecer pessoas nesses locais. Edith, eu não planejo mais o dia de amanhã, eu tenho pensado no hoje, e, portanto, eu não sei se será possível eu curtir mulher algum dia... Mas, com certeza, eu não quero ficar a vida inteira confinado em boate. Uma pessoa hétero vive uma vida normal, não tem que conhecer pessoas num local específico..."

6.5.3.2 A exposição inconsciente às DSTs – O impulso suicida

Vários entrevistados falaram sobre impulsos suicidas ou disseram que há um índice maior de suicídios entre os jovens, *gays*. Por exemplo:

Beto — "... As pessoas que hoje lidam com prevenção, essa é a grande questão que elas têm: 'Por que as pessoas se infectam, sendo que na maioria das vezes elas sabem como não se infectar?' Eu estou tendo uma discussão em relação à auto-estima, ou seja, eles não se vêem como um cidadão, como uma pessoa que tem direitos. Então, se a pessoa não tiver auto-estima, ela não vai usar preservativo, ela pode até saber que precisa... Pode não saber, porque tem gente que não sabe, mas, hoje, 90% dos homossexuais sabem que têm que usar preservativo... Pelo menos 90%... Se não usam, é por uma questão de auto-estima... A gente não tem estudos aqui no Brasil, mas a gente tem estudos americanos, que o índice de suicídios de adolescentes homossexuais é muito alto, comparado ao número de suicídios de adolescentes heterossexuais. É alto o número, por falta de apoio, por falta de orientação, por falta de acolhida..."

Ari — "... Sempre tive problemas de socialização... Não lembro em que idade, cheguei a tentar o suicídio, porque eu sentia um vazio muito grande... Eu não me sentia fazendo parte de nada."

6.5.4 O ato homossexual masculino

Uma minoria entre os entrevistados falou sobre o ato homossexual masculino, mesmo sem ter sido perguntada. Por exemplo:

Caio — "...Ele perguntou, mas até entendo... Porque os heterossexuais não estão no mundo homossexual, então eles não sabem como é que rola o sexo entre homem e homem, porque a via de penetração... Ahnn... Ele não acha que aquilo pode e é meio complicado mesmo. Por exemplo, você tem muito mais problema anal por ter tido sexo do que problemas urinários para mulheres, como se for duas mulheres, porque realmente não é uma forma para se fazer sexo. Eu falei pra ele: 'Olha, não existe o homem e a mulher, existem dois homens, um ativo e um passivo e é legal que role os dois para os dois, ativo e passivo para os dois, isso é o melhor. Existem variações... Quando você é passivo, se a entrega é uma coisa de se doar, de ser possuído, é uma coisa mais feminina. A masculinidade vem da coisa de possuir, vamos dizer assim."

João — "...Você não sabe como é terrível para um rapaz a idéia de ele poder dar o cu, de ele poder ou não... É uma coisa absolutamente dramática, porque toda a sociedade... Não que ele seja obrigado, mas são dois homens, então existe essa possibilidade da penetração... A necessidade dupla, inclusive, essa possibilidade dupla... E isso aparece como um drama que muitos homossexuais nunca conseguem resolver..."

Um dos entrevistados acha que, se conseguir "ser ativo", terá a possibilidade de se casar com uma mulher.

Gilson — "No sábado passado eu conheci um cara na boate. Bom, ele é efeminado e só faz passivo, mas eu nem me importo mais. Acho que eu mudei um pouco o meu lado sexual, pois concluí que *gay* ativo só curte transar... Sabe, eu nunca tentei ser ativo, mas acho que com esse cara eu vou conseguir... Bom, e quanto à sexualidade, julgo eu, quem sabe... Se eu conseguir fazer ativo com homens, no futuro eu também não possa começar a transar com mulher? Pode haver uma luz no fim do túnel, pois eu não quero ficar um velho sozinho... Adoro o amor, adoro criança..."

6.6 Namoro

6.6.1 A dificuldade de arrumar namorado

[É difícil arrumar namorado? Por quê? Na falta de namorado, o que fazer?]

A maioria disse que arrumar namorado é difícil, porque:

a) tem de encontrar alguém que combine em vários aspectos

Paulo — "Acho dificílimo arrumar namorado, principalmente porque ele precisa ser alguém que tenha algo a ver comigo."

Pedro — "Acho difícil arrumar namorado... Na verdade gosto de caras mais novos do que eu... Então são três problemas... O cara tem 20 anos, aí o cara está na faculdade, eu estou num outro nível... O papo não bate, é muito complicado..."

[132]   [Edith Modesto]

b) a comunidade não aceita *gays* mais velhos

Yuri — "Eu prefiro acreditar que o meu tempo chegou. É agora [com 42 anos]. A pessoa certa vai aparecer... Mas é muito difícil."

c) na falta de namorado, partem para o sexo casual

Cláudio — "Arrumar um namorado é dificílimo, porque todos só querem saber de trepada *fantasminha* — goza e some —, ninguém quer saber de compromisso... Mas, às vezes, quando a gente está quase desistindo de procurar e partir pro *fantasminha*, aparece alguém... E te confesso que não tem coisa melhor nesse mundo!"

Fernando — "...Se rola uma tendência para o sexo sem amor, porque querem aprovar casamento *gay*? A tristeza de minha mãe nunca foi nem nunca será ligada ao preconceito, mas de ver o filho sempre sozinho, sem amor... Acho muito vago dizer: 'Um dia irei encontrar alguém'... Mas quando será esse dia? Estou na vida *gay* desde 99, e até agora só encontrei sapos e não príncipes [risos]..."

d) não existem ainda modelos de relacionamentos homossexuais estáveis

Flávio — "Eu acho bem difícil encontrar um namorado. Talvez por ser um relacionamento que não dê muitos frutos — casamento, filhos, família — e por ser discriminado pela sociedade também, muitas pessoas têm medo. E por ser um tipo de relacionamento pouco visto, talvez demore um pouco mais para as pessoas criarem um senso próprio de relacionamento."

A maioria dos entrevistados não estava namorando quando deu o depoimento. Por exemplo:

Pedro — "Não tenho namorado, atualmente. Já tive três namorados..."

Fábio — "Eu não tenho namorado, mas já tive. O meu namoro durou três meses. Eu acho muito difícil arrumar namorado..."

6.6.2 A dificuldade de manter o namorado

Alguns entrevistados disseram que o difícil é perder a liberdade. Por exemplo:

Tiago — "Eu acho difícil manter o namorado, não é difícil arrumar. Eu acho que é uma coisa pessoal. Eu não sou uma pessoa muito fácil de lidar na vida. Eu sou muito independente. Eu não suporto cobranças, não suporto ciúme. Não suporto ninguém controlando minha vida. Entre *gays* tem muito cri-cri. Tem uma evidente perda de liberdade, de ir e vir na hora que eu bem entender..."

Luís — "Não acho difícil arrumar... Acho difícil namorar, porque as relações humanas são complexas... E eu não me acho uma pessoa particularmente fácil também."

Dois entrevistados apaixonaram-se por supostos heterossexuais.

Rodrigo — "Estou apaixonado... É uma pessoa supergracinha, não poderia deixar de ser... Pra mim, né?, mas é uma pessoa superquerida por todo mundo, então acho que acertei, por esse lado... Em me apaixonar, mas errei porque é uma pessoa que se diz heterossexual. Aí eu já entrei errado de cara [risos]. Só que tem tudo de um *gay*, entendeu?"

Bruno — "A tendência é o quê? Você não convive com homossexuais, você acaba se apaixonando por héteros, então aconteceu de novo, a gente ficou nessa durante muito tempo, até que a coisa veio à tona, só que dessa vez ele não conseguiu fugir, ele tentou fugir da relação, mas não conseguiu, teve que voltar. Apesar de ser *gay*, é dificílimo pra ele ainda aceitar, mas a gente mora junto há três anos. [risos] A princípio foi muito bom, agora a gente está num processo de se separar. Ele simplesmente não consegue, é muito complicado pra ele, até hoje a gente tem muito carinho um pelo outro, mas ele sempre sentiu necessidade de ainda tentar com uma garota, ele tem necessidade de casar e ter filhos, de formar uma família hétero. Eu não acredito, pra ser franco, que ele seja bissexual. Ele é mais *gay* do que eu [risos], mas é muito difícil pra ele."

6.7 Casamento

[Você gostaria de casar-se legalmente?]

A maioria dos entrevistados gostaria de poder casar-se legalmente. A maior preocupação deles é com a partilha de bens. Por exemplo:

Caio — "Gostaria, sim, de casar com papéis, deixar herança pra ele, uma vez que tenho uma família que não participa da minha felicidade conjugal. Quem participa da minha felicidade conjugal? Só o meu esposo, então, pra mim, o fruto material do casamento é pra ele, não é?"

Miguel — "Eu gostaria de me casar com papéis... Eu teria casado com ele se a lei permitisse, a gente teria casado, sim. É importante porque parece que a gente vive meio clandestino, né? [risos] Eu acho que é isso. Instituir alguma coisa que todo mundo sabia... Que a gente era casado, completamente casado... Eu acho que legalmente facilitaria também... De repente você poder ter uma previdência, com certeza, alugar uma casa... Facilitaria muito a vida, sim."

Alguns não querem casar-se legalmente. Por exemplo:

Roberto — "Eu não quero casar... Eu gostaria que existisse uma lei que eu pudesse deixar em testamento 100% do meu patrimônio pra quem eu quisesse, sem ter que dividir com minha família."

Fábio — "Casamento moderno, sim, né? Casar legalmente, não. Não concordo com papéis..."

6.7.1 Relacionamentos estáveis

Alguns entrevistados vivem relacionamentos estáveis. Por exemplo:

Roberto — "Tenho um namorado há quinze anos. Acho difícil arrumar namorado. Transa é muito fácil. Namorado é muito difícil porque as famílias e os vizinhos olham estranhamente quando você leva um amigo pra dentro de casa, ou sai constantemente com o mesmo amigo. Sou honesto no relacionamento."

Jorge — "Meu namoro atual iniciou-se há onze anos! É uma relação saudável e concreta que acredito tenha dado certo por uma questão de aceitação das profundas diferenças que existem entre nós. Para citar um exemplo, nunca moramos juntos — apesar de dormirmos juntos todos os fins de semana. Acredito muito na existência de espaços individuais invioláveis para qualquer tipo de relação, homo ou hétero. Tendo a ser fiel em meus relacionamentos, mas não sou santo. Mas o que porventura tenha ocorrido neste período deve ser considerado como escapadela cafajeste, sem maiores conseqüências. Mas tenho certeza que meu parceiro também deve ter dado as dele. Para ser bem franco, acho que em uma relação tão longa isto pode até ser saudável. Não fica aquela coisa neurótica de uma relação a dois..."

Luís — "Eu namoro há três anos. Namorados assim, histórias importantes, tive poucos, tive três namorados."

Alguns entrevistados estavam namorando no dia do depoimento. Por exemplo:

Alexandre — "Eu namoro atualmente, amanhã vai fazer um ano que a gente está junto, e eu tenho uma fantasia de ficar muito tempo com alguém. A vida toda é muito forte, mas eu tenho essa fantasia de construir mesmo, até de adotar crianças. Eu quero casar. Eu sou assim: tenho muita reserva em relação a morar junto, é uma coisa que me assusta um pouco pelos casamentos heterossexuais que eu vejo, então eu tenho muito essa questão da individualidade preservada..."

Tiago — "Estou começando um namoro. Eu já tive muitos namorados, mas sempre curtos. Mais longos, acho que tive dois namoros. Um de três anos e meio e outro de um ano e pouquinho."

Alguns entrevistados viveram dramáticos rompimentos amorosos. Por exemplo:

Daniel — "Eu fui muito feliz durante 14 anos. Eu tinha 16 anos, logo no início do namoro, e com 17 fomos pra Londres. A primeira viagem que fizemos foi só pra nós dois. Eu tive talão de cheque desde os meus 14, 15 anos. Era tudo assinado pelo meu pai, mas eu botava o meu nome, eu podia assinar e assim ia embora... Nós alugamos um apartamento, começamos a estudar inglês... Juntos, isso foi uma descoberta da independência... Independência da família, principalmente financeira, eu acho... Eu me matriculei numa faculdade... Era muito caro, falei: 'Ó, manda mais dinheiro', e meu pai me deu mais dinheiro, a gente acabou ficando lá e lavava prato, de manhã, faculdade lá, você a cada seis meses tem uma semana de férias, aí nessa semana de férias eu trabalhava... Nós descobrimos aí a cidadania, o que é ser *gay*, o que é ser minoria e lutar pelos direitos. Não tive tempo de ter tanto problema de sair do armário, porque eu fui descobrindo toda a minha sexualidade junto com meu marido, que foi meu marido por 14 anos até há dois meses... [emocionado]"

João — "...Eu fiquei no Grupo Somos até 81 e coincidiu com o grande amor da minha vida. Foram cinco anos em que eu tive a relação amorosa mais significativa da minha vida, com outro homem, é claro... Não queríamos morar juntos, ele morava na casa dele e eu morava na minha, mas vivíamos dormindo um na casa do outro... Nós não queríamos porque nós queríamos nos dar liberdade e não queríamos que o cotidiano apodrecesse nossas relações... Acho que nós estávamos muito certos, mas o final não foi bem o esperado. Ele me abandonou e eu nunca consegui entender por quê... Foi uma coisa do dia pra noite, ele foi embora com outro pra fora do país e nunca me deixou explicações... Então, eu fiz terapia durante vários anos, tentando entender o que tinha acontecido com aquela pessoa que sempre disse que me amava acima de tudo, que era meu amicíssimo e que tinha praticamente me dado uma facada nas costas... Demorei oito anos pra me recuperar dessa brincadeira... Pensei em suicídio durante anos, porque meu projeto com ele era, inclusive: 'Se nos separarmos, vamos continuar juntos'... Trabalhamos o tempo todo a relação pra que acontecesse isso e, de repente, o final aconteceu como qualquer relaçãozinha de merda que não tinha sido trabalhada absolutamente, ou seja, quando perguntei pra ele: 'Mas e as nossas conversas?', ele disse: 'Na prática, a teoria é outra'... Foi tudo o que ele me disse... Era um cara mais jovem do que eu, um pouco mais jovem, e que foi-se embora com um cara muito mais velho do que eu... Me abandonou por causa de um cara muito mais velho... Foi para o exterior..."

[Quando vocês têm esse tipo de casamento, que os heterossexuais, pelo menos, chamam de casamento aberto, vocês são fiéis? Você era fiel?]

João — "Ex-tra-or-di-na-ria-men-te! Nós éramos fiéis um ao outro... Toda vez que a gente transava, a gente contava um para o outro e eu me lembro do tesão que me dava quando ele chegava em casa cheirando a trepada... Você fica com todos os humores acelerados e todos os hormônios... Enfim, você tem o cheiro do sexo... E nós trepávamos mais ainda... A consciência da gente era a seguinte: era um amor tão grande, que eu oferecia pra ele e ele oferecia pra mim a possibilidade de complementar aquilo que nós, do ponto de vista do desejo, não oferecíamos um ao outro... Nós achávamos que nós, um não resolvia para o outro o desejo todo... Nós não esgotávamos o desejo... Então, ele tinha desejos completamente opostos aos meus, chegamos até, uma ou outra vez, a transar juntos, mas foi muito ruim... Muito poucas vezes, isso não era o tempo todo, naturalmente, mas tínhamos absoluta tranqüilidade quanto a isso, e era uma demonstração de amor... Era impressionante como isso cimentava nosso amor."

Alguns entrevistados falaram sobre relacionamento aberto: a maioria contra; alguns a favor. Por exemplo:

[O que você pensa sobre o relacionamento aberto?]

Fernando — "Relacionamento aberto é o quê? Eu vou pra boate e fico com outros; você vai pra boate e fica com outros. O que é isso? Então eu prefiro ficar solteiro e ir pra boate e beijar e trepar com quem eu quiser. Se é pra ter um relacionamento pela metade, só pra dizer que tenho... Acho que um relacionamento, hétero ou *gay*, tem de ter uma coisa primordial que é a fidelidade. As entidades *gays* vão cair de pau em cima de mim, porque eu noto uma coisa: as associações *gays* querem ocultar a realidade e nunca falaram na mídia a promiscuidade que é a vida *gay*, nada disso. Eles querem fazer de conta que é uma maravilha... Eu não acho nada maravilhoso."

Lula — "É um relacionamento aberto? É um relacionamento fechado? Acho que o grande problema dos homossexuais é esse, eles têm um discurso moralista em relação à fidelidade... E aí o que acontece? Eles estão namorando, aí passa alguém na rua,

[Vidas em arco-íris] **[137]**

bonito, e o cara olha: 'Se eu olhei, é porque eu não gosto do meu namorado'... Quando, na verdade, eles não percebem que você continua gostando do seu namorado, você simplesmente está tendo um desejo por outra pessoa... Uma pessoa nunca vai poder satisfazer totalmente... Edith, a imagem que se tem da vida sexual dos militantes se apóia, a meu ver, no fato de que os que têm relacionamentos abertos fazem bastante alarde desta condição, o que, inclusive, lhes permite auferir maiores conquistas. Então, os que têm relações fechadas ficam invisíveis porque simplesmente não comentam, apenas vivem dessa maneira. O raciocínio que eu faço é semelhante à imagem de espalhafatosos que os *gays* têm. Por que alguns se portam dessa maneira, se atribui esse traço a todo o grupo."

Alguns falaram sobre o casamento entre *gays*. Por exemplo:

Beto — "O que é que marca uma relação? A gente está há dois anos juntos e a gente tem muito claro que o que segura a nossa relação não é o sexo. É bom o sexo? É gostoso. Mas não é o sexo, porque, se fosse só o sexo, nós não estaríamos juntos, porque você sempre tem possibilidades e inovações de fazer sexo com outras pessoas e de forma mais diversa e mais criativa e mais não sei o quê... O que mantém a nossa relação é toda uma cumplicidade, um cuidado, a gente redimensiona inclusive o que é fidelidade... E é assim, o que é fidelidade? Às vezes as pessoas dizem: 'Ah, porque ele transou com outro...' A fidelidade não é só sexual, a fidelidade é cumplicidade."

Ari — "O casamento *gay* tem um modelo diferente do casamento hétero. Não é exatamente um modelo, os vínculos são outros. Basicamente, não existe uma dependência financeira de um cônjuge para o outro, não existe um contrato e não tem um outro tipo de vínculo que seriam os filhos. Então, a relação é baseada em outros valores."

Lula — "Acho que não deve ter modelo de casamento, ou pelo menos não deve ter um modelo único. Acho que a gente deveria pensar numa sociedade em que você tem diversos modelos, em que as possibilidades de acasalamento fossem diversas, fossem variadas... Homem com mulher, homem com homem, mulher com mulher. Se você analisar, se você fizer um estudo sociológico, você vai ver que isso já acontece... Durante muito tempo, os homossexuais se espelharam num modelo que eu chamaria de um modelo burguês, de pai, mãe e filho, que está ancorado na casa, na propriedade, e que esse modelo, quando você transporta pra relação entre dois homens, ele é bastante complicado... Eu acho que a gente não deveria julgar. O meu sonho é ter um parceiro, ter alguém com quem eu possa conviver e eu hoje diria que procuro uma pessoa

[138]　　[Edith Modesto]

com quem eu possa envelhecer, porque meu projeto de vida é: 'Vamos conseguir construir coisas e envelhecer juntos, curtir a vida juntos...'"

6.7.2 Casamentos heterossexuais anteriores

Alguns entrevistados viveram casamentos heterossexuais anteriores. A maioria desses casamentos foi uma forma de lutar contra a homossexualidade. Por exemplo:

Luís — "Com 21 anos, eu saí de casa e fui levar a minha vida. Eu fui casado com uma mulher, não oficialmente, mas a gente morou junto durante dois anos, e a gente se separou por que eu disse: 'Foi muito legal, foi muito bom, é maravilhoso, mas eu quero ter uma experiência tão profunda quanto eu tive com você com um homem, porque eu não quero ficar casado com você e ficar olhando pros homens do lado, é feio, você é uma puta mulher linda, bacana, talentosa, maravilhosa, inteligente, não tem por que ficar nesse lugar."

Danilo — "...Vivi uma dualidade, um casamento hétero de 18 anos em que tentei de todas as formas ser feliz. Nasci homo e, por força de um mundo preconceituoso, lutei contra minha natureza. Tentei ser hétero e destes anos só tive um grande presente. Meus dois filhos, que amo muito. Pus um ponto final em tudo e resolvi ser eu mesmo e tentar ser feliz. Encontrei um rapaz mais novo que eu por quem me apaixonei. Vivi os dois anos mais felizes de minha vida, fui verdadeiro e me dediquei inteiramente. Acabou, por ele ter deixado de me amar, nas palavras dele. Talvez por ser muito jovem e não ter compreendido a importância deste meu envolvimento com ele. Mas foi muito bom, fui muito feliz. Hoje tenho um namorado fixo, gosto muito dele, mas precisamos de mais tempo para realizarmos um casamento, não quero tropeçar de novo."

Alguns entrevistados que foram casados com mulheres contaram detalhes do esforço que fizeram para viver de acordo com as normas sociais. Por exemplo:

Antônio — "Eu vim para a cidade grande com 16 anos. Até então só havia tido namoradas, enquanto os amores homossexuais eram platônicos. E foi por essa época que eu tive as minhas primeiras experiências com outros homens, mas sem vontade de estreitar o relacionamento... Foi assim até os 20 anos, com vários namorados e algumas namoradas. Foi quando conheci a mulher que se casou comigo e com quem convivi por 15 anos. Ela sabia das minhas preferências sexuais... Estávamos terminando a faculdade, sem saber o que fazer da vida... Tivemos sonhos comuns de viver na roça, de criar filhos, nos apaixonamos."

[Vidas em arco-íris]   **[139]**

[Vocês têm filhos?]

Antônio — "A decisão foi tomada de comum acordo... Mas talvez não tenha sido a mais acertada. Resolvemos voltar pra capital, consegui um bom emprego e ela pôde se dedicar exclusivamente ao nosso primeiro filho e, três anos depois, ao segundo."

[Você era fiel?]

Antônio — "Vivíamos bem, inclusive do ponto de vista sexual, mas eu sentia falta de viver um outro lado, e isso me incomodava. Com o tempo, comecei a dar umas escapadas, mas sempre pela metade: primeiro, o temor da Aids. Eu mantinha relacionamentos superficiais e assépticos com outros homens, muitos também casados, mas sem nenhum envolvimento afetivo e, por incrível que pareça, na maioria das vezes até mesmo sem nenhum contato físico, embora no mesmo espaço; segundo, eu morria de medo de me apaixonar... Me angustiava muito essa história de vida paralela. Eu sabia que isso tudo não ia acabar bem."

[Sua esposa ficou sabendo?]

Antônio — "Um dia eu tomei coragem e contei a ela dessa minha insatisfação. Conversamos bastante sobre o assunto, tudo muito cerebral, e decidimos continuar juntos. Afinal, parecia que ainda nos amávamos! Mas esse papo parece que abriu uma fenda e eu já não era mais o mesmo. Parecia estar vivendo com ela um fardo pesadíssimo e, quando um faz sacrifício, exige que o outro se sacrifique mais ainda, e os sonhos pessoais passam a ser maiores e mais importantes do que os sonhados em família. Até que chegamos num ponto em que a convivência era impossível. Então decidi me separar! Meu filho tinha 12 anos e a minha filha 8. Dois meses depois da separação, conheci a pessoa que já está comigo há três anos e meio — grande motivo pra que eu permanecesse certo na decisão da separação! Mas ainda não sabia como revelar pras crianças. Sentia muita falta delas e tinha medo de perdê-las."

[Você mora com o seu namorado?]

Antônio — "...Ainda é coisa que estamos amadurecendo. Primeiro, acredito não ser fácil assumir um relacionamento com o pai de dois filhos. É preciso, antes, aprender a pisar em ovos. Você não sabe como vai ser recebido pelos bichinhos, ou como vai recebê-los. Eu estou com ele há três anos, mas as crianças o conhecem há menos de dois... Esse processo é lento e precisa ser bem alicerçado. Acho que precisa de amadurecimento pra evitar sofrimentos futuros desnecessários."

[140] [Edith Modesto]

6.8 Opção por filhos

[Você tem filhos? Gostaria de tê-los?]

Alguns entrevistados são pais e falaram sobre o seu relacionamento com os filhos.

a) Alguns entrevistados são pais biológicos. Por exemplo:

Antônio — "Tenho um companheiro há três anos [nome]... Não moramos juntos, por opção, mas estamos quase todos os dias juntos e, pelo menos quatro noites por semana, ele dorme aqui em casa. Meu filho de 15 anos, que vive comigo, sabe do nosso relacionamento e parece lidar com isso numa boa. Já com minha filha, de 12 anos, a situação é mais complicada. Sei que ela sabe, porque a minha ex-mulher contou.

[E o garoto, como soube?]

Antônio — "Minha ex-mulher acabou contando pros dois. Primeiro para o mais velho, ele tinha 12 anos. Segundo ela, ele pediu que ela não me contasse nada... Depois ela contou pra menina. Um ano e meio depois, o menino pediu pra morar comigo e pudemos ter uma conversa de pai pra filho... Mas com a menina, até agora não tive coragem de conversar. Cada vez que tento encaminhar a conversa pra esse assunto, ela diz que me ama muito e sai fora."

[Como você se sentiu quando soube que sua ex-mulher tinha contado aos filhos sobre você?]

Antônio — "Com meu filho, eu me senti traído, com minha privacidade invadida, porque sentia se tratar de assunto pessoal. Mas, como ela me disse que ele a estava enchendo de perguntas e chegou a dizer que, segundo ela, ele sabia que eu era *gay* e pediu pra ela que não contasse pra mim que ele sabia... Preferi acreditar. E essa versão se confirmou no papo que tivemos, quando ele disse que viria morar comigo. Fiz de conta que ele não sabia e ele me afirmou que, pra ele, esse detalhe da minha vida era problema meu... E ainda disse: 'Vocês me criaram pra aceitar as pessoas como elas são'... O teste final veio quando o meu namorado [nome] começou a dormir em casa comigo e ele não demonstrou qualquer surpresa."

[E com a menina?]

Antônio — "Com ela, acabei não ligando que a mãe contasse porque, cada vez que eu entrava no assunto, ela corria... Mas, depois, quando chegava na casa da mãe a enchia de perguntas. Eu ainda continuo bancando o covarde. Não consigo ser direto, mas a trato como se ela soubesse de tudo."

[Vidas em arco-íris]   **[141]**

[Como ela se comporta com vocês?]

Antônio — "Ela é superpossessiva e, quando vem pra cá, quer dormir comigo e ir pra todos os lugares quando eu saio. E vamos os três: eu, ela e o meu namorado [nome]. No começo, ela era meio arredia, mas agora está bem amiguinha. Só que no outro dia ele veio dormir aqui e eu perguntei a ela, antes dele chegar, onde ela dormiria e ela respondeu: 'Eu durmo com você e ele dorme no meu quarto'. Eu não soube o que fazer, e assim foi. Acredito que é questão de tempo!"

[E na escola do seu filho, você falou?]

Antônio — "...Eu e ele conversamos algumas vezes sobre o que responderia, caso os amigos perguntassem por minhas namoradas ou 'Quem é aquele cara que está sempre com o seu pai?' Ele me disse que nunca haviam perguntado, mas ele responderia que é um amigo e que ele não sabe da minha vida amorosa."

Danilo — "Tenho dois filhos biológicos, uma garota e um garoto. Quando assumi, eles tinham 18 e 20 anos. Foi meio traumático para todos nós. Mas eu e minha ex-esposa sempre procuramos criá-los livres de preconceito e isto ajudou. Hoje me aceitam e são meus amigos."

b) Um entrevistado é pai adotivo.

Celso — "Minha filha sabe que sou *gay*. Adotei ela sozinho e nunca me escondi, ela sabe que durmo junto com o meu namorado [nome], mas ainda precisa entender melhor isto."

[Como é na escola e em relação aos coleguinhas?]

Celso — "Com relação a coleguinhas, escola, professores dela, eu pretendo adotar a mesma postura que tenho com relação à adoção, especialmente porque adotei ela sozinho e ainda — note o ainda — não sou casado, eu não me escondo, o meu namorado sai conosco e com suas amiguinhas, as que dormem aqui em casa podem ver o meu namorado dormindo aqui. Ele não vai nas festinhas, não tem o mínimo pique, mesmo porque a filha é minha, não dele, então eu não passo para ele responsabilidade nenhuma... Quando ele chegou na minha vida, minha filha já estava aqui... E eu não combinei com ele que teria filhos. Quanto à adoção, acho que esta deve ser uma questão particular da minha filha [nome]. Ela é que deve dizer para quem quiser que é adotiva, que não tem mãe, que sou *gay*, a não ser que isso comece a interferir em seus estudos... Com os coleguinhas, eu nunca tive nenhum problema. As crianças vêm dormir em casa... Os amiguinhos saem comigo... Se algum pai me perguntou, você é *gay* e tal... Nunca ninguém me perguntou."

[142]   [Edith Modesto]

[Você nem sabe se eles sabem?]

Celso — "É... Mas eu tenho uns 98% de certeza que sabem... Você percebe às vezes pela conversa que a mãe vem conversar com você que ela não conversaria aquela conversa com um pai normal. Além do que, você vê uma pessoa de 40 anos que adota uma filha sozinha... É quase passar um atestado, né? [risos] Nem precisa falar muita coisa."

[Você já passou alguma situação difícil criada por sua filha quanto à sua homossexualidade?]

Celso — "Meus afilhados vieram passar um dia em casa e fomos passar um dia na praia. E estavam sentados na mesa os meninos, o pai deles, eu, minha filha [nome] aí o menorzinho falou assim pra mim: 'A [nome da filha] falou pra mim que o [nome] é seu namorado. É verdade?' Eu só tinha duas alternativas: mentir e desarmar totalmente a [nome da filha] ou falar a verdade. Eu falei: 'É'. O menino ficou olhando pra mim com cara... O pai quase caiu da cadeira... [risos] O pai já sabia, mas... E acabou o assunto. E eles tratam o [nome] como meu namorado... Então, eu nunca desmenti ela. Porque é a verdade. Como a adoção. Eu aprendi muito com as coisas da adoção. Porque, se você não fala a verdade sobre a adoção, se você mentir uma vez, você vai ter de mentir o resto da vida..."

[Você quer morar com o seu namorado?]

Celso — "Penso seriamente em morar com ele, mas não penso em ele ser o 'segundo pai' da minha filha. Esse foi um projeto meu, e nem acho justo, de repente, colocar ele para 'sambar' só porque gosta de mim. Quero ele como amigo de minha filha, um amigo, um conselheiro, ou mesmo dois bagunceiros pela casa... Mesmo se fôssemos heterossexuais, teríamos que tomar muito cuidado com quem pomos na vida de nossos filhos. E se, depois, esta pessoa sai de nossa vida, como fica?"

Uma pequena parte dos entrevistados gostaria de ter filhos. A maioria prefere filho biológico. Por exemplo:

Jorge — "Filhos... Este talvez seja o grande dilema da minha vida. Gosto demais de crianças e gostaria muito de ter um filho biológico — não penso em adoção. Aliás é um ponto comum entre mim e meu parceiro."

Pedro — "Não tenho filhos. Mas penso muito no assunto e gostaria de tê-los sim. Tanto biológicos, como adotados... Preferiria biológico, mas não é preconceito. Tenho certeza que seria um ótimo pai, sempre presente. E também tenho certeza que ele gostaria de mim. Ele cresceria com isso — em relação à minha sexualidade —, não sei... Porém desde muito pequeno, com ajuda de psicólogos, não sei, ia tentando colocar na cabecinha dele isso. Isso é uma coisa que me faz pensar bastante se deveria ou não tê-los."

Poucos entrevistados gostariam de adotar. Por exemplo:

Daniel — "...Nós íamos adotar uma criança este ano. Já havia uma pessoa que estava grávida de quatro meses e a intenção era adotar. Por isso que eu comprei um apartamento no [cidade de veraneio]. Também os orientais, como os judeus por exemplo, planejam de maneira racional, muito a longo prazo. Óbvio que eu, com a minha idade, eu preferia ir para o litoral norte, só que é tudo difícil no litoral norte: cheio de borrachudos, não tem supermercado, não tem farmácia, não tem nada... Eu pensei: 'Eu tenho uma família, que é o meu marido...' Os *gays* têm alguns problemas, eles não têm filhos... Eles ficam muito chaaatos, em geral. Um preconceito meu... Então, eu falei: 'Nós vamos ter filhos. E nós vamos ter vários filhos.'"

Alguns entrevistados exercem a afetividade paternal com sobrinhos ou com animais domésticos. Por exemplo:

Lula — "Eu tenho dois cachorros... O cachorro macho é um presente de aniversário da minha irmã... Quando esse cachorro era pequeno, eu morava sozinho, tinha só ele, e eu às vezes, sábado à noite, dava meia-noite, uma hora, eu falava: 'Preciso ir embora pra casa'... 'Por quê?'... 'Porque meu cachorro está sozinho'... Então eu imaginava: se com um cachorro eu tinha isso, com um filho como não seria? Eu adotaria se eu tivesse numa relação estável, que eu não estou... Porque acho que isso é fundamental pra uma criança..."

Alexandre — "Filho, acho que deve ser uma coisa linda. Eu tenho, há alguns meses, um gato persa em casa, que é uma coisa meio de filho, é um exercício, né?"

Muitos entrevistados não querem filhos. Por exemplo:

Rubens — "Não, não quero filhos. Minha amiga teve um filho e, quando eu vejo ele, me dá vontade de ter um... Mas o resto do contexto pra ter um filho não tá nos meus planos, eu queria ter o filho, mas aí vem um pacote, né? E o pacote não me atrai."

André — "Não quero filho... Eu tenho dificuldade pra administrar meu cachorro... O filho seria uma coisa dum tamanho na vida que não caberia... Então é assim, eu tenho uma sobrinha que eu sou muito próximo, que eu supergosto... E é isso... Mas filho, na minha vida, no meu estilo de vida, não cabe, não cabe..."

[144]   [Edith Modesto]

6.9 Relatos de períodos difíceis da vida

[Você já passou por períodos difíceis na sua vida?]

Vários entrevistados contaram passagens emocionantes de suas vidas. A maioria delas são de quando se separaram de seus namorados. Por exemplo:

Daniel — "A pior... Foi quando eu fiquei sabendo... [emocionado] que nós íamos nos separar, isso há dois meses atrás... Porque, até então, durante 14 anos, ele era a minha família, pra tudo! Pra tudo que for possível imaginar... Quando nós nos separamos, eu senti muito a falta de ter uma família porque aí, quando eu fui viajar pra Europa agora em dezembro, eu fui sem nenhuma âncora mais aqui. Aí eu pensava: 'Eu não tenho mais família... Eu vou pra Europa, sem aquela coisa de eu vou voltar pra casa.' A época mais infeliz da minha vida foi, talvez, a da separação... Há dois meses."

Otávio — "Uma época infeliz, foi quando eu não conseguia o visto para os Estados Unidos — foram mais de sete meses... E ficar distante da pessoa que eu amo, na esperança de a qualquer momento poder mudar, mas esse momento nunca chegava. Já tinha largado emprego, faculdade, e não conseguia viajar... Foram momentos difíceis."

6.10 A realização profissional

[Como vai a sua vida profissional? Você se considera realizado?]

Vários entrevistados trabalham ou pretendem trabalhar no meio artístico ou com algo que se relacione às artes. Por exemplo:

Rodrigo — "Eu gosto particularmente de artes. Eu gosto muito de teatro, eu sou ator também, e é bem gostoso. Gosto de cinema, artes plásticas... Acho que foi o que eu mais mexi enquanto criança... Eu gostaria de ser um artista plástico..."

Lucas — "Uma pessoa que eu conheci qué sabê da minha vida pra tentá alguma coisa... A tia [nome de voluntária] superlegal e ela perguntou do que eu gosto. Eu disse: 'Eu gosto de dançá.' Aí eu fui fazê um curso de dançarino... Porque eu danço hiperbem. Eu fui convidado pra ir na TV [nome do programa]. Eu acabei não indo porque eu não gosto de concurso... Aí ela me disse de um curso de cabeleireiro. Eu falei: 'Tá bom.' Eu sei que cabeleireiro dá bastante dinheiro... Eu vou começar agora a fazê o curso e também de fotografia que ela arrumô. E vô ver no que vai dá. Mas eu preciso tirá documento, tirá identidade porque a minha mãe não tinha... E eu tenho de saí dessa vida... Melhorá de vida."

[Vidas em arco-íris] **[145]**

Alguns entrevistados falaram de suas realizações. Por exemplo:

Tiago — "A época mais feliz da minha vida tá sendo a época atual. Porque é o primeiro momento da minha vida que eu tô fazendo o que eu gosto. Quando eu não uso o meu potencial, eu me sinto muito infeliz e agora eu estou num momento pleno da minha vida. Eu tô no começo ainda de uma carreira que eu tenho certeza de que vai ser uma carreira muito feliz. A minha maior vitória foi eu ter conseguido trabalhar com televisão que é a área que eu gosto e sempre quis... E tem um programa que eu escrevo que ganhou dois prêmios... Que é o *Oscar*... Tive reconhecimento internacional e no começo de carreira... E estou com várias propostas de trabalho e estou com um grupo de pessoas muito legais... Uma está ajudando a outra... Tá sendo um momento mágico."

Luís — "Eu sou dentista, já trabalhei paralelamente com dança. Trabalhei quatorze anos com dança profissionalmente e, nessa época, ser dentista era uma profissão paralela à dança, trabalhava umas oito horas por dia com dança e quatro no consultório e foi até 91, 92. Nessa época, eu já tinha trabalhado no teatro municipal como bailarino, depois eu fiquei uns quatro anos fora do Brasil. Quando eu voltei, fiquei trabalhando como diretor de ensaios da companhia, mas aí eu já estava me questionando muito se eu estava gostando tanto assim de trabalhar com dança... Tava achando muito cansativo. Nessa época eu me interessei por trabalhar com paciente HIV, então eu achei que a minha área profissional como dentista me favorecia muito mais, e então eu comecei a trabalhar com HIV em 89 e trabalho até hoje. Acho que uma grande vitória minha foi, no ano passado, lançar um livro, e acho ser uma vitória interna muito grande ter estabelecido uma relação tão boa com meu namorado atualmente, estar tão feliz com ele."

João — "A literatura entrou na minha vida desde o começo... Eu escrevia, eu me distinguia dos meus coleguinhas de escola justamente por causa da maneira de escrever, eu sempre recebia o máximo de nota de português... No seminário continuou assim... Eu ganhei o primeiro prêmio nacional aos 15 anos de idade, depois o segundo aos 16 anos de idade."

[Você tem quantos prêmios de literatura?]

João — "De pequeno, tenho dois prêmios nacionais, aos 15 e aos 16 anos, de uma revista chamada *O seminário*... Depois de adulto eu tenho... São três Jabutis e dois APCA... Acho que é isso... Eu recebi o Jabuti pelo *Livro do Avesso*, *Ana em Veneza* e *Troços e destroços*... Recebi APCA pela tradução de *Cabrera Infante* e por *Ana em Veneza*..."

Alguns entrevistados disseram que facilita trabalhar num meio em que há outros *gays* declarados. Por exemplo:

[146] [Edith Modesto]

Alexandre — "No meu trabalho [local] é uma coisa totalmente diferente porque meu chefe é *gay*, outro chefe é *gay*, e acho que isso é importantíssimo. Ter um chefe *gay* é maravilhoso porque a gente tem uma cumplicidade muito legal e lá, onde tem muito *gay* e muito hétero junto, acho muito rico isso, porque pode ser ruim, se for gueto, mas lá não é isso. A gente começa a falar de uma maneira mais livre e quando você vê, no seu círculo todo mundo já sabe, acho que facilita muito... Aí fui pra Parada *Gay*..."

Danilo — "Hoje trabalho com os homossexuais (declarados) e tenho visibilidade, não tenho problemas neste sentido. Creio que a fase mais feliz da minha vida é o presente. Sou eu mesmo por inteiro, sou feliz assim, sem ter nada a esconder e vivendo com total transparência. Esta é minha maior vitória."

Uma minoria, declaradamente *gay*, disse que é respeitada no trabalho. Por exemplo:

Ricardo — "Eu nunca tive problemas no trabalho por ser *gay*. Porque eu trabalho pra caramba, pago as minhas contas, tenho a minha vida... Ninguém tem o direito de se meter. Então quando eu me dei conta disso, eu nunca deixei que ficasse assim: lá vem o viadinho. No primeiro sinal, eu rodava um baile com as pessoas que ninguém nunca se atreveu. Tem um ou outro mais brincalhão que fala, que brinca do meu jeito, da roupa que eu estou vestindo, não sei quê. Mas problema mesmo, nunca."

A maioria dos entrevistados não se revelou homossexual no trabalho. Por exemplo:

Otávio — "Sempre onde eu trabalhei, as pessoas não ficaram sabendo que eu era *gay*. Então, por isso, nunca tive problemas. Sempre fui respeitado. Porém também sempre fui um funcionário exemplar onde trabalhei."

Celso — "Eu nunca senti que ser homossexual tenha me atrapalhado no trabalho, mas como não sou abertamente homossexual no trabalho talvez isto nunca tenha aparecido nitidamente. As pessoas não sabem... Tenho um cargo de gerência, de uma equipe muito grande, com poucos no mesmo nível hierárquico, sinto que eu teria problemas de ascendência se fosse abertamente homossexual."

6.11 A velhice

[Você tem medo da velhice?]

Vários entrevistados temem a velhice. Por exemplo:

Jorge — "A época mais infeliz da minha vida, acho que será a minha velhice. Acho que este é o calcanhar-de-aquiles dos *gays*. Afinal, a gente sempre tem a preocupação: quem vai cuidar de mim na velhice? Acho que esta será uma época difícil."

Sílvio — "...Me parece que muitos *gays*, pelo que eu observo, ficam fixados em uma parte do ser humano que é a sexualidade e esquecem do resto... Eu morro de medo de ficar velho e ficar sozinho."

Vários entrevistados disseram que, apesar de tudo, são pessoas felizes, realizadas na vida. Por exemplo:

Caio — "Hoje, na minha idade [28 anos], já me sinto um pouquinho mais maduro para estar me colocando enquanto homossexual. Eu me sinto uma pessoa feliz, sou casado, então eu tive vontade de colocar isso nesse livro pra que, quando lido, mostrasse uma pessoa feliz e querendo dizer algo para as pessoas para diminuir aquilo que acho que impede um pouco ainda o equilíbrio que dá felicidade com a família..."

Celso — "Acho que me considero feliz, realizado na vida... Mas acho que sou uma pessoa absolutamente privilegiada num país em que falta tanto para tantos. Até sempre digo ao meu reverendo que nunca peço nada a Deus, só agradeço... Mas acho que gostaria de ter um relacionamento já estabilizado, um sonho antigo, estar dividindo meus planos de sucesso e realização com alguém, talvez com o [nome], fazendo planos pra envelhecer junto, e muitas outras coisas... Quem sabe até filhos em comum. Sonho verdadeiramente com um momento em que não precisarei me conter pra mostrar que gosto do meu namorado, que sou homossexual, que gosto de pessoas do mesmo sexo, sonho verdadeiramente com o momento em que realmente não haverá discriminação."

[CONCEITOS E OPINIÕES SOBRE A HOMOSSEXUALIDADE]

[1] Definições

[Como você definiria homossexualidade?]

A maioria das definições de homossexualidade foi muito semelhante. Por exemplo:

Ricardo — "Homossexualidade é as pessoas gostarem do mesmo sexo."

Rodrigo — "Humm... Definir é meio complicado... Mas eu acho que é gostar de alguém do mesmo sexo fisicamente, não é? Acho que é gostar do mesmo sexo físico."

Caio — "Homossexualidade é gostar do mesmo sexo que a pessoa tem."

Carlos — "Homossexualidade é o desejo ou atração sexual entre pessoas do mesmo sexo."

Uma minoria entre os entrevistados deixou clara na definição a afetividade. Por exemplo:

Sérgio — "Homossexualidade é você sentir atração sexual e afetiva por uma pessoa do mesmo sexo que você."

Alguns entrevistados recusaram-se a definir homossexualidade e falaram sobre o assunto. Por exemplo:

José — "Acho que a homossexualidade, ela ainda vai ser definida milhões de vezes... Não é que tenho dúvidas em defini-la... Tenho muitas definições. Como você pode reduzir a homossexualidade a uma definição? A pergunta também poderia ser jogada de volta. É possível definir a heterossexualidade?"

Alguns entrevistados definiram a homossexualidade de modo original. Por exemplo:

Pedro — "Definindo... acho que a homossexualidade é: pra alguns, um sofrimento enorme. Só sofrimento, porque desde pequeno... Na fase adulta, não sei o que lá, e a sociedade em cima, cobrando, porque não tem namorada..."

[Edith Modesto]

Luís — "A homossexualidade é uma característica natural das pessoas, como a de alguém que nasce destro ou canhoto."
[Mas, já que não é a norma, seria um capricho da natureza?]
Luís — "Eu acho que 'capricho da natureza'... Eu nunca tinha ouvido isso, mas eu acho que bateu. [risos] Gostei... Acho superlegal. Eu, às vezes, olho com um olhar bem naturalista... A maior parte das plantas cresce assim... E aí tem uma planta que cresce de outro jeito, e a gente fica muito inseguro com coisas que não seguem um padrão... O ser humano, com qualquer diferença, ele fica muito perplexo."

Dois entrevistados acham que a homossexualidade é um gosto particular da pessoa, similar a gostar de chocolate.
Flávio — "Eu acho assim: a pessoa não pode fugir de gostar do que ela gosta... Uma pessoa obesa, mórbida, que tenha paixão por chocolate, ela não vai deixar de gostar de chocolate, mas, por uma questão de saúde, ela vai ter de parar de comer chocolate."
André — "A orientação sexual é que nem gostar de chocolate... Eu não gosto de chocolate... Então acho que é mais ou menos por aí... É que a coisa tem um peso muito diferente... A sociedade e tal... Uma vez eu estava com a Marta Suplicy... Até ela me falou pra eu não repetir isso em público porque isso é um prato cheio pra quem quer fazer reversão... 'Se você pode mudar, se é uma questão de gosto só'... Mas acho que é que nem chocolate... Eu nasci sem gostar de chocolate... Não há quem me faça gostar de chocolate, então é mais ou menos a mesma coisa..."

[2] Homossexualidade: opção ou descoberta?

[Você escolheu ser homossexual? É uma opção?]

Todos os entrevistados afirmaram, com veemência, que a homossexualidade não é uma opção. Por exemplo:
Marcos — "Ser homossexual é alguma coisa natural. Não é uma opção, não é uma escolha. Não é opção porque a noção de opção implica, por exemplo: eu opto por beber água neste copo verde ou neste copo azul, essa é uma opção. Isso passa por uma escolha absolutamente voluntária e absolutamente consciente. E a opção e a escolha

[Vidas em arco-íris] **[151]**

são palavras que a gente usa pra coisas que a gente pode escolher hoje e amanhã a gente pode escolher outra coisa."

Danilo — "'Ser ou não ser é a questão', nasci homossexual, não escolhi ser homossexual. É uma forma com que a natureza me moldou. De forma alguma é comportamental ou fruto de relacionamento familiar mal resolvido. Vivi em um lar hétero com muito amor por parte de meus pais, irmãos e não consegui deixar de ser homossexual, embora tenha tentado por 46 anos."

[3] Origem ou causas da homossexualidade

3.1 Vantagens da descoberta da causa/origem da homossexualidade

[Você se interessa pela causa/origem da homossexualidade e acha que a descoberta traria vantagens para os homossexuais?]

A maioria dos entrevistados acha que descobrir a causa/origem da homossexualidade vai ajudar a acabar com a discriminação e preconceito porque:

a) As pessoas vão entender que a homossexualidade não é uma escolha, doença ou perversão.

Paulo — "É importante descobrir a origem/causa da homossexualidade, para que as pessoas finalmente entendam que homossexualidade não é uma escolha nem doença."

Mário — "Eu não fico pensando muito nas causas... Mas acho interessante que se soubessem iriam provar cientificamente que ninguém é homossexual porque é pervertido ou porque está fora da religião..."

b) Vai acabar com a sensação de culpa.

Rodrigo — "... Se comprovarem que é genético, a culpa vai acabar... Vão ficar aliviados... Pra mim não atrai porque eu não tenho essa culpa. Acho que é superimportante que exista a pesquisa, eu não disse que não é importante, tanto que eu estou dando esse depoimento."

[152]   [Edith Modesto]

3.2 Hipóteses sobre as causas da homossexualidade

3.2.1 Origem genética

A maioria dos entrevistados que aceitam as pesquisas acredita em uma causa natural (biológica, genética), para a homossexualidade. Por exemplo:

Bruno — "Cada vez mais eu tendo para que a homossexualidade seja uma característica natural, eu já ter nascido assim."

Roberto — "A homossexualidade não tem causas comportamentais... É uma formação natural. Acredito que o ambiente familiar defina apenas o quanto você vai ser reprimido ou não."

Dois entrevistados acham que, se for descoberta uma causa genética para a homossexualidade, há a possibilidade de "suprimir" os homossexuais e acabar com o preconceito.

Flávio — "Dizem que, se acharem uma causa genética para isso, poderiam erradicar os homossexuais, fazendo análises genéticas de bebês em gestação ou analisando as combinações genéticas de pai e mãe. Mas, se nunca mais nascerem pessoas homossexuais, isso vai ser o fim de algum tipo de preconceito, não seria? Não estamos privando ninguém de nascer, ou causando dor a alguma pessoa em específico. Não consigo ver muita coisa de errado nisso."

Fábio — "A teoria genética tem duas faces: uma positiva e uma negativa. A positiva é o fato de te eximir de culpa. E a outra face é você descobrindo qual é o gene que causa, você poderia interferir no DNA e, obviamente, suprimir o tipo. Mas aí o homem vai se fazer de Deus..."

Alguns entrevistados discordam de que a descoberta da causa da homossexualidade acabe com o preconceito. Por exemplo:

Beto — "Não, não acho que seja interessante pesquisar para descobrir as causas... Poderia até dizer que sim: 'Ah, seria tão interessante, se fosse biológico, o preconceito acabaria.' As pessoas são negras porque elas têm genes diferentes na sua constituição e nem por isso o preconceito acabou em relação aos negros, em relação aos índios..."

[Mas não ia diminuir o preconceito, se descobrissem que é genético?]

Beto — "Não, acho que não porque aí poderiam manipular... 'É genético, vamos manipular genes', 'Está no cromossomo não sei qual, ou no seu DNA não sei aonde, então se a gente manipular, talvez isso faça com que a pessoa não seja homossexual...'

[Vidas em arco-íris] **[153]**

Eu não acho que seja biológico, acho que é uma série de coisas. Na verdade, até penso: 'Eu sou muito religioso e no livro do Gênesis fala que Deus nos criou à sua imagem e semelhança, então eu fui criado assim por Deus.'"

Alguns entrevistados não acreditam em causas genéticas para a homossexualidade. Por exemplo:

Caio — "Acho que causa genética, pra mim, nem pensar. Não acho, mesmo. Talvez psicológica, acredito que em alguns casos."

Ricardo — "Causa genética, não... Talvez, psicológica..."

Dois entrevistados, discutindo possibilidades sobre a origem da homossexualidade, falaram em carma. Um deles falou em câncer.

Otávio — "Característica natural, eu diria... Carma também eu diria que poderia ser. Por eu gostar do espiritismo, diria que pode ser uma explicação."

Flávio — "Eu acho que devem existir causas psicológicas e biológicas funcionando simultaneamente... Como o câncer, que a pessoa só pode ter se tiver genes mutantes, e alguns fatores externos podem disparar a doença... Ou, às vezes, é só biológico... As reações/causas de comportamento físico e psicológico do ser humano são muito complexas, a meu ver. Um amigo meu disse que acha que a homossexualidade é cármica... [risos]

3.2.2 Fatores externos

Uma minoria dos entrevistados acha que os fatores externos são importantes para desencadear a homossexualidade. Por exemplo:

Carlos — Causas da homossexualidade: genética, psicológica, social, familiar... O conjunto disso tudo. Às vezes pode vir da maneira como a gente é criado... Pai submisso, mãe dominadora..."

Um entrevistado disse que a homossexualidade é causada por um preconceito dos homens contra as mulheres e vice-versa.

Daniel — "Eu acho que há preconceito de ambos os lados: um pra você sair do armário, logo depois que você sai do armário, você começa a sentir preconceito contra as mulheres também. Isso é uma linha tão fina e tão idiota que a própria sociedade se impôs, e aí os próprios *gays* se impõem depois, então eu acho que é um precon-

[154]   [Edith Modesto]

ceito grande hoje dos homossexuais masculinos contra as mulheres, e dos femininos contra os homens..."

A maioria dos entrevistados negou a possibilidade de alguém tornar-se *gay* porque foi molestado ou aliciado. Por exemplo:

Bruno — "Eu já ouvi dizer isso. Alguns *gays* já foram molestados. Eu conheço até um que o próprio pai molestou. Mas eu conheço vários héteros que foram molestados e continuaram héteros."

Lula — "Sobre aliciar... Eu trabalho com um outro conceito, que é do Cláudio Picazio, um psicólogo que orienta o trabalho do grupo CORSA com professores... E ele fala numa coisa chamada 'atitude homossexual', 'atitude heterossexual'... O exemplo que ele dá disso é o cara que está preso e, na cadeia, pela situação de confinamento, ele acaba se relacionando sexualmente com os companheiros de cela... E ele diz que nessa situação, essa pessoa está se relacionando sexualmente com outros homens, mas na fantasia dele, ele está pensando na namorada, na noiva, na esposa, que estão fora... Ou numa atriz... Então, ele não tem uma identidade homossexual... A mesma coisa eu posso pensar em relação aos adolescentes, numa época em que eles estão descobrindo o próprio corpo, em que o rapaz talvez seja tímido e ele não consiga uma namorada..."

[Troca-troca?]

Lula — "Exatamente. O troca-troca é a possibilidade de ele experimentar o próprio corpo e o corpo do parceiro de uma maneira muito mais fácil do que seria se relacionando com uma garota... Então ele está tendo uma atitude homossexual... Não significa que ele seja homossexual."

Um entrevistado falou sobre a possibilidade de a homossexualidade ser conseqüência de um estupro...

Pedro — "Já pensei em causas da homossexualidade... Mas sinceramente não sei te dizer. Eu imaginaria uma criança que tem uma experiência com outro homem, não sei... Acho que abuso sexual..."

... mas outro entrevistado, que sofreu a agressão na infância, nega essa possibilidade.

Ari — "Aos 9 anos, eu fui estuprado por um primo do meu pai. A gente ia muito num sítio desse senhor... Eu era muito ingênuo, não tinha malandragem, porque eu não tinha vivência nenhuma... E eu não tinha nem noção do que realmente estava acontecendo.

[Vidas em arco-íris] **[155]**

Depois de muito tempo é que, num aculturamento, essa coisa toda, eu acabei tendo noção do que aconteceu e acabou trazendo conseqüências não muito agradáveis."
[Você acha que pelo fato de ter sido estuprado é que você se tornou gay?]
Ari — "Absolutamente não."

3.3 Os perigos, vícios e dificuldades da pesquisa

Vários entrevistados não se interessam por pesquisas sobre a causa/origem da homossexualidade. A maioria acha que elas trazem perigos, principalmente o de manipulação de genes. Por exemplo:
Rubens — "Eu acho que tem uma coisinha genética, sim, opinião de leigo. Mas, se descobrissem, eu acho que eu ia me sentir muito esquisito, meio rato de laboratório. 'Ah, então quer dizer que eu sou reversível', quer dizer, sei lá, eu tenho medo daquela coisa, descobre que é um gene e começa a evitar isso na genética, futuros *gays*, aí fica extinguindo a raça..."

Alguns entrevistados sugerem que a pesquisa é mais um meio de discriminação, pelos motivos:

a) A heterossexualidade "é sempre o referencial". Por exemplo:
João — "Sobre as causas... Eu cito uma frase de Jean Genet [escritor e dramaturgo francês — 1910-1986], em que ele diz o seguinte: 'Perguntar o motivo pelo qual eu sou homossexual é o mesmo que perguntar por que meus olhos são azuis e não verdes'... Acho que é absolutamente banal e dispensável. Acho que se trata de uma obsessão extremamente preconceituosa você tentar buscar as causas. A verdade é que o masculino, heterossexual, branco, é sempre o referencial e isso me deixa de pé atrás. Por que não se pergunta nunca por que o masculino, heterossexual, branco, é assim, assado? Por que nascem gostando de mulher? A ausência da pergunta implica, naturalmente, a aceitação de uma resposta de que isso é natural, portanto o resto é antinatural... Além de perigoso, acho extremamente ridículo — até o ponto de ser grotesco — você ficar tentando encontrar raízes genéticas da homossexualidade. Tente encontrar raízes genéticas da bissexualidade... O que você vai fazer? Pra mim... Eu acho que a sexualidade é um terreno de uma multiplicidade extraordinária e belíssima e eu prefiro que essa multiplicidade continue."

[156] [Edith Modesto]

b) O objetivo é a necessidade de patologizar a homossexualidade.

José — "Sobre as causas da homossexualidade... Acho que a melhor resposta para essa pergunta é outra pergunta: 'O que você acha que causou a sua heterossexualidade?' Tudo isso é ficção, melodrama... São explicações para buscar um sentido que já está determinado antes da própria busca. Como eu quero discriminar, como eu preciso patologizar, como eu preciso separar aquilo de mim... A questão é 'separar de mim'. Essas palavras são fundamentais. O problema é esse: 'separar de mim'. Essas palavras são fundamentais: eu preciso 'separar de mim' porque tenho muito medo! É por aí."

Ricardo — "Pra que é essa pesquisa de causas, origem...? Pra descobrirem que a homossexualidade é uma doença e pode ser curada? Sabe pra quê? Que a Aids é uma doença difundida pelos homossexuais, é a 'peste *gay*' ? Desculpa..."

Vários entrevistados, principalmente os militantes, repudiaram a busca de causas para a homossexualidade — genéticas, biológicas, ambientais, comportamentais ou outras. Por exemplo:

Danilo — "Tirando os livros históricos e estatísticos, não me interesso por livros científicos. Não vejo necessidade de buscar uma explicação científica para minha homossexualidade. Sou homossexual, nasci assim e é o que importa..."

André — "Eu me preocupo com as pesquisas pra descobrir as causas da homossexualidade só profissionalmente, porque, na verdade, na vida das pessoas acho que não muda muita coisa... Já fizeram mapeamento genético e não descobriram gene nenhum... Tinha a história do não sei o quê 28, mas quando fizeram o genoma não veio nada..."

Um entrevistado lembrou o pensamento de *Freud sobre a origem da homossexualidade*.

Marcos — "Sobre a origem, causas... Tem uma coisa que o Freud escreveu que eu acho bárbaro! No final da obra dele, ele já tinha escrito muita coisa sobre homossexualidade, e resolveu escrever uma nota de rodapé, dez anos depois de o texto ser publicado. Você sabe que só se escreve uma nota de rodapé num texto se você acha realmente que precisa, que é imprescindível. Você não vai chegar no seu editor, procurar um livro, botar uma nota de rodapé se você não acha importante, né? Nessa nota de rodapé ele fala que pra psicanálise é tão enigmático o motivo pelo qual um homem gosta de um homem, quanto o motivo de um homem gostar de uma mulher. Ele não conseguiu chegar a essas origens. Por quê? Eu acredito que a eleição de um objeto amoroso é feita por coincidências, circunstâncias, por um cheiro, por um traço, então tem alguma coisa que aconteceu, né? Hoje, a psicanálise descobriu que você pode ter uma atração por um homem e você ser totalmente apaixonado pela sua mãe, como você pode ter uma atração por mulher e ser totalmente apaixonado pelo seu pai, em outros aspectos, porque, por exemplo, às vezes, o filho gosta muito da aparência da mãe, mas gosta mais da personalidade do pai. Então ele vai fazendo um quebra-cabeça muito complicado e não só pai e mãe... Tem outras figuras presentes na família que vão influir. Agora eu não posso escapar de que possa existir alguma influência genética, até porque essas pesquisas, elas não são ainda conclusivas..."

[4] Tipos e grupos de homossexuais

[Há tipos diferentes de homossexuais?]

Alguns entrevistados falaram em tipos de homossexuais. Por exemplo:

a) Um deles organizou "tipos", usando como critério o grau de aceitação da homossexualidade.

Jorge — "Acredito que existam alguns tipos de homossexuais:

— os que conseguem vivenciar na plenitude saudável esta condição;

— os que por motivos diversos não podem — não conseguem — resolver esta questão e passam a vida dissimulando tudo isto em outros problemas pessoais;

— os que têm características histéricas.

O primeiro grupo é o que o senso comum chama de 'os resolvidos'. Podem ou não ter 'saído do armário' — questão essa que acredito não ser necessária para se atingir a condição de 'realizado'. Podemos chamar esse grupo, sem trocadilhos, de 'os' *gays*, porque na verdade seria a menor parcela, mas a mais feliz de todas.

"O segundo grupo é o mais numeroso. E aí se localizam aqueles que de forma alguma vivem a sua homossexualidade e os que vivenciam isso de maneira difusa, incoerente e, muitas vezes, complicada. Podemos incluir aí os casados, os verdadeiros e falsos bissexuais e os que vez por outra de alguma forma conseguem extravasar este desejo homossexual na famosa — e terrível — 'rapidinha'. Mas o maior subgrupo dentro deste grupo, na minha opinião, é o dos 'vou-passar-a-vida-sem-fazer-isso'. Acredite, conheço homens de 60 anos que conseguiram recalcar estes desejos por toda a vida! E acredito serem esses os mais infelizes de todos!

[Edith Modesto]

"E o terceiro grupo, o dos histéricos. Sei que esta minha posição é polêmica, mas é fruto de uma grande observação. Acredito que o travestismo e o transformismo, em geral, são frutos de histeria..."

b) Outros entrevistados dividiram os "tipos de *gays*" por seus papéis sexuais ou por seu grau de efeminação. Por exemplo:

Alexandre — "... Tem vários tipos de *gay*, tem vários tipos de relacionamentos *gays*, então você tem relacionamento com papéis definidos, papéis sexuais que trazem para o relacionamento posturas. Tem o *gay* que é só ativo sexualmente, tem o *gay* que é só passivo sexualmente, tem relacionamentos em que ambos fazem tudo e isso não é só sexual, é uma série de posturas. Acho que o homem está lidando com coisas dentro dele. O ideal é estar aberto para qualquer coisa, pra ver o que a pessoa vai te levar porque às vezes com alguma pessoa te desperta um determinado papel, com outra pessoa um outro papel, e isso é que é muito interessante. O homem heterossexual não tem essa experiência. Essa riqueza, esse detalhamento, é uma coisa muito interessante e aí se revelam aspectos da masculinidade."

Tiago — "Tem *gays* que se interessam por caras mais efeminados, tem os que não querem caras efeminados, tem *gays* que exercem os papéis sexuais exclusivamente ativos, tem *gays* que são as duas coisas, enfim, é uma diversidade muito grande!"

4.1 *Gays*

[Quem são os gays?]

Alexandre — "O homem *gay* se relaciona amorosamente com outro homem. Eu gosto de me relacionar com outro homem, que pareça homem, que seja homem como eu, não tenho nenhuma fantasia de ser feminino, de usar coisas femininas, eu gosto de ter cara de homem e gosto de me relacionar com outro homem, são dois homens. Acho muito interessante essa brincadeira que os héteros fazem: 'Achei que aquele cara fosse homem', como se ser homem fosse ser heterossexual. O *gay* é um homem que tem dentro dele essa diferenciação e acho que ele lida com os aspectos femininos de uma maneira melhor do que o homem heterossexual."

Alguns entrevistados acreditam em uma diferença entre ser *gay* e ser homossexual e explicam. Por exemplo:

[Vidas em arco-íris] **[159]**

André — "Eu acho que você não escolhe ser homossexual. Acho que você pode escolher ser *gay*, mas escolher ser homossexual você não escolhe... Tem parte de escolha, sim, a maneira como você vive a sua homossexualidade... Acho que aí, sim, depende da sua experiência de vida... Então 'você é uma mulher num corpo de homem'... Então acho que isso vai determinar um pouco a maneira como você vai estar experimentando a sua homossexualidade... Assim como acho que tem homossexuais que são femininos mesmo porque... Não sei nem se é genético... Mas acho que dentro dessa história tem uma margem de escolha da maneira como você vai estar vivendo."
[Você fez uma diferença entre homossexual e **gay**. *Poderia explicar melhor?]*
André — "Acho que homossexual é um termo técnico pra tua orientação sexual, pra como você experimenta o teu desejo... Você vive... Você realiza na verdade o teu desejo... Eu sempre costumo usar essa diferenciação... Acho que *gay* é mais um estilo de vida do que uma orientação sexual, então acho que tem muito homossexual que vive uma vida que não é *gay* necessariamente..."
Beto — "Pra mim tem uma diferença entre homossexual e *gay*, porque acho que ser *gay* é um estágio mais avançado, onde você tem a sua homossexualidade mais burilada, mais trabalhada, onde você consegue se enxergar enquanto uma identidade política."
Marcos — "...Ser *gay* é um modo de vida... Tanto que, quem é o *gay*? O *gay* é o cara que gosta de ir pra Miami, gosta de viajar, morar sozinho, gosta de ir em boate, gosta de comprar roupa bonita, quer estar lindo, quer estar bem, isto é o típico *gay*. Eu conheço muitas pessoas que gostam de homens, são homens que gostam de homens, mas não são *gays*. Eles não conhecem a cultura."

4.2 Transexuais, travestis, transformistas e *drag queens*

[Travestis, transformistas, transexuais são **gays***?]*

A maioria dos entrevistados colocou as travestis e os transformistas como um grupo à parte, porque "se sentem mulher". Por exemplo:
Bruno — "Eu acho que travesti, transformista, não é *gay*. Acho que é uma outra faceta, porque eu parto do pressuposto de que o travesti se sente mulher, então muitos deles se sentem uma mulher dentro de um corpo de homem. Eu não me sinto assim e a maioria dos *gays* também não. *Gays* são homens que gostam de homens."

Um dos entrevistados disse que as travestis e os transformistas são histéricos(as), isto é, "eles sofrem de um problema psicológico grave".

[160]   [Edith Modesto]

Jorge — "Se analisarmos tudo o que os mestres — Freud e principalmente Lacan — nos ensinaram sobre comportamentos histéricos, iremos encontrar nessas pessoas grande parte dos conceitos que definem essa condição humana. Por favor, não entenda isso como um sinal de preconceito, mas essa minha observação surgiu exatamente do fato de eu não conseguir assimilar nunca o porquê de um homem — que gosta de outro homem — querer se transformar em mulher. Essa coisa não faz sentido. A não ser por um desvio. Até porque o travesti e o transexual têm que encarar uma barra 1.000% mais pesada do que os homossexuais e, ressalte-se, que, aí sim, por uma opção — digo isso no caso de minha tese sobre a histeria não ser aceita. Bem, como não se espera que alguém vá procurar ser marginalizado somente por uma mera opção, então concluo eu que esse é um comportamento advindo de um problema estrutural psicológico grave."

[Quem são os/as transexuais?]

Vários entrevistados disseram que "há uma grande confusão, mesmo entre os *gays*, sobre o que é uma *drag queen*, um transformista um/a transexual, uma travesti..." Por exemplo:

Tiago — "Há uma grande confusão, mesmo entre os *gays*, sobre o que é uma *drag queen*, um transformista, um transexual, um travesti... Tem *gays* transexuais... são pessoas que nascem com um sexo e mudam de sexo. É o caso mais extremo, o corpo passa a ser de outro sexo. Transexual tem peito de mulher, cortou o pinto fora, ele se transformou numa mulher, o sexo mudou. É mais raro, mas também existem transexuais originalmente mulheres que se transformam em homens. Eu não posso condenar essas pessoas. Eu não sei como é a alma delas. O que elas têm, o que sentem. Por que elas tiveram de fazer isso? Eu tenho uma teoria que li uma vez. O cara falava sobre definições sexuais... Tem o sexo com que você nasce e uma identidade sexual que é a postura que você assume, tem a preferência sexual por quem você sente atração e essas coisas não são necessariamente ligadas. E ele mostra um caso assim: uma mulher, nasceu mulher; ela quis ser homem; ela colocou um pênis artificial; mas ela queria se relacionar com homens. Ela nasceu mulher, mas precisou se transformar em homem pra se relacionar com homem. Então o nascimento dela: sexo feminino. Identidade sexual: masculina. Preferência sexual dela: masculina."

[Quem são as travestis?]

A maioria dos entrevistados demonstra insegurança sobre a questão. O tratamento no masculino comprova esse desconhecimento. Por exemplo:

Tiago — "O travesti passa o dia como mulher, só que ele não cortou o pinto dele."

José — "O travesti é *gay*; a diferença é que se veste de mulher."

Paulo — "Não concordo muito com a idéia de travesti. Parece que é uma pessoa revoltada com seu próprio sexo, o que não é o caso de um homossexual normal."

[Aqui, o entrevistado se confundiu. As travestis aceitam o seu sexo biológico (pênis, gônada masculina), mas sentem-se como sendo dos dois gêneros, masculino e feminino ao mesmo tempo, e costumam vestir-se e imitar as formas do sexo biológico oposto ao seu.]

[Quem são os transformistas?]

Tiago — "O transformista é o que se veste de mulher só pra fazer uma apresentação, um show, alguma coisa."

[Quem são as **drag queens***?]*

Tiago — "A partir das 'divas *gays*' é que surgiu o movimento das *drag queens*. O que é? Travesti é um homem que se veste de mulher. Por outro lado, transformista é um cara que se veste de mulher pra fazer um show específico na noite. Somente naquele momento, porque em outros momentos da vida dele ele se veste como homem. A *drag queen* é exatamente a tentativa de alguns homens serem mais mulheres do que as mulheres. Ela é um personagem específico. Não são travestis que passam a vida vestidos de mulher... Não... Nem é um transformista... As *drags* surgiram por causa das divas, é um personagem que alguém cria, como um ator, e é uma supermulher. As *drags* fazem o maior sucesso na noite *gay*. É uma tentativa de ser uma superfêmea. Na maioria dos casos, parece que são *gays*. Por que uma pessoa que não é *gay* viveria no meio *gay* e criaria um personagem feminino? E a vida das *drag queens* é a moda. É a estética. Não é simplesmente ser mulher. É ser uma supermulher. É gastar milhões com o vestido, passar horas se arrumando... Algumas têm um estilista próprio, cada noite é uma roupa diferente... *Drag queen* não é simplesmente um cara vestido de mulher... A *drag queen* necessariamente não vai fazer show em boate. Ela desfila... É o surgimento... A alma da *drag queen* é a moda."

4.3 *Barbies e ursos*

[Quem são os **barbies***?]*

Tiago — As *barbies*... Puseram o nome de boneca, mas são uns caras fortes. Isso começou, no máximo, de uns dez anos pra cá... Começou inclusive no Rio de Janeiro... Que lá tem em Ipanema a praia *gay*, como tem em Copacabana... Cara maravilhoso,

[162]   [Edith Modesto]

corpo lindo, forte, é o macho, o garanhão, o lindo, só que ele era *gay*. Então ele falava que ele era a *barbie*. Tudo que você quer ser. E aí pegou a *barbie*. Então você vê um cara que vai na academia, mais fortinho... É a *barbie*."

[Quem são os **ursos***?]*

Alexandre — "Eu conheço algumas divisões pela Parada *Gay*. Então, tem os *ursos*, que são gordinhos, peludinhos, e têm toda uma filosofia ali, acho que no fim são grupos que se identificam, comunidades, e eu acho isso muito saudável."

Tiago — "... Os *bears*, os *ursos*, são os caras gordos, peludos, barbudos..."

4.4 Comparando grupos

[Qual a diferença entre **drag queen** *e* **travesti***?]*

Alguns entrevistados compararam os grupos. Por exemplo:

André — "99,9% das *drags* são *gays*... Gostam de se fantasiar, aparecer... Mas não a ponto de se vestir de mulher, mas não a ponto de virar mulher, de botar peito... Não a esse ponto... O máximo que ele pode fazer é tirar sobrancelha... Por isso a *drag*, desmontou no dia seguinte, passa batido na rua. Um travesti não: ele tem peito, bota silicone, tem formas diferentes, a voz já muda, o cabelo... Porque a *drag* é peruca, sempre; travesti, o cabelo é dela, é natural..."

Alguns entrevistados compararam grupos héteros com grupos *gays*. Por exemplo:

Celso — "Todos estes microcosmos dentro da constelação homossexual são fascinantes, com seus códigos, seus rituais. Mas as tribos héteros também são fascinantes, *patricinhas*, *mauricinhos*, *nerds*, *cachorras*... Fisicamente eu poderia me considerar um *bear* [urso], ou melhor, um *clubbie*, tenho uma certa preferência pelos *teens* — meus namorados sempre foram mais novos que eu —, mas acho que faço parte dos casadoiros, pois sempre pensei e almejei relacionamentos duradouros, mas acho que este grupo não existe..."

Alguns disseram que não há tipos de homossexuais, há pessoas com comportamentos diferentes, influenciadas externamente. Por exemplo:

Paulo — "Acho que a homossexualidade é uma coisa só. Não há vários tipos, o que há são diferentes influências que fazem com que um homossexual seja *incubado*, ou *pintosa*, ou travesti etc. Por exemplo, tenho um amigo que era *incubado*; assim que se

[Vidas em arco-íris] **[163]**

distanciou da família para estudar, começou a ficar mais efeminado e agora ele é *drag queen*. Tenho quase certeza de que foi influência das companhias."

[5] Denominações

5.1 Homossexualismo e homossexualidade

[Qual a diferença de sentido entre as palavras homossexualismo e homossexualidade?]

Vários entrevistados alertaram contra a terminação ismo de homossexualismo, denotando doença. Por exemplo:

Danilo — "Coincidentemente, recebi ainda hoje uma explicação clara sobre a diferença entre homossexualismo e homossexualidade. O sufixo ismo tem sentido de qualidade, estado: patriotismo, idiotismo; estado doentio, doença, inflamação: reumatismo, daltonismo; ciência, técnica, sistema doutrinário: cristianismo, romantismo, ciclismo, automobilismo. No caso de homossexualismo, que tem o sentido de doença, desde que a sexualidade homossexual foi tirada do Código Internacional de Doenças, é errado o emprego dessa palavra, já que seu significado é o de doentio. E a palavra foi substituída por homossexualidade, que tem no sufixo dade o sentido de qualidade, de estado. É claro que existem controvérsias, que defendem que o mesmo ismo de qualidade, estado, seja aplicado a homossexualismo. Mas, se a heterossexualidade é a qualidade da condição sexual heterossexual, a homossexualidade também é a qualidade de condição sexual do homossexual."

Pedro — "Homossexualidade designa o grupo de pessoas que gosta do mesmo sexo. Homossexualismo indicaria doença, por isso vem acompanhada pelo sufixo ismo. Eu já li uma matéria, na qual se explicava isso: em 1869, o termo homossexual foi criado por Benkert[1] na tentativa de combater a legislação alemã que punia com prisão todos aqueles que realizavam práticas sodomitas, nas quais se incluíam as práticas sexuais entre pessoas do mesmo sexo. A estratégia era dizer que tais práticas não eram realiza-

---

[1]De acordo com o Prof. Luiz Mott, no artigo *Em defesa da homossexualidade* (*www.dhnet.org.br/direito/militantes/luizmott/mott1.html, sem data*), Benkert é pseudônimo do jornalista húngaro Karol Maria Kertbeny, que cunhou o termo homossexual em 1869.

[164]   [Edith Modesto]

das por qualquer um, mas sim por indivíduos doentes, os quais Benkert denominou homossexuais. Exatamente por serem pacientes psiquiátricos, não poderiam ser punidos, mas sim tratados."

5.2 A denominação *gay*

[O que você acha da denominação gay *que se dá aos homossexuais masculinos?]*

Muitos entrevistados falaram sobre a origem e os usos da palavra *gay*. Por exemplo:

Marcos — "O *gay* é um ícone norte-americano, a palavra foi criada nos Estados Unidos, ela tem toda uma tradição... Então *gay* significa alegre em inglês, tem toda uma coisa ligada a uma tradição consumista norte-americana... Você sabe que é a maior característica do povo norte-americano... É o país do consumo, né? Então, isso é intimamente ligado com a imagem do *gay.*"

Celso — "Sempre vejo homossexual e homoafetivo como o termo técnico e *gay* como o termo informal."

Uma minoria entre os entrevistados prefere que *gay* se refira tanto aos homens quanto às mulheres homossexuais. Por exemplo:

Ricardo — "*Gay* eu acho ok, lésbica eu acho pesado. Engraçado que na verdade é o correto, mas eu acho pesado. Não gosto. Prefiro *gay*. Tanto pra mulher quanto pra homem."

Vários entrevistados fazem objeções à denominação *gay*. Por exemplo:

Miguel — "Eu acho que *gay* é uma das denominações melhorzinhas que a gente tem [risos], mas não gosto muito, porque as palavras acabam ficando tão chapantes... *Gay* me remete talvez a um tipo de homossexual... mais afetado que gosta de fazer bagunça, não sei... Mas é uma coisa que não necessariamente compreende todos... De uma certa maneira segmenta mais do que já é segmentado."

Luís — "Tem muita gente que usa o termo *gay* igual *viado*, não sabe que *gay* quer dizer alegre e dá essa conotação daquela pessoa que está sempre de bom humor, de alto astral... Mas eu acho que eu não me identifico necessariamente com essa posição."

Alguns entrevistados questionam denominar alguém por sua orientação sexual. Por exemplo:

[Vidas em arco-íris] **[165]**

Jorge — "Não tenho nada contra os termos *gays* e lésbicas, se é que realmente se precisa utilizar algum. Na verdade acredito que a grande pergunta a ser colocada é: precisa-se mesmo designar as pessoas por sua conduta sexual? Acho que uma primeira vitória seria isto não ser mais necessário. Mas concordo que é meio utópico, ou mesmo impraticável."

Rodrigo — "Não, eu não gosto de *gay*. Porque ninguém chama um heterossexual de alguma coisa. O heterossexual é chamado de hétero? Então, não sei, acho meio estranho."

Um entrevistado falou sobre a denominação mais apropriada para a área de saúde.

Luís — "Hoje existe essa denominação, não sei se você conhece, chama-se HSH: 'homem que faz sexo com homem', quer dizer, você exclui qualquer comportamento e entra na prática sexual, isso é muito usado no estudo de saúde. Mas essa denominação é muito técnica, exclui qualquer tipo de comportamento, eu acho que se você estiver falando do inverso, *gay* é mais adequado. Fica só a sexualidade... É muito útil para o estudo de saúde, porque os estudos de saúde têm muitos pontos cegos. Se você fala o homossexual, o homem que faz esporadicamente sexo com outro homem, mas é casado e tem família, ele não estará incluído."

5.3 A denominação lésbica

[O que você acha da palavra lésbica para designar as mulheres homossexuais?]

A maioria dos entrevistados gosta da palavra lésbica para referir-se às mulheres homossexuais. Por exemplo:

Miguel — "Eu acho lésbica uma palavra bonita pra designar... Eu não acho ofensivo lésbica..."

Danilo — "Lesbos, uma ilha de amazonas guerreiras, deu origem a lésbicas, que identificam os homossexuais femininos. As entidades femininas homossexuais têm orgulho da história da ilha grega mencionada acima. Às amigas mais próximas, eu chamo carinhosamente de *sapinhas*."

Alguns entrevistados fizeram objeções à palavra lésbica para referir-se às mulheres homossexuais. Por exemplo:

Caio — "Lésbica, acho horrível. Eu me incomodo com a palavra lésbica, *sapatão*, acho agressivo... Quando estou me referindo a alguma homossexual feminina falo: 'Ela é namorada dela'... Eu evito a palavra."

[166]   [Edith Modesto]

Luís — "Eu chamo as mulheres, geralmente, de *bolachas*. Eu acho que lésbica é parente do homossexual, eu acho que só quando você está falando genericamente, assim, do comportamento, aí acho que sim: comportamento lésbico ou a lésbica faz isso."

5.4 Símbolos homossexuais

Um entrevistado relatou o histórico dos símbolos homossexuais:

a) arco-íris

José — "O arco-íris é provavelmente o símbolo mais conhecido das comunidades *gays* em todo o mundo. Utilizado pela primeira vez em 1978 na San Francisco Gay and Lesbian Freedom Parade, a bandeira foi criada pelo artista Gilbert Baker. Cada uma das faixas do símbolo tinha um significado: rosa-shocking para o sexo; vermelho para o fogo; laranja para a cura; amarelo para o sol; verde para a natureza; azul-turquesa para as artes; azul índigo para harmonia; violeta para o espírito. A bandeira hoje é reconhecida oficialmente pelo International Congress of Flag Makers."

b) triângulo cor-de-rosa

José — "O triângulo cor-de-rosa é o símbolo mais antigo da comunidade *gay*, do período anterior à Segunda Guerra Mundial. Durante o regime nazista na Alemanha, o parágrafo 175 da lei germânica proibia qualquer tipo de relação ou contato *gay*. No âmbito dessa lei, estima-se que 25 mil pessoas tenham sido enviadas para a prisão entre 1937 e 1939 e, depois, para os campos de concentração. Naquela época a sentença aplicada era a esterilização, geralmente através da castração. Cada prisioneiro dos campos de concentração tinha um triângulo colorido invertido para indicar a razão de sua prisão. Alguns dos mais comuns eram o vermelho para os prisioneiros políticos, verde para os criminosos comuns, dois amarelos para os judeus, preto para os crimes anti-sociais e rosa para os homossexuais. Quando a guerra terminou, os prisioneiros homossexuais continuaram encarcerados, já que o parágrafo 175 só foi revogado na Alemanha em 1966. Nos anos 70, o triângulo rosa começou a ser conhecido como símbolo do movimento pelos direitos *gays*. É um símbolo facilmente reconhecido e serve como recordação da opressão e preconceito constantes sofridos pelos *gays*."

c) triângulo preto para as lésbicas

José — "As lésbicas não estavam incluídas no parágrafo 175, mas elas também foram perseguidas pelo regime nazista. As prisioneiras com triângulos negros eram todas mulheres que não se enquadravam na concepção de feminilidade do regime: lésbicas, prostitutas, mulheres sem crianças e aquelas com peculiaridades anti-sociais. Similar ao triângulo rosa, o triângulo negro tornou-se um símbolo, tanto do orgulho lésbico, quanto do feminismo."

5.5 Gírias referentes aos homossexuais

[O que você acha das gírias que se referem ao homossexual?]

A maioria dos entrevistados criticou as palavras de calão com que algumas pessoas se referem aos homossexuais. Por exemplo:

Ricardo — "Odeio. Acho ofensivo. Eu acho pobre... Eu não admito... nenhum *gay* me chamar de *viado*, nem *bicha*. *Bichinha* é pior ainda. Eu acho desrespeito. Independente de estar se referindo a minha sexualidade, eu acho um desrespeito qualquer palavra, qualquer termo que ofenda. O *gay* efeminado que é chamado de *bichinha*... Mas acontece também das pessoas não economizarem o termo pra qualquer pessoa *gay*... Homem *gay*... *Sapatão* e *bolacha*, eu acho terrível as duas. Acho um desprazer ouvir..."

Um entrevistado não gosta de ser chamado de *entendido*.

Jorge — "De todos os termos, o que eu realmente não suporto — nem sei bem o porquê — é o tal de *entendido*. Acho deselegante e por demais misterioso."

Muitos entrevistados disseram que o que ofende é a intenção, não a palavra. Por exemplo:

Luís — "Acho que *viado* pode ofender, mas acho que *gay*, hoje em dia, também pode ter esta mesma conotação, só que mais revestida; acho que ela ofende de luva... Mas o que ofende é a intenção e não a palavra."

Otávio — "Sinceramente, não me importo de ser chamado de qualquer nome quanto à minha homossexualidade, sério! Uma pessoa pode me chamar de *bicha*, sem querer me ofender, ou com algum tom pejorativo, como tantos *gays* chamam seus próprios amigos, e ao contrário, alguém me dizer: 'Seu homossexual', e ter um alto tom de pre-

[168]   [Edith Modesto]

conceito em seu tom de voz. Acho que não são as palavras que irão expressar algo, mas sim a situação, e como elas vão ser ditas. Já fui chamado de *viado*, *bicha*, *bambi*... Atualmente não ligo, não... Quando era adolescente, encucava com isso, me agredia de uma tal forma, pois não estava estruturado emocionalmente para agüentar isso. Hoje, como estou mais calejado, aprendi a lidar com essas coisas..."

Vários entrevistados falaram sobre a diferença de significação entre *viado* e *bicha*.

A maioria disse que bicha é o homossexual mais efeminado. Por exemplo:
Danilo — "No sentido literal, a meu ver, não há diferença entre *viado* e *bicha*, ambos são rótulos. Mas no sentido prático, alguns consideram *viado* aquele que faz sexo com outro homem, mas não tem trejeitos. A *bicha* tem mais trejeitos femininos, há uma pequena diferença em qualificação dentro do próprio meio homossexual."

Alguns homossexuais falaram de uma estratégia para desestigmatizar as palavras *bicha*, *viado*... Por exemplo:
Beto — "Eu rompi com o estigma, então, não me afeta. Eu sei que afeta outras pessoas, mas eu mesmo muitas vezes gosto de falar que eu sou *viado*, porque acho que causa um certo impacto em determinados espaços em que você está porque você desestigmatiza a palavra *viado*. Entre mim e meus amigos que são *gays*, a gente brinca muito 'oi, bi', 'oi, *bicha*', 'oi, *viado*', numa boa."

Um entrevistado prefere as denominações *viado* e *bicha*.
Luís — "Acho que homossexual parece um termo que traz uma visão clínica... Leva o cidadão comum a pensar em doença, então eu acho esquisito. Eu diria que prefiro mais as denominações brasileiras do que o termo *gay*, que, eu acho, é um termo obscuro pra gente brasileira; assim, só uma porção da população sabe exatamente o que significa *gay*. Prefiro os termos brasileiros *viado* e *bicha*. Na verdade eu acho que todos eles são muito sexistas, mas se eu estivesse falando ao meu respeito mesmo, eu acho que hoje eu tenho muito a tendência a falar que eu sou *viado*, eu sou *bicha*, mais do que eu sou *gay*. *Gay* tem mais a ver com uma postura política também. O termo já está bastante revestido."

[Vidas em arco-íris] **[169]**

[6] Conceitos e preconceitos

6.1 Opiniões dos *gays* sobre os *gays* e sobre a comunidade homossexual

6.1.1 Opiniões sobre a efeminação de *gays*

[O que você acha dos homossexuais efeminados?]

Muitos entrevistados não gostam de *gays* efeminados. Por exemplo:

Pedro — "Os *gays* têm preconceito contra *gays* efeminados. Eu mesmo tenho um pouco... Quando eu saio com um amigo que é muito efeminado eu fico meio assim... Levar na minha casa... Meus pais não sabem que eu sou *gay*..."

Ronaldo — "Sinceramente? Eu não gosto de *gays* efeminados! Talvez por eu ser uma pessoa sensível que procura um 'homem', os efeminados seriam como 'garotas'! Se for uma questão de amizade, não tenho problemas, desde que valha a pena correr os riscos! Respeito, educação e bom senso nunca são demais. Quanto às lésbicas masculinizadas, não gosto, talvez por puro preconceito!! Mesmo assim eu respeito a todos, pelo menos tento..."

Alguns entrevistados disseram ou sugeriram que o *gay*, em relação ao efeminado e ao travesti, é um homossexual normal. Por exemplo:

Paulo — "Prefiro que não seja nem muito discreto, nem muito efeminado. Um homossexual normal. Não suporto os efeminados convencidos de que são tudo."

Jorge — "Não quero parecer preconceituoso em relação aos mais efeminados, mas, para ser bem franco, tenho certo preconceito, sim. Mas é um misto de preconceito com pena. Acho que eles são as maiores vítimas do sistema que termina por obrigá-los a se expor como homossexuais, acabam sendo as primeiras e maiores vítimas da pecha que recai sobre todos nós. É algo assim como: 'Ahhh... então você é *gay*?? Ok, tudo bem, mas, por favor, seja feminino o suficiente para toda a sociedade saber e não ter dúvidas a respeito.'"

Alguns entrevistados preocupam-se com os efeminados que dão escândalo em público. Por exemplo:

Rafael — "O que eu detesto são os afetados que perdem completamente o desconfiômetro, fazem gestos de mulher, falam como mulher e se portam de forma ridícula como aquele carnavalesco [nome] que para mim chega a ser bizarro. Quando o menino tem um certo e controlado jeitinho, eu gosto. Em muitos, acho que fica até bem — pelo menos para mim que sou *gay*."

Flávio — "Não acredito que uma pessoa é efeminada ou masculinizada por simples escolha. Mas eu acho que uma reação muito forte, do tipo falar alto, fazer escândalo em locais públicos, é algo bastante desagradável, e que, muitas vezes, poderia ser algum tipo de problema psicológico..."

A maioria dos entrevistados considera a efeminação de alguns *gays* como uma característica natural, quase impossível de controlar:

a) Alguns disseram ou insinuaram o medo que tiveram de se tornar efeminados porque são *gays*. Por exemplo:

Rubens — "Apesar da aceitação da minha família, nem tudo foi tão bonito assim, eu cheguei a ouvir coisas como: 'Ah, você é *gay*, legal que você não é efeminado, porque senão não sei se ia te agüentar.' Então eu me policiava também, eu não tinha nenhuma tendência feminina, nada, porque eu cresci no meio de meninos, mas eu ficava preocupado: 'Será que eu não vou começar a ficar efeminado sem perceber?' E aí eu policiava isso. Porque eu não sei qual o ponto que dividiu: quando eu gostava só de mulher, e quando eu comecei a olhar pros homens, isso é uma coisa que veio sem eu pensar, eu não percebi, eu não tinha controle sobre isso... 'Até que ponto uma pessoa que era afeminada percebia que era afeminada?' E existe uma coisa... Se eu sou *gay*, logo sou efeminado, não, eu não sou efeminado, logo não sou *gay*; não, pera aí, eu sou *gay*, não sou efeminado, então eu vou ser, já, já! Eu tinha medo que isso acontecesse, será que eu sou o único *gay* não efeminado? Aí comecei a sacar, existia muito *gay* por aí, e muitos que não eram efeminados, os efeminados são os visíveis, ficam na ponta do iceberg, o resto você não vê, se fundem na multidão."

Mário — "Não, ser efeminado não depõe contra a pessoa, mas infelizmente a sociedade é preconceituosa, uma pessoa que não consegue ter um comportamento, digamos, como hétero, vamos dizer assim, acaba se prejudicando... Eu tinha aquele estereótipo de que todo *gay* era efeminado e pervertido, coisa que a televisão passa. Como eu acho que não sou efeminado, como não sou de ficar fazendo sexo com Deus e o mundo a toda hora, então eu achava que eu não era. Quando eu vim a São Paulo, quando encontrei pessoas de nível que eram homossexuais também, estudantes, pessoal que faz universidade, é que eu me descobri realmente, que eu tirei isso da minha cabeça...

[Vidas em arco-íris]   **[171]**

'Realmente eu sou homossexual, e não tem nada a ver com esse estereótipo'. É um azar danado a pessoa ser efeminada [risos].''

b) Alguns entrevistados aceitam os *gays* efeminados com naturalidade. Por exemplo:
Bruno — "Eu pensava que desmunhecar era uma escolha pra ofender as pessoas; isso até conhecer... Acho que até podem existir alguns que forçam um pouco por se sentirem reprimidos ou agredidos: 'Eu sou mesmo e que se dane', mas muitos não são. Eu conheço um extremamente efeminado e ele não queria ser assim, ele é um amor de pessoa. Faz parte do ser da pessoa.''
Caio — "Acho que ser efeminado não é uma escolha. Acho que existe o homossexual que é efeminado, existe o homossexual que não é, e existem as variações entre isso, aquele que é mais ou menos. Acho que a pessoa se torna um pouco efeminada também na convivência com os amigos homossexuais, *gays* masculinos, porque existem muitas brincadeiras entre eles. Eu mesmo sou uma pessoa engraçada perante meus amigos.''

c) Alguns entrevistados preocupam-se em não parecer efeminados. Por exemplo:
Fernando — "Não gosto, muito efeminado não gosto, se bem que não vou dizer que eu não seja... Eu me considero discreto. Quando você voltou a fita [de áudio], eu estava ouvindo e acho que minha voz tem uma entonação um pouco efeminada, não sei se dá pro povo perceber ou não, mas eu não gosto, por exemplo, daquele tipo que quer ficar rebolando ou desmunhecando, ou vestindo roupinha de mulher...''
Ronaldo — "Já fui chamado de *viado* ou *bicha*. Na infância era comum, até mesmo hoje em dia acontece entre os amigos que percebem o meu jeitinho diferente do normal, embora eu não seja efeminado! Quando menor, eu ficava arrasado, o chão parecia sumir dos meus pés, e eu gostaria de sumir mesmo. Hoje, eu já não sofro tanto...''

d) Uma minoria entre os entrevistados se acha ou se achava efeminado. Por exemplo:
Caio — "Acho que eu tinha alguns trejeitos, não jogava futebol... Isso não importa muito mais agora... Mas há 10 ou 15 anos atrás isso importava demais pras pessoas...''
Sílvio — "Eu me acho efeminado. Eu me acho porque é assim, [nome] é uma cidade pequena, é como se fosse um bairro, então, como tem uma certa autonomia de [nome de cidade], então as pessoas procuram ficar por ali mesmo, então é meio viciado aquela coisa de se conhecerem e parece que lá o preconceito é um pouquinho maior do que aqui [cidade], mesmo que seja tão junto, tão próximo, parece que lá se fecham. Então, as pessoas percebem. E tem outra questão: eu sou assumido pra todo mundo, mas eu

[172]   [Edith Modesto]

acho que antes, quando eu tinha 15 anos, eu até chocava um pouco pelas roupas, mas eu desencanei..."

[Como eram as suas roupas?]

Sílvio — "Eu usava umas coisas mais coladas, justas, mas, depois de alguns meses, eu percebi... Me olhei no espelho... 'Poxa, acho que não é bem assim'"...

[E você já quis ser mulher?]

Sílvio — "Não, nunca. Nunca quis ser mulher. Engraçado, vou ver até se eu acho pra eu guardar, mas eu vi que tinha algumas fotos que meu pai tinha tirado, que eu estava assim com maquiagem, apesar de que isso é natural, os psicólogos dizem que é natural. Acho que foi até a partir daí que minha mãe se preocupou. Porque, é assim, eu acho que transexual é transexual porque tem ojeriza do próprio órgão, tem horror. Não, eu curto ele..."

e) Uma minoria entre os entrevistados já namorou efeminados que se aceitavam como tal. Por exemplo:

Celso — "Eu já namorei um cara que era bem mulherzinha; apesar de se vestir com roupas de homem, ele desmunhecava, falava alto, era um pouco exagerado. Ele era assim e apesar disto não gostava de ser tratado no feminino, nem na intimidade... Acho que os caras mais efeminados... Aliás, eu detesto esta palavra, ela rotula e exclui muito rapidamente... Eles incomodam, principalmente por estarem um passo à frente em relação à aceitação. Eles mostram o que muitos se preocupam em querer esconder... E isto incomoda. Enfrentei muito preconceito de amigos por estar saindo com esse cara... Porque achavam um absurdo pois todos saberiam que eu era *gay*... Alguns falavam isto, outros apenas sugeriam, e outros tantos resolveram não sair mais comigo... Mas o mais engraçado era que ele não achava que era efeminado, ou seja, aquilo era pra ele um comportamento normal... Era ele mesmo, sem ter motivo para mudar, e isto eu admirava nele."

Alguns entrevistados acham que ser efeminado pode ser uma escolha com um objetivo determinado. Por exemplo:

Sílvio — "Há quem faça pra ofender... Com raiva... Muito de auto-afirmação: 'Eu quero me sentir incluído num grupo, então eu vou me vestir de uma determinada forma, eu vou falar determinadas gírias'... Tem gente que fica um período — dois, três anos meio efeminado, afetado —, mas depois elas voltam a ficar um pouco mais calmas, começam a perceber que não tem nada a ver. E tem outras que não, elas continuam..."

João — "Acho que há muitos tipos de homossexual efeminado e muitos motivos pra isso... Um deles é um menino que não sabe... Ele não se identifica com a cultura do masculino, então naturalmente ele é obrigado a se enquadrar na outra, porque não existem alternativas pra ele: 'Se eu não sou masculino, eu sou feminino'... Então, ele passa a imitar as mulheres, porque ele gosta dos homens e pensa: 'Quem gosta de homem é mulher'... Por outro lado, acho que há um determinado momento em que o próprio ressentimento pode levar as pessoas a desmunhecarem pra agredir... E existe também uma desmunhecação política, que acho muito bonita... Aliás, acho que as pessoas têm todo o direito de desmunhecar. Pura provocação política... Pra fazer a crítica da sociedade machista e pra se contrapor à sociedade machista..."

Rodrigo — "Dá pra não ser efeminado. Trejeito... É uma opção. Talvez seja pra atacar. Eu tenho percebido que, no interior, o homossexual mais jovem tá com uma tendência muito maior a ser mais feminino do que o da capital. Então fico imaginando por que seria isso. Eu também não vou entrar aqui numa análise psicológica ou sociológica, mas... A impressão que me dá é que... No interior, a coisa ainda é um pouco mais fechada, mais rígida, então é uma forma dele se colocar: 'É como eu sou.... não se meta comigo.' É uma espécie de desaforo, desafio... Ou gosto deles mesmo, acho que não dá pra generalizar. Mas é uma escolha, é uma escolha, porque qualquer um que você pegar aí, você fala: 'Vira macho agora!' Ele vira na hora. [risos]"

Um entrevistado relatou o esforço que fez para deixar de ser efeminado.

Rafael — "Lá pelos meus 15 anos, eu comecei a ficar diferente, queria a qualquer custo me comportar como homem e foi isso que eu comecei a fazer. Foi uma etapa terrível da minha vida, parei de falar com as pessoas, não ria pra mais nada, ficava com o rosto sério o tempo todo, parei de ir nos almoços de família que tinha todo domingo na casa da minha avó, a única coisa que eu queria era ficar sozinho. Eu tinha vergonha de mim mesmo. Já estava todo mundo ficando preocupado comigo, mas pelo menos uma coisa eu estava conseguindo: respeito. Hoje, já estou com 19 anos e há um tempo atrás eu conheci um menino e ele também tinha 'jeitinho' e que atrapalhava muito ele. Mas, assim como eu, ele também queria mudar, só que nunca conseguia. 'Jeitinho', que se eu não estou enganado, é evidente na grande maioria dos *gays*, coisa que sempre me leva a crer que seja, talvez, da nossa natureza. Mesmo o meu modo masculino já ter ficado normal em mim... Não me resta dúvida de que tudo isso é pura armadura. Não consigo entender que sejamos iguais aos héteros, apenas com orientação sexual diferente."

[174]   [Edith Modesto]

[Se você comparar os **gays** *aos héteros, que outras diferenças percebe?]*
Rafael — "É claro que eu não posso fazer afirmações sobre isso, pois, não há absolutamente nada provado a respeito da homossexualidade, nem a heterossexualidade tem seu mecanismo perfeitamente compreendido, pois pênis e vagina constituem sistema de reprodução, não de libido, e não se sabe tecnicamente porque um atrai o outro ou não. Falo isso porque noto que a cabeça dos *gays* é sempre diferente da dos héteros — não falo de afeminação, mas de uma certa sensibilidade ou refinamento que faz com muito dos *gays* que conheço (e eu também) sejamos sempre mais caprichosos, bem-cuidados, damos muito valor à beleza, a maioria não gosta de futebol — odeio —, gostamos muito de música *techno* e não de sertanejo etc. É essa a questão crucial que me pega: será que a afeminação de muitos *gays* é um desvio ou aberração como muitos andam dizendo? Não seria um fator inerente à nossa pessoa?"

Alguns entrevistados falaram sobre a fantasia dos *gays* de se relacionarem com heterossexuais. Por exemplo:
André — "Eu não tenho nenhuma fantasia, nem nenhuma atração específica por aquele tipo macho, por exemplo, a fantasia do heterossexual... Porque tem essa fantasia entre muitos *gays* de se relacionar com homem hétero... Nossa, total... Eu também nunca me relacionei com eles... Nunca me passou pela cabeça. Pra começar, você fica numa posição já esquisita, porque um é o macho e o outro é a fêmea... Eu gosto de estar dentro de uma relação entre iguais, onde não tenha os papéis definidos..."
João — "É muito comum você ver, por exemplo, em porta de banheiro: 'Quero dar o cu, não gosto de *gays*'... É um tipo de homossexual que gosta de transar com heterossexual, ou com alguém que entre no estereótipo do heterossexual, em outras palavras, o machão... Então, pra ela, *gay* já tem, de qualquer maneira, alguma implicação de afeminação."

6.1.2 Opiniões sobre as travestis e *drag queens*

Alguns entrevistados referiram-se às travestis e *drag queens*, mas quase nenhum de maneira positiva. Por exemplo:
Fernando — "... Eu não sei como é no resto do mundo, mas aqui no Brasil eu sinto que há um atraso, porque é uma coisa que não é falada, na mídia você só vê... Eu respeito, mas acho totalmente idiota porque não representa o que é o homossexualismo, você vê umas *drag queens* e uns travestis idiotas falando um monte de merda que não tem nada a ver, então as pessoas são completamente alienadas."

[Vidas em arco-íris]   **[175]**

Cláudio — "Não existem tipos diferentes de *gays*, existem níveis diferentes. Eu, por exemplo, faço a linha 'bofe', não por conveniência, mas porque é meu tipo mesmo, sou totalmente ao contrário de qualquer estereótipo *gay*. Os dois relacionamentos longos que tive foram com pessoas que eram realmente masculinas. Me lembro quando os travestis haviam se separado dos *gays*... Parece que agora eles separaram até os operados dos não operados [separaram-se dos transexuais], eu acho isso uma bobagem... Somos todos iguais e diferentes ao mesmo tempo."

6.1.3 Críticas à comunidade homossexual

Alguns criticaram algumas atitudes da comunidade homossexual, sob vários aspectos. Por exemplo:

a) A dificuldade dos *gays* de se comprometerem afetivamente

Fernando — "Eu gostaria de encontrar um companheiro pra toda vida, com certeza. Mas eu sei que isso é quase impossível! Se bem que o pessoal fala tanto de velhice *gay*, fala: 'Velhice *gay* é solitária', acho que a juventude *gay* também é solitária... A única diferença é que você faz sexo sem pagar... Mas envolvimento mesmo é muito difícil, porque acho que a maioria não quer mesmo. O argumento conformista que a maioria usa são dois: põe a culpa na sociedade e põe a culpa na natureza do homem, porque a natureza do homem é uma natureza de sexo. Muitos homossexuais, pra se defenderem, dizem que o hétero é assim também e falam: 'O homem hétero é tão podre quanto o homem *gay*, ele casa mas ele trai a esposa... Mas eu conheço dois tipos de relacionamento *gay* que pra mim não servem de jeito nenhum. Tem muitos relacionamentos *gays* que são movidos a sexo, inclusive conheço alguns idiotas, eu os defino assim... Porque tem muito *gay* que é sentimental como eu que se apaixonou por cara cafajeste... Ou então um outro tipo de relacionamento... E muitos *gays* dizem isso: 'Nós temos um relacionamento aberto.'"

b) Quando a não aceitação torna a pessoa ressentida e problemática

João — "Não precisa ser efeminado, não, eu acho que todo homossexual que não consegue encarar sua homossexualidade e se torna ressentido é insuportável. Eu conheço muitos homossexuais ressentidos que odeiam o mundo e se acham vítimas por conta disso... Conheço homossexuais perigosíssimos... Então, acho que existem homossexuais maravilhosos, mas o ressentimento, que é resultado da baixa auto-estima, é muito

[176]   [Edith Modesto]

perigoso pra homossexuais, assim como pra qualquer oprimido, porque ele oprime o que está do seu lado, inclusive... Então, é muito comum você encontrar, no meio homossexual, uma quantidade chocante de preconceitos... Isso tem a ver muito com essa questão da auto-estima... Então, por exemplo, hoje tem a moda das *barbies*... Quem não for *barbie*, pra uma *barbie*, é um ser desprezível, é um ser secundário, porque essas pessoas julgam que elas habitam o paraíso, elas habitam o nirvana, elas habitam um espaço dos deuses... Então, acho que beira o fascismo..."

c) A falta de reconhecimento ao trabalho dos militantes

Danilo — "Um desabafo... No início de dezembro [2005] completei seis anos de militância homossexual [Clube Rainbow de Belo Horizonte]. Gostaria de compartilhar com você os títulos que recebi durante esses seis anos: oportunista; politiqueiro; ladrão; sórdido; papa-anjo; fracassado; mentiroso; incapaz; aproveitador; autoritário; ditador; injusto; cruel; maricona; usurpador. Esses maravilhosos adjetivos foram a mim atribuídos depois de, nesses seis anos, ter realizado voluntariamente, sem receber um único tostão: ter promovido ações para distribuir mais de 250.000 preservativos em campanhas de prevenção em DST/Aids; ter auxiliado o nascimento de pelo menos quatro ONGs homossexuais com orientações e dicas em meu estado [Minas Gerais]; ter realizado com sucesso três Paradas *gays*; ministrado gratuitamente mais de 120 palestras em faculdades, esclarecendo ao leigo sobre a real situação do homossexual brasileiro. Ter lutado arduamente para a construção de uma lei antidiscriminação em meu estado [Minas Gerais] até vê-la em prática; ter realizado aproximadamente mais de vinte uniões estáveis com documentos jurídicos que possibilitaram pessoas a realizar seus sonhos de amor. Entre outras coisas. E isto, depois de, nestes seis anos, ter que ficar sem carro, morar de favor, perder emprego, ter perdido dois homens que amei, por dar mais atenção à luta do que a eles, e ter que me ausentar de meu sonho de luta por ordem médica, e tendo atualmente que viver com pouco mais de dois salários mínimos por mês, trabalhando em três horários. Não é irônico? Só desejo que saibam que quando saí do armário, após 46 anos de sofrimento que quase me levaram a pôr termo a minha vida, fiz um juramento a mim mesmo que lutaria o resto da minha vida para evitar que pelo menos uma pessoa humana não passasse pela dor de viver dentro do armário pela qual padeci."

Àqueles que têm interesses outros, continuem colocando os adjetivos que quiserem, pois estou em paz com minha consciência e se erro, é porque sou humano. Isto também aprendi. Por isto acredito em Cervantes e Chico Buarque: "Sonhar mais um sonho impossível..."

[Vidas em arco-íris] **[177]**

[Nem sei o que dizer acerca dessa injustiça...]

Danilo — "Edith, não me sinto ofendido pelas palavras que descrevi. Elas já me machucaram muito, é verdade, hoje estou imune a elas. Fiz este desabafo apenas para que alguns possam refletir quanto ao que dizem e escrevem, pois um momento de insegurança podem ferir muito a outros que estão do mesmo lado... Felizmente tenho muitos amigos verdadeiros, fiz uma pequena festinha de aniversário e vi o quanto sou rico de amigos, os de verdade estavam todos lá.

Alguns entrevistados narraram situações de discriminação de homossexuais para com homossexuais. Por exemplo:

Beto — "Mesmo agora, há duas semanas atrás, eu estava com meu namorado no [nome do parque], andando com meus cachorros, a gente estava super à vontade... Eu não me visto pra ir ao parque, como grande parte dos *gays* fazem, que tem aí uma estética do consumo, e vinham passando dois *gays* com o último modelo de *short*, com o último modelo do tênis, e um fez um comentário com o outro, falou: 'As *bichas*, não sei que'... E eram musculosos, *barbies* mesmo, então eu parei, virei pra eles e falei: 'Desculpa, mas você não é *viado*? Por que você está falando de mim? Eu sou *viado* e sou muito feliz por ser *viado*, agora, que você tem problema com a sua homossexualidade, você tem'... Esse dois caras ficaram perplexos, eles ficaram mudos, eles não sabiam o que responder, e as pessoas que estavam do lado, a maioria *gays*, começaram a rir deles."

João — "Nas vésperas da Parada, eu fui à feirinha que teve no largo do Arouche [São Paulo]... Estávamos eu e uma amiga lésbica muito querida, esperando pra comprar um doce e aí um cara virou-se pra minha amiga e disse: 'Você não tá vendo que tem fila, não?'... Ele estava na fila, eram duas pessoas... Eu disse: 'Não'... Ele disse: 'Cala a boca, eu não falei com você, *bicha* velha'... Às vésperas da Parada, uma festa de solidariedade..."

6.2 Preconceitos dos heterossexuais contra os homossexuais

[Você já sofreu preconceito, discriminação por parte de héteros?]

Vários entrevistados relataram situações de preconceito que sofreram na escola, quando garotos, inclusive por parte de professores. Por exemplo:

[178] [Edith Modesto]

Otávio — "Minha adolescência, pra mim, foi anormal. Na escola, alunos e até um professor viviam pegando no meu pé por acharem que eu era *gay*. Um dia, o professor de francês escreveu no quadro BAMBI e todos sabiam a quem ele estava se referindo. Todos os meninos riram, algumas meninas também. Como nessa época eu era muito popular entra as meninas, algumas me defendiam. Cheguei a falar com a madre superiora sobre o assunto, mas nada foi feito. Eu não levava esses problemas pra casa, pois sabia que esse não era um assunto pra ser tratado com a minha mãe. Hoje, sei que poderia ter contado, e minha mãe somente ajudaria, mas, na época, eu não tinha esse senso das coisas, então engolia isso, e em casa, sozinho, chorava. Era o que eu pensava que podia fazer pra me aliviar."

Lucas — "Aí, meu modo de andá... E todo mundo já tava desconfiano... Aí começaram a falá: 'Vira home, *bicha*, vira home, *bicha*...' Um dia eu tava ino pra escola, parou dois menino e um disse: 'Vamo matá ele?' Eu falei: 'você tá falano com quem?' Eles: 'Tô falano com você'... E caminharam pra cima de mim. Eu dei uma surra neles. Mas eu não fazia mais aquele caminho pra ir pra escola... Depois eu disse: 'Não vou mais na escola'... Porque eu era muito zoado na escola, entendeu? Os menino falava pra mim: 'Se você é *viado*, você é obrigado a dá pra nóis na hora do banheiro.' Muitas vez eu pedia pra professora ir no banheiro comigo pra me esperá..."

Alguns entrevistados contaram outras situações específicas de discriminação e preconceito:

a) Dentro da própria família
Flávio — "Dentro da família sou discriminado, sim. Minha irmã mais velha desconfia e já perguntou pra minha outra irmã. E eu percebo que essa minha irmã mais velha e meu cunhado ficam um tanto desconfortáveis com a minha presença."

b) No prédio em que mora
Fernando — "Esse menino do prédio, por exemplo, uma vez a gente estava na piscina e um deles falou pra mim: 'Porque o fulano, aquele *bicha*', e aí eu me vi e pensei: 'Esse garoto tá passando pela mesma situação que eu'... Falei: 'Isso é jeito de falar do menino?' E ele respondeu: 'Olhe bem pra ele... só fica com as meninas no salão de festas, fica dançando e rebolando, não joga bola com a gente, ele é o maior *bicha*.' Eu falei: 'Não fala assim do menino'... E ele virou pra mim: 'Você teria um amigo homossexual?'"

[Vidas em arco-íris] **[179]**

c) No bairro em que mora

Beto — "Meu bairro é muito *gay*, você tem muitos *gays*, você tem muitas pessoas da terceira idade e você tem muitos cachorros. Essa tríade é do bairro. Eu estava na fila do caixa eletrônico e aí eu estava brincando com um amigo, conversando, e a pessoa da frente, uma senhora, falou pra outra: 'Vou mudar desse bairro porque esse bairro tem muito *viado*.' Eu achei uma fala tão gratuita... Por que eu sou obrigado a escutar essa senhora falar isso? Eu cutuquei ela e falei: 'Desculpe, mas a senhora falou o quê?'; 'Eu não falei nada'... Eu falei: 'Além de *viado* a senhora está me chamando de surdo?' A mulher tomou um susto..."

d) Em locais públicos fechados

Celso — "Todo ano eu ameaço não ir ao fatídico almoço do 'dia dos pais', mas a minha mãe é fogo... Quando estávamos esperando a mesa [no restaurante], eu estava sentado do lado de um pessoal que também estava esperando mesa, e, por coincidência, um deles lia a *Revista da Folha*. Aí, começaram os comentários sobre *boiolas* que criam filhos e piadas... Fiquei transtornado, queria fazer algo e não conseguia sair do lugar, pois estava preso pelas cadeiras, minha irmã até percebeu o meu incômodo e disse: 'Não liga'... Eu queria falar algo, arranjar uma encrenca... Nem consegui comer... Aliás, tive de fazer um grande esforço pra não sair antes... Mas minha mãe e minha irmã estavam comigo. E, o pior: percebi que o meu pai estava gostando das piadinhas, dos comentários... Foi um esforço enorme ter de agüentar aquilo tudo calado! Fiquei com raiva de mim mesmo por não ter feito nada, fiquei com raiva do preconceito, fiquei com raiva do congresso, do judiciário, fiquei até com raiva de ser *gay*, de achar que tudo seria mais fácil na minha vida, se eu tivesse casado com uma mulherzinha... É por estas e outras que eu tenho evitado de ir em lugares não declaradamente *friendly* [simpatizante]."

Alguns entrevistados comentaram sobre o preconceito dos héteros contra os homos:

a) Preconceito na infância e adolescência

Jorge — "Sofri preconceito... Mas não podemos culpar os adolescentes héteros. Um amigo *gay* nesta idade é um verdadeiro traidor. Para os adolescentes caretas — que sofrem as mesmas pressões sociais —, este fato é grave e acho que deve ser respeitado. Não é uma mera questão de se aprender a lidar com o diferente. Acho que todo adolescente sabe. O problema é que, ao lidar bem com o diferente, ele pode ser considerado diferente também. A gente tem que convir que, se você tem 14, 15 anos, isto é muito complicado."

b) Discriminação indireta (o *gay* não assumido sofre com a discriminação feita contra outros *gays*)

Rafael — "Como eu não sou assumido, não sofro discriminação direta, mas vejo que o que mais me dói é a discriminação indireta. Isso é o que destrói a gente por dentro. Ouvir uma pessoa nos marginalizando, se referindo a nós como aberrações, anormalidades, desvio comportamental... É crucificante. Se ofende a um *gay*, está me ofendendo também. Me dói muito quando eu vejo um padre, um pastor ou um [nome de radialista] dizendo barbaridades infundadas a nosso respeito. Eu acho que essa parte da entrevista é muito importante, Edith. Acho que muitas vezes a gente convive com uma certa tormenta na nossa cabeça, quase permanente. Essa tormenta advém de vários fatores. Saber que somos vistos pela sociedade em geral como subcidadãos, ou mesmo como doentes. Por incrível que pareça, muita, mas muita gente mesmo pensa que somos doentes! Isso tudo dá uma pressão na nossa cabeça que às vezes nos derruba."

c) Não-visibilidade forçada pela sociedade

Rivelino — "A sociedade tem passado por um estágio que é assim: 'Tá bom, vai, o que vocês fazem entre quatro paredes é problema de vocês', mas ainda é muito pouco que vocês aceitem o que eu faço entre quatro paredes, pra mim, eu acho. Eu quero viver a minha vida, eu quero sair do jeito que eu sou, eu quero pegar na mão do meu namorado, eu quero estar num cinema com ele e, quando assistir um filme que eu quero chorar, eu quero chorar no ombro dele, qual é o problema? No que isso incomoda? No que isso é feio? No que isso é ruim? Eu não consigo ver. E a sociedade não aceita, não vê com bons olhos essas demonstrações de carinho. Por quê? Porque constrange, porque obriga o pai a explicar para o filho... Então cria um incômodo social. É muito mais fácil deixar tudo como está pra que ninguém tenha que fazer nada, e eu não concordo com isso. E então, acho que as meninas também têm que se assumir, elas também têm que brigar pelo lugar delas. E brigar por respeito, ninguém está querendo nada de mais. É muito simples: porque enquanto cidadão eu sou sempre chamado a pagar os impostos e enquanto cidadão eu não tenho direito nenhum? Por que eu só tenho deveres? Não funciona assim em sociedade nenhuma, por que aqui tem que ser assim? Por que com os *gays* tem que ser assim? Com os transexuais tem que ser as-

[Vidas em arco-íris] **[181]**

sim? Com as lésbicas tem que ser assim? Quer dizer que a gente só tem deveres? A gente nunca tem direitos? A gente não tem direito a pensar, a gente não tem direito a ter uma parceria? A gente não tem direito a nada? E do meu salário, que todo mês descontam impostos? E meu imposto de renda? E o meu IPTU? E tudo que eu pago? Eu só tenho deveres, então? E então, se eu quiser sair abraçado com meu namorado na rua, eu deveria poder, porque é um direito meu. É óbvio que a gente vai passar por aquele discurso: 'Pô, dois homens na rua é sem-vergonhice, se deixar isso daqui a pouco vai ter gente trepando atrás das árvores.' Isso não tem fundamento, o ser humano não é igual a cachorro, não é pelo fato de você tolerar alguma coisa que, de repente, os *gays* vão começar a transar no meio da rua... Todo mundo tem bom senso."

d) Perguntas invasivas
Caio — "O que mais incomoda nos héteros é, pura e simplesmente, o preconceito, mas esse preconceito mais no sentido do que falam contra os homossexuais... Vou citar um exemplo: O namorado da minha amiga... Ele me fez perguntas na última vez que a gente se encontrou como: 'Quem é o homem, quem é a mulher?' Aí eu luto contra. Acho terrível esse tipo de pergunta..."

Alguns entrevistados mostraram claramente como os estereótipos amedrontam e fazem sofrer. Por exemplo:
Rubens — "É isso, então quando as pessoas sabem que você é *gay*... Mesmo meus amigos muito próximos, eles ficam te testando, eles ficam tentando jogar uns estereótipos e eu tinha que ficar rebatendo isso o tempo todo, o preconceito que eu senti foi esse só, de ficar ouvindo coisas como teste de quão *gay* você é... E quão hétero você não é, então eles ficavam jogando umas coisinhas tipo: 'Ah, mas não sei que de rosa, tá faltando um pouco de rosa no trabalho, no seu *layout*'... Era uma brincadeira, mas aquilo me agredia, tipo: 'Porra, eu tô fazendo um puta esforço aqui, mas eu não estou bem convencido... Eu acabo de me convencer de que não tem nenhuma diferença entre mim e eles, a não ser a cama, e eles me lançam essa? Então aquilo me magoava porque eu tinha que empenhar esforços, falar: 'Escuta, não é assim, eu detesto rosa, detesto lilás e violeta, eu não tenho nada disso... Eu só sou *gay*, ao contrário, eu não quero ser mulher nem nada, eu sou o contrário, eu quero ser homem com homens! Isso é absolutamente masculino! Não tem esse negócio que vocês estão me botando aí."

[Edith Modesto]

[7] Os homossexuais e os heterossexuais

[Os gays são muito diferentes dos héteros?]

Alguns entrevistados compararam os *gays* aos héteros sob vários aspectos, levantando pontos positivos e negativos de ambos os lados:

a) O *gay* é mais perceptivo, mais extrovertido e mais sincero em seus relacionamentos. Por exemplo:

Alexandre — "O *gay* é um homem que rompeu com algumas barreiras. O *status* de ser homem exige posturas determinadas, talvez cada vez menos... Porque o homem está se libertando um pouco mais disso: homem não podia chorar... Em relação a isso, o *gay* tem vantagens inúmeras; quando ele se assume *gay*, pode fazer uma série de coisas que os homens não podem: pode dançar, rebolar, ele pode fazer o que quiser, pode chorar, porque ele é *gay*, pode cultivar a sensibilidade. Os *gays* alimentam que o *gay* é diferente, é mais sensível, isso pode ou não ser verdade, mas o fato é que essa fantasia faz com que eles ponham pra fora todas essas coisas. Acho que é ótimo. Os *gays*, desde o início, entram em contato com essa diferença, porque a sociedade, por mais que a gente evolua, é heterossexual, a estrutura é heterossexual, os valores são heterossexuais. Resulta que um *gay* com 15 anos, a maturidade que ele tem em relação ao menino hétero é muito grande. Esse é um negócio que eu tenho convicção. Um *gay* de 14 anos dá show em relação a um menino hétero de 15 anos em termos de vida, de percepção. Por quê? Porque desde pequeno o cara percebe, isso é intuitivo, que ele tem que arrumar algumas saídas porque ele é diferente dos outros e tem que se defender. Isso faz com ele fique mais forte e mais perceptivo. E se o *gay* fica junto com outro *gay*, normalmente ele fica porque realmente ele quer, e eu acho que os *gays* talvez se relacionem de uma maneira mais sincera do que o hétero."

[Os gays não têm de dar satisfações para a sociedade?]

Alexandre — "Não. Acho que assumir a homossexualidade é tão difícil, que o cara, quando assume, já que ele rompeu com esse padrão heterossexual, ele vai fazer o que ele quer, ele vai se relacionar quando ele realmente tiver vontade. Eu acho que tem uma vantagem muito grande em relação ao casal hétero: o *gay* tem que exercer menos papéis. Não tem essa coisa dos filhos... Agora, o que pode ter são outras coisas: medo de ficar sozinho, de manter o relacionamento, porque no mundo homo tem uma coisa, que é muito disseminada, que é essa história da busca incessante por parceiros e a porcentagem pequena de casais que estão juntos há muito tempo. Então, tem um con-

[Vidas em arco-íris] **[183]**

senso de que é muito fácil conseguir gente pra transar e muito difícil conseguir gente para ficar junto. Então, eu acho que, quando o *gay* começa a ficar mais maduro, ele começa a ter esse medo de ficar sozinho a vida toda..."

b) As lésbicas são monógamas, mas os homens *gays* são mais livres sexualmente do que os homens heterossexuais. Por exemplo:

André — "Sobre *gays* que não querem saber de relacionamento afetivo, só querem saber de transar... Acho que tem duas coisas: primeiro, quando se fala de homossexual, a gente tem que fazer a diferença de masculino e feminino, porque as meninas são completamente monógamas, compulsivas... É difícil você ver uma lésbica solteira. Mas você está falando de homem. Em segundo, quando a gente está falando de homossexual, está falando dos que mais aparecem... E quem está ali na noite, saindo, aparecendo, botando a cara, em geral é solteiro, não está dentro de relacionamento... Então acho que já tem essa diferença. Mas é óbvio também que tem muito mais homossexual fora do que dentro de relacionamento... Acho que tem o seguinte: em primeiro lugar, quando a gente está falando de homossexual masculino, a gente está falando de homem... Então, o homem, por uma questão social ou fisiológica, o homem tem um impulso sexual bastante mais à flor da pele. Quando você está falando do homem heterossexual, que em geral a sociedade induz, tudo se encaminha pra você estar dentro de um casamento, dentro de uma relação... Então, mesmo que o cara dê as escapadas dele fora, ele tem o compromisso formal. O homossexual não está preso a essas estruturas. Meus amigos heterossexuais sempre falam que morrem de inveja de *gay* pela facilidade com que conseguem sexo porque sempre pra conseguir uma mulher tem que ficar aquela coisa, xavecando... Então, o sexo *gay* é muito mais fácil, porque são homens, basicamente, porque é uma questão masculina ali dentro. Nada facilita para os héteros, porque tudo é feito pros namorados, casamento... É tudo feito pra você entrar nesse esquema e, no caso dos homossexuais, não, muito pelo contrário."

c) Os *gays* desenvolvem uma sensibilidade maior, comparável à das mulheres porque ambos são discriminados. Por exemplo:

Lula — "Comparando os *gays* aos héteros... Eu tenho uma opinião formada sobre a sensibilidade, que é, inclusive, resultado de leituras minhas. Tem um sociólogo austríaco, que mora na França, que já escreveu sobre isso, o relatório Kinsey[2], na década de

---

[2]Alfred Kinsey, zoólogo e sociólogo (EUA, 1894-1956). "Relatório Kinsey" é o nome dado ao tratado sobre sexualidade humana de sua autoria, em dois volumes: *O comportamento sexual do homem*, de 1948, e *O comportamento sexual da mulher*, de 1953.

[184] [Edith Modesto]

1940, em que as pessoas associavam a homossexualidade a um tipo de distúrbio psíquico... Ele vai dizer que, na verdade, é o seguinte: você tem uma pessoa que, por se defrontar com o preconceito e com forças sociais muito antagônicas ao seu desejo, isso acaba provocando distúrbios... Então, o distúrbio psíquico de uma pessoa não é o que dá origem à homossexualidade, mas é pelo fato de ela ser homossexual é que ela acaba sofrendo desajustes... Acho que em relação à sensibilidade é a mesma coisa... Eu não acho que alguém, porque é sensível, é homossexual, mas ao contrário... Porque sou homossexual, porque não posso declarar abertamente meus desejos, meus afetos, sou obrigado a guardar isso pra mim... E ao guardar isso pra mim acabo desenvolvendo uma maneira de ver as coisas, de me colocar diante das coisas, que é o que a gente poderia chamar de mais sensível... Que é também muito relativo, porque eu conheço *gays* que são estúpidos, que não têm sensibilidade nenhuma... Então, da mesma maneira como a mulher acaba se retraindo, os homossexuais também se retraem e acabam desenvolvendo uma sensibilidade... Acho que daí vem essa proximidade dos homossexuais com as mulheres... Acho que está aí... Esse é o ponto... Hoje eu trabalho com a perspectiva de que, se você quer melhorar o mundo, você tem que feminilizar o mundo."

d) Os héteros têm, ou teriam, mais possibilidade de ser felizes porque estão de acordo com o padrão social. Por exemplo:
João — "Teoricamente o hétero tem mais possibilidade de ser feliz do que o homossexual porque a sociedade toda é feita pra ele. Na prática não, porque ele não tem idéia disso... Ele não tem idéia nem de que ele é hétero, ele acha que o mundo é assim. Então, os heterossexuais, a meu ver, são mimados e sem consciência de si próprios. Acho que é mais fácil ser hétero, porque a sociedade é heterossexista, o ponto de vista é sempre heterossexual, não se admite um outro tipo de vivência amorosa, ainda. Continua muito complicado para o homossexual assumir-se socialmente, e eu conheço homossexuais que sofrem horrivelmente e que estão caminhando para o suicídio por conta disso."

Alguns entrevistados negaram-se a fazer comparações entre *gays* e héteros. Por exemplo:
Celso — "Eu não acho nada dos *gays* em geral, eu não ponho tudo num rótulo, uma das grandes batalhas pessoais em que eu me empenhei para melhorar a mim mesmo foi em tentar ser uma pessoa menos preconceituosa, mais aberta, mais cristã até, então

eu sempre me esforcei em ver as pessoas pelo que elas são. Cariocas não são folgados, negros não são lenientes e preguiçosos, judeus não são avaros. Turcos não são mercenários, americanos não são arrogantes... *Gays* e lésbicas são diferentes, porque homens e mulheres são diferentes, nem melhores nem piores, apenas diferentes, com desejos diferentes, com sonhos diferentes. Então devemos combater os estereótipos..."
Jorge — "De novo estamos segmentando a sociedade em dois grupos. *Gays* e não *gays*. É claro que vamos encontrar gente da melhor qualidade nos dois grupos... Ou será que vou ter que acreditar que o desejo sexual das pessoas irá determinar suas qualidades ou defeitos? É claro que não concordo com isto."

Alguns entrevistados apontaram maiores qualidades nos homossexuais e disseram ou sugeriram que essa diferença é resultado da discriminação. Por exemplo:
Rafael — "Eu gosto muito da maioria dos homossexuais que eu conheço. Vai ser raro você ver um *gay* zombando da imagem do outro. Eu acho que nós temos mais qualidades que os héteros, não por um fator natural, mas forçadamente, por causa do preconceito que sofremos, nós somos muito mais democráticos do que eles... Sem dúvida existe diferença entre *gays* e héteros. O fato do homossexual ser discriminado faz com que ele enxergue melhor que não deve ter preconceito com gordos, negros, japoneses... Geralmente os *gays* têm uma inclinação maior pela arte e pela beleza... A maioria não gosta de futebol, prefere música *techno* à música sertaneja... Sinceramente, tenho minhas dúvidas sobre a igualdade entre héteros e *gays*. Os héteros em geral não sofrem preconceito e isso faz com que eles pisem nos outros — a maioria pisa. Acho que os *gays* são um pouco mais humanos do que os héteros."

Uma minoria entre os entrevistados falou sobre o preconceito que os homossexuais têm contra os héteros. Por exemplo:
Tiago — "Durante muito tempo eu fiquei entre os *gays* e agora eu tô tendo muitos amigos que não são *gays* e está sendo muito legal. Porque eu tinha preconceito contra não-*gays*. E eu não tenho mais. Que tipo de preconceito? Achava que o tipo de papo, de vida, era mais chato. Uma pessoa da minha idade, 30 anos, ou tá casado, tá namorando sério, tá cuidando dos filhos... Não é essa vida que eu levo!"
Ricardo — "Ser hétero ia ser mais fácil pra um monte de coisas, mas eu acho a vida hétero tão chata... [risos]"

[Edith Modesto]

[8] Os *gays* e as mulheres

8.1 Os *gays* e as mulheres em geral

[Os gays *se dão bem com as mulheres?]*

Alguns falaram sobre o motivo de os *gays* se sentirem bem com as mulheres e vice-versa. Por exemplo:

Marcos — "Toda vez que se aproxima de um garoto, você sente desejo, sente coisas, e aí a primeira coisa que você faz é se afastar desse universo masculino. Na hora que você se afasta, tem dois fenômenos que acontecem: um, você entra com uma introspecção; segundo, você tenta se aproximar do universo feminino, porque é mais fácil pra você, porque ali não vai estar em jogo o seu desejo... Então, é a forma de você se proteger."

Ricardo — "As mulheres gostam dos *gays* porque eles têm um lado de sensibilidade que é muito aguçado... Por exemplo, eu acho que uma mulher gosta muito de ser elogiada. Por qualquer coisa que seja. Então eu sempre fiz questão de fazer isso. Pintou o cabelo? 'Nossa, essa cor ficou bacana.' Cortou o cabelo? 'Nossa, ficou bacana.'"

Celso — "Me dou imensamente melhor com mulheres do que com homens, acho que os homens heterossexuais estão presos a milhares de pequenas armadilhas comportamentais que os impedem de romper qualquer limite. Vejo com bastante alívio o surgimento dos chamados *metrossexuais*, que, de alguma forma, estão ajudando os homens a experimentarem mais, a quererem algo diferente. Quando os barbeiros foram extintos e todos viraram cabeleireiros foi uma verdadeira quebra de paradigma, inclusive para mim... Os homens que gostam de cozinhar, os homens que cuidam de seus filhos pras mulheres trabalharem..."

Alguns entrevistados falaram de preconceito dos *gays* contra as mulheres. Por exemplo:

Bruno — "Eu já notei, pode ser um erro meu, um certo preconceito com relação às mulheres, não necessariamente lésbicas, mas, em geral, por parte dos *gays*. São *gays* que têm preconceito com mulher, mulher é de segunda categoria... Tem uns que são misóginos. Alguns que são muito femininos... Têm preconceito. Geralmente aquela coisa de chamar mulher de *racha*. Acho horrível. Tenho amigos que falam assim, é pejorativo. Eu não sei se eles vêem como concorrência, seria melhor se só tivesse homens..."

[Vidas em arco-íris] **[187]**

8.2 Os *gays* e as lésbicas

8.2.1 Preconceitos

Alguns entrevistados criticaram as lésbicas por serem masculinizadas. Por exemplo:
Pedro — "Eu acho que os *gays* e as lésbicas são bem diferentes entre si. Os homens são mais sentimentais, são mais delicados. As mulheres homossexuais que eu conheço são muito brutas, *machonas*. As que eu conheci eram lésbicas-homens..."
Ricardo — "Eu não acho que *gays* e lésbicas são diferentes. Eu só acho ruim a coisa da mulher *gay* pender pro pior do homem, que é um jeito masculino mas um masculino forçado... Então acho bacana aquela mulher que abre a porta do carro pra namorada, ok, acho simpático, mas, quando elas ficam com aquela postura dura, eu acho feio, desnecessário. Me agride. Da mesma forma que um homem, quando é mais efeminado também... Não é agradável."

Um entrevistado disse que é difícil ter amizade com lésbicas, se o *gay* não for efeminado.
Rubens — "É difícil você ter amizade com lésbicas se você não é efeminado... Sei lá, os efeminados se dão bem com elas, as lésbicas que eu conheci, eu nunca tive contato maior, na maioria das vezes a gente se afasta, não dá muito certo, não... Os anseios delas são outros, os relacionamentos são outros, e a vida delas acho que não muda muito... Assim: *gay* tem uma ilusão de que existe um estilo *gay* de ser, e lésbica não. Ela vive uma vida normal, não muda o estilo de vida."

8.2.2 Comparando *gays* e lésbicas

Muitos entrevistados vêem mais qualidades nas lésbicas do que nos *gays*. Por exemplo:
Rafael — "Acho que as lésbicas são um pouquinho mais doces e mais sensíveis que nós, *gays*... Mulher é sempre um pouco mais compreensiva."
Fábio — "As lésbicas são completamente diferentes dos *gays*. Conheço algumas. Eu acho que o modo de vida delas é o oposto do nosso. São muito diferentes. O que eu vejo nas lésbicas é uma determinação, uma forma de se apresentar que gera um impulso... Determinação é a palavra. Acho elas mais organizadas, menos inseguras... Menos preocupadas com os padrões sociais... As relações delas são mais duradouras... Eu gosto muito do jeito das lésbicas... Eu vejo as lésbicas menos confusas! Menos perdi-

das! Elas tendem a ser masculinas, não na forma de ser — só às vezes que sim —, mas é na forma de lidar com as coisas. Elas têm uma perseverança, uma coragem..."

Alguns entrevistados mostraram semelhanças e diferenças entre *gays* e lésbicas. Por exemplo:

Lula — "A mulher, historicamente, é criada pra estar dentro de casa, pra viver o universo doméstico... então é muito mais fácil pra uma mulher, a lésbica tem essa vantagem... o garoto homossexual, pra ele se relacionar com outros, ele precisa ir à luta... pra uma lésbica conhecer outra, acaba sendo mais fácil... é muito mais fácil elas se trancarem nesse universo doméstico em que ninguém vai incomodá-las... do homem vai ser sempre cobrado que saia, que vá trabalhar... Você sabe que a gente vive numa sociedade machista e que o homem tem essa dificuldade... imagina se ele vai mostrar o medo, a ansiedade, a preocupação dele... não, ele vai sempre mostrar aquela fachada de forte, de inabalável... e ele é o que mais sofre, com certeza."

Ari — "Existe uma diferença entre *gays* e lésbicas, mas a nível de conquista de espaço. Os *gays* masculinos estão à frente nas lutas. A situação da mulher já é mais difícil, não só pelo fato de ser lésbica... A própria situação da mulher no geral, nas chances de emprego, dentro de casa..."

Muitos entrevistados disseram que as lésbicas têm relacionamentos mais duradouros. Por exemplo:

Rivelino — "...O negócio delas não é 'ficar', é juntar, é casar mesmo, tanto é que você vê as meninas, os relacionamentos delas são sempre longos, são sempre duradouros, elas ficam dois, três, cinco anos... E isso é regra entre as lésbicas e exceção entre os *gays*."

Rodrigo — "Eu acho que as lésbicas têm posturas diferentes... O modo de encarar a relação um pouco diferente... Por exemplo, em relação a casamento, eu acho que é muito mais forte do que um homem *gay*... Pode ser até por uma questão de criação do lado feminino, de qualquer forma ela foi criada pra casar também... Eu acho muito mais forte, mas, quando há alguma briga ou separação, a coisa é muito mais pesada do que uma separação entre dois homens. Eu acho que a dor é igual, mas as cobranças são maiores entre as mulheres..."

Muitos entrevistados disseram que as lésbicas vivem mais em guetos, aparecem menos socialmente do que os *gays*. Por exemplo:

[Vidas em arco-íris] **[189]**

Beto — "Em relação às lésbicas, tem uma outra questão que é diferente... A gente está lutando por visibilidade, e muitas vezes, quando você conversa com as lésbicas, elas não querem ser visíveis. Talvez até seja essa forma mesmo de ser criada, não sei te responder com certeza... Para as lésbicas, é mais fácil se esconder... Mulher vai junto ao banheiro, ninguém acha ruim, mulher pode andar de mão dada, você tem uma série de situações facilitadoras... Mulher pode dormir no quarto da amiga, pode dormir na mesma cama, ninguém vai falar que ela é lésbica. Agora, os meninos não podem ir ao banheiro juntos, nem de pequenos, os meninos não podem andar de mãos dadas... E então, tem uma série de situações que pra nós acaba sendo necessário explicitar essa visibilidade como algo positivo... Lésbicas militantes sempre se reportam a essa dificuldade. Eu fui a uma festa, tinha 400 mulheres, era uma festa da fundação de uma associação que chama AMAM [Associação das Mulheres que Amam Mulheres] e o que mais me chamou a atenção é que eu olhava, e via várias mulheres vestidas como se veste a minha mãe: cabelo Chanel, brinquinho de pérola... Que você jamais falaria... Com o *gay* já é uma coisa diferente... Claro que tem também os que passam incógnitos, mas você tem um jeito de cortar o cabelo, muitas vezes um tipo de roupa, um tipo de brinco... Aí você já tem uma visibilidade mais explícita."

8.2.3 Estereótipos lésbicos

Alguns entrevistados, militantes, discutem o que, na opinião deles, são somente estereótipos lésbicos. Por exemplo:

Beto — "Isso de que as mulheres são mais românticas do que os homens... Será que são mesmo ou isso é uma construção de estereótipo que foi reforçado e martelado e a gente continua repetindo isso... Eu não diria uma questão de condicionamento, mas eu diria da forma como você é criado."

Lula — "A homossexualidade, tanto masculina como feminina, ela foi historicamente construída em cima do estereótipo. Então, pra sociedade, há determinados papéis atribuídos ao homem e outros atribuídos à mulher... Então, no momento em que eu deixo de cumprir esses papéis, automaticamente, se coloca sob suspeição a minha orientação sexual... O menino que gosta de brincar de boneca, automaticamente, ele é *mariquinha*, ele é o *viadinho*... Às vezes, você está falando isso de uma criança de 7, 8 anos de idade, que nem sabe o que é o desejo sexual, mas você está imputando a ela um desejo que, se ela vai ter ou não, só a história, só a vida dela é que vai dizer... E a mesma coisa pra menina... Uma menina que goste de subir em árvore, jogar bola, en-

[Edith Modesto]

tão vai dizer que ela é masculinizada, ela vai ser *sapatão*. Historicamente, ser homossexual era sinônimo de ser efeminado e ser lésbica era sinônimo de ser masculinizada... A sociedade sempre viu. Assim, esse é o rótulo."

8.2.4 Interesse dos *gays* por questões das lésbicas

Alguns entrevistados falaram sobre a militância lésbica. Por exemplo:

Rivelino — "As mulheres também estão na militância. As lésbicas estão muito bem articuladas, o que era uma coisa difícil de se ver. A gente tem grupos fortíssimos em Campinas, em São Paulo, em Porto Alegre e elas têm trabalhado muito do nosso lado, conquistando espaço, mantendo encontros exclusivos de lésbicas, fóruns de debates para as causas em que elas acreditam. Isso tem sido muito importante."

Tiago — "Lésbicas... Convivo com poucas e tenho amizade com algumas. O que eu admiro, eu tô vendo que já estão assumindo posturas mais radicais, mais combativas do que em outros países. Por exemplo, o movimento *Lesbian Chic* é um movimento que nos anos 70 os *gays* já fizeram algo parecido. Da negação do estereótipo da exposição pública, de eu sou *gay* mas eu sou homem, eu não quero ser mulher. E o *Lesbian Chic* é isso. Eu sou lésbica, mas eu posso ser feminina."

Um entrevistado falou sobre a fantasia dos heterossexuais de transarem com lésbicas.

Bruno — "Eu gosto muito das mulheres. Eu me relaciono com mulheres hétero e homo. As mulheres já sofrem o preconceito de ser mulheres, e tem uma coisa do machismo que é assim: 'É impossível mulher transar, porque não tem pinto, mulher com mulher não rola...' E há uma grande atração dos héteros pelas lésbicas. É pura sacanagem. 'Eu queria transar com duas mulheres'... Essa é a fantasia hétero máxima, todo homem quer transar com duas mulheres ao mesmo tempo, acho que faz parte da fantasia masculina hétero."

[9] Drogas

[Os gays costumam usar mais drogas do que os heterossexuais?]

Mesmo sendo perguntados, uma minoria entre os entrevistados falou sobre drogas. Por exemplo:

[Vidas em arco-íris] **[191]**

João — "Não, os *gays* não usam mais drogas do que os héteros, de modo algum, mas acho que eles têm mais motivos, por causa das suas neuroses... O que existe nas transas atualmente é... Muita gente usa *poppers* pra transar... Porque o *poppers* acelera, mas isso não é uma coisa generalizada... Você não pode dizer que todo homossexual usa *poppers* ou que todo homossexual usa *ecstasy*. É uma bobagem."

[O que são poppers?]

João — "É um vasodilatador... Você cheira, você quebra... É um cheiro insuportável... Às vezes, quando vou nesses ambientes, eu sinto que tem gente usando *poppers* pelo cheiro... E aí o teu tesão é multiplicado, mas é uma coisa que dura assim pouquíssimo, é como se fosse um orgasmo multiplicado."

André — "Eu não acho que tem relação entre homossexualidade e droga não... Já rodei o Brasil inteiro, tudo quanto é tipo de buraco, conheci todo tipo de homossexual, e eu diria que a maioria absoluta é 'careta'... O que acontece? É que a parte mais visível das pessoas que se assumem, as coisas que aparecem mais são, obviamente, esse circuito de boates, e nesse circuito é óbvio que há essas questões das drogas... É quase que fundamental... Uma pessoa pra ficar dançando até as 7, 8 horas da manhã, só com algum tipo de estimulante... Então, acho que o lado mais visível, na verdade, acaba sendo o grupo que se droga mais. Por outro lado, não é absurdo você falar que existe alguma correlação porque ela existe, mas se você vai nos clubes *gays* no interior... Sem preconceito, é caixa de banco... 'Careta'... 'Caretérrimo'... O que acontece é que as pessoas que aparecem mais, que se assumem, se drogam... Sem nenhuma crítica..."

[10] Artes e comunicação

10.1 Sensibilidade artística

[Você acha que os homossexuais têm maior sensibilidade artística do que as outras pessoas?]

A maioria dos entrevistados, mesmo os que trabalham na área, não acha que os *gays* têm uma especial sensibilidade artística. Alguns disseram que é mais um preconceito...

Rodrigo — "Eu gosto particularmente de artes. Eu gosto muito de teatro, eu sou ator também, e é bem gostoso. Gosto de cinema, artes plásticas... Acho que foi o que eu mais mexi enquanto criança... Eu gostaria de ser um artista plástico. Mas não acho que ter jeito pras artes é uma característica *gay*... Sou eu... Eu gosto."

José — "Essa pergunta é preconceituosa. Eu gosto das artes. Lido com cinema, dentro das artes, mais do que qualquer outra coisa. Eu não sei se os *gays* têm maior sensibilidade, não sei. Isso é muito relativo. É o mesmo que dizer: 'Será que o *gay* tem tendência maior para ser cabeleireiro?' Ou vice-versa: 'Cabeleireiro tem tendência maior a ser *gay*?'"

Luís — Essa é uma pergunta capciosa... Eu acho que não. Porque eu acho que, se os *gays* talvez tenham uma afinidade com muita coisa que está ao redor de um evento artístico, não é necessariamente por ter uma sensibilidade especial para isso. Mas essa pergunta eu sempre acho muito difícil de responder... Porque a gente estaria atribuindo ao fato de ser *gay* uma inteligência superior, uma sensibilidade, um refinamento que eu acho que esses atributos devem estar distribuídos por igual na sociedade e eu acho até que nas camadas sociais, se a gente não considerar a extrema pobreza, miséria que aí já dificulta muito."

... mas vários entrevistados discordam e acreditam na maior sensibilidade dos *gays*. Por exemplo:

Flávio — "Acho que o homossexual tem maior sensibilidade para as artes, sim. Talvez pelo fato de ele ter, numa boa parte de sua vida, seus sentimentos reprimidos... Talvez pelo fato de os lados masculino e feminino da pessoa estarem sempre em disputa."

Ronaldo — "Talvez por não ficarmos todo o tempo na rua com os garotos, e nem com as garotas brincando de casinha, isso faz com que muitos garotos busquem outras alternativas, como desenhar, pintar, costurar, ler; acho que isso faz a gente ser mais sensível."

Muitos entrevistados alegam que os *gays* somente se adaptam ao melhor que o meio social em que eles vivem lhes propicia. Por exemplo:

André — "Tem duas coisas aí: a primeira é que a gente está falando de meios artísticos que aceitam melhor os homossexuais. Então, em primeiro lugar você tem onde é possível você ser mais visível, você viver a sua sexualidade de uma maneira mais aberta. Em segundo lugar, quando você consegue expressar a sua criatividade, é um meio pra você estar expressando a sua individualidade através da sua criação, da sua imaginação... Então acho que faz sentido também você poder extravasar essa coisa que você teve presa toda a sua vida na sua criatividade, porque, já que a tua vida está ali, o dia-a-dia é mais complicado... Então você extrapola pra outro lado..."

João — "E essa história que os homossexuais têm só jeito pra arte, moda, literatura... Se é homossexual, vai trabalhar com isso... Isso é uma balela! O que acontece é que os homossexuais mais desmunhecados são tão rejeitados pela sociedade que são lançados em determinados tipos de profissão já estereotipadas, por exemplo, cabeleireiro... Agora, os outros, invisíveis, nós não temos idéia de onde eles estão... Existem homossexuais em todos os espaços sociais imagináveis: no exército... Outro dia eu conheci um rapaz que era tenente do Exército e se apaixonou por um soldado, viveram juntos 28 anos... Ninguém nunca soube disso..."

10.2 Atuação das mídias

[Quais meios de comunicação tratam o homossexual com mais respeito?]

A maioria dos entrevistados tem opinião desfavorável em relação às mídias em geral. Por exemplo:

Cláudio — "O meio de comunicação que trata a gente com mais respeito é o rádio fora de sintonia. [risos]"

Sérgio — "A mídia não ajuda. Não... Ela só atrapalha. Atrapalha reforçando o preconceito, reforçando o estereótipo. Não só reforçando, mas até formando o estereótipo para as crianças."

Alguns entrevistados acham que as mídias apenas refletem o que a sociedade pensa. Por exemplo:

Celso — "Eu não diria que nenhuma das mídias ajuda ou atrapalha, acho que todas as mídias refletem o momento e a situação da sociedade, o pensamento da sociedade... Ou seja, dá pra encontrar TVs e jornais sensacionalistas e TVs e jornais positivos."

10.3 Imprensa e livros

10.3.1 Livros científicos

A maioria dos entrevistados não gosta dos livros científicos sobre a homossexualidade. Por exemplo:

[194] [Edith Modesto]

Daniel — "Eu acho literatura científica sobre a homossexualidade um tipo de preconceito. Já li e acho uma prepotência dos cientistas... Assim como dos terapeutas, achar coisas que não dizem respeito a eles. Acho estranho você se apossar de algo assim... É como uma pessoa falar: 'Na encarnação passada eu fui japonês, porque eu amo *sushi*'... De onde essa pessoa tirou que gostar de *sushi* já faz de você um japonês? Então, de onde um cientista ou um terapeuta tirou... É de uma prepotência tão grande, que me irrita. Escreverem sobre os *gay*s, porque o universo *gay* é tão grande, tão heterogêneo, que não é quantificável..."
Danilo — "Tirando os livros históricos e estatísticos, não me interesso por livros científicos sobre a homossexualidade. Não vejo necessidade de buscar explicação científica para a minha homossexualidade. Sou homossexual, nasci assim, é o que importa."

Dois entrevistados pesquisam sobre a homossexualidade. Por exemplo:
José — "Me interesso por livros científicos sobre a homossexualidade porque é uma das minhas especialidades acadêmicas. Eu trabalho com teorias de gêneros."

10.3.2 Literatura de temática homossexual

A maioria dos entrevistados elogiou a literatura de temática *gay*. Por exemplo:
Alexandre — "Gosto muito de literatura *gay*, gosto muito de um livro que eu li do João Silvério Trevisan [ver depoimento neste livro], *Em nome do desejo*, que ele fala de quando ele estava no seminário, é um livro belíssimo. Eu sinto muita falta de ler sobre a temática *gay*."

Alguns entrevistados criticaram a literatura que desenvolve temática homossexual. Por exemplo:
Tiago — "Eu li a literatura de agora, os livros... As publicações *gay*s são muito mal escritas. Eu vejo muito em boate, em bar, só tem fofoquinha... Na literatura tem coisas bacanas... *O retrato de Dorian Gray*, de Oscar Wilde... Em nenhum momento o homossexualismo é explícito ali... O *Orlando*, da Virginia Woolf... São alegorias... Eu gosto muito mais do que do personagem *gay*..."

10.3.3 Revistas dirigidas aos homossexuais

A maioria dos entrevistados lê revistas dirigidas ao público *gay*, *embora vários as tenham criticado bastante*. Por exemplo:

[Vidas em arco-íris]   **[195]**

Tiago — "Revistas dirigidas eu não leio muito... Falta conteúdo pra revista [nome]. A proposta é ser uma *Playboy gay*, eu acho. Mas acho que ela tem um grande mérito. Quando ela colocou o menino da novela na capa e virou febre... O homem nu virou assunto nacional, posar nu, depois os jogadores de futebol... Ela abriu, pelo menos pra mostrar pras editoras que há um público consumidor..."

Rodrigo — "Revistas especializadas, acho todas ruins, mas gosto. Acho que não tem melhor. São todas parecidas... Eu faria melhor. É aquele meu olhar crítico de jornalista também... Mas acho que vão surgir coisas muito mais legais... Estão aparecendo. Tem anunciante... É um grande mercado, porque são pessoas de um bom poder aquisitivo. É um nicho que consome muito, tanto no editorial, como moda, turismo, lazer, restaurantes... Jornais, acho que tinha de ter mais do que uma coluna... Acho que as notícias deviam estar misturadas no jornal. Um caderno *gay*... Uma coluna é a mesma coisa de um caderno, acho altamente preconceituoso. Não deveria nem chamar GLS, ridículo... Mas é melhor do que não ter nada."

Alguns entrevistados vêem com simpatia revistas dirigidas. Por exemplo:

Danilo — "Leio a *G Magazine*. Lamento a ausência da *Sui Generis*. E gosto muito do *Jornal Rainbow* de BH, é claro. [Jornal da associação de que Danilo é presidente]

João — "A *G Magazine* traz informações sobre saúde, informações gerais voltadas para o público. Eu acho que vai indo, embora as publicações sejam poucas. Gostava também da *Sui Generis*. Mas compro revistas só de vez em quando."

Poucos entrevistados declararam-se contra revistas especializadas. Por exemplo:

Daniel — "Eu acho que, pra ficar boa, a revista deveria não ser *gay*. Eu sou contra revistas dirigidas... Devemos segmentar a maneira como você pensa e não como você é..."

Alguns falaram sobre as revistas comuns que, às vezes, tratam da temática homossexual. Por exemplo:

José — "As revistas não dirigidas raramente falam com isenção necessária e raramente dão a palavra a *gays* e lésbicas. Isso é que é importante: quem está falando e por quem. São muito comuns reportagens sobre *gays*. Principalmente em junho, que é o mês da Parada do Orgulho Gay, em que os repórteres não identificam a sua própria sexualidade. Quem não identifica é, em princípio, heterossexual. Então, quem é que está falando e por quem? Esses repórteres estão lá, mas eles estão na calçada ou no asfalto? Essa fronteira é muito problemática e essas revistas, por serem revistas bur-

[196]   [Edith Modesto]

guesas — é horrível isso —, são associadas ao *establishment* social, cultural, político. Elas defendem o discurso heterossexual por excelência. Então, elas estão sempre falando do outro. Quando abordam a homossexualidade falam de opção e têm certeza disso... Se é uma questão de opção, por que essas pessoas optariam por serem discriminadas, sofrerem, serem rejeitadas, reprimidas? Que bela opção que a gente faz...”

10.3.4 Jornalismo

Alguns entrevistados falaram sobre a responsabilidade dos jornalistas que tratam da temática homossexual em revistas comuns (não-dirigidas).

Rivelino — “Quando você tem um meio impresso *gay*, por exemplo, a *G Magazine* é uma revista que só é comprada pelo público *gay*, nenhum heterossexual vai comprar, se bem que as mulheres eu acho que compram... Isso já é responsabilidade, porque você já está atingindo um público que, por mais que ele seja *gay*, ele nem sempre é esclarecido. Então você deve a eles uma posição de esclarecimento. Há pouquíssimos lugares que a gente tem, fora das publicações *gays*, que você pode estar falando sobre o assunto. Então, nas revistas comuns, a responsabilidade triplica, porque tudo que você falar ali, além de servir de referência para os *gays*, serve de referência, em primeira instância, para todos os outros, heterossexuais e famílias, pais, mães, e todo mundo que está lendo aquela reportagem.”

Fábio — “O intuito das revistas é comercial... E ela se volta para uma parcela do público que, infelizmente, está corroído pela rejeição... Quer dizer, há problemas que tornaram o homo uma pessoa mais agressiva, levada a cometer atrocidades, levada à depressão. Como as revistas têm um cunho comercial, elas se voltam para esse sensacionalismo... Há uma apologia do feminino dentro do homossexual, há uma apologia das *drag queens*... Não tenho nada contra elas... Há uma apologia dos travestis... Não existe, na verdade, um relato sério sobre a homossexualidade de pessoas com credibilidade, para que haja uma ilustração do que seja a homossexualidade, para que as pessoas, a partir disso, possam ver a homossexualidade como algo normal.”

Uma minoria entre os entrevistados acha que a comunidade homossexual deve ser divulgada em sua multiplicidade. Por exemplo:

Celso — “Os militantes, na minha opinião, são um pouco mal-humorados e não admitem que a imprensa nos trate através de estereótipos, não querem que a comunidade *gay* seja vista como o *drag queen*, ou *sapatona*... querem que sejamos todos *lights*,

[Vidas em arco-íris] **[197]**

dignos, sem nuances... O que eu acho uma chatice! Aliás, quem de nós não é estereotipado, de um jeito ou de outro?"

Alguns entrevistados falaram especificamente sobre jornalista declaradamente *gay*. Por exemplo:

Rivelino — "...Então, você tem que ter muita responsabilidade com o que você fala e, às vezes, na mídia de massa, o André Fischer, por vezes, eu percebo ele escrevendo muito para o público *gay*, como se só o público *gay* lesse a coluna dele, e ele não utiliza muito aquele espaço para esclarecimento, ele utiliza aquele espaço pra fazer fofoca, às vezes, ou pra contar o lançamento de alguma coisa. Tudo pra mim é válido, mas eu, por exemplo, utilizaria de uma outra forma, muito mais consciente, talvez muito mais esclarecedora."

José — "Eu acho interessante a *Revista da Folha* [encarte do jornal *Folha de S. Paulo*] porque tem colunas 'negro', 'macho' e '*gay*'... 'Estou escrevendo esta coluna porque sou *gay* e estou me relacionando com pessoas *gays* e não *gays*, mas eu assumo'... É isso o que o André Fischer [jornalista] faz. Eu acho interessante... Porque é um começo, mas é segregar. Por isso tiveram que colocar 'macho' também pra ficar no politicamente correto."

No seu depoimento, o jornalista *gay*, acima referido, falou sobre a sua preocupação de usar o espaço na mídia impressa o melhor possível, o que funcionou como "direito de resposta".

André — "Quando eu comecei a trabalhar na *Revista da Folha*, a primeira coisa, na reunião que tive com a minha editora, ela falou: 'Lembra que você está escrevendo para a dona de casa que vai ler a revista no consultório do dentista'... Então, eu sempre tenho em mente que a maior parte dos leitores é heterossexual, mulheres, no caso de revista feminina, que é dirigida para a mulher, e que estão ali lendo... E o contato delas com a realidade *gay* é basicamente o cabeleireiro dela e essas revistas... Mas tem uma outra coisa que eu tenho que administrar, porque na verdade é o maior veículo... É aquela coluninha pequenininha, mas é o maior veículo de informação, que atinge o maior número de *gays*... Essa coluna tem dez vezes mais leitores *gays* do que a *G Magazine* porque ela tem 1,5 milhão de leitores... E tem uma coisa que vi nesses anos todos... Eu tenho leitores nos Jardins, mas a minha coluna também é lida pela Rádio Comunitária na favela [nome da favela]... Eu já fui lá... Então é assim, eu tenho que ter uma linguagem acessível... Pra começar eu tenho que vender o peixe da coisa *gay* pra quem não é *gay*, mostrar que é um universo que tem que ser respeitado, que existe... Mostrar as coisas, falar de coisas que essas pessoas nunca pensaram e tenho que aproveitar esse espaço, que um veículo de comunicação não *gay* está dando, pra reforçar a auto-estima dos *gays*, pra estar criando uma conscientização para essas pessoas... Então, o que eu escrevo para a revista é muito diferente do que eu escrevo para o Mix Brasil, por exemplo... Que é um *site* que quem entra é *gay*, está dentro da internet, tem computador, é outro público, muito específico... Então, eu sei que essa coluna tem uma missão, que é estar trazendo esse universo... Eu tento fazer. Eu já fui criticado que eu uso o espaço pra estar falando de coisas fúteis... Só que tem o seguinte: não adianta fazer uma coluna ativista na revista, porque as pessoas não vão ler, não vão se interessar. Eu tenho que fazer uma coisa com um texto que atraia o interesse do leitor comum, então, se eu for ficar falando de ativismo toda semana, na terceira semana ninguém está mais lendo, porque as pessoas não se interessam por causas políticas... Não é lá... Não sei qual é o veículo pra falar disso, porque as pessoas não se interessam, não vão ler, não vão atrás desse tipo de informação."

[E você só trata dos assuntos mais fúteis?]

André — "Eu ainda sinto que eu tenho que mudar de tom, porque eu estou falando pra todo tipo de gente, então uma semana eu tenho que ser totalmente fútil, falar sobre roupa, dificuldades de encontrar namorado, mas eu tenho que equilibrar... Daqui a pouco eu tenho que vir com uma coisa um pouco mais radical. Esta semana eu escrevi uma que parece um furioso escrevendo, porque você tem... Não ficar só na purpurina... Tem que ir equilibrando e falar de coisas mais sérias... O tema básico que eu falo é da identidade... Principalmente nos *e-mails* que eu recebo... Eu recebo de 300 a 400 *e-mails* por dia... Eu sinto que tem muita gente que o contato que ela está tendo é ali, então eu tenho que falar com eles... Muito adolescente que manda, mãe de homossexual... Então eu tenho que apresentar... Sempre dourando a pílula... então eu sempre apresento um universo, em geral um universo onde as coisas estão bem, sempre uma visão positiva... Até um pouco mais positiva do que a realidade na verdade é... Porque acho que é isso que as pessoas vão lá buscar. Porque, viver o preconceito, fazer denúncia, é superimportante, mas isso não ajuda na auto-estima das pessoas, então eu sempre penso nisso, reforçar a auto-estima de quem é *gay* e lésbica, e apresentar para as pessoas que não são *gays* e lésbicas saberem que os *gays* e lésbicas não se sentem coitadinhos, têm orgulho, têm auto-estima, sem aquela coisa deslumbrada de '*gay* é melhor'. Então, tenho que administrar isso aí..."

[Vidas em arco-íris] **[199]**

10.4 Televisão

[Como os programas de televisão brasileiros tratam o homossexual?]

Quase todos os entrevistados criticaram os programas da televisão brasileira. Por exemplo:

Rubens — "A televisão tem aquele padrão perpetuando os estereótipos, aquela brincadeirinha com *gay*. Todo mundo acha que é inocente e fica perpetuando esses preconceitos, o rádio a mesma coisa, sempre tem uma *bicha* bem estereotipada e acham que todos os *gays* são assim, então eles afastam os *gays* de se mostrarem *gays*... Porque eles ficam com medo de serem comparados com aquilo, ele casam, têm filhos e guardam a coisa pra si, porque não querem ser ridicularizados assim..."

Um pequeno número de entrevistados vêem qualidades ou minimizam o que acham mau uso da temática homossexual na televisão. Por exemplo:

Alexandre — "Esse programa que passou 'Fica comigo gay' que eu vi é um exemplo muito legal, porque achei maravilhoso uma coisa assim... Lá, viu-se que o *gay* é como qualquer outro jovem. Eu fiquei muito realizado de ver. Agora, o geral não é muito assim não. Aquela novela do Sílvio de Abreu [*A próxima vítima* — 1995] foi a primeira novela que eu vi que tratou do tema de uma maneira legal, que tinha o Sandrinho e o Jefferson. Nos programas cômicos, eu não levo muito em consideração, não levo muito a sério. Por exemplo, esse [nome de personagem *gay*] não me incomoda porque... Eu estava até lendo um artigo na revista que alguns grupos *gays* estavam processando... Eu particularmente nem me motivo a isso porque eu acho que é um negócio que não afeta, acho que é um negócio que sempre vai ter. Acho que o movimento *gay* está crescendo por outros lados, acho que não há necessidade de a gente ter um controle da mídia, acho que a gente tem que ter um enriquecimento da mídia, acho que tem que ter várias pessoas falando de *gays* de vários tipos diferentes e as pessoas perceberem que aquilo é uma caricatura."

Muitos entrevistados falaram sobre as séries americanas de temática homossexual. Por exemplo:

Roberto — "As séries americanas da Sony são fabulosas!"

Fernando — "*Os assumidos* [*Queer as Folk*] mostra o casal de lésbicas juntas há anos e com dois filhos de inseminação artificial, um de cada uma... E não tem locais para as lésbicas transarem, agora para os *gays* tem muito local de sexo... O seriado mostrava..."

[200]   [Edith Modesto]

10.4.1 Novelas

[O que você acha das personagens homossexuais nas novelas brasileiras?]

Muitos entrevistados pouco assistem à televisão. Vários não assistem a novelas.
Por exemplo:

Miguel — "Não assisto novelas..."

Pedro — "Já ouvi falar que aparece um casal na novela... Eu nunca vi... Já vi pedacinhos e já ouvi falar sobre, mas acho muito superficial, não é bem o que rola no dia-a-dia."

A maioria dos entrevistados criticou as personagens homossexuais das novelas.
Por exemplo:

Fábio — "Nas novelas, o assunto é abordado da forma que a população espera: uma forma sutil, camuflada, de acordo com o que a sagrada família espera... A relação é camuflada... O personagem como pessoa é colocado de uma forma horrível..."

Alguns fizeram comentários otimistas sobre as novelas. Por exemplo:

Caio — "Muitos autores de novela são *gays* e acho que está tendo um processo de preparação do público para a aceitação. Porque a televisão manda nesse país ainda, não é? Comanda a massa. A partir daí, a gente vai ter um processo de aceitação maior porque começa a se tornar um pouquinho mais cotidiano nas pessoas. E os autores sabem disso e tentam. E aí vem o Ibope e corta... É o preconceito da maioria."

Alguns gostariam que as novelas retratassem a realidade, mostrando todos os tipos de *gay*. Por exemplo:

Tiago — "Novela? Bom... tem muito autor de novela que é *gay* [nomes]... [risos] Isso não é pejorativo de maneira nenhuma. Eles têm até uma certa vontade de montar personagens *gays*... Mas, a gente que trabalha em TV sabe que há uma grande distância entre o que o autor quer mostrar e o que é mostrado... O que dá ibope — o que as pessoas querem ver. O último personagem que teve era estereotipado... O ajudante dele, *superbichinha*... Mas eu não acho ruim que apareçam as pessoas, porque elas existem! O chato é que só apareça isso! Porque o que acontece muito em novela, só teve um que se assumiu *gay*... E não é problema de autor... É a emissora, a nossa cultura, o ibope, enfim, não sei quem mexe, mas alguém mexe. O personagem é *gay* a novela inteira e, no último capítulo, há a redenção do personagem por ele ficar com uma mulher. Ou a personagem é *sapatão* a novela inteira e, no caso das lésbicas, eu acho que elas são bem menos retratadas... Não sei se o preconceito é maior... Elas tiveram de ser explodidas [Sílvio de Abreu — *Torre de Babel*, Globo, 1998] e não era esse o desejo do autor... Ele disse isso em entrevistas... Teve de matar as duas. O público não permitiu..."

10.4.2 Programas brasileiros de humor e cobertura da Parada

[O que você acha das personagens gays *dos programas cômicos?]*

Todos os entrevistados criticaram com veemência os programas cômicos da televisão brasileira. Por exemplo:

Fábio — "Tratam do assunto de uma forma tão preconceituosa... Não gosto disso. Acho que eles geram maior preconceito porque são formadores de opinião.

Tiago — "É triste, porque nos programas de humor todos são um personagem só... São o mesmo... É a *bichinha* que só quer dar em cima de homem hétero, que se desmunheca toda, fala como mulher e se veste como mulher. É esse personagem em todos os programas que têm *gays*. E eu não sei avaliar muito bem o que isso gera de preconceito... Porque a pessoa que não tem contato com o mundo *gay*, não sabe direito o que é e assiste a esse tipo de coisa... Desde criança está vendo... Aquele *gay*... O *gay* é assim... Todos os *gays* são assim... Aí se você chega e estende a mão e diz: 'Oi, muito prazer, sou *gay*'... O outro pensa: 'Ele está aqui de terno e gravata, mas de noite ele vai se vestir de mulher e ficar desmunhecando!' Claro que não vai! Não vai nada... Mas você cria uma impressão errada. Isso gera preconceito."

Alguns entrevistados queixaram-se do tipo de cobertura que a televisão faz da Parada do Orgulho Gay. Por exemplo:

Rafael — "Detesto a cobertura baixa e sensacionalista que o [nome de apresentador] sempre faz das Paradas Gays. Ele só mostra travesti pelado. A Parada é uma ótima oportunidade da minha mãe ver os *gays* de uma forma decente e, na última Parada que teve, eu estava na sala com ela e ela colocou no canal com o [apresentador] mostrando todo mundo seminu, homem peludo vestido de mulher... Sabe, eu não sou contra, mas, se quer virar, que vire por inteiro. O foda é que isso na Parada não é a maioria, mas é só isso que é mostrado na TV! A minha mãe mudou de canal na hora e falou: 'Que nojeira'..."

[202]   [Edith Modesto]

10.4.3 Programas de entrevistas

[Como são os programas de entrevistas em relação à homossexualidade?]

Todos se referiram aos programas de entrevistas com alguma reserva. Por exemplo:
João — "Nos programas de entrevistas, os entrevistadores ficam muito pouco à vontade..."
Tiago — "Eu já vi entrevistador [nome]... Ele não trata com extremo desrespeito, mas faz piada... É uma coisa de conhecer e brincar... A gente brinca muito entre a gente mesmo... Mas pra quem não conhece isso, não sei se ajuda... É complicado."
Carlos — "Os de entrevistas da televisão já abordam a homossexualidade de forma mais pessoal, pois cada um que é entrevistado tem uma personalidade diferente. Acho que o Jô Soares [escritor, dramaturgo, ator, entrevistador] acertou mais do que errou até hoje... Os programas de auditório às vezes erram, às vezes acertam na dose."

10.5 Cinema

[Você gosta de filmes de temática homossexual?]

Todos os entrevistados gostam de filmes de temática homossexual. Por exemplo:
José — "Estudei nos Estados Unidos, fiz doutorado em cinema lá e aprendi muito sobre isso. Estudei cinema *gay* e lésbico, não apenas no cinema norte-americano, mas também no europeu."
Marcos — "Cinema, adoro. Tem vários que eu gostei... *Amigas de colégio* [*Fucking Amal* — direção Lukas Moodysson — Suécia — 1998] é maravilhoso... *Delicada atração* [*Beautiful Thing* — direção Hettie MacDonald — Inglaterra — 1996], maravilhoso. Esse *Beleza americana* [*American Beauty* — direção Sam Mendes — EUA, 1999] é muito bom. Os filmes do Almodovar, de uma maneira geral, são muito bons."
Alexandre — "No cinema agora está mais fácil, tem filmes muito interessantes... Gostei de *Do outro lado da cidade proibida* [*Dong Gong Xi Gong* — direção Zhang Yuan — 1997], um filme chinês muito interessante. Eu gosto de filmes assim que focam o *gay* como uma pessoa comum. *Gay* como uma pessoa aparentemente normal, que tem as mesmas questões do que outras. Porque tem muito aquelas coisas assim, que o Tenessee Williams fez, da Elizabeth Taylor, Montgomery Clift [*Suddenly, Last Summer* — direção Joseph L. Mankiewicz — 1959], que é aquela coisa dolorida... É legal também ter dramas, mas que foquem a busca por assumir-se, acho que isso é importantís-

[Vidas em arco-íris]   **[203]**

simo para qualquer *gay*, ou porque está passando por isso, ou pra recapitular o que passou. Tem aquele que eu adoro *Delicada atração*... Tem *Morte em Veneza* [*Morte a Venezia* — direção Luchino Visconti — 1971], que é maravilhoso, é uma coisa maravilhosa. Eu acho um dos mais maravilhosos que já foram feitos. Cada fotografia parece um quadro, um negócio composto assim artesanalmente, Visconti é uma coisa maravilhosa. Mas agora acho que está tendo muitos filmes *gays*, acho legal."

Alguns entrevistados reclamaram dos filmes que querem adaptar a vida *gay* ao modelo heterossexual. Por exemplo:

Luís — "Gosto de filmes sobre a homossexualidade. Eu não gosto muito do padrão de filmes que quer retratar a vida homossexual como se ela fosse uma sombra de um relacionamento heterossexual... Assim, o que importa é a gente casar e a gente vai conseguir o nosso 'love story' a qualquer preço. Me assusta um pouco isso... essa história de que eu sou desviante [risos], mas eu sou uma boa pessoa, apesar de *viado*... [risos]

Daniel — "Eu amo o cinema! Vou pra tudo que é mostra de cinema: *gay*, não *gay*, tanto faz. Com relação a filmes *gays*, passamos por uma auto-afirmação na década de 80... Era a fase 'pense positivo', filmes alegres, não preconceituosos, não caricatos... Era uma maneira positiva de ver o mundo... Como se ser *gay* fosse uma coisa positiva, natural, engraçada, e que com a família, no final, dava tudo certo... Da década de 90, eu gosto ainda dos filmes *gays*. Não gosto de alguns que, igual na literatura, você transpõe as coisas heterossexuais pro mundo *gay* e acha tudo engraçado... Vi filmes muito bons na última Mostra de Cinema do Mundo Mix."

10.6 Internet

[Qual a importância da Internet para o homossexual?]

A maioria dos entrevistados disse que a Internet é de grande valor para os homossexuais porque:

a) Os homossexuais descobrem que há outras pessoas como eles.

Mário — "Eu acho que a Internet deu um salto muito grande na qualidade de vida dos homossexuais. Eu vejo adolescentes, com 14 anos, homossexuais, já bem definidos, mais devido a essa informação generalizada que hoje em dia se tem. Antes da Internet não tinha... Não se sabia onde procurar informações, onde encontrar pessoas semelhantes."

[204]   [Edith Modesto]

Bruno — "É muita a importância da Internet para o homossexual. Acho que, se quando adolescente, eu tivesse a Internet, eu não passaria pela metade do que eu passei de solidão, de falta de um modelo... A única frase que a pessoa precisa e quer ouvir é: 'Você é *gay*? Tudo bem!' E a Internet te dá muita coisa... Mas o importante é ter amizades, porque a solidão é o que mata."

b) É um local de encontro entre homossexuais para amizade e paquera.
Fábio — "Acredito que a Internet é importante porque um dos grandes problemas, apesar de os locais oferecidos para esses grupos sejam muitos... Acho que um dos problemas é a 'paquera'... É a aproximação com o outro... Mesmo porque você não tem certeza da sexualidade do outro, e como o homossexualismo é um pecado, as pessoas tendem a ter uma certa agressividade... Então, se eu me interesso por alguém na rua, eu não vou poder demonstrar, de medo de uma represália. Então, a Internet dá a possibilidade de conhecer pessoas com um certo anonimato. A falta de sigilo é um defeito gravíssimo da Internet, mas é um defeito para todos. Freqüento muitos *sites*, mas que não são dirigidos a homossexuais. Já entrei no Mix Brasil, mas não achei nada de muito interessante. Eu conheci algumas pessoas pela Internet e achei muito interessante."

c) Há solidariedade nos grupos de socialização
Ari — "Quando saí do armário... Eu senti necessidade de conversar com outras pessoas iguais a mim e era uma coisa tão dolorida que a maneira de eles lidarem com isso era me ridicularizar: 'Nossa, já tem 40 anos, pra que você precisa fazer isso?' Afinal você já é um homem feito, independente, ela não tem que saber nada da sua vida... E, de repente, eu me senti sozinho, então, foi nesse contexto que eu entrei no grupo do Armário X, apesar de eu ser o vovô do grupo, pelo menos assim, guardando as devidas proporções, eu posso falar o que eu estou sentindo neste momento, com pessoas que vão poder estar comigo neste momento... Então, nesse aspecto, apesar da grande diferença de idade, está sendo uma troca muito rica."

Alguns entrevistados falaram sobre os defeitos e perigos da Internet:

a) O perigo de viciar-se em relacionamentos somente virtuais.
Ari — "Eu digo que esses grupos de *gays* — virtuais —, quando você não sabe nada, eles têm o seu aspecto positivo porque você vai aprendendo uma série de coisas. Mas, com o tempo, eu vi que era um discurso viciado, cheio de mágoa, cheio de ressenti-

[Vidas em arco-íris] **[205]**

mentos, cheio de regras fixas... Pra eles, *gay*, religião e família não combinam... E eu não compartilho dessa opinião. Então, dos grupos de discussão, acho que é benéfico até o ponto que o diálogo não se torne viciado e não feche horizontes. Nada troca o contato pessoal, nada troca um abraço, um beijo, um carinho, uma palavra olho a olho. Acho que tem que dar a verdadeira medida a essa virtualidade. Pra várias pessoas, gira em torno da Internet e não sai da Internet..."

b) A Internet pode iludir com falsa privacidade e mentiras.
Tiago — "Conhecer pessoas pela Internet? Eu já tive cada experiência horrorosa, que eu parei. Quatro pessoas. O que me decepcionou foi que as pessoas mentem... Ela se descreve... Começa a se corresponder, troca *e-mail*... eu sou muito cuidadoso, não dou o telefone, eu enrolo pra ver se a pessoa tá a fim... Aí, falo no telefone, umas vezes... Já dá pra marcar um lugar pra se encontrar. Não é aquela pessoa que se descreveu! É outra!"

c) A Internet pode ser instrumento de procura de sexo casual.
Flávio — "O maior defeito é que muitas das pessoas homossexuais que estão na Internet usam só como válvula de escape, poder sair pra fazer sexo e depois voltar para a sua vida supostamente heterossexual."

d) A Internet oferece poucos recursos informativos.
Ronaldo — "Eu uso a Internet pra participar de grupos de discussão, para trocar *e-mails* e ler um pouco de informação sobre a homossexualidade. A Internet poderia ser melhor direcionada e não ficar só nos *sites* eróticos. Eu gostaria de ter mais grupos sobre o assunto, com mais informações, com a participação de pessoas que estudam o assunto, pessoas que vivenciam, artistas e outros profissionais. Deveria ter algo mais informativo."

[MILITÂNCIA]

[1] Primórdios do movimento homossexual brasileiro

1.1 Grupo Somos

[Você é militante da causa homossexual?]

Alguns entrevistados se engajaram na luta contra o preconceito e a história de suas vidas se confunde com a história da militância homossexual brasileira. Por exemplo: **João** — "Eu fundei o movimento homossexual brasileiro... Eu sou um dos fundadores do Grupo Somos, em São Paulo... Quando voltei dos EUA, meu contato todo com o movimento homossexual americano, que também estava nascendo — entre 73 e 75 —, foi fundamental pra minha cabeça, foi um deslumbramento. Eu peguei a fase de ouro do movimento homossexual, não tinha chegado a Aids ainda... Então, não só na teoria como na prática, eu tive uma grande abertura homossexual. Voltei para o Brasil desadaptado. Eu tinha conceitos que não existiam no Brasil, ninguém sabia o que era ecologia... Meus amigos de esquerda não existiam mais, não queriam saber de conversa comigo... Voltei americanizado, segundo eles... E eu com uma consciência muito aguda da minha homossexualidade, uma consciência política muito aguda, e não tinha com quem conversar... Aí resolvi fundar o Grupo Somos... Na verdade, ele não começou como Grupo Somos... Logo que cheguei, tentei criar um grupo de discussões, era um grupo onde todo mundo era de esquerda e todo mundo se sentia culpado... Depois de seis reuniões, o grupo se dispersou... Demoramos mais um pouco e, aí, em 77, começamos aquilo que se chamaria Grupo Somos, onde fiquei até 81."

1.2 Grupo CORSA — Cidadania, Orgulho, Respeito, Solidariedade, Amor

Lula — "Em 1977, eu comecei a minha militância, quando eu fui eleito para o grêmio da escola onde fiz o segundo grau... Então, eu estou fazendo mais de 25 anos de

[Edith Modesto]

militância... Bodas de prata... Eu tenho essa trajetória, que não é uma trajetória que eu tenha herdado da minha família porque, tanto quanto eu saiba, meus pais, meus tios, ninguém nunca teve essa vida de militância que eu sempre tive... Eu fui do grêmio, aí, quando entrei na faculdade, fui do centro acadêmico... Não cheguei a ser do DCE da USP, mas concorri duas vezes... Eu participava intensamente do movimento estudantil... Em 1982, eu me filiei ao PT, em 83, fui eleito presidente do diretório distrital de Pinheiros."

[Você está falando de militância política. Em que momento ela se cruzou com seu trabalho em prol dos homossexuais?]

Lula — "Quando eu tinha 23, 24 anos, que eu era do diretório do PT em Pinheiros, eu estava muito ligado a questões culturais. Mas naquele momento, pelo menos dentro do PT, as grandes questões eram as questões econômicas, digamos assim, e com muito pouco espaço pra essas questões que hoje são consideradas importantes, como é a questão da mulher, o gênero, racial, a orientação sexual, ou as questões ecológicas... Isso tudo ainda era muito incipiente naquele momento. Em 85, eu mudei para o Rio, fui fazer mestrado na Universidade Federal do Rio de Janeiro... Em 86, eu já tinha feito esse contato com pessoas e vinha a campanha eleitoral. O Gabeira era candidato a governador pelo PT no Rio... E eu tive a sorte de conhecer uma pessoa chamada Herbert Daniel... Ele é um ex-guerrilheiro que teve que se exilar, foi porteiro de sauna *gay* em Paris, tem uma história de vida muito interessante... E ele era uma pessoa que passou o seu tempo de guerrilheiro aqui no Brasil, sem poder revelar que era homossexual, porque ele cairia em desgraça e seria expulso da organização... A campanha dele foi uma das coisas mais bonitas de que eu participei na minha vida, estabelecia uma ligação importante entre a sexualidade e a política, num primeiro momento, e de como lutar em defesa dos homossexuais pra lutar por uma sociedade melhor, não só para os homossexuais, mas pra todo mundo, porque era lutar em defesa da liberdade de expressão, do direito à diferença, do respeito àquilo que não é igual a mim... Isso foi uma grande experiência... E, infelizmente, ele não se elegeu. Foi uma grande decepção minha, de como os homossexuais não votaram num candidato assumidamente homossexual... Um dos lemas da campanha dele era: 'não vote enrustido'."

[Os homossexuais não sabem a importância de ter **gays** *que lutem pelos direitos deles?]*

Lula — "Edith, isso não é diferente de você pensar na questão das mulheres e dos negros. As mulheres não votam em mulheres, os negros não votam em negros, porque simbolicamente essas pessoas sempre acham que pra governar tem que ser alguém

[Vidas em arco-íris] **[209]**

que é melhor do que ele mesmo... Então, todo o preconceito introjetado... Acho que isso são lutas históricas que a gente ainda vai ter que travar durante séculos, pra gente conseguir esse respeito à mulher, ao negro, ao homossexual."

[O que aconteceu depois que o seu candidato perdeu em 86?]

Lula — Eu voltei pra São Paulo em 88 e em 89 teve a primeira campanha do Lula pra presidente. "Eu já tinha participado da campanha do Herbert Daniel, então eu tinha essa visão política da homossexualidade, da luta política que ela representa... E com um grupo de amigos a gente fez um folheto pedindo para os homossexuais votarem no Lula... A eleição presidencial estava solteira, era só pra presidente... Isso foi em 89... Em 88 tinha tido a campanha da Erundina e a gente fez um folheto e apoiou uma candidata a vereadora, do PT, que defendia essas questões ligadas aos homossexuais... Aí veio 89, a campanha política... E em 90 eu fui morar em Londres. Eu dava aula de filosofia, a escola onde eu dava aula achou que eu tinha organizado uma greve de alunos e eles me demitiram... E eu fui pra Europa, acabei ficando um ano em Londres... E em Londres, eu participei de um grupo que se chamava *Gay and London*, tinha reunião toda segunda-feira... Era um grupo de convivência, a gente sentava, conversava e depois saía pra beber ou ia dançar. Londres tinha naquela época três jornais homossexuais, que eu lia avidamente porque tinha matérias falando de política, de cultura... E tinha algumas manifestações. Quando voltei pra São Paulo, em 91, eu voltei com essa perspectiva de 'puxa vida, aqui não tem nada, não tem um jornal para os homossexuais, a gente tem que começar a fazer'. Mas eu não achava ainda um espaço onde eu pudesse atuar, onde eu pudesse estar mexendo com essa questão. Até que, em 95, eu fiquei amigo de pessoas que começaram a se conhecer pela Internet. Não era Internet ainda, chamava-se BBS, que são aqueles sistemas primitivos de linhas telefônicas..."

[O sistema em que o André Fischer foi o pioneiro?]

Lula — "Exatamente. O André Fischer foi pioneiro... o BBS Mix Brasil... E as pessoas se encontravam uma vez por mês, mas era um encontro de convivência, de 'oi, tudo bem?', de paquera, não tinha uma coisa de militância, mas possibilitou contatos pra mim. Em 95, eu fui para o Rio, pra visitar minha irmã, e estava tendo a conferência da ILGA [International Lesbian Gay Association], uma associação internacional que reuniu representantes do mundo inteiro... Eles se reuniram durante uma semana no Rio e terminou com essa manifestação, uma Parada, com a bandeira, linda, maravilhosa. Em 96, teve uma manifestação na Praça Roosevelt, que os grupos da cidade de São Paulo organizaram... Eu fui, participei nesse momento, nesse dia, 28 de junho de 96. Eu entrei para o NGL, o Núcleo de Gays e Lésbicas, do PT... Eu era petista, falava: 'Que

[210]   [Edith Modesto]

bom, outros homossexuais são petistas também, vamos pensar como é que a gente atua'... Mas eu me ressenti que nesse espaço do PT não havia troca de experiências... E aí eu conheci o CORSA... O CORSA tinha sido fundado em 95, em 96 já tinha um ano de existência, e eu comecei a ir às reuniões."

[Quem fundou o grupo CORSA?]

Lula — "O CORSA nasceu de sete pessoas que faziam terapia com o [nome do terapeuta] e que num determinado momento juntou essas sete pessoas e disse: 'O problema que vocês têm não está em vocês, está na sociedade, está no preconceito... Por que vocês não se unem pra fazer alguma coisa em relação a isso? Pra lutar contra o preconceito?'... E disso nasceu o embrião, de sete pessoas que se reuniam na casa de um, na casa de outro, até que, num determinado momento, escreveram lá um estatuto, registraram, e aí formalizaram uma associação que era o CORSA, que quer dizer: Cidadania, Orgulho, Respeito, Solidariedade e Amor. Eu sempre costumo dizer que, se você tiver essas cinco coisas na sua vida, você está feito. Eu entrei no CORSA — ele tinha um ano de existência — eu fui superbem acolhido... Entrei em agosto, em novembro tinha eleição e eu já fui eleito pra ser secretário do grupo, em 96."

1.3 A primeira Parada do Orgulho Gay no Brasil

Lula — "No ano seguinte [1997], a minha preocupação era fazer contato com os outros grupos, pra gente fazer ações externas. Daí nasceu a idéia de fazer uma Parada, foi uma proposta que eu fiz... Um dia teve um encontro, o EBGLT — Encontro Brasileiro de Gays, Lésbicas e Transgêneros —, que foi em São Paulo, em fevereiro. Ele terminou com uma passeata de duzentas pessoas pelo centro, com faixas 'Respeitem os homossexuais', 'Abaixo a discriminação'... Essa passeata foi muito forte também pra todo mundo que participou, porque era um ato de coragem, duzentas pessoas saírem na rua exigindo direitos dos homossexuais."

[Essa que todo mundo diz: "A Primeira Parada do Orgulho Gay, aquela que não teve"?]

Lula — "Na verdade, é que as pessoas fazem um pouco de confusão. Em 96, não houve uma Parada, houve um ato, um ato público, uma manifestação..."

[Como foi a primeira Parada?]

Lula — "No sábado seguinte a essa manifestação, na reunião, quando eu cheguei, eu falei: 'Olha, pessoal, foi maravilhosa essa passeata e eu acho que a gente tinha que organizar alguma coisa como tem em Nova York, em San Francisco, uma Parada... Todo mundo falou: 'Poxa, você tem razão, isso mesmo, vamos procurar os outros grupos, vamos chamar o maior número de pessoas'... a gente fez... Xerocou, uma coisa muito artesanal... Fez uns folhetos falando 'Primeira Parada do Orgulho, dia tal, tal hora'... A Primeira Parada... O que é uma Parada? É um desfile, você sai na rua pra se manifestar em movimento, então, por isso que ela é a primeira Parada, ela não é a primeira manifestação... Na verdade, é a segunda. Mas, como Parada mesmo, de ir pra rua, de estender a bandeira do arco-íris, a primeira Parada foi em 1997. E eu fui a primeira pessoa a chegar na avenida Paulista, em 97. A Parada estava marcada, a concentração, às 2 horas da tarde e a gente combinou de chegar lá ao meio-dia. Eu cheguei meio-dia e vinte, esbaforido, falando: 'Estou atrasado'... E eu fui o primeiro, na verdade... Ali, de pé na escadaria da Gazeta, tinha três rapazes que olharam pra mim e falaram: 'Não vai ter a Parada?'... Eu falei: 'Ué, vocês não estão aí? Eu não cheguei? Então vamos esperar o resto das pessoas chegarem e ela vai acontecer'... Na verdade, falei isso um pouco pra incentivar, pra que eles não fossem embora, mas eu não tinha certeza se viriam pessoas ou não... Aí começa a chegar gente, e chega mais um, e chega mais outro... Chegaram dois ônibus de Campinas... Quando eu vi, o bloco estava na rua e tinha sido aquela maravilha!"

[Por que falam que o organizador da primeira Parada brasileira foi o Beto (de Jesus)?]

Lula — "Na verdade, o Beto [Beto de Jesus — ex-presidente da Associação da Parada, presidente do Instituto Edson Neris e representante da ILTGA] é uma pessoa que hoje simboliza a Parada, porque o Beto foi a pessoa que pegou à unha essa Parada e fez ela crescer. Então, se a gente for discutir aqui quem criou, eu poderia reivindicar a paternidade dela, mas é uma bobagem porque, na verdade, eu tive a idéia de mobilizar algumas pessoas pra mobilizar outras... Meu sucesso da Parada se deve a duas mil pessoas que foram na avenida Paulista, então não é um mérito meu. A primeira Parada aconteceu porque duas mil pessoas naquele instante em São Paulo tinham essa consciência... Mas o Beto foi a pessoa, porque, em 97 e 98, a Parada foi feita de uma maneira muito caseira e nosso maior medo era que algum empresário que tivesse dinheiro se apropriasse disso... Tivesse dinheiro pra colocar trios elétricos, fizesse um evento, chamasse de Parada, e a gente estava na mão dele... Então, por causa disso, se organizou uma associação, que registrou esse evento Parada do Orgulho GLTTB como sendo um evento do movimento e daquela associação..."

[Quais as qualidades e os defeitos que a Parada tem?]

Lula — "Acho que a grande qualidade da Parada é que ela serve um pouco como uma espécie de batismo pra quem participa dela. Eu mesmo e todos os meus amigos próxi-

[212] [Edith Modesto]

mos, ao participar da Parada, a gente voltava pra casa falando: 'Puta que pariu, que legal! Nós existimos, nós somos cidadãos, nós temos direitos, nós temos que ser respeitados'... Acho que isso não tem preço na vida de um homossexual! É a minha experiência. Acho que só por esse motivo ela já é importante, pelo efeito que ela produz em cada pessoa que participa dela. A segunda qualidade que eu vejo é que ela mostra que existe uma comunidade, que existe um grupo de pessoas dentro da sociedade que ama de maneira diferente, que se relaciona afetivamente com pessoas do mesmo sexo e que isso é uma coisa tranqüila, isso é uma coisa que não deveria ser motivo de escândalo pra ninguém. Então, eu acho que essa é a segunda qualidade, ela dá visibilidade aos homossexuais enquanto comunidade... Então a Parada fortalece o indivíduo porque ela mostra que nós somos muitos e que ela não pode esconder isso debaixo do tapete como se a gente não existisse. Essas, pra mim, são as duas grandes qualidades da Parada."

[E quais são as limitações da Parada?]

Lula — "Acho que, infelizmente, a gente vive numa sociedade que tem ainda pouca tradição de organização política, então as pessoas... Acaba que a Parada é um momento festivo, ela é um momento de celebração... E é por isso que ela deu certo, por isso ela atrai a multidão que ela atrai... Se você fosse organizar uma passeata, a gente estava com os 2 mil do início, talvez tivesse ido pra 5 mil, 10 mil... Hoje, inclusive, tem algumas pessoas que dizem: 'Eu preferia que tivesse 20 mil conscientes do que 500 mil sem consciência'... Isso está preso a uma visão salvacionista, missionária, que algumas pessoas têm, que elas acham que elas são portadoras da verdade, e esses 20 mil seriam os detentores da consciência, que poderiam falar em nome dos mais de 500 mil. Então, acho isso muito complicado, não compactuo com essa posição. Acho que falta ainda à Parada construir um discurso político mais incisivo, mas o próprio Beto de Jesus diz uma coisa que eu concordo, acho muito legal, que é você pensar na semiótica do corpo, quer dizer, o que os corpos nus, ou travestidos, dançando, manifestando alegria e prazer, o que eles expressam pra sociedade... E eu acho que isso é uma coisa que a gente não pode perder de vista. Outra limitação que acho que a Parada tem é que ela é, na verdade, um evento festivo, de massa, que provoca repercussão na mídia, mas ela acontece num dia só! E eu faço parte de um grupo que se reúne toda semana, cada semana discute um tema... Esta semana a gente vai discutir a mídia, a semana que vem vai discutir a escola, na outra semana vai discutir o *dark room*, o que ele é, o que ele significa... Vai discutir sexo seguro... Outro dia vai discutir a discriminação no trabalho, a importância da família, os amigos, o relacionamento... A gente

[Vidas em arco-íris]   **[213]**

tem uma pauta enorme que a cada sábado a gente discute e vai tentando fazer dessa troca de experiência um patrimônio, que é nosso, porque a experiência que eu tenho não é exatamente a experiência que você possa ter tido, mas quando a gente troca, a gente se fortalece."

1.3.1 A militância do Grupo CORSA

[Que tipo de trabalho o grupo faz?]
Lula — "A idéia do CORSA é que, da troca de experiências e de discussão, nasçam idéias, atividades, ações práticas de luta contra o preconceito... Então, num determinado momento, a gente saiu pra rua pra colher assinatura em apoio ao projeto de parceria civil da Marta Suplicy... Em outros momentos, a gente foi participar de uma manifestação contra o racismo... A gente inscreveu um projeto no Ministério da Justiça, [Secretaria Especial dos Direitos Humanos] que era pra trabalhar com direitos humanos dos homossexuais junto aos professores municipais. Esse projeto se chama 'Educando para a diversidade dos GLBTs na escola'[3]... Esse projeto começou de uma maneira muito tímida, tinha 25 pessoas que estavam passando por um processo de formação onde a gente tinha encontros quinzenais e, num determinado momento, a gente foi convidado a participar de um treinamento, onde a gente falasse sobre os homossexuais e aí a gente falou para cerca de mil, mil e duzentos professores... Foi um sucesso estrondoso, todo mundo gostou... Esse mesmo curso foi repetido e aí a gente combinou que, em vez de ter um encontro, teriam dois... Dois encontros de três horas cada um, onde a gente, de novo, foi lá falar o que é ser *gay*, o que é ser lésbica... Qual a diferença entre um *gay* e uma travesti, porque todo mundo acha que é a mesma coisa, e não é... A coisa dos relacionamentos, da identidade, do papel social, do comportamento... Nós falamos pra cerca de dois mil professores... Isso é uma gota num oceano, porque é evidente que não é em seis horas que você muda a cabeça de uma pessoa... Mudar a cabeça de um professor, principalmente... Mas você, pelo menos, consegue colocar algumas preocupações, no sentido de que, no futuro, ele vai falar menos besteiras quando se referir aos homossexuais... E isso tudo faz parte de uma luta maior nossa, que é de uma sociedade sem preconceitos contra as mulheres, contra

---

[3] A organizadora deste livro é autora de "O homossexual e seus pais", in: *Educando para a Diversidade: os GLBTs na Escola — Orientações para Educadores e Pais*, 2003, p. 13 a 17 da cartilha usada nesse projeto do Grupo CORSA em colaboração com a Secretaria da Educação de São Paulo.

[214] [Edith Modesto]

os negros, as crianças, os idosos, os portadores de deficiência e assim por diante... A gente luta contra todas as formas de preconceito ou é besteira... Esse projeto é um projeto que teve uma repercussão, um sucesso muito grande. Um outro projeto chama 'Rompendo o isolamento',[4] que é pra criar um ponto de referência na Zona Sul, pra homossexuais que moram em bairros mais afastados do Centro... A pessoa vai ao Centro, aos bares, às boates... Você acaba tendo a informação, inclusive de prevenção... no seu contato com outros homossexuais, você se fortalece, mas se eu estou lá, num bairro bem escondido, eu às vezes não tenho nem dinheiro, vou demorar tanto tempo pra chegar no Centro da cidade que eu vou acabar desistindo... Então, a idéia era criar alguma coisa intermediária, um ponto onde as pessoas pudessem se reunir, trocar experiências, ou seja, tentar refazer a experiência do CORSA num nível local, com outras pessoas, com outras características... Esse projeto, depois de três meses de execução, já tinha 20 rapazes freqüentando o grupo."

[A prefeitura se preocupa com os homossexuais?]

Lula — "Acho que tem uma diferença muito grande dos homossexuais em relação a outras categorias, outros movimentos sociais, que é o seguinte: entre os homossexuais, você tem pessoas de todas as classes sociais, então, quando você fala de homossexuais, você não necessariamente está falando de pessoas pobres, embora existam homossexuais pobres... Então, hoje, quais são as prioridades da prefeitura? São os programas sociais voltados aos excluídos, e esses excluídos são pensados sob a óptica da exploração econômica, então tem programa de 'Bolsa trabalho', de adolescentes que são monitores, que ganham uma verba e que eu, sinceramente, acho que são muito mais importantes do que qualquer ação que você possa fazer, num primeiro momento, aos homossexuais... Os problemas, hoje, dos homossexuais, têm que ser encaminhados, enquanto movimento, pra todas as secretarias... Das duas secretarias com as quais eu trabalho, que é a da Educação e a da Saúde... Educação é o projeto com os professores e saúde é o projeto de prevenção, no CTA, que é o Centro de Testagem e Assistência, em Santo Amaro [São Paulo], eu só posso fazer elogios, porque eu vejo toda uma disposição de lutar contra o preconceito aos homossexuais no sistema educacional e de abrir espaço aos homossexuais no sistema de saúde."

---

[4] A organizadora deste livro tem feito palestras sobre a família, nesses pontos de referências (CTAs — Centros de Testagem e Assistência), contribuindo para o desenvolvimento do projeto de prevenção às DSTs, em colaboração com o Grupo CORSA e a Secretaria da Saúde de São Paulo.

[Vidas em arco-íris]   **[215]**

1.4 Trajetória do primeiro presidente da Associação da Parada do Orgulho Gay

Beto — "Nessa trajetória toda na igreja, eu fui militante ardoroso de movimentos sem terra, tenho dois processos na Polícia Federal por invasão de terra, movimento de saúde, movimento de educação, luta por creche... Mas sempre deixando demarcado para as pessoas que participavam que eu era *gay*. Quando eu saí da igreja, eu fui trabalhar na prefeitura, o primeiro mandato do PT na cidade, tive um cargo de coordenador técnico na Secretaria do Bem-estar Social. Em seguida, terminou o mandato da Luíza [Luíza Erundina — PT]; em 93, eu saí da prefeitura, tava de bode com a igreja... Eu falei: 'Eu vou ser a igreja fora do templo... São Francisco é o meu guru'... Eu pensei: 'Eu quero fazer alguma coisa pensando na questão dos homossexuais', porque tudo o que eu podia fazer dentro da igreja eu fiz: primeiro grupo, primeira associação, lá em 82, primeira associação no Emílio Ribas para portadores de DSTs... Eu fui secretário dessa associação, em 81, 82. Depois, na minha diocese criamos o 'Projeto Esperança' pra trabalhar com soropositivos... Eu estava lá. Aí eu pensei: 'Eu quero um trabalho específico'... Aí fiquei um tempo conhecendo pessoas até que me apresentaram para um grupo de militância que se chama 'CORSA — Cidadania, Orgulho, Respeito, Solidariedade e Amor'."

[O mesmo do Lula Ramires?]

Beto — É. E eu fui pra esse grupo, mas eu tinha uma experiência em movimento social muito grande. Então, depois de um ano, eu era presidente desse grupo, e daí desse grupo surgiu a Parada... A gente montou a Associação da Parada, e eu fui eleito o primeiro presidente da Associação da Parada... Pra mim é um projeto político no sentido de que nós temos que ocupar espaço na questão das leis e pra mim isso tem toda uma matriz de direitos humanos que foi aprendida junto à Teologia da Libertação, junto à Igreja... Não a Igreja estrutura, mas as pessoas que eu amo que estão dentro da Igreja, então, isso é um pouco a minha matriz. Eu terminei o curso de teologia... Na escola de teologia eu sempre fui muito político nesse sentido de buscar as referências da sexualidade no estudo da teologia... Engraçado, eu não sou padre, mas o quanto eles me procuram, pra poder falar da sua homossexualidade, da dificuldade que têm de conviver com essa homossexualidade e com a estrutura da Igreja... Analisando politicamente, nós não temos políticas públicas, por exemplo, pra adolescente *gay*, você não tem na escola pública um orientador pras questões da sexualidade... A gente não tem estudos aqui no Brasil, mas a gente tem estudos americanos, que o índice de suicídios de adolescentes homossexuais é muito alto, comparado ao número de suicídios de adolescentes heterossexuais. É alto o número, por falta de apoio, por falta de orientação, por falta de acolhida... Edith, não temos políticas públicas pra adolescentes *gays*. Por quê? Porque reconhecer política pública pra adolescente *gay* significa reconhecer a existência de adolescentes *gays*. Reconhecer a existência de adolescentes *gays* significa que você tem que redimensionar o serviço que você oferece, seja na escola, seja no sistema de saúde, seja em outros... Em especial na escola, porque você vai ter que contemplar essa diferença. Então, a gente não tem."

[A Igreja tem ajudado?]

Beto — "Acho que a Igreja presta um desserviço muito grande em todos os sentidos, em relação aos homossexuais. O Papa pediu perdão pra ciganos, pra judeus, pra índio, pra todo mundo... Ele não pede perdão pelas atrocidades que a Igreja fez contra os homossexuais e tem um discurso de intolerância. Todo discurso de intolerância, na sua ponta, ele gera ódio e o ódio gera a morte. Eu tive um problema sério com a CNBB porque eu falei isso. A Igreja tem as mãos sujas de sangue quando pessoas matam homossexuais, porque ela é uma das que reforçam o discurso da intolerância, não só quando matam homossexuais, mas quando as pessoas se contaminam por HIV, porque a Igreja faz um discurso contra a ciência e faz um discurso contra o preservativo, chegando a trazer informações falsas dizendo que o vírus do HIV pode ultrapassar a barreira do látex, o tamanho do mícron... O que é um absurdo! É uma educação pelo medo, isso não funciona."

[Faz parte da sua militância informar sobre HIV?]

Beto — "Eu coordeno um projeto de proteção ao HIV na Zona Sul de São Paulo, nos bairros distantes, Grajaú, Interlagos, Capão Redondo, Jardim Ângela... Pra você se prevenir das doenças sexualmente transmissíveis e da Aids em particular, o que você precisa? Você precisa ter uma informação, saber que essa doença é transmitida através dos fluidos corporais ou do esperma... Se eu sei disso, eu não vou permitir entrar em contato com isso e vou usar preservativo... Essa é uma informação que eu tenho e sei que outras pessoas têm... Só que na hora H, lá no escurinho, ou na meia luz, no calor do momento, eu posso ter preguiça de levantar e pegar a camisinha, ou estar tão ligado naquela pessoa que eu não vou... As pessoas que hoje lidam com prevenção, essa é a grande questão que elas têm: 'Por que as pessoas se infectam, sendo que na maioria das vezes elas sabem como não se infectar?' Eu estou tendo uma discussão em relação à auto-estima, ou seja, eles não se vêem como um cidadão, como uma pessoa que tem direitos, que tem que numa relação falar assim: 'Não é por aí, não vou deixar isso acontecer'... Hoje, 90% dos homossexuais sabem que têm que usar preservativo... Pelo menos 90%... Se não usam, é por uma questão de auto-estima."

[Vidas em arco-íris] **[217]**

1.5 O Mix Brasil e algumas de suas áreas de atuação

1.5.1 O Festival Mix Brasil e a BBS

[Como começou o seu trabalho relacionado aos homossexuais?]

André — "Primeiro pintou essa história de cinema... Porque é assim, eu sempre fui cinéfilo, sempre freqüentei cinemateca... E a coisa toda do Mix começou com o convite de um amigo que era diretor do festival de cinema *gay* em Nova York, que me convidou pra fazer uma seleção de filmes. Eu já estava meio insatisfeito com o meu trabalho. E aí esse amigo me chamou... 'Você não quer fazer pra um festival de cinema aqui? Fazer uma seleção de curtas-metragens?' Então, a coisa na verdade começou pelo lado do cinema... Mas eu trabalhava com computação gráfica, tinha uma produtora de computação gráfica. Sempre fui ligado à tecnologia, principalmente tecnologia de informática que sempre foi uma coisa que me interessou muito... Aí eu conheci essa história de BBS, que era uma coisa de pessoas se comunicando à distância... E eu fiquei fascinado... E vi nisso uma possibilidade."

[Uma possibilidade de ganhar dinheiro?]

André — "Não só de ganhar dinheiro, porque até hoje o festival de cinema não dá dinheiro... Trabalho de voluntário nesse festival... Eu vi nessa questão de BBS, que era uma coisa que estava surgindo, uma nova tecnologia... Eu vi como uma maneira de viabilizar esse projeto do Mix de estar trabalhando com esse segmento [de homossexuais]. Nos EUA, era uma coisa que já tinha gente fazendo muito dinheiro inclusive com isso... Então eu peguei uma sala da produtora, uns dois ou três computadores que eu tinha, e resolvi botar lá pra desenvolver isso, pra aprender um pouco como é que funcionava esse tipo de serviço... No começo, era pra prover informações sobre o festival, inicialmente era isso... Porque, na verdade, já existia uma comunidade de pessoas que tinham BBS, mas era uma coisa de micreiro... Eu vi que existia dentro dessa comunidade um monte de *gays* e lésbicas, que usavam a BBS... Que esse projeto se mostrou muito rapidamente viável... Todo o dinheiro que eu sempre fiz foi reinvestindo dentro do BBS, foi reinvestindo o que ele gerava..."

[As pessoas pagavam pra usar a BBS?]

André — "As pessoas pagavam, desde o começo... Pagavam pra fazer parte... Eram 15 reais por pessoa... E a gente em três meses tinha mil usuários... O forte era bate-papo... A gente começou com quatro linhas telefônicas só... Eu cheguei a ter vinte linhas aqui em São Paulo e acho que umas oito no Rio..."

[218]   [Edith Modesto]

[Mas não era só pelo telefone?]

André — "Era por telefone, só que o que conectava era o computador... Então você ficava falando... E o forte, eu achava no começo, era dar informação do festival de cinema, informações... Mas o forte foi as pessoas se encontrarem e era uma possibilidade de você encontrar outras pessoas sem se expor."

[Muito casal homossexual se casou por causa da BBS?]

André — "Com certeza, mas o que aconteceu foi o seguinte, você tinha que ligar... Era uma ligação telefônica... Então não é que nem a Internet...

[Você vê qualidades na Internet?]

André — "Acho que a Internet na questão da liberação do movimento *gay* foi fundamental, completamente... Você poder entrar e saber que existe... Porque, quando você fala essa coisa de boate, você tá falando pra alguns... É o lado mais visível da comunidade *gay*, mas é uma minoria... Assim como é a minoria hétero que freqüenta boate, é a minoria *gay* que freqüenta boate... Então você não tem onde encontrar as pessoas... A Internet foi completamente fundamental... Quando veio BBS... o Mix foi o primeiro em rede de informações *gays* do Brasil... Não tinha nada... Quando a gente chegou, aí que começaram a surgir outros... Dois anos depois surgiu o primeiro concorrente..."

[E o que te movia a criar essas inovações?]

André — "Eu queria viver num mundo onde isso fosse uma realidade e não tinha ninguém pra fazer por mim e tive que eu criar um ali pra que isso pudesse existir..."

1.5.2 O Mercado Mundo Mix

[E o Mercado Mundo Mix?]

André — "O Mercado Mundo Mix era uma loja de *souvenirs* do festival de cinema... A coisa começou dessa maneira: a gente tinha uma lojinha no festival e aí o primeiro mercado era das pessoas que tinham vendido coisas pra lojinha, que aí levaram suas marcas e montaram... Acho que o mercado também foi fundamental nessa história. Porque a gente aqui no Brasil teve uma coisa bem diferente dos outros países do mundo: Aqui, você teve um festival *gay*, antes de ter uma Parada *Gay*, imagine! Eu acho interessante assim a coisa do Mix, do Mercado Mundo Mix aí pro lado da moda... Deu uma cara pra coisa *gay* que sempre existiu... Tem movimento *gay* antigo... Mas não tinha nenhuma visibilidade, ninguém sabia, não existia... A coisa *gay* ganhou uma cara, no Brasil, de movimento cultural, de vanguarda, de moda... Então, a moda de ser elegante, de ser bonito... Ganhou essa conotação, que foi o que ajudou... Está longe de ser uma coisa perfeita, mas *gay* foi de cara associado com movimento cultural de vanguarda... Uma coisa a ser seguida, porque é uma moda... Então assim, ganhou essa cara que foi fundamental, eu acho, para o movimento no Brasil..."

[2] Outros grupos brasileiros de militância

2.1 O Clube Rainbow de Serviços de Belo Horizonte

[Como você teve a idéia de fundar o Clube Rainbow?]
Danilo — "Assumi a minha homossexualidade com 46 anos, no início de 99, divorciado e com dois filhos, uma moça e um rapaz. Fui entrevistado pelo Jornal *O Tempo* e, posteriormente, em um programa na TV Minas. O programa gerou notoriedade e respeitabilidade ao homossexual em Minas. Por eu ser um senhor de 46 anos, pai de família e sem trejeitos, eu diferia do estereótipo social que o homossexual carregava dentro da sociedade mineira. O programa de TV foi amplamente discutido pela população e a questão homossexual começou a tomar novos rumos em Minas."
[E você continuou na militância?]
Danilo — "Sim. Em janeiro de 99 mesmo, fundei com mais três amigos o Clube Rainbow de Serviços, com o objetivo de criar oportunidades sociais e de lazer para a comunidade homossexual, criando um veículo de comunicação, o *Jornal Rainbow*, que circula gratuitamente em locais pela comunidade, orientando e informando sobre lazer, cidadania e prevenção contra DSTs/Aids. Também atuo intensamente junto ao legislativo e judiciário no levantamento e proposição de alternativas para garantir direitos constitucionais aos homossexuais em Minas e, devido à minha visibilidade promovida por minha história pessoal na mídia mineira, projetos de leis municipais e estaduais apresentadas antes da minha atuação, por outros militantes *gays* do estado, começaram a caminhar. E foi sancionada uma lei municipal em Belo Horizonte, de autoria do então vereador Leonardo Mattos (PV-MG), garantindo defesa aos munícipes de BH contra a discriminação por orientação sexual. E também gerou força pra mais moderna lei estadual de defesa da orientação sexual do país que foi a 14.170, de autoria do deputado João Batista (PDT-MG), sancionada pelo governo Itamar Franco e regulamentada no governo Aécio Neves."

[220]   [Edith Modesto]

[E como se desenvolveu o Clube Rainbow?]

Danilo — "A visibilidade positiva do meu trabalho fortaleceu o Clube Rainbow que se transformou numa ONG respeitada no Brasil inteiro, abrindo portas no meio acadêmico de Minas para a comunidade homossexual. Em dois anos, ministramos mais de 100 palestras pra professores e alunos sobre direitos humanos homossexuais, possibilitando uma maior compreensão social do cidadão homossexual e suas questões. À frente do Clube Rainbow, atendemos e orientamos mais de 500 jovens e adultos em conflito com sua orientação sexual, possibilitando uma melhoria de vida a essas pessoas, através do exemplo, fortalecendo a auto-estima desses cidadãos. Atuamos diretamente nesses campos, indivíduo, família, sociedade, nesta ordem, e temos tido oportunidade de dar esperanças neste sentido a outras pessoas — *gays*, lésbicas, travestis, bissexuais, transexuais, *drags*... Também dirijo o *Jornal Rainbow*, um órgão informativo do Clube Rainbow. Temos lutado por leis de igualdade e contra o preconceito. Agregamos ao Clube Rainbow o trabalho voluntário da advogada Maria Emília Mitre Haddad, que passou a atender juridicamente e gratuitamente os homossexuais violados em seus direitos constitucionais e legais, movendo ações contra instituições públicas, empresas, cidadãos que violam os direitos homossexuais dos cidadãos de Minas, sem custo para seus beneficiários."

[Como está a Parada do Orgulho Gay de Minas?]

Danilo — "Trabalhei intensamente por dois anos para o fortalecimento da Parada do Orgulho Gay de Minas, elevando bastante o público participante... Articulando com a prefeitura de Belo Horizonte e conquistando a inclusão da Parada no calendário turístico da empresa de turismo da prefeitura de Belo Horizonte."

[E o seu trabalho repercutiu nacionalmente?]

Danilo — "Eu contribuí para promover a integração de Minas com o Movimento Homossexual, integrando militantes e grupos a organismos nacionais de militância. Participei ativamente, junto com outros militantes nacionais, na criação da Frente Parlamentar de Luta Contra a Discriminação por Orientação Sexual, no Congresso Nacional."

[E quais são os seus planos para o futuro?]

Danilo — "No final de 2004, por absoluta falta de recursos financeiros, quando esgotou a minha reserva pessoal de recursos, eu fui obrigado a suspender indefinidamente os trabalhos do Clube Rainbow. Mas meu ideal, o que fez tudo isso se mover, continua em meu coração. Tudo começou pelo sentido de ter de escolher entre acabar com a minha vida ou ser verdadeiro comigo mesmo e feliz. Optei pela segunda escolha e prometi a mim mesmo que lutaria o resto da minha vida pra que pelo menos uma pessoa não passasse pela dor da dualidade que vivi por 46 anos. Já consegui algumas e espero conseguir muitas mais."

[Vidas em arco-íris]　　**[221]**

2.2 O início do Grupo JGBR – Judeus Gays do Brasil

[O que o levou a fundar o grupo de judeus gays?]

Ari — "Na adolescência, eu sempre fui uma pessoa muito caseira, sempre tive problemas de socialização... Não lembro em que idade, cheguei a tentar o suicídio, porque eu sentia um vazio muito grande... Eu não me sentia fazendo parte de nada. E como não deu certo, entrei para a vida religiosa. Então, durante uns dez anos, eu segui a ortodoxia do judaísmo. O judaísmo condena explicitamente... Naquela época eu fui para a religião para não... Eu tinha duas opções: ou ia para a religião, ou me drogava, pra conseguir sobreviver... Acho que optei pelo mais saudável, teoricamente... E foi um tempo que eu precisei para colocar a cabeça no lugar. Acho que fui o primeiro a dizer que era homossexual, na sinagoga... Mas não foi, com certeza, numa sinagoga ortodoxa. Veio o filme *Trembling before G-d* [direção Sandi Simcha Dubowski — EUA — 2001] aqui no Brasil, apresentado no festival do Mix Brasil, e coincidiu com a minha saída do armário. Quando conversei com minha mãe, ela estava em conversação com o rabino [nome], que preside uma sinagoga liberal, porque ele tinha uma dívida moral com a minha família... E, numa dessas conversas, ela acabou desabafando sobre a minha sexualidade... Daí, ele falou: 'Se a senhora quiser e ele quiser vir conversar comigo, eu estou à disposição.' E eu queria conversar com o rabino [nome] porque houve um debate e ele fez algumas promessas de inclusão."

[Como foi a sua conversa com o rabino?]

Ari — "Quando eu fui fazer a entrevista, ele não imaginava quem eu era... Ele imaginava encontrar uma pessoa despreparada, com baixa auto-estima, e o começo da entrevista foi muito pesado. Nessa conversa, me identifiquei como o fundador de um grupo *gay* judaico, JGBR — Judeus Gays do Brasil[5] —, que foi mencionado na ocasião da exibição do filme na sinagoga. O filme abriu várias portas para o grupo GLBTT e eu aproveitei. Aliás, o filme ganhou mais força aqui no Brasil justamente porque o meu grupo existe. Tive uma audiência com o rabino e com líderes da comunidade. Foi um sufoco. Ao longo da entrevista, eu fui me identificando e o tom da conversa mudou. Ele começou e me tratar de uma forma mais respeitosa... Então pedi para fazer palestras sobre sexualidade de uma forma geral e dentro desse tema incluir a homossexualidade. E ele aceitou. Eu freqüento assiduamente a sinagoga às sextas-feiras e

---

[5]A organizadora deste livro coordena o "Espaço Familiar" do *site* do grupo JGBR — Judeus Gays do Brasil, desde a sua criação.

[222]   [Edith Modesto]

sou tratado como qualquer outro membro da comunidade. Já tive oportunidade de conversar com altos membros da comunidade judaica e agora, recentemente, entrei em contato com a Fisesp [Federação Israelita de São Paulo] e eles aceitaram a filiação do nosso grupo de judeus *gays*. Então, como eu trato sempre de uma forma respeitosa, eu encontro uma barreira natural, porque é difícil para todo mundo, mas as portas não se fecharam para mim."

[3] Opiniões sobre atuação política homossexual

A maioria dos entrevistados é pouco otimista em relação à atuação política homosse-xual. Por exemplo:

Celso — "Existe movimento político *gay*? Vejo as atitudes tão isoladas que não consigo chamar isto de movimento, mas acho que está mais fácil ser *gay* atualmente, temos mais visibilidade positiva... Acho que é uma luta que está começando... Eu gostaria muito de participar de uma associação de caráter mais cultural e recreativo como voluntário..."

Rubens — "Política, Edith... E tem muita coisa... Tem muita gente que não vota em *gay*, porque ele é *gay*... Mesmo o voto sendo secreto... É pra ele mesmo, mas...: 'Por que eu vou querer um *gay*, depois vão falar que eu sou assim... Não vou votar em *viado*...'"

[ANEXO]

[O que você achou da entrevista?]

Quase todos os entrevistados gostaram da entrevista. Por exemplo:

Fábio — "Achei a entrevista maravilhosa porque você pegou pontos importantíssimos na vida de qualquer ser humano. Você não perguntou se eu era passivo ou era ativo... Você não considerou, você não partiu da homossexualidade como sendo um problema... E, sim, você quis entender."

Ricardo — "Achei a entrevista maravilhosa, achei que eu devia ter feito sim, eu devia ter vindo sim, achei bacana..."

Caio — "Achei que você tem... Vamos falar de você, Edith, depois falo da entrevista. Eu gostei de você porque você não tem o preconceito dentro de você. Sua entrevista foi transparente. Adorei te conhecer, estou ansioso pra que o livro fique pronto — não sei quanto tempo você vai levar pesquisando —, mas vou querer o livro, vou querer mostrar... 'Leia aqui, leia isso.' Vou dar pra minha irmã, pra minha mãe, pra minha irmã...".[6]

José — "Achei a entrevista um pouco cansativa, mas legal!"

[Você concorda em não ser identificado no livro?]

A grande maioria, se fosse identificado, não teria dado o depoimento:

a) por causa da família

Rafael — "Eu não faria a entrevista se fosse identificado, pois receio que algum dia alguém muito próximo leia. Se é falha ou se é qualidade eu não sei com muita certeza. O que eu sei é que os héteros geralmente não entendem com profundidade o nosso ser — coisa que acredito não ser muito o seu caso, Edith."

Paulo — "Se eu fosse identificado, não poderia fazer essa entrevista por causa de meus pais."

---

[6]A organizadora deste livro fundou em dezembro de 1999 o GPH — Grupo de Pais de Homossexuais — um grupo de ajuda mútua, presencial e virtual, exclusivo para pais e mães: www.grupos.com.br/grupos/maes_de_homos.

[Edith Modesto]

b) por causa do trabalho

Luís — "Não, não faria a entrevista. Porque eu tenho uma vida como profissional, e eu acho que interfere."

Miguel — "Se eu fosse identificado... Eu teria de pensar melhor. Agora essa coisa de estar entrando pra trabalhar num programa pra adolescente... Justamente por causa da minha profissão, no momento que eu estou... Aí não dá, então eu sinto que isso poderia me arrumar algumas complicações..."

c) por medo do preconceito em geral

Fábio — "Infelizmente, eu concordo com que os entrevistados não sejam identificados no livro. Eu gostaria de ser identificado, mas acho que não devo. Se fosse para ser identificado eu não faria essa entrevista, por medo de preconceito. Mas eu acredito que dentro de poucos anos a gente poderá mudar de idéia."

d) porque não aceita ser obrigado a assumir-se

Jorge — "Se eu fosse identificado não teria respondido a estas perguntas, por um motivo bastante claro: isto me tiraria do armário à força e este é o único jeito que não topo sair dele."

parte [2]

[Mulheres]

[mulheres]

[RELATOS DE VIDA]

[1] Depoimento de Sílvia

*"...E aí resolvi que não queria viver neste mundo,
e eu sei que eu decidi que ia acabar com tudo e,
na minha cabeça, se eu começasse a cheirar cocaína,
eu ia acabar com tudo e foi uma decisão tomada."*

Sílvia

Infância

"Sempre fui mais próxima da minha mãe porque meu pai sempre teve uma relação muito fechada conosco. Minha mãe sempre foi mais afetiva, nunca impôs medo e sempre apoiou em tudo. Tive uma infância feliz, nunca faltou nada, acho que a única coisa que faltou foi a presença do meu pai, a presença afetiva."

Adolescência

"Foi tudo normal, muitas amizades, sexta série começa a namorar... Nada sério... Com 12 anos a gente não namora sério, né? Mas namorado sério mesmo eu acho que eu só tive um quando eu tinha 18 anos, meu último namorado, antes da minha namorada. Mas, antes dela, eu não me apegava, então era uma coisa mais pra curtir o momento, por *status*. Na adolescência, a gente começa muito a ir por companhia, então a gente começa a beber, aprende o que é o álcool que não tem em casa, começa a fumar e às vezes tem contato com drogas... Droga, na adolescência, me ofereceram, mas eu nunca tive vontade. Em casa, minha irmã sempre aceitando o

[228]   [Edith Modesto]

que era imposto e eu não. Eu sempre argumentando ou simplesmente fazendo do meu jeito."

[E o seu primeiro namoro?]

"Antes do primeiro namorado, aconteceu uma coisa importante. Eu nunca fui de sair muito à noite, justamente pelo meu pai... Com 17, 18 anos que eu resolvi sair, e eu comecei a sair com o pessoal do meu prédio, mas todos eram mais velhos. Meu vizinho tinha 38 anos, ele era casado, a mulher dele tinha 30... Nós saíamos à noite e foi uma revolução em casa, porque eu não costumava sair. Teve uma noite que eu bebi e saí pra dar uma volta, respirar um pouco... Mas não estava bêbada, estava um pouco alegre, esse meu amigo, que é meu vizinho até hoje, ele veio me acompanhar e ofereceu o carro pra eu sentar, pra descansar um pouco, eu sentei e foi quando ele travou as portas e eu não consegui sair, então ele pulou em cima de mim e me estuprou. Eu não era mais virgem mas me machucou muito, sangrou muito. E por ele ser um advogado muito famoso, é famoso na redondeza, por ele ser muito influente, não contei pra ninguém, na minha casa ninguém sabe até hoje. Acho que fez dois anos, ou vai fazer, até hoje ele mora na frente do meu apartamento, ele entra na minha casa, se fazendo de amigo do meu pai, usa meu telefone e pede cigarro pra minha mãe e finge que nada aconteceu. Quando ele entra, eu vou pro quarto."

[Você acha que esse fato pode ter te deixado com raiva dos homens?]

"Eu acho que não, justamente porque vem o meu namorado, eu fiquei com ele aproximadamente de oito a dez meses, ele sempre foi muito paciente comigo, sempre, nunca forçou nenhuma barra, eu gosto muito dele até hoje, acho ele muito mais um amigo do que meu namorado."

[E você contou pra ele, depois?]

"Contei, depois de uns dois ou três meses... E ele não se conformava, queria tirar satisfação, mas eu consegui convencer ele... No dia mesmo eu não contei pra ninguém, demorei muito pra contar, e quando aconteceu isso eu me senti muito mal, eu achei que o mundo não prestava pra ter um relacionamento direito: Aí resolvi que não queria viver nesse mundo, e eu sei que eu decidi que ia acabar com tudo e, na minha cabeça, se eu começasse a cheirar cocaína eu ia acabar com tudo e foi uma decisão tomada. Eu pedi prum amigo meu e ele trouxe o primeiro papel, estávamos eu e ele e nesse dia minha amiga [nome] foi junto... Era uma quantidade muito pouca, assim pequena, né? E nós usamos os três, é claro que nem fez nada, mas parece que, por você usar, por ser uma coisa ilícita, deu uma sensação de poder, é diferente, e eu usei essa vez e gostei... Aí então eu comecei a pedir mais, todo final de semana. Aí eu comecei a sair, a gente

[Vidas em arco-íris] **[229]**

comprava, aí eu comecei a namorar com o meu namorado [nome], namoro sério, e ele começou a comprar e foi aí que eu entrei mais nas drogas mesmo e fiquei viciada em cocaína. Nós comprávamos uma quantidade grande, por final de semana, era muito dinheiro, e como ele comprava perto da casa dele, no morro, era muito barata... Eu usei uns cinco, seis meses e foi aí que eu conheci meu amigo [nome] que é homossexual e a minha amiga [nome] também começou a sair mais com a gente, e ela começou a usar também. O meu amigo *gay* [nome] nunca utilizou droga e foi ele que levou a gente pro primeiro lugar *gay*, primeira balada GLS, que foi no [nome do clube] e no começo a gente ia porque ele gostava de ir, era nosso amigo, e a gente achou uma conveniência enorme porque geralmente quase todos os bares *gays* de GLS têm banheiro misto, então entram três, quatro pessoas juntas, então pra gente era o que nós queríamos, entrar todos, pra fazer todos juntos... Íamos quinta, sexta e sábado, é um ambiente bem, eu diria sujo mesmo, porque acho que quem vai lá tá procurando alguma coisa, então lá no banheiro só tem droga e tem uns típicos *dark room* e lá o *dark room* é misto, tem homem e travesti, e nós começamos a freqüentar e a usar cada vez mais, era uma quantidade muito grande."

[E você se sentia aliviada? Se sentia feliz?]

"Sim, eu me sentia... Digamos que eu tinha um poder, me sentia com poder, eu era intocada, eu era intocável, eu era mais esperta do que os outros, na minha cabeça, claro."

[Esquecia as tristezas todas?]

"Sim, não tinha tempo ruim desde que tivesse aquilo, estava tudo perfeito, o dia que não tinha, eu ficava horríve., eu fazia o meu namorado [nome] passar as noites rodando, procurando... E ele gostava muito de mim, por isso que ele fazia isso... Não foi a forma mais honesta dele se aproximar de mim, claro... Porque a droga se tornou a coisa mais importante da minha vida e eu não tinha noção que eu era viciada, nunca parava, eu achava que a hora que eu quisesse parar eu ia parar, mas já estava usando todo dia, e era antes do trabalho, depois do trabalho, ia fazer prova, fazia, eu ia antes da prova, eu saía de um intervalo na faculdade usava, era antes de eu chegar em casa e isso tira a fome, tira tudo..."

[Mas dava pra estudar usando droga?]

"Dava, dava porque você fica com o sentido muito aguçado, mas quando passa, o efeito é o contrário na mesma proporção."

[Dá depressão depois?]

"Não, eu nunca tive depressão, nenhum de nós... Nunca tivemos esses efeitos que classificam da cocaína, como violência... Não, nada disso, violência, revolta, nada disso, só queria usar pra fugir, era uma fuga mesmo, a gente entrava na [nome do bar], usava, ficava dançando a noite inteira, conversando, e ia embora, dormia, pronto, nada de violência, discussão em casa...”

[Vocês conversavam sobre o quê, você se lembra?]

“Sobre droga. Era tudo em volta disso, meu namorado também, menos o meu amigo *gay* [nome], que ele não usava e foi entrando nesse ambiente. Um dia, o meu amigo *gay* [nome] deu um beijo no meu namorado. Eu não me importava com o que ele fizesse com outras pessoas, porque eu gostava muito mais dele como amigo, e ele começou a ficar com o nosso amigo *gay* [nome] e era muito estranho pra nós... E a primeira vez que eu fiquei com a minha amiga [nome] foi no *dark room*, eu já tinha entrado com o meu namorado [nome] e um dia eu estava supermal, todos nós estávamos... E ela falou: ‘O que que tem ali?’ Era um *dark room*... ‘Ah... Eu quero conhecer.’ Falei pro meu namorado levar ela até lá, ele falou que não ia sem mim, ele era muito apegado... Eu falei: ‘Ah, tá bom, vamos’... E eu cheguei lá, ele me beijou, beijou ela e ela me beijou, foi assim que rolou o primeiro beijo, com uma menina.”

[Vocês tinham usado drogas?]

“Sim, com certeza, e foi superestranho, mas foi uma coisa que se repetiu na semana seguinte, nós três no *dark room* de novo. E não pensávamos em nada... Era mais: ‘Ah, eu tô bêbada... Tô sob efeito de droga...’, aquela desculpa padrão... Aí nós fomos mais umas três vezes juntos, até o dia que nós duas não quisemos que o meu namorado fosse junto. Por causa das drogas, eu não me recordo muito como aconteceu, eu sei que num período muito curto. Nós estávamos namorando de aliança... E continuamos usando numa quantidade muito menor e o nosso namoro era um namoro sério. Claro, o meu namorado [nome] não estava mais no meio, éramos só nós duas.”

[Ela terminou com o namorado dela também?]

“Sim, ela terminou bem antes, quando ela começou a usar droga com a gente, ela ficou com o nosso amigo *gay* [nome] e contou para o namorado, e eles terminaram. Aí ela começou a sair com a gente, então era sempre os quatro inseparáveis, em todo lugar juntos: meu ex-namorado [nome] ficou com nosso amigo *gay* [nome] e eu fiquei com minha amiga. Mas, antes disso, o meu namorado tinha ficado com a minha amiga e o meu amigo *gay* tinha ficado comigo...”

[Foi uma suruba só?]

“É, mas era separado, cada dois, não era nunca junto... E o meu amigo *gay* [nome] nunca usou droga nem entrou em *dark room*, acho que por isso não foi tanta suruba... Ele sempre teve nojo, ele sempre se recusou a entrar, nem pra chamar a gente...”

[Vidas em arco-íris] **[231]**

[Interessante... e a boate é gay*... ele é* gay*, né?]*

"Ele é *gay*... E nunca entrou em *dark room*... Ele achava um sexo sujo."

[E o que você acha?]

"É horrível... E no *dark room* rolava os três, claro, mas nunca rolou assim sexo mesmo entre os três, sempre era passação de mão [risos] e aí nós duas começamos a namorar e usávamos uma quantidade muito menor, mesmo porque o meu namorado [nome] ficou meio excluído, e, depois, nós decidimos largar as drogas e nós paramos definitivamente. Eu e ela decidimos que a gente ia ficar junto..."

[Vocês tomaram remédio para largar a droga?]

"Não, foi uma decisão assim: 'Vamos parar?' 'Vamos?' Paramos."

[Não sentiram nenhum efeito colateral?]

"Não, não, eu acho que o namoro tava sendo tão importante, tudo ficou pra trás, ficou um passado sujo, nunca mais fizemos e eu parei de fumar, beber nós bebemos pouquíssimo, porque uma dependência acaba levando à outra, eu acho que bebida chama cigarro, que chama outra coisa e nós ficamos uns três meses sem sair à noite, mas foi muito bom, foi uma recuperação."

[Vocês estavam apaixonadas uma pela outra?]

"Sim, era tudo perfeito, era tudo maravilhoso, não tinha um problema, um erro, nada, as duas éramos perfeitas uma pra outra."

A revelação

[Ninguém ficou sabendo?]

"Não, em casa não. Mas, quando eu já tinha largado as drogas, teve um churrasco no meu prédio, um primo meu foi... E ele é homossexual. Ele já teve uma vida muito promíscua, freqüentou a mesma boate que a gente, também usou droga e, hoje, ele é supersério, ele faz inclusive medicina na Unicamp... E ele acabou descobrindo, no meio da conversa, pela experiência que ele tinha, e ele contou."

[Ele também descobriu sobre você e a sua namorada?]

"Isso, e sobre droga, ele ficou meio assustado por causa da boate e eu também estava muito mal fisicamente, a minha namorada [nome] também, nós estávamos muito magras, com cara de doentes mesmo, e ele percebeu. Foi falar com a minha tia, essa minha tia nunca foi muito amiga da minha mãe, então ela, no dia seguinte, foi na empresa do meu pai e falou que a [nome] era minha namorada, que eu era lésbica, que eu era viciada em cocaína, em *crack*, que eu injetava drogas..."

[Mas como ele percebeu sobre as drogas?]

"Porque já estava claro pra família também, de certa forma... eles viam mas fingiam que não viam, mas é claro que, quando você tem um filho viciado em casa... dá para perceber. Ninguém emagrece dez quilos em quatro meses trabalhando. Então ela falou, só que aumentou... Falou que nós injetávamos, fumávamos *crack* e falou que eu estava com Aids e inventou várias coisas... Foi meu primeiro dia de férias, e minha mãe chegou em casa, desesperada, e falou que era pra ligar pra minha namorada [nome] que era pra ela estar na minha casa, que meu pai queria conversar com nós duas. Eu liguei chorando, e em prantos, ela saiu correndo, é longe a casa dela... Fiquei esperando ela no portão do prédio e nós subimos, meu pai chegou e encontrou a gente lá embaixo ainda pra piorar... Era uma situação horrível, não tinha como olhar na cara dos meus pais, porque eu já não estava mal, eu estava bem, eu tinha parado já fazia um tempo, um mês, e em sã consciência era horrível, horrível, e enquanto eu estava falando com a minha namorada no telefone, minha mãe ficava na porta gritando, sabe? Ela, ela gritava: 'É porque você tem que fazer exame de Aids, você tem Aids, você pensa que Aids só pega de homem, pega de mulher também...'"

[Você achou que sua mãe estava triste ou estava brava?]

"Eu achei que ela tentou esconder a tristeza, estando brava, é, mas acho que, acima de tudo, ela estava desapontada e surpresa, claro, acho que ela jamais imaginou, e tem um detalhe importante: quando eu estava começando a usar droga, minha mãe achou um papel de cocaína no meu guarda-roupa e eu inventei que era do meu ex-namorado e que eu ia devolver pra ele, ela acreditou ou fez que acreditou, então pra ela foi uma coisa assim: 'Por que eu não fiz nada antes?' Sabe? Foi um peso muito grande!"

[E seu pai?]

"Nós sentamos, meu pai, muito calmo, conversou, não levantou a voz, ou na hora não levantou a mão, não xingou, nada, supercalmo, parecia indiferente, uma pessoa impessoal, não parecia o meu pai, e ele falou a mesma coisa que ele falou pra mim, ele falou pra minha namorada... Tratou da mesma forma, falou que isso era errado, que a gente, nosso pulmão devia estar estragado, que não tinha mais volta e que nós tínhamos que fazer exame de Aids, porque, se tivesse mesmo, tinha que começar a cuidar, meu pai é muito racional, minha mãe do lado chorando... Meu pai falou, falou... E ele perguntou se era aquilo mesmo. 'Não é mentira, eu usava' — falei a verdade — 'mas já parei faz um mês... Se tiver algum exame que prove isso eu posso fazer...' Mas so-

[Vidas em arco-íris] **[233]**

bre a [nome] ser minha namorada claro que nós negamos. Falei que não, que ela era só amiga, que tinham inventado... Então ele falou, falou, e teve uma hora que ele perguntou: 'Mas se vocês só usam drogas, por que vocês vão tanto em bar *gay*?' Minha mãe sabia aonde eu ia, porque eu sempre tinha que avisar aonde eu ia... Então nós falamos que em bar *gay* é muito mais fácil de encontrar droga... Acabamos [risos] passando a imagem errada, que a gente tenta justamente tirar hoje, passei pros meus pais isso [risos], mas foi a única desculpa que me veio, não deu pra inventar outra... Na verdade foi ela... Eu estava muito nervosa... Meu pai falou: 'Tudo bem, a partir de hoje eu vou te levar na escola, te buscar na escola, te levar no trabalho, te buscar, você não sai de casa se não for acompanhada da sua mãe.' Parece razoável, lógico, prum pai... Lógico que teve uma decepção tão grande... Mas ele falou: 'E seu salário vai todo pra minha conta.' Falei: 'Não, pai, tem que ter um meio-termo, eu posso ajudar em contas, claro você pode ver o saldo dos meus gastos, do que eu gasto, mas o meu dinheiro não vai pra sua conta.' Ele falou: 'Bom, você que sabe, ou é dessa forma ou você vai embora daqui.' Eu falei: 'Não tem meio-termo?' Ele disse: 'Não.' Eu falei: 'Está bem, eu vou arrumar minhas coisas.' Então, eu fui pro meu quarto, a minha namorada [nome] foi junto e aí minha irmã começou a chorar muito, minha irmã sabia das drogas, tentou ajudar várias vezes..."

[E você foi embora mesmo?]

"Arrumei minhas coisas, encaixotei o computador, tudo que era meu, liguei pra uma amiga minha que tinha uns apartamentos pra alugar... Eu ia acordar no dia seguinte e ia assinar contrato. Mas minha mãe, desesperada, não queria que eu saísse de casa, minha mãe é muito apegada a nós, chorei, meu pai jogava na minha cara todo dia que eu tinha estragado a família, que ele ia se separar da minha mãe por minha causa, minha relação com ele nunca foi boa, na verdade. Eu coloquei o despertador, acordei, minha mãe falou não precisa mais ir porque seu pai falou que tudo vai voltar a ser da forma que era antes. Eu sabia que era por causa dela. Eu era muito revoltada com o meu pai, sempre fui, a gente nunca se misturou. A minha namorada [nome] sempre aconselhou: 'Não, calma, dá um pouco de colher de chá, faz um pouco o que ele tá pedindo, tenta negociar, fica em casa, a gente vai ao cinema, a gente fica um tempo sem sair... Não vou, não vou deixar você, vou estar sempre do lado...' Ela sempre foi muito racional e ajudou muito..."

[Você não fala com a sua mãe sobre a sua namorada até hoje?]

"Sim, até hoje... Eu não sei, Edith, acho que minha mãe vê e finge que não vê da mesma forma que foi com a droga... Até eu chegar e contar pra ela porque... Ela vê muita

[Edith Modesto]

coisa, sabe? A gente tá no meu quarto, tá dormindo abraçadas, não sei, a mãe da minha namorada [nome], a mesma coisa, e hoje minha mãe e a mãe dela se falam ao telefone pelo menos duas vezes por semana, porque elas resolveram trabalhar juntas."

[Então elas vêem e é como se não tivessem visto?]

"Essas coisas de mãe, a gente fica pasma de medo... Eu não sei... A gente quer o que, na nossa cabeça, seria um milagre acontecer... Elas virem e falarem: 'Olha, tudo bem, a gente aceita, a gente gosta de vocês...' É claro que na minha cabeça isso é impossível."

[Mas vocês duas não se bastam?]

"Com certeza, Edith, mas a gente não está junto... É muito mais fácil quando você tem em quem se apoiar, não importa se eu perder o meu emprego... Se alguém virar a cara pra mim, eu vou chegar em casa, eu vou ter aquela pessoa pra me apoiar, pra conversar. Quando você não tem, poxa, quando você não tem ninguém, sua família é tudo pra você..."

[Você já tinha contado pra sua irmã sobre ser lésbica?]

"Da minha namorada [nome], minha irmã ficou sabendo depois, no ano passado, quando nós já estávamos namorando há cinco meses. Meus pais não sabem. Minha irmã sabe de tudo até hoje, tudo o que acontece eu conto pra ela, ela se tornou uma amiga que eu nunca imaginava que ela fosse ser. Vai no [nome de bar], vai junto e dá presente pra minha namorada, se compra uma coisa pra mim, compra pra ela."

Vida adulta

[Vocês não estão mais namorando?]

"Mais ou menos, Edith. [risos] Namoramos durante seis meses de aliança, sério, foi quando começou essa pressão... Não posso morar na casa dos meus pais fazendo uma coisa que meu pai e minha mãe desaprovariam, vamos morar juntas em algum lugar."

[Por que vocês terminaram?]

"Nós terminamos.... Eu não entendo por que até hoje, mas a gente se trombava demais, era muito sentimento misturado. Só que, mesmo terminado, a gente não ficava 15 dias sem ficar juntas."

[E você voltou com ela?]

"Eu procurei terapia... Um dia ela me trouxe um presente, aí eu chamei ela pra ir almoçar na minha casa... A gente começou a ter aproximação de novo... Ficamos separadas por um mês."

[Vidas em arco-íris] **[235]**

[Por que você procurou a terapia?]

"Porque eu estava muito confusa com o término do namoro, eu não me conformava de duas pessoas se gostarem, não poderem estar juntas, e eu não entendia várias coisas, e a droga era uma coisa muito presente na minha vida...

[Como você acha que a homossexualidade aconteceu na sua vida?]

"Eu acho que aconteceu por circunstâncias... É meu primeiro relacionamento, o único com uma mulher, e é claro que eu não me imagino saindo por aí ficando com outra mulher, não consigo imaginar isso."

[E com um homem, você se imagina?]

"Sim, é fácil, é padronizado isso, é fácil pra mim, mesmo que eu não vá gostar é fácil, virar e dar um beijo num homem, mas, se eu virar pra dar um beijo numa outra mulher... Não imagino. Um dia, eu encontrei uma amiga numa boate, ela foi pra me dar um beijo e ela não chegou a encostar em mim: eu fiquei com nojo, eu corri pro banheiro e foi uma hora e meia vomitando, e fui pra faculdade depois. Eu fiquei com nojo de tudo quanto é mulher e, depois, eu contei pra minha namorada [nome], chorando... Eu estava inconformada."

[Então você gosta é somente dela?]

"É, a princípio sim, entendeu? Não sei como é que vai ser amanhã, eu não sei se vou acabar me relacionando com mulher pra substituir ela, um dia... Mas eu me considero homossexual, porque eu acho que é muito mais possível, do que eu ficar com um cara... Se eu tiver que ser feliz, eu tenho muito mais certeza que vai ser com uma mulher do que com um homem, com certeza."

[Você já era homossexual ou você se tornou homossexual?]

"Eu acho que eu já era... mas não tenho certeza. É meu primeiro relacionamento, né?"

[Você já transou com homem e com mulher. O que te deu mais satisfação?]

"Não dá pra comparar isso. Não dá porque eu transei com um cara que eu gostava, mas eu transei com a mulher que eu amava! Muito mais gostoso! [risos] Sexo é complementar, sabe? Às vezes é muito mais importante você ter aquela pessoa que você ama de verdade, que você vai sentir perto, dar a mão, assistir a um filme de mãos dadas, conversar, contar suas coisas, dar um beijo, um abraço, do que sexo com qualquer pessoa que seja, com a pessoa mais linda do mundo, com a mais perfeita."

[236]   [Edith Modesto]

[Você acha que sentir assim é uma das diferenças entre o homem e a mulher?
Entre os gays e as lésbicas, por exemplo?]
"Eu acho que é igualzinho, pra mim uma relação entre um homem e uma mulher, uma mulher e uma mulher, e um homem e um homem, pode ser tudo igual... Só que não dá pra generalizar. Então eu acho que varia de pessoa pra pessoa, entendeu?"
[Você pretende ainda falar com sua mãe que você é homossexual, um dia?]
"Claro, com certeza. Eu quero, Edith. Quando eu descobri que a minha namorada [nome] tinha saído com o ex-namorado, eu fui pra casa pra contar pra minha mãe, mas por acaso do destino eu encontrei minha irmã antes e ela me impediu: 'Pelo amor de Deus, não conta, não conta...'"
[Quem sabe não era o momento certo?]
"É... E ainda eu ia passar uma imagem ruim, eu acho, eu ia falar de uma forma ruim, da forma que eu estava sentindo..."
[E você gostaria de se casar com ela e ter filhos?]
"Com certeza. A gente discutia muito sobre isso, fazia planos, porque as duas queriam e a gente queria ter uma menina, que se chamasse Beatriz, então a gente imaginava... Ou ser o nosso amigo *gay* o pai, ou realmente adquirir num banco de esperma pra [risos] pra pegar um gene de olho azul, porque o combinado era o primeiro ela gerar, depois seria eu... E o primeiro, como ela ia gerar, ia ficar mais parecido com ela... Com alguém que tinha olho azul. [risos]"
[Você se preocupava com doença sexualmente transmissível?]
"Eu dôo sangue cada três meses, que é o tempo que tem que esperar, mas eu não me preocupo porque a única pessoa com quem eu transei foi ela mesma, então não tem perigo porque eu sei, ela tem muita consciência."
[Você se acha bonita? Gosta de se arrumar?
"Não, não me acho bonita, mas gosto de me arrumar... Me preocupo com roupas, mas não sou de ficar muito com isso..."
[Tem algum tipo de lésbica que você não suporta?]
"[risos] Olha, vai ficar uma coisa horrível de colocar no livro, mas as chamadas *caminhoneiras*... Como amigas, claro, eu vou conversar, lógico, mas eu jamais me relacionaria com uma delas, porque eu acho que, se eu quiser uma figura masculinizada, poxa, eu namoro um homem que é muito mais fácil."
[No trabalho alguém sabe que você é lésbica?]
"[risos] No meu trabalho quase todo mundo sabe, mas não diretamente; por fofoca."

[Vidas em arco-íris] **[237]**

[Você notou alguma diferença, alguém trata torto?]

"Torto não, as meninas, ao contrário do que a gente possa imaginar, não, superlegais, até são mais legais com você. O homem não, o homem tem tendência de achar que duas mulheres juntas estão pedindo uma suruba, isso em qualquer lugar, tá? No meu trabalho, em bar *gay*... Em bar *gay* os caras chegam e falam: 'Não quer um homem no meio?' Agora, no meu trabalho, meu supervisor, meu ex-supervisor, graças a Deus, ele é muito homofóbico e ele era muito engraçadinho também, ele disse que 'teria que infelizmente se desfazer de ótimas profissionais' e eu mudei justamente de horário por causa dele, porque ele me chamou na cara-dura pra fazer uma suruba com outra menina!"

[Isso é pura chantagem, né?]

"Com certeza, como a menina é superamiga e por conversar comigo, ele achou que era uma oportunidade de experimentar, então realmente ele falou: 'Você não quer sair, você, ela... A gente fica os três, faz uma suruba?'. Eu falei: 'Não, não quero', até brinquei com ele: 'Não, já passei dessa fase...', porque ele já tinha ouvido comentário."

[Você tem religião, acredita em Deus?]

"Olha, eu não vou falar que eu me aprofundei muito em religião, fiz minha primeira comunhão, é, quase dei aula de catecismo [risos], fui convidada, eu acredito que Deus é o amor. Deus é amor, então a partir de que exista amor verdadeiro, incondicional, sincero, então, acho, Ele não quer saber se eu amo mulher, animal, o que quer que seja, eu acho que Ele vai aceitar da forma que vier, desde que seja sincero."

[Qual foi a época mais feliz e a mais infeliz da sua vida?]

"Acho que a mais feliz foi quando eu comecei a namorar com ela, e foi uma época que tudo deu certo porque eu larguei as drogas, larguei o cigarro e eu tinha uma pessoa que eu amava do meu lado... A mais infeliz, eu acho que depende do ponto de vista... Foi com todas as confusões de dentro da gente mesmo que aconteceu e o rompimento do namoro, mas também uma época muito infeliz foi quando aconteceu o estupro e eu entrei nas drogas."

[Quais os seus sonhos para o futuro?]

"Eu sonho em fazer medicina, e eu quero tentar ajudar as pessoas como médica, ajudar pessoas que não têm condição de pagar um médico particular e ter alguém do meu lado, no futuro e que fique comigo pra sempre... E que seja com ela [risos]."

[Edith Modesto]

[2] Depoimento de Elenice

"...Eu sei das minhas obrigações com relação à igreja, mas eu também tenho certeza do meu lado sexual... Como conviver com isso?"

Elenice

Infância

"Minha infância foi um tanto quanto turbulenta. Porque meu pai era comerciante autônomo, viajávamos bastante, e meu pai teve uma educação muito rígida... A minha mãe também da mesma forma, então, eu considero que cresci num ambiente cristão, em primeiro lugar, mas não havia diálogo com pai e mãe. À medida que eu fui crescendo, toda menininha vai descobrindo desejos, né? Isso foi muito reprimido principalmente pelo meu pai... Desde pequenininha, eu trabalhava bastante com ele, mas nos momentos de folga gostava de andar de bicicleta, jogar peteca na rua com os meninos, e meu pai recriminava porque isso era brincadeira de menino... Acho que pelo fato de ser a filha mais velha, ele queria que eu estivesse à frente dos negócios dele e eu não tinha cabeça pra isso... Então, praticamente eu posso dizer que eu não tive uma infância feliz, não tive."

Adolescência

"Na adolescência, no que diz respeito à homossexualidade, foi me despertando com interesse por amiguinhas... E como, na minha cabeça, 'imagine se um dia eu ia gostar de mulher', eu cheguei a gostar de menino, mas sempre reprimido pelo meu pai, até que aos 15 anos, os meu pais se separaram. Enfrentavam uma grave crise financeira e foi um momento que eu e meu irmão ficamos com o meu pai, e, na Igreja Adventista, existe um plano de internato pra moças e moços que a partir dos 16 anos você pode ingressar no colégio. E aí, Edith, foi a minha salvação, ou seja, meu pai disse: 'Vou te mandar pro internato, porque lá você vai trabalhar, você vai sofrer, você vai dar valor pro que você tinha em casa'... Não, muito pelo contrário, foi minha libertação! Então foram cinco anos, os melhores anos da minha vida que eu passei no colégio, internato com denominação adventista, lá eu pude abrir os meus relacionamentos quanto a moças e moços, que em casa eu não podia, em casa eu somente poderia ter amizade com pessoas da igreja, fora, não, então tudo foi muito reprimido lá... No colégio, não, no colégio foi tudo mais solto, lógico que com princípios religiosos aplicados. Isso me ajudou muito e tem me ajudado até hoje, com certeza foi a melhor fase da minha vida."

[No internato, você já tinha uma namorada?]

"Não, não. Eu fui com 16 anos, saí com 21 anos, gostei de várias meninas lá dentro, mas imagina dentro de uma instituição dessas, dentro do internato, você jamais poderia falar alguma coisa, ou simular qualquer coisa, não se pode, você tinha risco de perder a amizade e principalmente os outros ficarem sabendo, então isso foi muito reprimido por mim."

[E os professores?]

"Também, tanto é que eu fui poder falar com as pessoas sobre isso com 24 anos."

[Você não teve nenhum confidente no tempo do colégio?]

"Eu tive duas amigas, confidentes, mas não a tal ponto de falar da questão da sexualidade. Aí você tinha que estar com uma máscara, porque, senão, se você colocasse a verdade pra fora..."

[E como você se sentia com você mesma?]

"Eu me sentia péssima, sentia que eu não fazia parte daquele grupo... Tentava, lógico, como sempre fui rodeada de amigos, sempre gostava de estar ali com os amigos, mas eu não me sentia cem por cento como eles, porque faltava essa outra parte pra ser completada... E, na ocasião, eu só tinha uma vaga idéia... Não tinha uma posição definida realmente, 'eu só gosto disso ou gosto daquilo', então estava tudo muito confuso."

[E com Deus, como era essa relação?]

"Olha, com Deus, na época, eu não me preocupei muito, sinceramente, eu vim realmente me preocupar mais, depois que eu passei a trabalhar como profissional dentro da obra adventista, principalmente na função de obreira, foi onde realmente, conhecendo muito mais profundamente as doutrinas e conhecendo muito mais a mim mesma, depois de adulta, aí que realmente entrou o conflito com Deus."

A revelação

"Os meus pais ficaram sabendo quando eu tinha 12 anos, porque meu pai flagrou uma carta que eu tinha escrito para um amorzinho de escola, quinta série, então ele falou pra minha mãe, minha mãe falou pra minha tia... Meu pai ficou muito bravo, quase me bateu, a minha mãe disse: 'Pra que eu criei uma filha... Preferia que você fosse puta... — como eu tenho uma tia que é — do que uma lésbica'... Eu penso hoje que essa fase passou, porque hoje eles moram no Norte e eu não tenho tanto contato com eles. Acham que foi uma fase da adolescência que passou."

[Nunca mais você tocou nesse assunto?]

"Nunca mais toquei no assunto e nem eles comigo, morreu totalmente, tanto é que, quando eu vou pra lá, vou passar minhas férias, meu pai pergunta: 'Mas, e aí? Namoradinhos?'; 'Não, pai, eu...' Eu prefiro levar a fama de encalhada entre aspas, do que ser uma pessoa que tem interesse por garotas, porque eu sei que isso vai decepcioná-los muito. Meu pai está com 72 anos, saúde debilitada, a minha mãe da mesma forma, então eu sei que isso vai magoá-los bastante... A minha mãe hoje é católica, mas meu pai é adventista há mais de cinqüenta anos, então... É complicado, não dá, não dá mesmo."

[E o resto da família?]

"Só uma prima minha que tem 18 anos que sabe. Aos poucos, com a convivência fui descobrindo que ela tem uma mente bem aberta, eu fui falando aos pouquinhos, até que eu abri o jogo e ela é uma pessoa maravilhosa comigo, entende, então pelo fato dela ser adolescente ela tem a cabeça bem aberta pra isso e é madura. Ela aceitou tranqüilo, eu acho que sou uma pessoa muito ligada à minha família, eu acho que se não tivesse pelo menos um membro que soubesse, eu piraria, com certeza."

[Você acha que é importante o apoio da família?]

"Ah, é muito importante, tem uma relevância enorme. Inclusive, dentro da minha família, a maioria são nortistas, eu tenho duas primas, pela parte do meu pai, lésbicas. A família inteira sabe, mas passa por cima, ninguém comenta nada... Então eu tiro por aí... E elas já têm seus 45, 50 anos. Imagina, desse jeito não posso [risos] de jeito nenhum, infelizmente..."

[E no internato adventista alguém te ajudou?]

"Falei com o pastor, eu tinha 17, e ele disse: 'Minha filha, a única solução é orar e ler a bíblia.' Como é que você vai dizer isso pra uma garota de 17 anos, confusa: 'Lê a bíblia e faz oração'? Aí ela vai piorar de vez, porque na bíblia está escrito que é condenável! Eu falei, pronto, ou a menina se suicida ou sei lá o que ela faz. Aí, me fechei, nunca mais procurei ninguém da área adventista pra me ajudar, não tem condições."

Vida adulta

[Hoje, no seu trabalho, alguém sabe que você é homossexual?]
"Não, ninguém sabe. Nem pensar! [risos] Eu trabalho numa organização Adventista do Sétimo Dia... Você pode escrever isso, Edith."
[Você não se incomoda de divulgar que trabalha lá?]
"Eu acho ótimo falar, porque este tema, dentro da organização adventista, é abafado e eu sei que existem muitos jovens na mesma condição que eu que estão passando pela mesma dificuldade, só que infelizmente muitos não têm coragem de estar assumindo essa situação."
[Você mora sozinha?]
"Eu divido apartamento com mais duas amigas."
[São lésbicas?]
"Não são."
[Você tem de esconder a sua homossexualidade delas?]
"Olha, elas são adventistas também, mas elas são bem liberais... Eu creio que elas desconfiam, mas eu não tenho certeza. Pelo que eu pude perceber, uma delas acho que, se eu chegasse e contasse na boa, não ia ter problema nenhum, a outra já acho que ficaria na dela."
[Você se acha bonita, charmosa? Gosta de se arrumar?]
"Eu me acho bonita, se eu não me achar quem vai achar, né? [risos] Gosto de escolher minhas roupas, gosto de estar bem à vontade, não gosto de andar conforme a moda, eu gosto de ser eu mesma, a começar pelo meu traje, sou moleca e sou assim, esportiva, gosto de brincar com o pessoal, então isso exige roupas leves, soltas, né? Mas não gosto de roupas masculinizadas."
[Você tem um hobby*?]*
"Ouvir música, amo a leitura, amo de paixão. Eu sou uma pessoa musicalmente eclética, depende muito da hora e do espírito que você se encontra. Gosto de leituras técnicas com relação a minha profissão, livros de auto-ajuda, a linha que você possa entender o ser humano melhor na sua esfera... Eu amo ler."

[242]   [Edith Modesto]

[Há algum tipo de mulher de que você não gosta?]
"São as chamadas pejorativamente 'as' *caminhoneiras*, não sei por quê, mas comigo não dá. Eu não namoraria."

[Como foi o seu acesso à comunidade homossexual?]
"O meu acesso a esse mundo foi com 24 anos de idade, pela Internet, comecei a conversar com pessoas e comecei a me identificar com elas... São pessoas de nível... Isso não quer dizer que eu não tivesse amigos dentro da Igreja Adventista, mas eu pude comparar as minhas amizades... Com o pessoal da minha igreja, eu não era cem por cento eu, com os amigos homossexuais eu me sentia totalmente plena. Eu era eu mesma, sem medo de nada."

[Você já teve relações sexuais com homens?]
"Não, nunca, mas... Tentei e tentei justamente na fase que eu estava descobrindo, com 24 anos. Poxa vida, uma garota que até os 24 anos nunca teve relacionamento com homem, como é que eu posso me definir realmente? Então conheci um colega, também pela Internet, que ele sabia que eu era e realmente, depois de dois anos, eu pude ter uma abertura maior com ele e ele falou: 'Se você desejar'... A gente tinha uma amizade bem aberta, então foi com ele que eu tive a minha primeira relação sexual com homem, mas até ele mesmo me disse que não era a minha praia [risos]. Não, não era aquilo que eu imaginei pra minha vida, não era mesmo. Mas, pelo menos, eu tive certeza absoluta disso."

[E quando você começou a sair pra passear?]
"Eu tinha 24 anos, a primeira vez que eu fui, fui num bar [bairro]. Foi um encontro do pessoal da Internet. Foi gostoso. E dali nós fomos pra uma boate. Com uma certa freqüência me acostumei a encontrar o pessoal em bares, parques, aí depois disso fui diminuindo essa ida porque foi justamente a época do conflito, questão da obra religiosa, questão da sexualidade, aí eu fui pirando, eu não tinha mais cabeça de estar conversando com o pessoal, eles não entenderiam o que eu estava passando, então só realmente uma terapeuta... Principalmente uma que já teve uma vivência da minha religião é que podia me ajudar."

[E aí você arrumou a primeira namorada?]
"Sim, arrumei a primeira namorada pela Internet. Ela morava no Norte do país, mas, como ela tinha alguns compromissos aqui, ela veio várias vezes, mas o namoro não foi adiante principalmente pela distância."

[E a sua segunda namorada?]
"A segunda namorada que tive conheci também pela Internet [risos]. A Internet é uma ponte pra conhecer pessoas, principalmente dentro da minha condição religiosa. Conheci, ela era da região Centro-Norte do país, não durou muito tempo também por

[Vidas em arco-íris]   **[243]**

questão de distância... Depois disso eu tive uma outra namorada aqui, na mesma profissão que a minha, e por último tive uma que mora no interior. Mas, no momento, estou sozinha. Solteirona, livre, leve e solta [risos]."

[Mas, e um amor mesmo, você já teve?]

"Já. Foi a segunda, do Centro-Norte... Foi engraçado, porque foi um relacionamento muito forte virtualmente, pessoalmente também, o relacionamento não durou muito, devido a alguns fatores externos da vida dela, mas, pra eu conseguir namorar com uma terceira pessoa, levou dois anos e meio. Não esquecia dela de jeito nenhum. E há pouco tempo nós nos encontramos. Mas hoje se trata de uma grande amizade... Mas todo mundo tem um grande amor na vida e o meu grande amor foi ela."

[Você quer ter filhos?]

"Filho? Eu tenho vontade, acho que toda mulher... Pelo menos, acho que a maioria tem um sentimento maternal, né? Eu gostaria, sim, gostaria de ter filhos. Eu gosto muito de criança."

[Você não sonha em ter um amor que dure pra toda vida?]

"Ah, com certeza, com certeza sonho com isso, sonho com constituir uma casa, uma família, ter aquela pessoa..."

[Como você lida com a religião e a sua homossexualidade? Você não passeia, não vai a boates, não vai dançar, nada?]

"No momento, estou fazendo isso, mas anos atrás eu não fazia... Minha vida era apenas trabalhar, quando minha tia morava aqui, quando eu saía, foi a época que eu fiz terapia. Fiz dois anos de terapia corporal. Eu conheço excelentes psicólogos lá na rede adventista, mas eu não poderia de jeito nenhum chegar num deles, então foi através de uma amizade de Internet que acabei sabendo de uma terapeuta que tratava disso, e eu me identifiquei muito com ela, porque ela foi uma ex-adventista, então ela sabe como é a coisa. Eu cheguei totalmente acabada na sala dela, justamente por ter esse conflito na minha cabeça, eu sou uma obreira, eu sei das minhas obrigações com relação à Igreja, mas eu também tenho certeza do meu lado sexual... Como conviver com isso? Edith, eu não posso estar largando emprego sem ter pelo menos outro em vista, hoje eu estou por circunstâncias no emprego, por circunstâncias financeiras... Eu trabalho, tenho minha fé, mas eu não sou uma obreira participativa... A minha instituição é uma instituição muito grande e a Igreja tem mais de três mil membros, então você, estando lá ou não, não faz diferença nenhuma... Mas tenho uma vida dupla, né? É horrível, então eu tento, hoje eu concilio a parte espiritual, pra minha vida como Elenice e com a parte da sexualidade..."

[244]   [Edith Modesto]

[E com Deus você se arrumou, você conversou com Ele?]

"Graças a Deus, estou bem. Com certeza, Deus é meu pai, de qualquer jeito... Eu até cheguei a pensar que a bíblia condena claramente a questão do homossexualismo e falei: 'Meu Deus, se realmente as Tuas palavras condenam o homossexualismo, qualquer obrigação que seja vai pro inferno, então infelizmente eu estou indo.' Mas, Edith, eu tenho certeza do amor que Ele tem para com cada filho Seu. Ele sabe muito bem do seu coração, das suas atitudes, dos seus objetivos, sabe que você não é nenhuma marginal, você não escolheu isso... Então, Ele me aceita do jeito que eu sou."

[Você acha que Deus a fez assim? Ou Ele não tem nada a ver com isso?]

"Edith, essa é uma pergunta que eu não sei te responder, é difícil."

[Você disse que não escolheu...]

"Ele me fez assim. É estranho... Nas minhas orações: 'Ai, meu Deus, a minha vida é essa, eu não faço uso de drogas, nada, simplesmente quero poder amar as pessoas, poder contribuir com o meu melhor, e eu tenho a questão da sexualidade que é diferente dos demais, das demais pessoas, então, se Tu me quiseres, eu sou assim, então me considero como filha Sua, e, graças a Deus, essa fé que eu tenho dentro de mim é o que hoje me faz um ser vivo, porque há três anos atrás já tinha dado cabo da minha vida...'"

[Foi a psicóloga que a ajudou?]

"Me ajudou bastante, ela foi, eu considero, uma pessoa enviada por Deus, na minha vida, me fez enxergar outras coisas que eu não enxergava antes e ela somente disse: 'Ó, Elenice, aqui está a luz, o tunelzinho, você vai descobrir o seu caminho'... Porque senão eu tinha pirado, imagina: 'Sou a maior pecadora'... Então eu tenho certeza de que muito jovem passa pela mesma situação ou pior do que eu estou passando no momento. Muitos se suicidam. E é uma coisa que dentro da Igreja Adventista, os psicólogos condenam: 'Você não é assim...', quer dizer tentam reverter..."

[Muita gente faz o tratamento de reversão?]

"Exatamente, mas eu, particularmente, não acredito nisso, não."

[Você sabe que hoje em dia tratamento de reversão é considerado errado? Você pode denunciar para o Conselho de Psicologia?]

"Não sabia."

[Você já foi discriminada alguma vez, socialmente?]

"Já. Uma vez, numa avenida, andando com a minha última namorada, estávamos de mãos dadas e o pessoal com aqueles jargões: 'Olha o *sapatão*', mas eu não me importei com isso."

[Você tem uma idéia do motivo pelo qual isso acontece?]

"A sociedade tá acostumada a ver homem e mulher, seja de que caráter forem... Mas é homem e mulher. Quando se vê dois homens e duas mulheres, geralmente estranha-se

[Vidas em arco-íris]   **[245]**

muito. Dizem: 'É uma opção, é, é'... E acabam levando pro sentido pejorativo mesmo... É tipo a questão do racismo, não tanto... Com homossexual é pior: 'É *sapatão*... tá precisando de um pau'... Eles não conseguem aceitar de jeito nenhum, agora eu sinceramente gostaria de descobrir o porquê disso. Medo do desconhecido? Já é uma coisa que tem aparecido mais na sociedade... Mas com certeza o medo faz isso tudo..."

[Quais são os seus sonhos para o futuro?]

"Principalmente, Edith, ser uma pessoa que possa contribuir da melhor maneira possível pra esse mundo horrível... Estar ajudando meu próximo; quanto à parte profissional, é poder contribuir para o desenvolvimento da informação no seu aspecto geral."

[Qual foi a época mais infeliz da sua vida? Sua grande decepção?]

"A grande decepção que eu tive foi justamente nessa época de transição, em torno de meus 25 pra 26 anos, da questão Deus e homossexualidade... Isso foi pra mim minha maior decepção e frustração como ser humano!"

[E a sua maior felicidade? Uma grande vitória?]

"A maior vitória é a cada dia que eu consigo acordar, agradecer a Deus, e agradeço por mais um dia que Ele está me dando, que vai ser com certeza de lutas, que Ele com certeza vai estar me ajudando, então cada dia é uma vitória."

[3] Depoimento de Carolina

"...É uma coisa que meu filho fez, que é: 'Obrigado pela mamãe, pelo papai e pela [nome da companheira da mãe].'"

Carolina

Infância

"Bom, eu acho que foi uma infância bem feliz, eu sou a filha mais velha, tenho uma irmã dois anos mais nova do que eu, sempre me senti muito amada, muito querida pelo pai e pela mãe, nunca me senti diferente [risos], brincava de tudo, brincava com menino, brincava com menina, brincava de boneca, brincava na rua... Nunca teve nada assim que me chamasse atenção."

Adolescência

"A adolescência foi a mesma coisa. Sempre tive namorados e, depois de adulta, e depois que eu descobri essa história de gostar de mulheres, eu me lembrei que aconteceram episódios de mulheres, que se apaixonaram por mim, mas eu nem percebia que era isso. Me lembrei que eu tinha uma amiga, quando estava com 14 anos, que ela me escrevia cartas, me dava presentes e eu achava aquilo meio demais, mas nunca nem pensei que poderia namorar com ela ou que poderia gostar dela, nunca... Isso pra mim não existia."

[E com os meninos, como é que era? Você transava com algum deles?]

"Transava e era legal. E não me decepcionei... Mas não fui muito namoradeira. Tive namoradinhos na adolescência e me casei muito cedo, com 18 anos eu estava morando com o meu ex-marido [nome] e fiquei dez anos casada. E durante o casamento não teve história nenhuma paralela. Eu não era fiel porque tinha de ser, eu era fiel porque era assim."

[Pra você, o sexo é importante?]

"É muito importante e, durante o casamento, esse era um nó, era um problema, porque eu tinha muita dificuldade, era bonzinho, entendeu? Mas não era... maravilhoso. Então, sei lá, eu fiquei casada dez anos, nos últimos seis anos do casamento, a questão do sexo era complicada pra gente, porque eu tinha muita dificuldade de chegar ao orgasmo, isso começou a incomodar muito ele também, então virou uma confusão."

[Em relação a isso você não tomou nenhuma atitude? Nunca pensou em fazer uma terapia ou coisa assim?]

"É, fiz terapia, conversava sobre isso, mas a gente nunca tomou uma atitude conjunta e nem nunca chegou a: 'Vamos resolver isso', né? Também acho que tinha uma agravante, ele era muito inexperiente, eu fui a primeira mulher na vida dele e então ele tinha muita dificuldade também de conversar sobre isso e virou uma confusão porque ele achava que o problema era dele, que não conseguia me satisfazer."

[E filhos?]

"Tenho um filho de 7 anos."

[Você quis o filho ou foi sem querer?]

"Não, eu sempre quis ser mãe, desde pequena. Quando era adolescente, eu achava que com 18 anos eu ia ter filho, mas aí minha mãe teve filho, eu era adolescente quando ela teve o meu irmão e eu vi que o negócio era meio barra pesada [risos] e então a gente ficou junto nos primeiros anos sem ter filho e aí já estava na época... A gente meio que relaxou... Se viesse, tudo bem."

[Vidas em arco-íris] **[247]**

A revelação

[E quando foi o primeiro indício de que sua sexualidade era diferente?]
"[risos] É, eu me apaixonei por uma mulher. Por uma colega de trabalho. Eu tinha acabado de me separar, ela foi uma pessoa que conversava muito comigo nesse processo de separação, a gente foi se conhecendo muito, até que eu comecei a perceber que o que eu sentia não era só vontade de conversar com ela... Esse foi sempre um mundo meio longe, eu nem sabia... Hoje em dia, eu sei que ela é homossexual, mas na época eu nem conseguia ter certeza. Eu pensava: 'Será que é, será que não é', e ela também começou a se envolver e aí um dia a gente teve uma conversa e ela perguntou, ela foi muito direta, perguntou se eu sentia atração por ela, e eu falei que sentia, que não sabia o que fazer com isso, mas que sentia."
[E você concluiu que a sua homossexualidade foi uma opção ou uma descoberta?]
"Não, eu não optei... Eu não optei... Eu acho que eu descobri."
[Era alguma coisa que estava dentro de você, sem você ter percebido?]
"Eu acho que sim, eu acho que é... [risos] É uma coisa pouco elaborada na minha cabeça isso. Como que pode a vida inteira ter sido uma coisa tão longe, e de repente ser uma coisa tão presente? Eu não sei explicar a viradinha da chave [risos]. Há coisas que são inexplicáveis mesmo."
[E quando você percebeu, você falou isso com mais alguém?]
"Aí eu voltei correndo pra minha terapeuta... [risos] E fui contar pra ela que eu tava apaixonada e que não era um homem, era uma mulher e aí ela perguntou como eu tava me sentindo... Falei: 'Tô apaixonada' [risos]. E ela perguntou se eu estava questionando esse meu sentimento... Foi uma coisa muito tranqüila."
[Você estava com quantos anos?]
"Com 28. Talvez por causa da idade, não sei... Eu tava saindo de um casamento também, eu acho que eu tava muito aberta... Aí, 'o que vem agora?' E com essa menina deu muita confusão [risos]. É, foi uma história bem carregada, pesada. Ela tinha outra pessoa e ela é uma pessoa complicada, de não assumir nada, então era muito difícil... Não assumia que gostava de alguém... Eu me apaixonei por ela e ela... Depois dessa eu vivi algumas outras..."
[Você acha que mudar muito de parceiro é uma característica de homossexual?]
"Não, acho que não. Eu acho que qualquer ser humano procura... Que uns têm, não sei se é sorte, se é porque ele encontra um relacionamento mais consistente, que satisfaz..."

[Você sabe dos rapazes, dos gays, *que eles trocam muito de parceiros?]*

"Sei, mas os homens héteros também trocam muito de parceiras, eu acho."

[Então você acha que é mais uma característica masculina do que homossexual?]

"Eu acho, talvez seja, teria que prestar mais atenção, talvez seja acentuada essa característica nos homossexuais masculinos e aí não sei a causa... Mas que eu acho que é uma característica mais masculina, acho."

[Então a mulher tem alguma coisa a mais?]

"Acho, eu acho que a mulher se entrega mais, se abre mais, se deixa conhecer mais, não sei se é isto..."

[Você acha que a menina se aproveitou de que você estava apaixonada e sacaneou você, ou é o jeito dela?]

"Não. Eu acho que é o jeito dela, eu não me sinto sacaneada, se eu fui sacaneada foi por mim mesma [risos]. Depois dela eu tive outras namoradas... Namorinho, assim... Teve uma coisa que complicou muito minha vida nessa época: eu morava em [nome da cidade] e as pessoas que eu conhecia eram todas pessoas que essa moça, pela qual eu me apaixonei, conhecia também. É essa coisa de todo mundo conhecer todo mundo e todo mundo já ter namorado todo mundo, foi uma coisa que me incomodou bastante. Eu namorei com duas ex-namoradas dela... Então, é normal, porque aí em volta disso surge um monte de confusão, de briga... Aí, pela Internet, eu conheci várias pessoas que não tinham ligação com ela, e aí a última pessoa que eu conheci foi a minha companheira [nome].

[E a sua família? Ficou sabendo disso tudo?]

"É, primeiro eu contei à minha irmã, mais tarde. Ela ficava muito preocupada, não pela história — bom, isso foi o que ela verbalizou —, não pela história de ser mulher, mas por ser história complicada e foi um período em que eu ficava muito deprimida..."

[E sua mãe?]

"Minha mãe sempre foi uma pessoa muito pra frente nas coisas, assim... Lá em casa, ela sempre teve amigos homossexuais, mulheres só uma que eu me lembre, mas homens vários, grandes amigos, amigos há vinte anos, e eu achava que ela ia encarar de uma forma mais ou menos tranqüila. E então eu não contei ao meu pai, porque achava que ia ser muito difícil pra ele, e resolvi contar à minha mãe. E contei de uma maneira, como se fosse qualquer coisa... Eu sentei com ela num bar e falei: 'É, mãe, eu tô namorando uma mulher.' Ela olhou pra mim e falou: 'É?' Eu falei: 'Você não tinha desconfiado?' 'De jeito nenhum, de jeito nenhum', e eu senti que não foi fácil pra ela. Faz uns

[Vidas em arco-íris] **[249]**

dois anos que eu conversei com ela e até hoje não é fácil... Toda vez que a gente conversava, eu me sentia muito agredida com as coisas que ela colocava, ela repete muito uma frase que é assim: que ela me respeita, mas não entende... E eu também respeito, mas não entendo o que ela não entende [risos] e ela se sentia agredida e eu me sentia agredida. Então a gente falou: 'Não vamos ficar cutucando isso, vamos deixar rolar, vamos ver o que, como é que cada uma administra e vai digerindo essa história.' Então a gente não conversa mais sobre isso. Eu sentia que, eu estar feliz vivendo isso, incomodava muito a ela e aí me incomodava porque a frase que minha mãe repetiu a vida inteira era que o que importava pra ela não era o caminho que a gente ia seguir, mas era que a gente fosse feliz, fosse qual fosse o caminho. E aí, de repente, não era, porque eu estava no caminho e estava muito feliz e ela não estava."

[E seu pai?]

"Aí, meu pai, eu demorei um tempão pra contar, meu pai sempre foi muito meu amigo, então isso me incomodou muito porque eu não tinha o que trocar mais com ele [muito emocionada]. 'Oi, tudo bem?', coisas superficiais... 'Filha, você está bem?' E aí quando eu conheci a minha companheira [nome], que é uma história muito forte, muito feliz, eu tinha muita vontade de dividir com ele e resolvi que ia conversar. Eu tava supernervosa, a gente sentou no restaurante e aí falei primeiro que eu estava muito feliz, que eu estava amando muito, que era uma época boa da vida e que era esse o motivo da conversa, que eu queria dividir com ele esse momento muito legal da minha vida, que eu estava amando muito e que não era um homem. Aí ele falou: 'Ah, e como ela é, de onde ela é?' Aí eu caí do cavalo: 'Pai, você ouviu o que eu falei?' 'Ouvi.' Aí, a gente ficou duas horas no restaurante conversando sobre relacionamento, sobre amor, sobre respeito e ele colocou preocupações que ele tem com relação a qualquer relacionamento e colocou preocupações específicas de relacionamentos homossexuais assim: 'Eu não gostaria que você se fechasse num gueto, não gostaria que você freqüentasse lugares só de homossexuais, porque isso não faz ninguém diferente de ninguém, você é um cidadão do mundo, você tem que contribuir com o mundo, não é com um grupinho, né?' E a preocupação que eu fosse feliz, escolhesse o caminho da felicidade..."

[Qual a importância do apoio da família?]

"Eu acho que é muito importante, pra mim foi muito legal saber que eles estavam junto comigo, uma mãe com as dificuldades dela, todas, mas em nenhum momento ela falou assim: 'Ah, então vai embora, então você não é mais minha filha.' Então, sempre foi muito importante saber que minha mãe sabia e que estava elaborando, que meu pai sabia e que encarou desse jeito que encarou, porque, se na minha cabeça é uma coisa normal entre aspas, assim tranqüila, eu espero que... Eu esperava que fosse também na deles."

[E no seu trabalho, você pretende se mostrar homossexual?]

"Se alguém perceber, não é uma coisa que eu vá negar, nem esconder, eu vivo minha vida como qualquer outra pessoa, alguns percebem e outros não, mas, profissional-mente, eu não acho que isso seja uma coisa assim importante."

Vida adulta

[Você tem um tipo preferido de mulher?]

"Eu não me imagino com ninguém muito feminino... Não me atraem mulheres muito femininas, me chama muita atenção pessoa mais andrógina, assim."

[Você se acha bonita, charmosa? Gosta de se arrumar?]

"Acho... Tem fases [risos] que eu tô mais a fim de andar mais arrumada, tem fases que eu tô mais... É uma coisa que varia."

[Você tem **piercing**, *tatuagem?]*

"Tenho uma tatuagem na mão... Eu acho que ela veio junto com um sentimento de libertação. No momento em que decidi fazer a tatuagem foi que eu falei: 'Ah, eu sou isso e quem quiser que...'"

[Você tem um **hobby**?]*

"Eu gosto muito de pintar, eu gosto muito de desenhar, gosto muito de ouvir música e gosto de cinema... E de nadar. Não tenho feito muito nenhuma destas coisas atualmen-te [risos]. Tá tudo no caminho de uma reestruturação, sabe?"

[Você acha que fisicamente dá pros outros perceberem que você é homossexual?]

"Muita gente diz que não. Minha mãe disse que eu mudei muito... Virou pra mim... Minha mãe me deu um vestido cor-de-rosa, de lacinho, que eu nunca usei, nem vou usar, porque não faz parte do meu show [risos], e diz que achava que eu tava ficando muito masculina: 'Você tá assumindo essa história e tá todo mundo vendo. Você tá andando diferente, você está se vestindo diferente, você não sei o quê', é a visão dela."

[Tem um tipo de homossexual que você não suporta?]

"Eu não gosto quando a coisa se torna muito fabricada... Na verdade eu nem sei se é mesmo fabricada pelas pessoas... Acho que o que me incomoda é a agressividade."

[Você já transou com alguém que tinha acabado de conhecer?]

"Não."

[Vidas em arco-íris] **[251]**

[Você se preocupa com doenças sexualmente transmissíveis?]

"Preocupo, mas... Na prática, eu acho que dei umas bobeadas bem legais. Mas eu acho que o que existe é muito terrível, né? As formas de prevenção pra mulher são... Esse negócio de usar plastiquinho. E eu não conheço nenhuma mulher, de muitas que eu já conversei, que faça sexo seguro. É diferente de usar camisinha... Agora o perigo é menor, mas existe. Eu acho que devia haver uma forma de proteção mais eficiente."

[Você conheceu a sua mulher pela Internet. Como tudo aconteceu?]

"Eu acho que, quando eu vi a foto dela, eu já estava meio apaixonada... Ah, é tão complicado isso, é uma coisa muito diferente, uma forma de conhecer muito nova, assim, que a gente não imagina. Eu me apaixonei pelas coisas que ela falava. Falava não, escrevia [risos]. É, ela é muito sedutora também."

[Ela sabe o que quer e batalha por aquilo?]

"É... ela arma um caminho, ela é poderosa [risos]. No primeiro dia que a gente se encontrou ela tinha entrado com um *nick*... Que era 'sacudir estrelas', que era um pedaço de uma música e aí eu achei engraçado o *nick* e escrevi lá: 'Caí.' Aí ela achou ótimo, 'poxa, que autoconfiança'... Já disse que é uma estrela que caiu [risos], ela sacudiu e eu caí, e aí a gente começou a conversar."

[Aí, você já tinha visto a foto dela?]

"Não, ficamos conversando cinco horas mesmo, assim de meia noite às cinco da manhã... Haja grana, depois deste telefonema a gente trocou foto e umas duas semanas depois, eu mandei um PTA pra ela ir pra [nome da cidade] [risos]. Depois, várias vezes viajamos, pra nos encontrar, e a gente resolveu que a gente queria ficar junto, queria casar, dividir a vida e eu me mudei pra cidade dela [nome da cidade]."

[Você largou tudo lá na sua cidade, seu emprego, família, tudo?]

"É, meu emprego, eu tô de licença-prêmio, mas eu não volto, larguei meu emprego onde eu já estava há dez anos... Mas na verdade é assim: é uma cidade onde eu não tinha uma ligação muito forte, eu não consegui fincar raízes, assim, profundas, lá, e eu, desde que eu me separei, eu sinto um movimento em mim assim de querer mudar, de querer arriscar, de querer... 'Ah, isso que eu quero? Então eu vou, se eu me estrepar eu volto [risos] e pego outro caminho'."

[Não é um processo complicado? Mudar de cidade, largar família, emprego, amigos... Ver como será com o seu filho...]

"Bem complicado. É, porque tem a questão do pai do meu filho também, que é bem complicada pra mim... Seria bem mais fácil estar na minha cidade, eu não teria vivido um monte de complicações que eu vivi, por conta dessa mudança."

[252]   [Edith Modesto]

[O pai fica com medo de perder o filho? Você tem medo de perder o seu filho?]
"É muito complicado..." [comovida e apreensiva]
[E como seu ex-marido está levando a sua homossexualidade?]
"Ah, é uma coisa difícil porque... Ele já verbalizou inclusive que tem preconceito, no começo, quando ele descobriu, ele falou assim: 'Ah, eu prefiro que seja mulher do que seja homem, porque assim eu vou continuar sendo o único homem da sua vida'... Mas ele está se sentindo ameaçado... Ele nunca quis a separação, faz dois anos e meio que a gente está separado e, da última vez que ele esteve aqui, ele disse que não queria mesmo que a gente tivesse separado, e disse que, se não desse certo, que eu podia voltar, que ele estava lá. Então, tem a questão dele: como é uma relação homossexual... Tem preconceito na cabeça dele, tem a questão dele de ainda não ter aceitado a separação, e tem a questão do nosso filho, que ele tem um monte de preconceitos horrorosos: dele ser criado por homossexuais e com quem o filho dele vai conviver..."
[Você falou que em relação ao sexo seu casamento heterossexual não ia bem. E agora?]
"Mudou completamente... É outra coisa. De repente, eu não sou mais aquela..."
[Você sonha em ter um relacionamento profundo que dure toda a sua vida?]
"Sim. Minha preocupação maior é de estar feliz agora, e amanhã também, depois também. Não é ter uma relação pro resto da vida, não é objetivo, é conseqüência."
[E seu filho, como você está lidando com ele em relação a isso?]
"Ainda não foi nada verbalizado... Porque eu não percebo uma necessidade dele ainda de que isso seja colocado assim claramente... Eu sei que ele percebe que é uma coisa diferente, tanto que ele não fala que a minha companheira [nome] é a minha melhor amiga. Ele fala o nome de outra que é uma grande amiga que eu tenho. Ele não chama a minha namorada de tia [risos], mas ele incluiu, ele incorporou ela como família, tanto que a gente vai agradecer, de noite, ao Papai do Céu, não sei o quê, freqüentemente, isso não foi uma coisa que eu fiz, é uma coisa que ele fez, que é: 'Obrigado pela mamãe, pelo papai e pela [nome da companheira da mãe].'"
[Já lhe passou pela cabeça que talvez não haja necessidade de falar: "ela é minha mulher"... Ele vai perceber?]
"Já. Ele fica muito bem quando tá com a gente, eu sei que ele tá feliz. É uma relação muito tranqüila os três, e, se ele um dia me perguntar, eu sei que vou gelar, mas eu vou falar pro meu filho o que eu sinto e aí vamos ver como ele administra, mas eu acho que ele vai administrar bem... Porque ele percebe, ele vive uma coisa boa, uma relação de respeito, uma relação de muito amor, de muito carinho. A gente não se beija na boca

na frente dele, mas a gente se faz carinho, a gente é muito de passar a mão no cabelo, de deitar no colo, ele sabe, ele sabe que a gente tem um quarto, que a gente dorme na cama junto, que a gente toma banho junto..."

[Então você acha que dessa maneira ele não vai ter grandes problemas? Ou não vai ter nenhum problema?]

"Ah, Edith, na verdade é uma coisa que eu não sei, acho que eu não posso antecipar qual vai ser a reação dele, mas eu acho que o meu papel, eu acredito que o meu papel é estar mostrando... Que eu tô feliz e que eu me preocupo que ele também esteja feliz."

[E em relação aos outros? Os de fora causarem problemas, você já pensou em como lidar com isso?]

"Já pensei, e eu acho que sempre o caminho é o diálogo. É falar: 'Olha, existe esta visão, visão de quem não conhece, que é uma coisa que não é o que a maioria vive, mas você vê o que acontece aqui e é assim, é bom, é feliz, é gostoso.'"

[Você gostaria de se casar legalmente com a sua companheira?]

"Eu acho importante... Pensando na morte, eu acho importante; pensando na vida, eu não acho. Na morte ou no caso de uma separação muito *hard*... Assim, ruim porque... A gente tá muito no começo de uma relação, mas vamos dizer que a gente construa muita coisa junto, eu acho que é provável, como é que vai ficar isso, né? Até pro meu filho, pra ela, se eu morrer antes, isso eu acho importante até pros meus direitos."

[Qual foi até agora o momento da sua vida que você achou muito infeliz, uma derrota?]

"Eu senti essa sensação de fracasso muito grande, apesar da certeza do que eu tinha, do que eu estava fazendo, foi na época da minha separação, assim, eu sabia que eu queria me separar, eu sabia que não dava mais, mas eu senti muito a perda dos planos e a perda da estrutura familiar."

[E um momento feliz, uma vitória?]

"Agora, eu acho que sou muito mais feliz hoje do que em qualquer outro momento da minha vida. Eu tenho, é forte isso, eu tenho orgulho de mim por ter conseguido trilhar esse caminho, por ter descoberto essas coisas, por estar assumindo uma história que me faz bem, apesar de tudo, de incomodar um monte de gente... Eu fui filha mais velha e sempre senti muito a expectativa, uma expectativa muito grande com relação a mim, que eu fosse trilhar o caminho certo, fazer as coisas na hora certa, do jeito esperado e durante muito tempo eu fiz, eu casei direitinho, eu demorei a ter filho, tive filho quando quis. É, nunca repeti de ano, me formei, arranjei emprego, fiz concurso, tive empregada... E, de repente, agora eu larguei o emprego,

[Edith Modesto]

eu tenho uma relação homossexual, mudei de cidade, apesar de saber que, por exemplo, minha mãe estava precisando de mim, num momento difícil, então eu tô fazendo tudo que teoricamente ninguém esperava, mas pra mim isso tá sendo muito bom porque era... É o que eu quero fazer."

[E seus planos para o futuro próximo?]

"Um emprego muito bom, meu filho perto de mim... Poder viajar, poder curtir a vida e continuar feliz com a minha companheira [nome]."

[4] Depoimento de Roberta

"... Mulher, negra e gay, *no Brasil, aí já é overdose, né?..."*

Roberta

Infância

"Eu tive uma infância muito feliz... Acho que hoje sou uma mulher muito feliz por conta da minha infância, eu sempre fui muito mais ligada a minha mãe que a meu pai, e isso tem a ver com o fato dela ter sido uma pessoa afetiva. Eu tinha muitos irmãos, sempre muitas crianças em casa, porque minha mãe tomava conta de crianças e era muito legal porque a gente se divertia muito junto. Eu nunca me senti diferente.Quando criança, eu sempre me senti muito tímida..."

Adolescência

"Então, adolescência acho que começou a complicar um pouco, eu me sentia diferente, esquisita. Eu já tinha de me relacionar com os outros adolescentes, aí eu já me sentia mais retraída, isso pra mim era meio complicado, eu sentia uma sensação de inadequação muito grande, e, até descobrir que eu era *gay*, eu não sabia muito bem o que era."

[Vidas em arco-íris]   **[255]**

[Você brincava do quê, estudava, gostava de que matéria?]

"Estudava, sempre me dei muito bem com letras, sempre gostei muito de escrever, de ler. Eu jogava handebol, jogava muito bem basquete... Em relação às amiguinhas, assim como amizade diferente, só depois, quando eu já era adulta."

[Você teve namorados, na adolescência?]

"Tive, períodos muito curtos, mas eu tive namorados... Eu tive um namorado na infância que foi um lance muito legal na minha vida, aprendi a beijar com ele [risos], a gente se divertia muito juntos."

[Você escolheu ser lésbica?]

"Ah, não, a gente não escolhe, a gente não escolhe isso, nunca, acho que não existe isso, aliás eu acho que falar em opção é um equívoco enorme, porque ninguém chega e te pergunta 'você quer?', chega um dia que você se toca, né? Se você imaginar que tem um lugar numa parede ou numa estante que você tem que colocar uma caixa e sobra um pedacinho, você nunca consegue encaixar muito bem, nunca consegue enfiar a caixa inteira, era mais ou menos assim que eu me sentia e, na verdade, eu não tinha noção de que isso podia ser qualquer coisa ligada à homossexualidade... E eu fui fazer terapia, eu tinha uma série de problemas, por conta dessa coisa de estar travada..."

[Você tinha namorado nessa época?]

"Eu já tinha tido uns dois ou três namorados, mas assim, sempre coisas muito fugazes, um mês, dois encontros, o namorado que eu fiquei mais tempo foi o [nome], foi meu namorado de infância."

[Mas não transava?]

"Não, no meu tempo a gente não transava [risos] muito cedo. A gente namorava, se amassava, se beijava, mas não transava. Se fosse hoje, talvez tivesse transado... Na terapia eu fui trabalhar as questões da minha mãe, que falecera: evidentemente acabaram surgindo coisas da minha infância, mãe, pai, relações e aí de alguma forma eu acho que a minha terapia me preparou pra isso."

A revelação

[Você achou que sua terapeuta foi competente e não era preconceituosa?]

"Nem um pouco, e ela foi fundamental na minha vida, agradeço àquela moça, acho que eu vou agradecer a ela o resto dos meus dias, eu tive oportunidade de falar com ela uma vez depois, muitos anos depois, e eu disse a ela exatamente o que eu tô aqui dizendo, que eu agradecia a ela tudo que ela tinha feito por mim, porque, embora eu nunca tivesse falado abertamente na terapia a esse respeito, eu acho que ela deve ter percebido, ela era muito competente, apesar de muito jovem. Eu já falava de uma amiga minha, que era uma pessoa que eu gostava muito, admirava muito, eu percebia uma certa atração por ela, mas eu não sabia dar nome, sabia que ela também se sentia atraída por mim apesar de ser hétero, de ser casada, e eu levava isso pra terapia, e eu acho que ela foi trabalhando isso, me preparando sem me falar... Porque eu é que tinha que chegar nisso... Daí a competência dela. Eu só percebi que eu era *gay* quando eu fui cantada, eu me estranhei..."

[Como foi essa cantada?]

"Eu fui trabalhar num hospital e aí eu encontrei uma pessoa, uma funcionária do hospital... A gente começou a conversar, trabalhávamos relativamente próximas e aí saímos, fomos jantar juntas e, conversando, ela virou pra mim e falou assim: 'Sabe, desde que eu te conheci, eu não consigo parar de pensar em você um dia sequer', e a sensação que eu tinha, que alguém estava tirando um véu... E eu não senti surpresa, não me senti chocada, na hora me atravessou aquilo, falei: 'Meu Deus, mas então é isso!'... Eu tive clareza naquele momento... Eu percebi que eu era *gay*. Tem vários percursos pra homossexualidade, né? Tem gente que sofre terrivelmente, tem um monte de dificuldades, não aceita, nunca tive isso, a minha trajetória foi exatamente essa que eu estou contando, Edith, naquele momento eu me dei conta... Eu já estava com, sei lá, com 27, acho, por aí... Eu já estava mais amadurecida."

[Você acha que teve sorte?]

"Talvez, eu tive, né? Porque, às vezes, a gente está em roda de amigos, amigos *gays* e aí sempre pinta essas coisas: 'Como é que foi? Como é que é?' Como é relacionamento com família e tal e eu falo, nunca tive essa coisa de culpa... Eu sou o que sou, ué... Eu vou fazer o que eu não escolhi? Eu sou assim, e sou feliz assim, hoje eu acho que não podia ser diferente e nem queria ser diferente."

[E na sua casa?]

"Minha mãe já tinha falecido e, na minha casa, logo que eu descobri, não falei nada, ficou por isso mesmo. Meu pai é vivo, mas meu pai não aceitaria, minha mãe com certeza aceitaria, tem algumas pessoas na minha família pra quem eu contei anos depois, aí eu já estava acomodada na história."

[Como reagiram?]

"Muito bem, graças a Deus, as pessoas que sabem aceitam numa boa, eu moro com um irmão e ele sabe. Ele me respeita totalmente, isso me facilita muito. Nessa época, eu ainda estava cursando psicologia."

[Vidas em arco-íris] **[257]**

[Você já passou por alguma situação de preconceito, discriminação?]

"Abertamente, não. Mas, hoje, eu já perdi a ingenuidade, parte da dificuldade de conseguir encontrar alguém... Não vou dizer que sou discriminada por todo mundo, mas algumas pessoas me descartam antes de eu abrir a boca. Eu acho que, no Brasil, a estética é muito valorizada e aí tem os padrões, não vou dizer pra você que eu estou sozinha só por ser negra, eu também sei que eu vou encontrar alguém que goste de mim assim, e tem que gostar assim mesmo, porque eu não vou mudar, né?"

[O que você acha que pesa mais: o preconceito racial ou o preconceito em relação à sexualidade?]

"Eu acho que os dois pesam muito, mas tenho a impressão de que o racial deve pesar mais... Mas eu médio saí do armário... Porque todos os meus maiores amigos sabem que eu sou *gay*, as pessoas mais importantes na minha família sabem que eu sou *gay*... Falta um irmão... Mas no trabalho, por exemplo, eu não escancaro porque aí vou me expor em nível que vai me prejudicar. Vão pegar as coisas que levei anos pra conquistar profissionalmente... Sofro preconceito cotidianamente por ser negra, inclusive dentro da minha profissão, se somar isso com ser *gay*, aí... Não dá, aí é demais, então, não é por mim, porque pra mim tá tranquilo, tá muito bem resolvido. Não está resolvido é pras pessoas: mulher, negra e *gay* no Brasil, aí já é overdose, né?"

[E a importância do apoio da família ao homossexual?]

"Nossa, é fundamental. Eu tenho constatado, eu acho que, quando você tem uma família que te apóia, você pode tudo. De um modo geral, as pessoas que contaram pras famílias, essas pessoas são fortalecidas, elas conseguem lidar com qualquer coisa que venha, com qualquer tipo de preconceito, qualquer tipo de dificuldade. As mães têm um papel que é fundamental nisso, até pra conquistar os pais."

Vida adulta

[Você se acha bonita, charmosa? Preocupa-se com roupas?]

[risos] Que saia justa, né? Eu vou falar a verdade, eu gosto de mim, eu me acho muito graciosa, harmoniosa, acho que tenho um certo charme, gosto muito de me vestir, sou muito vaidosa. Gosto de me vestir bem, não gasto acima do que eu posso, mas não saio na rua de qualquer jeito, também porque, se eu sair na rua de qualquer jeito, eu vou sofrer mais preconceito do que eu já sofro."

[258]   [Edith Modesto]

[E um passatempo, alguma coisa que gosta muito de fazer?]

"Vixe, eu adoro dançar, gosto muito de ler, adoro ir ao cinema, gosto muito de comer macarrão com os meus amigos [risos], batendo papo, gosto de andar de bicicleta, fazer caminhadas... Gosto de viajar, mas gosto de voltar pra minha casa, adoro cuidar das minhas plantas, cuidar da minha casa."

[Na faculdade não pintou nenhuma amiga, nenhuma colega que lhe interessasse?]

"Quando eu estava na faculdade, eu levei essa cantada que te falei... E já estava namorando. Então aí não tinha olhos pra mais ninguém. Foi uma paixão... Mudou a minha vida... Eu fiquei completamente envolvida, apaixonada, foi o único relacionamento que eu vivi, depois que a gente se separou eu não consegui... Eu tô sem namorada atualmente [risos]."

[E quanto tempo você ficou com ela?]

"Cinco anos."

[Vocês moraram juntas?]

"Não, não moramos juntas. O que era muito ruim é que ela era casada, na verdade, ela era casada mas ela não admitia que era. Ela dizia que tinha tido um relacionamento, tinha morado com a pessoa e que já tinha terminado, que ela morava na mesma casa. Mas, depois, com a convivência, eu percebi que não tinha terminado coisa nenhuma, tinha terminado algumas coisas, não tinha mais sexo, mas..."

[Então você estava de amante?]

"Eu estava de amante, mas acho que a outra sabia... Porque era impossível não saber, quem olhava pra minha cara via quanto eu amava ela. Mesmo assim, foi a melhor coisa que eu vivi na minha vida, foi muito legal o que aconteceu entre a gente."

[Você acha que ela gostava de você?]

"Eu acho que ela gostava... Essa é a diferença: ela gostava e eu a amava, a gente tava muito desnivelada, eu faria qualquer coisa por ela, eu me entregava, eu me entreguei completamente, eu não sei fazer as coisas pela metade [risos]. Eu acho que ela gostava de mim, mas ela não me amava na medida que eu a amava, eu acho que ela não tinha segurança de romper com o que ela tinha pra ficar comigo e aí chegou num ponto que eu falei: 'Não é isso que eu quero pra minha vida...' E aí eu rompi."

[Quanto tempo faz que você rompeu?]

"Faz tempo, são uns cinco, seis anos."

[E você não namorou nunca mais?]

"Não consegui, na verdade, não que eu não queira... Eu tento... Eu te conheci, Edith, [risos] numa situação dessas, eu estava lá na livraria Futuro Infinito, [foi fechada] na sua palestra... Vou em bares, vou em bailes, freqüento reuniões... Eu já cantei mais de uma mulher, levei grandes foras. Também já fui cantada duas vezes, também descartei. Tem que acertar, né? Arrumar um parceiro é difícil... Porque você tem que ter a parte estética, física, mas tem a parte intelectual, afetiva... Tem que combinar, não vou viver com gente burra, com gente grosseira, não vou viver com gente mal resolvida, eu sou tranqüila, eu tenho paz interior, eu tenho uma vida harmoniosa. Mas faz falta... Aí é que pega, né?"

[E você transaria com alguém que acabou de conhecer, sexo casual?]

"Se souber me cantar, até encaro, viu? Dependendo da situação... Até agora, nunca aconteceu."

[Você vai a boates?]

"De vez em quando eu vou... Pra ver gente bonita, paquerar um pouco."

[Como os homossexuais se reconhecem no dia-a-dia?]

"Edith, se eu fico sabendo [risos] como é que as mulheres se reconhecem, eu tô casada amanhã! Você sabe? Acho que é no olhar... Agora, se você me perguntar o quê, eu não sei, mas eu acho que é alguma coisa que vai pela linha da cumplicidade. Mas acho que uma das razões, talvez, de eu ter dificuldade também de conseguir namorada, é que eu não dou pinta de *gay*... Fui num churrasco uma vez, passei a tarde falando que tinha ido em boate, dançado, no final da tarde alguém vira perguntando: 'Mas você é *gay*?' [risos]..."

[Aí, você vai ficar: mulher, negra, lésbica e solteirona...?]

"E solteirona! [risos] É demais, né? E eu não ganho nenhum adicional por isso, eu acho que amar é a melhor coisa da vida, namorar é uma das coisas mais gostosas da vida, às vezes eu me sinto me desperdiçando, porque não consigo encontrar com quem desfrutar isso."

[Você sonha em se casar, em ter um relacionamento que dure pra toda a sua vida ou vários relacionamentos profundos?]

"Mais de um eu não dou conta, mais de uma mulher ao mesmo tempo... Eu acho [risos]. Uma de cada vez pode ser, mas eu sou muito romântica, acho que quando você tá com alguém, eu me entrego pra sempre."

Eu gostaria de encontrar alguém de quem eu gostasse e que gostasse de mim, se possível pra ficar pra vida inteira."

[Pra ter filhos?]

"Não, não. Não quero, faz muito tempo que eu não quero. Filho é uma coisa que eu já tinha tirado da minha vida antes de descobrir que era *gay*. Acho que não tenho muita vocação pra maternidade... Eu tenho sobrinhos, eu adoro os meus sobrinhos, mas eu acho que a maternidade exige uma dedicação que eu não conseguiria ter, eu acho que você tem que se doar, você tem que abrir mão de coisas, você tem que reformular as suas expectativas, os seus sonhos, os seus projetos, eu acho que não cabe mais... E o fato de ser *gay* também... Eu não vou ficar mentindo pra uma criança... Uma complicação, mas não me faz sofrer porque era uma coisa que já estava eliminada. Eu não tenho filhos, não porque sou *gay*, eu não tenho porque não quero mesmo."

[Você se preocupa com doenças sexualmente transmissíveis?]

"Ah, eu me preocupo, sim, talvez exista risco mínimo entre nós, mulheres, mas eu sempre fico atenta, pode existir um risco, sim, porque você não sabe com quem as pessoas transaram."

[Como mulher se previne?]

"Eu acho complicado, quando começar a namorar, eu tenho que ver como é que vai ser isso."

[Você não acha que as duas têm de fazer exame e provarem que são fiéis?]

"Exatamente, porque dependendo do que ela viveu, na vida sexual que teve, o risco é pra mim também e eu não tô nem um pouco a fim de me arriscar, eu gosto muito da minha vida e de viver."

[Qual foi a época mais feliz da sua vida? E a mais infeliz?]

"Ah, eu não posso dizer que eu tenho tido momentos muito infelizes, e de grandes fracassos, eu tô muito satisfeita com o que eu sou, com as coisas que eu conquistei, com o jeito como eu vivo, então eu acho que eu tô vivendo meu grande momento [risos]."

[E seus planos para o futuro?]

"Os meus planos para o futuro não são muito absurdos, não, eu tenho o projeto de um livro pessoal, não é ficção, eu tenho algumas poesias escritas que eu guardei, preciso me debruçar nisso, eu tenho trabalhado muito e eu não tenho tido tempo pra pensar, mas eu quero pensar nisso. Quero conhecer Paris... É uma coisa que eu quero desde criança, tô me programando pra isso também, agora que eu comprei o apartamento acho que vai dar pra começar a juntar um dinheiro pra isso e manter a minha vida do jeito que ela tá... Tá ótima [risos]."

[Vidas em arco-íris]   **[261]**

[5] Depoimento de Bruna

"Eu já tenho um amor profundo [risos], que eu vou ficar até ficar velhinha..."

Bruna

Infância

[Na infância, você se achava diferente?]

"Não, diferente não, nunca me senti diferente de ninguém, mas foi muito difícil a minha infância porque eu venho de uma família pobre; então passei fome na minha infância. Meu pai, que eu me lembre, nunca trabalhou, sempre minha mãe teve que lutar pra dar um sustento pra gente. Então cheguei a ir à escola com tênis furado, os amiguinhos riam de mim, foi muito difícil, presenciei brigas de minha mãe com meu pai... Meu pai saía com outras mulheres, a minha mãe, às vezes, tinha de pagar noitada dele porque ele não tinha dinheiro e as mulheres iam cobrar em casa... Minha mãe é que tinha de pagar. Então foi assim, minha lembrança de infância é muito triste. Mas, em relação à sexualidade, eu sempre fui normal."

Adolescência

[E como foi sua adolescência?]

"A adolescência também foi muito difícil porque foi quando eu me descobri, com 18 anos... Desde os 15 anos comecei a freqüentar uma igreja evangélica, então nessa igreja tinha muitos amigos, aí foi quando com 18 anos eu conheci a minha namorada, comecei a gostar dela e foi muito difícil pra mim me aceitar, devido à minha religião. E, quando descobriram na igreja, também perdi todos os amigos, perdi todo mundo, fiquei sozinha."

[E como descobriram?]

"Foi porque eu confiava muito numa menina e eu não agüentava guardar isso só pra mim, acabei contando pra ela e ela contou pra todo mundo. Nessa época eu tocava violino na orquestra da igreja..."

[262]   [Edith Modesto]

[E onde você aprendeu violino?]

"Na igreja. Tem escola de música, eu entrei na escola e comecei a tocar na orquestra, então essa menina espalhou pra orquestra inteira, todo mundo virou a cara pra mim... Aí espalhou na igreja inteira, até que a pressão foi muito grande em cima de mim e eu saí da igreja."

[E você tinha medo de ir pro inferno?]

"Tinha, foi uma luta terrível dentro de mim, porque, muitas vezes, eu pensei em me matar. Porque a gente acredita que isso é totalmente errado, né? Eu não aceitava que gostasse de uma mulher, então eu me punia, achava que ia pro inferno, briguei muito com a minha mãe por causa disso, porque eu saí da igreja e ela não aceitou; então eu sofria muito por causa disso... Comecei a fumar, cheirava álcool, acetona, pra me livrar disso tudo, era uma pressão muito grande... Então, muitas vezes, eu tentei me matar pra fugir disso, me trancava no banheiro sozinha e ficava cheirando álcool até esquecer disso tudo... Depois, quando passava o efeito, voltava tudo de novo, era terrível! Eu tinha pesadelo, muito pesadelo."

A revelação

[E como sua mãe descobriu? Contaram pra ela?]

"Eu contei. Contei porque, na época, eu estava namorando com um rapaz fazia nove meses..."

[Ele era o seu primeiro namorado?]

"Não, era o segundo."

[Os dois eram da igreja?]

"Não, o primeiro foi da igreja, namorei dois meses com ele, o segundo não, o segundo era amigo do meu irmão, comecei a namorar com ele, fiquei nove meses. E, quando eu conheci minha namorada, eu estava namorando com ele... Aí eu fiquei com ela, não conseguia mais beijar ele, porque eu já estava gostando muito dela. Aí terminei com ele e contei pra minha mãe que eu tava gostando de uma mulher, ela virou pra mim e disse que preferia que eu falasse que estivesse grávida a ter que escutar isso... Foi assim que ela soube, eu contei."

[E aí você saiu da igreja?]

"Saí da igreja, foram três anos de muita briga com minha mãe."

[E como foi que você resolveu esse problema com o seu Deus?]

"É... Agora tá bem [risos]."

[Vidas em arco-íris]   **[263]**

[Você conversou com Ele?]

"Conversei, no começo eu briguei com Ele [risos], eu não conseguia entender que isso é errado, sempre falava assim, porque eu fazia muita oração... Então sempre falava pra Ele: 'Se isso é errado então porque Você permitiu que isso acontecesse na minha vida?' Eu estava revoltada, né? Não entendia por que... Se isso é errado, por que Ele permitiu que acontecesse isso? Agora eu tô bem... Não sei, eu acho que não tô fazendo nada errado."

[Se você acredita que Deus criou tudo, Ele criou você assim?]

"Creio que sim, não consigo entender por que Ele permitiu isso, se é errado... então, se Ele permitiu, eu acho que não é errado. Acho que eu tenho o meu lugar."

[Você ainda mora com sua mãe?]

"Moro."

[E continuam essas brigas?]

"Não, agora ela parou, parou um pouco, tá bem melhor agora, acho que ela viu que não tem mais como lutar, não tem mais como ir contra, ela não aceita de jeito nenhum. Faz seis anos, até hoje ela não aceita, mas ela viu que não adianta mais lutar porque não leva... Nunca levou a nada as brigas, então acho que ela cansou."

[Você acha que a homossexualidade é uma escolha?]

"Com certeza, se fosse uma escolha, eu ia escolher casar com um homem porque é muito mais fácil, é tudo mais fácil, né? Com relação à família, eu não posso apresentar a minha namorada como minha namorada, porque a família inteira quase é evangélica, então não tem como. Eu acho que a maioria sabe de mim, mas ninguém fala nada."

[Falam pelas costas?]

"É, com certeza, falam pelas costas."

[Você tem irmãos?]

"Irmãos, eu tenho um irmão e uma irmã que é falecida, mas os dois aceitaram numa boa."

[Mesmo sendo evangélicos?]

"Aceitaram, apoiavam, me apóiam sempre."

Vida adulta

[Você se acha bonita, charmosa?]

"Ah, eu me acho uma gata! [risos] Toda vez que eu passo em frente ao espelho eu gosto de dar uma arrumadinha no cabelo, passar batom... Vou ao banheiro me arrumar, toda

[264]   [Edith Modesto]

vez que a gente sai pra comer fora eu dou uma levantadinha, vou dar um jeito na maquiagem, gosto de ser bem feminina. Uso as unhas curtinhas, mas têm um brilhinho..."

[E as roupas?]

"Roupa também, gosto de estar sempre arrumada, de combinar alguma coisa... Sou bem vaidosa. [risos]"

[Você só teve essa namorada? Não teve outras?]

"Só, só essa namorada."

[Você viu que gostava dela e resolveu enfrentar tudo?]

"É, porque o que eu sinto por ela é um amor verdadeiro, então acho que amor verdadeiro vence todas as barreiras e eu acho que vale a pena. Acho, não, tenho certeza que vale a pena lutar contra o mundo pra ficar com ela."

[Quando você estava namorando rapaz, você nunca tinha pensado em mulher?]

"Nunca, até então achava ridículo uma mulher namorar com outra mulher, um homem namorar com outro homem. Aí, a gente trabalhava juntas, a gente começou a ter amizade, tudo, uma amizade muito íntima, verdadeira, até que..."

[Ela contou que ela era lésbica?]

"Contou, só que ela namorava com uma menina e eu, através dessa aproximação, eu comecei a gostar dela, foi uma coisa assim do coração mesmo."

[Você se estranhou?]

"Eu me estranhei... No começo eu não aceitava que tava gostando de uma mulher, foi uma luta muito grande pra mim, mas fui eu que comecei a gostar dela, não ela de mim, sendo que ela já era lésbica e eu não... Eu namorava com um homem, mas comecei a gostar dela."

[Você que falou pra ela?]

"Cheguei e falei pra ela que estava gostando dela, até ela tentou tirar isso da minha cabeça, falando que eu tava confundindo as coisas, que era só amizade, aí eu falei: 'Não, não é.' Eu comecei, era um amor de verdade mesmo, aí a gente acabou ficando juntas e estamos namorando até hoje, seis anos. [risos]"

[E o namorado?]

"Eu terminei com ele, né? Depois que a gente se beijou pela primeira vez eu não consegui mais beijar o meu ex-namorado, até que a gente terminou."

[E a primeira vez que você transou na vida foi com ela?]

"Foi com ela, só com ela."

[Você gosta de estar entre homossexuais? Vai a boates, bares GLS?]

"Freqüento bares, boates e amo estar nesses lugares, eu acho que esse é o meu mundo. Eu sempre brinco falando que devia existir *shopping*, restaurante, tudo específico pra homossexuais porque aí eu não ia sair [risos] desses lugares."

[Vidas em arco-íris] **[265]**

[Mas, aí, não virava gueto? Todo mundo separadinho? [risos]
"Ah, sim, sinto muito, mas... Eu fico à vontade nesses lugares, quando eu entro num bar homossexual, nossa!, eu me sinto em casa, muito bom! Cansei de sofrer... [risos]"
[Você já foi discriminada?]
"Já. A gente ia num motel e, uma vez, andando na rua, uma das recepcionistas desse motel, que sempre atendia a gente, passou no ônibus e ficou em pé na janela... Ela estava junto com uma amiga dando risada e apontando pra gente... E, também no serviço, uma vez que a nossa gerente — todo mundo do serviço sabia, como a gente trabalhava juntas —, ela chamou a gente e falou que não queria nenhum tipo de gracinha, não queria nada além do que fosse profissional e que ela ia colocar uma pessoa pra ficar em cima da gente o dia inteiro, que ela não ia falar quem era a pessoa, mas que teria uma pessoa vigiando a gente, então eu me senti um lixo, né?... E eu não sabia quem era, mas tinha alguém espiando a gente durante as oito horas do dia! Isso foi horrível!"
[E por que você acha que essa pessoa fala isso? O que ela acha da homossexualidade?]
"Pode ser que ela ache que é maldade, ou que vai... Que é uma doença que vai contaminhar as outras pessoas..."
[A maioria dos seus amigos é homo, ou hétero?]
"Homossexual. Hétero eu tenho uma amiga só."
[Você tem preconceito contra os heterossexuais?]
[risos] "Edith, eu que sou preconceituosa? Não, não acho que eu sou preconceituosa. São as pessoas que são preconceituosas, então eu prefiro me afastar."
[Você tende a ser fiel no seu relacionamento?]
"Eu sou fiel, sempre vou ser."
[Você acha que mudar muito de parceiros é uma característica dos homossexuais?]
"Acho que isso vale pra todos, mas são os *gays* que têm essa tendência de mudar com mais freqüência do que a mulher. A mulher, acho que ela é mais sincera, muito mais sincera do que o homem."
[Você tem um tipo de mulher com quem sonha, como modelo?]
"Eu gosto de mulheres estilo Zelia Duncan, por aí vai. [risos]"
[Há um tipo de homossexual de que você não gosta?]
"Que eu não gosto... É, acho que cada um tem o direito de escolher o que quer ser, só que tem umas mulheres que se vestem de homem, que são muito relaxadas, então eu

[266] [Edith Modesto]

acho que não tem nada a ver. E tem um *gay* também que põe minissaia, com a perna peluda e põe minissaia... Também eu não gosto."

[Você gostaria de se casar? Casar legalmente com a sua namorada?]

"Gostaria muito."

[E de ter filhos?]

"De ter filhos, gostaria, mas acho que isso é uma coisa pra se pensar mais um pouco, não sei se eu vou ter."

[Você quer ficar pra sempre com sua namorada, ou você gostaria de experimentar outros amores profundos?]

"É, eu já tenho amor profundo [risos], que eu vou ficar com ele até ficar velhinha..."

[Vocês pretendem morar juntas?]

"Pretendemos morar juntas, só não fomos ainda por questões financeiras mesmo."

[Você já falou sobre isso com a sua mãe?]

"Ela não sabe, não cheguei ainda nela e falei: 'Olha, final desse ano eu vou sair de casa...' Não cheguei, porque eu sei que com a minha mãe tem que falar hoje e sair de casa amanhã, porque a briga vai ser demais. Então, prefiro falar assim quando tiver bem pertinho, mas com certeza vai brigar muito, vai bater a porta, querer fazer escândalo..."

[Você ajuda em casa?]

"Ajudo. Mas, quando eu sair, vou continuar ajudando a mesma coisa... Minha mãe, minha irmã, meu sobrinho... Sozinhos, eles não conseguem... Minha mãe não trabalha, cuida do meu sobrinho, que é filho da minha falecida irmã, meu irmão trabalha, mas ajuda só um pouquinho, não dá pra contar... Então, praticamente, quem sustenta a casa sou eu. Mas, quando eu sair de casa e for morar com ela (namorada), vou continuar ajudando a mesma coisa."

[Você já se preocupou com doenças sexualmente transmissíveis?]

"Não."

[Nem quando você namorava com os rapazes?]

"Nunca transei com homem e a minha namorada é a única pessoa com quem eu transo, que eu faço amor, então não tem porque se preocupar."

[Então você é virgem?]

"Sou." [risos]

[E o que você pensa da velhice, da morte?]

"A velhice... Eu penso que vou ser uma velhinha bem feliz, do lado do meu amor. E a morte, eu tenho um pouco de medo da morte, não consigo explicar o porquê desse medo, é um medo inexplicável, mas eu tenho medo da morte."

[Vidas em arco-íris] **[267]**

[Você tem medo da morte ou do julgamento pela sua vida?]
"Eu não sei o que tem do outro lado, então eu tenho medo do que tem do outro lado, do quê, eu não sei explicar muito..."
[Você tem medo é do desconhecido?]
"Isso, do mistério."
[Quais são os seus sonhos para o futuro?]
"Ah, o meu maior sonho é ter uma casinha pra mim, pra ela, é montar minha casinha que nem uma casinha de boneca, toda arrumadinha. Esse é meu maior sonho."
[E qual foi o seu maior fracasso, o período mais infeliz da sua vida?]
"Fracasso, nunca tive fracasso, nunca vou ter [risos]... E o momento mais infeliz da minha vida foi quando eu perdi minha irmã... Em primeiro lugar por ser minha irmã; em segundo, porque era a única pessoa da minha família que me apoiava."
[Mas, e o seu irmão?]
"Meu irmão levou numa boa, mas ele é neutro, não opina em nada e a minha irmã não; ela já conversava com a minha mãe, ela falava 'não é assim, você é muito radical', minha irmã tentava contornar a situação. Meu irmão é neutro, fala 'tudo bem' e pronto."
[Sua irmã faleceu de repente?]
"Não, ela era portadora do vírus HIV."
[E como que ela pegou a doença?]
"90% de chance foi no hospital onde ela teve o filho, porque ela estava com anemia, não lembro direito, ela sofreu uma transfusão de sangue e a médica que cuidou dela teve vários casos de mulheres que pegaram Aids no mesmo hospital onde ela teve, então tudo leva a crer que foi no hospital. Aí ela fez tratamento durante quase três anos, dois anos e meio, então ela sofreu, todo mundo sofreu junto..."
[E seu sobrinho não tem nada?]
"Meu sobrinho, graças a Deus, não. Meu cunhado, não se sabe porque, ele tem medo de ter e nunca fez exame."
[E qual foi a época mais feliz?]
"A mais feliz foi quando eu encontrei minha namorada."

[DEPOIMENTOS COMENTADOS]

[1] Infância

1.1 Relacionamento familiar

[Como foi a sua infância?]

A maioria das entrevistadas teve uma infância feliz. Por exemplo:
Cristina — "A lembrança que ficou dessa época é a palavra felicidade, pois eu era feliz com meus pais, na escola, com amigos..."

A maioria das entrevistadas nasceu e foi criada em famílias bem estruturadas, do ponto de vista social. Por exemplo:
Sofia — "Meus pais... Muito exemplo de amor e paixão, como até hoje! É incrível, mas nunca os vi brigar, eles resolviam seus problemas trancados no quarto, em voz baixa, e, quando saíam, já estava tudo bem. Eu tenho cinco irmãos."
Flora — "Tive uma infância agradável e feliz. Mas sempre fui meio fechada, por temperamento. Tanto minha mãe como meu pai trabalhavam fora e estudavam, mas sempre nos encontrávamos à mesa do jantar para conversar e contar o que aconteceu durante o dia..."

Algumas entrevistadas observaram que os papéis sociais de pai e mãe em suas casas estavam trocados. Por exemplo:
Flora — "...Minha mãe sempre ganhou mais que meu pai e, apesar de dizer para nós que a última palavra era do meu pai, sempre soubemos que ela era o chefe da casa."
Sirleide — "Meu pai era muito fraco, minha mãe muito forte... E meu pai sempre muito dependente da minha mãe... Chorava... É apaixonado por ela até hoje..."

Muitas entrevistadas se davam muito bem com o pai. Por exemplo:
Gabriela — "Lembro do meu pai me colocando, toda noite, no colo dele pra enchê-lo de beijos antes de eu ir dormir...

Natália — "Eu gostava pra caramba do meu pai, que me ensinava a fazer pipa, me levava pra nadar..."

Dora — "Com meu pai, eu me dava muito bem, a gente sentava no sofá no domingo e ficava assistindo ao jogo, corrida... E, sabe quando a gente se entende, nem precisa falar? Meu pai sabia o que eu estava sentindo..."

Algumas entrevistadas preferiam suas mães, na maioria das vezes, mulheres corajosas e com iniciativa. Por exemplo:

Sirleide — "Minha infância foi maravilhosa, foi uma infância feliz. Éramos oito, e minha mãe reunia todos na cama dela à noite e contava histórias pra gente dormir."

Célia — "Sempre gostei mais da minha mãe do que do meu pai... Ele é alcoólatra... Hoje eu entendo que ele é uma pessoa que precisa de ajuda. Minha mãe era meu pai e minha mãe."

Algumas entrevistadas passaram por problemas na infância que independiam da sexualidade. Por exemplo:

Bruna — "Foi muito difícil porque eu venho de uma família pobre, então passei fome na minha infância."

Laura — "Tive uma infância triste. Meus pais eram o modelo do casal cristão, dedicado um ao outro, fiel, certinho. Meu pai é engenheiro químico. Minha mãe também tem nível superior, fez Letras... Meu pai pediu a ela que não trabalhasse mais quando se casaram. Ele assumiu o papel de macho provedor. E minha mãe aceitou. Depois ficou louca, virou aquele tipo de mulher nervosa que reclama de tudo, que nunca tem coragem de sair para enfrentar a vida, mas fica se lamentando que não usou seus talentos."

Uma entrevistada foi criada somente por mulheres, mas não acha que a falta de modelos masculinos tornou-a lésbica.

Vivien — "O meu nascimento foi de mãe solteira, então até 6 anos de idade não tive presença de pai. Eu tive só mãe. E todo o meu registro é minha avó, são as minhas tias, a minha madrinha..."

[Já passou pela sua cabeça que a falta de modelos masculinos fez com que você se tornasse lésbica?]

Vivien — "Já passou, sim. Mas... A gente não consegue de verdade entender o porquê... De repente é uma coisa meio inata..."

1.2 Jogos e brinquedos

[Você brincava com bonecas? Gostava de jogos considerados masculinos?]

Muitas entrevistadas não gostavam de bonecas e preferiam as brincadeiras dos meninos. Por exemplo:

Flora — "...Sempre odiei brincar de boneca e preferia as brincadeiras dos meninos, tipo guerra e futebol..."

Clélia — "Eu subia em cima do muro, eu subia em cima da árvore... Jogava bola com os meninos, pipa, nunca fui de ficar brincando com bonequinha..."

Laura — "Eu não gostava de bonecas, por exemplo, mas adorava forte apache. Tive uma roupa de xerife, com colete, um chapéu de *cowboy*. Eu preferia os brinquedos de menino..."

Algumas entrevistadas gostavam de brincar com bonecas. Por exemplo:

Teresa — "...Eu não joguei bola, eu brincava de boneca... Nunca mexi com pião, tinha eram as panelinhas, casinhas, fazia comidinha no forno de barro [risos]..."

Sirleide — "Eu gostava muito de brincar com os meninos... Mas adorava também boneca... E eu me interessei pela arte de fazer bonecas, artesã, porque na minha infância eu lembro de uma mulher que vendia umas bonequinhas de pano."

1.3 Primeiros indícios de homossexualidade

[Você se percebeu diferente em criança?]

Muitas entrevistadas se perceberam diferentes desde a infância. Por exemplo:

Vera — "Gostava de futebol. Meus pais falam que fui calma e boa... Sempre reparei que era diferente das outras crianças..."

Beatriz — "Desde pequena, sempre gostei de brinquedos masculinos... Meus pais nunca bloquearam, se você queria, eles iam lá e davam. Então, na hora de comprar um brinquedo, minha irmã queria uma boneca... E eu queria um carrinho. Meu primeiro beijo foi com uma garota de 6 ou 7 anos, na casa da minha prima."

Raquel — "Eu devia ter uns 8 anos, já estava na escola... Eu queria um Kichute, aí minha mãe não quis me dar, porque era de menino... Por que eu tinha que jogar futebol de Conga e os meninos com Kichute?"

[272]   [Edith Modesto]

Várias entrevistadas já quiseram ser homens. Por exemplo:

Vera — "Eu percebi a homossexualidade quando pequena. Ninguém me aliciou... Já quis ser homem, mas hoje nem tanto..."

Luísa — "Ninguém me aliciou ao homossexualismo. No início eu chorei desejando ter nascido homem pra poder realizar o meu desejo por mulheres, mas quando percebi que isso não interferiria passei a adorar ser mulher."

Algumas entrevistadas não perceberam nenhum indício de homossexualidade na infância. Por exemplo:

Estela — "Nunca tive nada de diferente. Nunca manifestei nenhum tipo de atração pelo mesmo sexo quando eu era criança."

Marília — "Quando criança nunca tinha me passado essa coisa de me interessar por menina, isso não aconteceu, eu me interessava por meninos e dei meu primeiro beijo cedo, até criança ainda, acho que com uns 10 anos, num menino..."

1.4 Discriminação na infância

[Você foi discriminada na infância?]

Algumas entrevistadas, por características físicas, foram discriminadas desde a infância. Por exemplo:

Tamara — "No final do segundo grau, teve uma festa... A gente fez uma viagem, os meninos ficaram bêbados e começaram a fazer musiquinhas pra todo mundo... E a minha foi uma música de *sapatão*... Eles ficaram horas cantando... Foi uma humilhação em público... Até os 14 anos eu era um menino... Sempre gostei de brincadeira de menino, desde os 4 anos mais ou menos... Minha mãe conta que antes até, com uns 2 ou 3 anos, eu não gostava de boneca, jogava as bonecas fora, jogava pela janela. Tinha gente que me confundia com menino... Às vezes eu usava cabelo curto... Eu era uma moleca e na infância inteira, até a adolescência, sempre tinha alguém me chamando de *sapatão*, de mulher macho."

Alice — "Na escola, eu acabei sendo a mais alta da minha turma e por conseqüência eu tinha, pra equilibrar o corpo, um pé maior, então ficou aquela coisa de *sapatão*. Eu fiquei com esse apelido na escola. Mas não só por causa do pé... Na verdade, eu destoava um pouco das outras meninas e isso me gerou um pouco de encrenca no primário... Isso me chocou bastante: 'Fulana é *sapatão*', fulana é isso, fulana é aquilo... E eu acabei me envolvendo com os meninos, mais pra tirar isso da cabeça..."

[Vidas em arco-íris]   **[273]**

1.5 Abuso sexual na infância

[Você sofreu algum tipo de abuso na infância?]

Seis entrevistadas (cerca de 15%) sofreram abuso sexual masculino — quatro delas, na infância —, mas nenhuma acha que o fato influenciou para que fossem homossexuais. Por exemplo:

Mercedes — "Fui uma criança feliz... Tenho uma lembrança traumatizante, de quando eu tinha 4 anos de idade, relacionada à sexualidade. Atraída por um homem de bicicleta, fui levada a um terreno baldio onde ele se despiu e tentou me incitar a fazer sexo oral com ele.... Não quis e ele se arrependeu... Me libertou na quadra de casa, mas antes que eu chegasse em casa fui abordada por minha mãe, chorosa, desesperada, e uma turba de vizinhos. Fui examinada na frente de várias pessoas — para constatar se houvera abuso sexual... A violência de tudo me marcou, mas não acho que me influenciou."

Vitória — "Na minha infância fui abusada sexualmente uma vez por um garoto alguns anos mais velho que eu, na época eu não entendia o que se passava, mas quando descobri, senti muito nojo e repulsa, mas não creio que minha homossexualidade seja conseqüência disso."

[2] Adolescência

[Como foi a sua adolescência?]

2.1 Sinais de homossexualidade

A maioria das entrevistadas se percebeu lésbica na infância ou no início da adolescência. Todas elas disseram ou insinuaram que a homossexualidade não foi uma opção. Por exemplo:

Luísa — "Eu era namoradeira, muito mais do que as minhas amigas. Por volta dos meus 12 anos, encanei com uma garota — namorada do meu irmão — que passou a perturbar meus pensamentos. Mas eu considerava aquilo banal, até que um dia uma mulher, muito mais velha que eu, que conheci na escola, me beijou. Ela era profes-

[274] [Edith Modesto]

sora de Ciências, e numa ocasião nos encontramos e ela foi muito sacana, mas acho que dei motivo. Aos 14 anos, comecei a sair com a garota que era namorada do meu irmão, eu estava muito apaixonada e ela correspondeu. Considero esse como meu primeiro caso sério."

Carla — "Percebi que era homossexual na minha pré-adolescência: com 12 anos. Tive muitas namoradas, mas nada sério nesse período. Tenho mais certeza hoje do que nunca que sou homossexual e, mesmo quando dei o primeiro beijo, não tinha a menor dúvida de que era uma boca feminina o que eu tanto ansiava. Nunca tive problema algum para conviver com o que eu ia aprendendo, dia após dia, por isso viajei tanto para entender o mundo *gay* lá fora, que já era algo mais difundido do que em minha cidade."

Algumas entrevistadas sentiam atração sexual por garotos e garotas, mas sentiam amor somente pelas garotas. Por exemplo:

Flora — "Aos 11, eu tive uma séria síndrome de pânico, achei que o mundo ia acabar. Nessa época, comecei a sentir minhas primeiras atrações sexuais, inicialmente por garotos. Depois, recuperada da crise do pânico, já aos 13, 14 anos, eu comecei a sentir atração e amor por garotas. A diferença era que, pelos garotos, não havia nada além de atração física. Mas pelas garotas, além do tesão havia paixão!"

Lúcia — "Veja comigo, por exemplo, não foi bem uma questão da sexualidade, mas a questão afetiva. Com as mulheres eu consegui me relacionar afetivamente, muito melhor do que com os homens..."

Ao contrário, algumas entrevistadas não sentiam atração sexual por garotos, somente afeto. Por exemplo:

Estela — "Na adolescência, eu sempre gostei dos meninos, fui apaixonada pelos meninos, mas nunca sentia atração sexual por eles. Emocional até, eu gostava de estar ligada emocionalmente... Até beijar eu gostava, mas o sexual nunca teve. Teve um dia que eu olhei pra uma menina e achei que ela estava olhando pra mim... Teve alguma coisa a mais."

Algumas entrevistadas não conseguiam se relacionar com homens. Por exemplo:

Vitória — "Ainda sou adolescente, acabo de fazer 18 anos, mas me considero com uma mente adulta. Nunca consegui me relacionar bem com homens, fui muito infeliz e depressiva por muito tempo, até que comecei a descobrir minha homossexualidade..."

Adélia — "Era uma adolescente como outra qualquer, mas não gostava de ficar com homens e então passava a maior parte do tempo sozinha com amigas."

Algumas entrevistadas, na adolescência, sentiam ciúme ao ver suas amigas namorando garotos. Por exemplo:

Gabriela — "Aos 12 anos eu já morria de ciúmes da minha melhor amiga na época, quando ela ficava com um garoto doía tanto em mim e eu ficava tentando enfiar na minha cabeça que eu tinha ciúmes dele e não dela. Desde muito cedo eu sentia algo diferente pelas minhas amigas e morria de ciúmes dos namorados feios e fúteis delas."
[Você acha que sofreu influência de alguém?]
Gabriela — "Não dá pra ser influenciado, ou você é ou não é homo."

2.2 Sentimento de inadequação

Algumas entrevistadas se sentiam muito confusas e/ou inadequadas na adolescência. Por exemplo:

Clarice — "No começo da minha adolescência eu me tornei muito fechada, não tive muitos amigos... Quando eu tinha 13 ou 14 anos, percebi que era homossexual. Nessa fase da minha vida eu me sentia um lixo [risos]... Não me sentia mais criança, mas também não me sentia adulta... Enfim, não sabia o quê ou quem eu era."

Vera — "Ainda estou na adolescência... É muito confusa... Me sinto diferente... Mas minha relação com todos é pacífica... Algumas discussões com a mamãe. Ela, às vezes, não me aceita.... Sou boa aluna ainda... Tive namorados, argh... Gostava sempre das minhas melhores amigas, e é complicado..."

Algumas entrevistadas se sentiram perdidas, desesperadas. Por exemplo:

Teresa — "A minha tia, a única irmã que minha mãe tem, sabia. O dia que ela chegou pra conversar comigo, eu tinha uns 15, 16 anos, ela olhou pra mim e falou: 'Você é *sapatão*. Eu sentia aquele sufoco: eu não tenho ninguém pra conversar, eu vou explodir, eu vou explodir... E realmente eu explodi. Eu descontava tudo na minha mãe, no meu irmão, nas pessoas que me amam... Foi uma fase muito ruim, e ao mesmo tempo foi aquela fase que começou a me dar uma noção de que alguma coisa em mim não era igual nos outros... Eu preciso fazer alguma coisa..."

Tamara — "Se eu tivesse virado maconheira, cheirado coca... Era como se eu fosse uma pessoa drogada, do jeito que eu fiquei perdida, fazendo coisas sem nexo, voltan-

[Edith Modesto]

do pra trás... Eu penso: 'Eu era uma drogada sem droga'... Fiquei superdeprimida... Foram sete anos assim... 'Eu parei a faculdade, tranquei... Viajei... Ia para o Rio... Voltei pra Belém, fiquei um tempinho lá... fui pra Campinas... ficava circulando..."

Algumas entrevistadas falaram sobre a falta de modelos e de alguém para conversar sobre o assunto. Por exemplo:

Beatriz — "Não, eu nunca tinha ninguém pra conversar. O que eu descobri sobre a homossexualidade foi lendo, assistindo a filmes... Se eu queria saber alguma coisa, eu ia pra biblioteca, eu estudava, pesquisava... Eu não podia perguntar em casa porque meu pai me quebrava o pescoço... Minha mãe faleceu. Eu não tinha pra quem perguntar, as outras pessoas não tinham a mente aberta pra isso."

Tamara — "E aí você não tem nenhuma informação... As lésbicas de quem eu ouvia falar eram a Aracy de Almeida e a Martina Navratilova... Era meio distante... Mas eu sabia que tinha atração."

Algumas entrevistadas se sentiam muito mal na adolescência, mas não sabiam a causa. Por exemplo:

Teresa — "Eu tive as fases do 'eu sou louca, não, não... Eu sou doente... Mas que doença é essa?' Eu tive tudo isso. E eu acho que cheguei às raias de fazer uma bobagem..."

Graça — "Eu me sentia como se tudo fosse acabar, tinha uma dor incontrolável dentro, era inacreditável, não tinha nada de concreto que me fizesse sofrer, mas eu sofria muito."

[3] A descoberta tardia da homossexualidade

[Quando você percebeu a sua homossexualidade?]

Várias entrevistadas, mesmo não sentindo atração por garotos, só se perceberam lésbicas quando adultas. Por exemplo:

Jussara — "Sentia falta de atração física pelos garotos. Minhas amigas empolgadas com seus namorados e eu desinteressada por eles. Eu percebi a minha homossexualidade na entrada da faculdade. Me veio a pergunta: 'Se não me interesso por garotos e admiro garotas, sou homossexual?' Mais tarde essa idéia amadureceu. Hoje tenho certeza."

[Vidas em arco-íris]   **[277]**

Fabiana — "Nunca me passou pela cabeça... Nada, nada. Também nunca tive namorado... Despertou quando eu já estava com 23 pra 24 anos."

Algumas entrevistadas viveram casamentos héteros, antes de se descobrirem homossexuais ou bissexuais. Por exemplo:

Maria Rita — "Já fui casada com homens por duas vezes... Parece incrível, mas com toda a quilometragem que tenho, com todos os namorados, amantes e maridos que já passaram por minha vida, nunca encontrei alguém com tanta sintonia como a que tenho com minha mulher. O companheirismo e a cumplicidade são a tônica de nossa relação..."

Sirleide — "Quando eu tinha 12 anos eu me casei com um homem de 33... Eu adorava a imagem dele, que meu pai não tinha... Meu pai era muito fraco, minha mãe muito forte... O meu ex-marido representava a força que meu pai não tinha."

[Sexualmente você se dava bem com ele?]

Sirleide — "Muito bem. Tem gente que fala que a lésbica é uma mulher mal amada por homem... Não, eu fui muito amada por homem, eu gostei muito... Eu saía e me realizava sexualmente com eles..."

3.1 Homossexualidade: opção ou descoberta?

[Você se descobriu homossexual ou optou pela homossexualidade?]

a) Quase todas as entrevistadas disseram que não escolheram ser lésbicas (ou bissexuais). Por exemplo:

Flora — "Descobri que era lésbica quando percebi sentir atração e paixão por outras garotas. Não escolhi — aconteceu. Eu tinha 15 anos e, para minha sorte, fui correspondida e começamos a namorar. Ninguém me aliciou e não acredito que alguém possa tornar-se homossexual porque foi aliciado."

Clarice — "Eu não escolhi ser assim, eu sou o que sou e ponto final, e, se há de fato alguma escolha, ela está em eu ser feliz pelo que sou ou ser infeliz, vivendo uma vida de aparências para satisfazer uma sociedade que transborda preconceito."

b) Uma entrevistada não sabe dizer se escolheu ou se descobriu homossexual.

Maria Rita — "Se me descobri ou escolhi... Tem que escolher um dos dois, Edith? Só senti o primeiro arrepio de desejo por uma mulher quando a minha companheira se sentou ao meu lado, no carro, na primeira vez que veio me ver na minha cidade... Nos conhecíamos só pela Net... Mas isso aconteceu aos meus 50 anos. Por isso não sei dizer se descobri ou escolhi..."

c) Outra entrevistada disse que se percebeu e, mais tarde, escolheu ser homossexual.
Maria — "Eu percebi e escolhi ser homossexual... Tive traços de homossexualidade em criança, por volta dos 9, 10 anos. Depois de muito tempo, já casada com homem, tinha consciência da minha vontade e escolhi enfrentar os riscos para ter certeza. Hoje eu tenho certeza absoluta de que sou homossexual."

Quatro entrevistadas falaram em opção sexual mas, me parece, usaram a expressão no sentido de orientação sexual.
Mercedes — "Eu fiz terapia por três anos. Foi antes de descobrir minha opção sexual. Acho que a queixa era a dificuldade de relacionamento com meus pais."

Uma das entrevistadas explicou por que alguns dizem opção sexual.
Marília — "Eu acho que essa história de dizer que é uma opção foi num primeiro momento de tentar tirar a conotação de doença... Porque antes era assim: primeiro era crime, depois era doença. Depois vem o momento em que a gente está: o de falar que não é doença... Então acho que dizer opção sexual talvez venha nesse momento histórico: não é doença que a pessoa não pode controlar, então é uma opção livre da pessoa... Penso que agora já está no momento de falar: 'Gente, não é doença e nem é opção, é uma maneira de ser."

Muitas entrevistadas se relacionaram com rapazes na adolescência, provavelmente levadas pelos modelos familiares e normas sociais. Por exemplo:
Lúcia — "Desde cedo eu tive contatos sexuais com meninos, mas, na verdade, eu só perdi a virgindade quando tinha 16 anos... Hoje, olhando pra trás, eu posso interpretar algumas afeições que eu tive por amigas como se tivesse rolado."
Lia — "Vinha com um histórico com meninos superfreqüente e de repente aconteceu isso, que pra mim foi supermarcante. Eu entrei na [faculdade] e, na primeira semana de aula, eu estava sentada na frente da minha classe. E, de repente, do meio do nada, ela veio andando pelo corredor, cabelo ruivo, olho azul, inteiramente sardenta. Achei ela tão linda! E a minha vida mudou desde aquele dia."

[Vidas em arco-íris] **[279]**

Quatro entrevistadas têm irmãos homossexuais (quase 10% das entrevistadas) e falaram do seu relacionamento com eles. Por exemplo:

Pilar — "Meu irmão já morava com um rapaz. Fiquei sabendo depois que ele é *gay*... Na nossa família ninguém conversava... Não tem diálogo, aliás até hoje, as pessoas deduzem coisas. Com minha mãe, eu nunca conversei sobre isso."

Jacira — "Quando meu irmão tinha 16 anos, minha mãe descobriu que ele era *gay* e botou ele pra fora de casa, mas eu não sabia disso... Ela sempre dizia que ele tinha ido embora por opção dele, porque era muito rebelde. Quando ele foi expulso de casa, eu tinha acabado de me casar. Ele não me falava nada, acho que de medo de ser rejeitado por mim. A gente era muito ligado, mas ele se afastou de mim e eu não entendi por quê... Ele conseguiu um trabalho na Europa, foi embora e nunca mais voltou. Quando eu tinha 28 anos, nós temos dois anos de diferença, ele veio nos visitar, já com o companheiro dele, com quem está há 16 anos. Mas meu irmão é aquele superdiscreto, sério, eu nunca ia imaginar que ele era *gay*. Ele não me falou, quando veio, mas eu saquei. Eu já tinha vários anos de consultório e bastante estudo na área de sexualidade... E eu fiquei três dias e três noites sem dormir... Minha cabeça fervendo! 'Meu Deus, meu irmão é *gay*, e agora?' Porque naquele tempo você achava que homossexualidade era doença... Eu fiquei muito mal, mas disfarcei pra ele."

3.2 Influências sobre a homossexualidade

[Você sofreu a influência do machismo para se tornar homossexual?]

A maioria das entrevistadas disse que o machismo não determinou a sua homossexualidade. Por exemplo:

Flora — "Não acho que o machismo possa ter influído na minha orientação sexual, já que eu acho que nascemos assim. Mas, sem dúvida, o machismo vigente me forneceu muita desculpa e justificativa para não querer aprofundar minhas experiências héteros quando pintaram."

Lídia — "O machismo influiu na minha homossexualidade, mas não determinou."

Três entrevistadas disseram ou deram a entender que o machismo pode levar uma mulher à homossexualidade. Por exemplo:

Lia — "Acho que o machismo pode levar a mulher a querer alguém que entenda mais da sua sexualidade do que os homens." Isso realmente está levando as meninas a terem uma curiosidade quanto ao homossexualismo feminino.

[Edith Modesto]

Luísa — "O machismo influenciou, sim. Tenho essa impressão porque eu via minha mãe infeliz, meu irmão, um grosseiro, e os meninos com quem eu saía só queriam se aproveitar..."

[4] A auto-aceitação da homossexualidade

4.1 Graus de dificuldade para a auto-aceitação

[O que você sentiu quando se percebeu lésbica?]

A maioria das entrevistadas se aceitou lésbica com facilidade. Por exemplo:

Cristina — "Uma coisa que me admira e que minha mãe também admira muito é que me aceitei e não sofri por ser homossexual. Não tive muita dificuldade em me aceitar, só antes de experimentar... Quando eu fiquei com a primeira guria, já me aceitei numa boa!"

Gabriela — "Nunca tive dificuldade em me aceitar como homossexual. Nunca quis ser de outro sexo que não o feminino. É tão doce, sensível, maravilhoso..."

Vitória — "Descobri isso há cerca de dois anos... Hoje, tenho certeza de que sou homossexual, sou feliz com a minha condição, nunca tive problemas em me aceitar como tal."

Muitas entrevistadas sentiram dificuldade para se auto-aceitar. Por exemplo:

Mercedes — "Acho que alguém me iniciou, mas isso aconteceu porque havia atração mútua e ela era experiente. De qualquer maneira, o início foi uma grande confusão na minha cabeça... Fui pega de surpresa por mim mesma. Tentei deixar de ser homossexual por conta da religião."

Algumas entrevistadas pensaram em suicídio. Por exemplo:

Gisela — "Desde pequena eu sabia que não era igual às outras meninas, meus interesses eram outros e eu achava horrível brincar com bonecas! Na adolescência piorou, quando eu comecei a desejar beijar outra garota, ficar ao lado delas e ser gentil, abrindo a porta dos carros, como fazem os rapazes educados. Mas eu decidi que deveria ser mulher e não lésbica. Fiz esforços pra ficar mais feminina, mas me sentia travestida de mulher e não uma mulher. Seria mais fácil se eu fosse homem... Desejei muito ser. E eu nunca tive ninguém pra conversar. Lembro-me de muitas vezes levantar de madrugada para chorar, pra que ninguém visse e me perguntasse por quê."

[Vidas em arco-íris] **[281]**

[Alguma vez você tomou alguma atitude radical quanto a isso?]

Gisela — "Sim. Um dia me bateu um desespero, peguei o revólver do meu pai e pensei em estourar a cabeça. Aí pensei que não era justo com os meus pais. Eu queria sumir, morrer e não puni-los e, naquele momento, eu tirei o revólver da cabeça e o tiro furou a parede. Depois disso, pensei muitas vezes em suicídio, mas, como acabar com a minha dor e provocar dor nos outros? Agora sou muito covarde."

Várias entrevistadas, mesmo tendo se descoberto lésbicas, insistiram na heterossexualidade para ter certeza. Por exemplo:

Laura — "Descobri que sentia algo diferente de repente, no meio de um ensaio de uma peça em inglês com colegas da Cultura Inglesa. Eu estava na casa de uma fulana que mal conhecia, e eis que ela cruzou as pernas. Ela estava com uma saia vermelha semilonga com uma abertura grande dos lados. O movimento de cruzar as pernas deixou que eu visse as pernas quase até o alto das coxas, que eram muito bonitas, torneadas e queimadas de sol. Aquilo me atingiu como um raio. Descobri livros, romances, sobre lesbianismo, e fiquei encantada. Depois [no exterior], transei com uma menina. Se a vida fosse linear, eu nunca mais pensaria em homens. Mas, quando voltei ao Brasil, conheci um moço muito simpático, charmoso, inteligentíssimo. Resolvi tirar a questão a fundo e namoramos. Ele estava superapaixonado, eu, curiosa. Comprovei que eu não gostava mesmo, de jeito nenhum, de homens. O sexo foi um horror, eu não conseguia sentir tesão. Desisti e tratei de arrumar uma namorada. Desde então, só me relaciono com mulheres."

Teresa — "Teve uma dessas corridas no autódromo, e eu estava naquela fase: eu preciso saber se eu sou normal ou não, como mulher. E eu fui pro autódromo com três primas. E fiquei com três homens: beijei, agarrei... Mas não era aquilo. Eu não consegui ter atração física, me sentir molhada ou suada ou seja lá o que for, que eu deveria sentir com os homens [risos]. Então eu falei: 'Eu tenho certeza absoluta que não é homem mesmo, então não esquenta a cabeça. Não é, não é.'"

4.2 Influências exercidas sobre a auto-aceitação

[O que atrapalhou a sua auto-aceitação?]

Algumas entrevistadas falaram da dificuldade de ir contra os padrões sociais e os sentimentos dos familiares. Por exemplo:

[282]   [Edith Modesto]

Vivien — "Foi muito difícil pra mim... Eu não podia ser assim, tinha que mudar. Então eu tentei ainda namorar com meninos... Com 15 anos eu comecei a trabalhar e, nesse meu trabalho, eu conheci uma outra menina, noiva. Nós fizemos muita amizade e aconteceu a mesma coisa. O sentimento foi tão forte, de uma paixão que eu não sabia o que fazer... Acho que foi o período de maior sofrimento da minha vida porque eu queria demais aquela pessoa, e também queria demais não magoar a minha mãe! E aí essa menina, minha namorada, contou pra minha mãe. Eu tinha 16 anos e ela 19. E ela casou e depois de três meses ela se separou do marido, então eu, com 16 anos, ainda tive que enfrentar minha mãe e o marido dela."

[Por que você acha que ela se casou?]

Vivien — "Eu acho que ela tinha um problema de família muito grande e no fundo mesmo não era aquilo que ela queria também. Depois ela contou pra ele e ele achou que eu tinha destruído o sonho de casamento dele. E aí eu tive de lidar com isso e foi difícil. Minha mãe soube, ela sofreu nessa época com isso. Xingava... E eu sofria de ver ela sofrer."

Algumas entrevistadas nem conseguiam saber qual era a sua orientação sexual, tal a pressão que sofriam. Por exemplo:

Estela — "A primeira vez que eu saí com mulher faz seis anos. Eu saía mais com homens... Só que aí foi perdendo um pouco a graça, eu não gostava do sexo com homens. E um dia eu estava conversando com uma amiga minha: 'Quando eu transo com homem eu não gosto, mas eu gosto de transar com mulher. Eu acho que eu não sei o que eu sou!' A amiga [nome] olhou pra minha cara e falou assim: 'Você é lésbica!' E foi uma frase tão curta, tão rápida, mas que foi um tapa na cara pra mim."

4.3 Preconceitos que dificultam a auto-aceitação

Muitas entrevistadas falaram de preconceitos sociais e individuais que dificultam a auto-aceitação. Por exemplo:

Lia — O dia-a-dia com o preconceito dificulta, a gente não tem uma vida aberta. Eu não saio beijando minha namorada na rua, a gente não anda de mão dada. São coisas que eu adoraria fazer, porque pra mim é só uma demonstração do meu sentimento, não quero agredir ninguém fazendo isso, mas o fato é que agride. Você tem que lutar contra muitas coisas. Complica bem."

[Vidas em arco-íris]   **[283]**

Jussara — "Acho mais difícil ser homossexual do que hétero... Do ponto de vista de liberdade de expressão. Demonstro carinho em público, mas de forma bem mais discreta do que eu gostaria."

Algumas entrevistadas falaram de como os estereótipos televisivos atrapalham a autoaceitação e a revelação da homossexualidade. Por exemplo:

Clélia — "Na adolescência, quando eu via minhas amigas namorando, eu me achava diferente. Na idade de 14, 15 anos, todo mundo já tinha transado e eu não, e era engraçado porque eu sentia atração pelas meninas, em vez de sentir atração pelos meninos. E quando eu via a televisão... 'Ah, porque a *bicha*'... Era *viado* era safado... Eu não queria ser um *viado* safado. Então eu tentei me relacionar com homens pra ver se era isso que eu queria, mas chegou uma hora que eu vi que não era. Foi horrível... Aí eu comecei a conhecer outras pessoas iguais a mim, aí eu vi que não era a única, que existiam muitas pessoas iguais a mim... Eu tinha 17 anos..."

4.3.1 Exemplos de discriminação

[Você já foi discriminada, sentiu-se rejeitada?]

Várias entrevistadas contaram experiências de discriminação, situações em que não tinham a quem recorrer e falaram sobre o sofrimento que isso causa:

a) em casa, em família

Graça — "Só senti discriminação na família em dias de festas. Quando todos se reúnem, o papo é casamento. Todo mundo cansado de saber que sou homossexual..."

b) por colegas ou mães de amigas, em ambientes sociais

Vivien — "Eu já fui discriminada na minha adolescência por mães de amigas minhas — própria amiga contou — e a mãe não queria que ela andasse comigo ou que tivesse a minha amizade. Eu era menina... Dá medo... Um pouco de raiva. O preconceito é uma coisa tão ruim, a discriminação fica à flor da pele... Assim... eu lembro uma vez que estava andando na rua, o cara gritou *sapatão* e eu achei que fosse comigo. Eu fiquei dura e nem olhei pra trás porque eu tinha pavor! A gente fica com aquela necessidade de querer provar que você é um ser humano..."

[Edith Modesto]

c) em escolas, faculdades

Natália — "Fui discriminada na unidade móvel do hemocentro da Universidade [nome]! Fui doar sangue, sou saudável, não uso drogas, não tinha nenhum comportamento de risco, mas respondi sim à pergunta: 'Já teve relação com pessoa do mesmo sexo?' Fui gentilmente descartada pela enfermeira que estava fazendo a entrevista comigo. Saí do ônibus da [universidade] me sentindo péssima, como se eu fosse doente."

Gabriela — "Em um colégio misto que resolvi entrar fui discriminada, apenas por ter vindo de um colégio só de meninas. Diziam que as que vinham de colégios assim, normalmente eram galinhas ou *sapatões* e, como eu era a mais nova da sala, a mais quieta, me rotularam de *sapatão*. Nem gosto de lembrar."

d) no trabalho

Lídia — "Eu já fui discriminada no trabalho... Minha antiga chefe é irmã de minha ex-mulher e me tratava com diferença para que ninguém pensasse que ela estava protegendo a cunhada..."

Fabiana — "A Jacira [companheira] dá cursos... E uma das donas que encomendou o curso falou com ela sobre a minha pessoa: 'Tem todo o jeito... E que não seria agradável ficar aqui... O que os clientes vão pensar?'... Também disse: 'Essa menina é *sapatão* e a pessoa homossexual tem desvio de caráter'... E como eu cuidava de todo o dinheiro do curso, ela falava até em questão de roubo... Uma vez ela chegou a comentar que parece que teve um funcionário dela que era homossexual que roubou..."

e) no clube, nas ruas

Flora — "Já fui convidada a me retirar de um clube por 'estar olhando muito apaixonadamente para outra mulher'. Já fui abordada uma meia dúzia de vezes pela polícia, dos 18 aos 21 anos, quando namorava dentro do carro. Isso me parece que é uma abordagem padrão da polícia quando percebem casais namorando em carros. Mas, quando percebiam que eram duas garotas, os caras sempre faziam umas gracinhas, tipo perguntar: 'E aí, não tem homem suficiente no mundo?'"

f) em lugares públicos

Clélia — "Teve uma vez que a gente estava no Memorial da América Latina, sentadas uma do lado da outra, conversando, rindo, sem colocar a mão em cima da outra, nada, nada... De repente pára um camburão, descem seis policiais e vêm na nossa direção... Um deles falou assim: 'Olha, a gente não tem nada contra, não tem nada a favor, só que tão falando um monte aí de vocês: 'O que é isso, o que essas duas estão juntas'... Sendo que a gente não estava fazendo nada."

g) em transportes coletivos

Alice — "Eu já fiz coisas do arco-da-velha, de beijar no cinema, no café do cinema, na avenida... Ela ficava no ponto de ônibus comigo e a gente se despedia, se beijava, ficava abraçada... Aconteceu uma coisa chata: a gente entrou no ônibus, num sábado à noite, a gente estava voltando pra casa, eu sou alta, a minha namorada é grandona... A gente bateu boca com o motorista de ônibus e ele falou: 'Sua *sapatona*!' Daí eu bati boca com o cara... A gente desceu no outro ponto, mas o estrago já tava feito..."

h) no motel

Clélia — "Um casal de amigas nossas contaram que foram ao motel, falaram que não tinha vaga, isso porque elas estavam de carro, pra segunda ou terça-feira, duas horas da tarde não ter vaga, isso não existe, é muito difícil... Foi discriminação."

i) discriminação de lésbicas contra lésbicas

Maria Rita — "Há discriminação. Inclusive entre os próprios *gays*. Fizemos, minha companheira e eu, novos amigos, mas a maioria fora da cidade em que moramos. Tivemos uma amiga, também homossexual, que era gerente de um banco da cidade. Nos doía muito perceber que ela nos chamava para sair com ela e a namorada, que vinha de outra cidade, mas nunca podíamos sair na cidade em que moravam, tinha de ser em cidades vizinhas."

Uma minoria entre as entrevistadas falou de sua reação ao preconceito e de suas vitórias. Por exemplo:

Maria Rita — "Há muito preconceito contra homossexuais... Tenho algumas experiências disso: quando a minha companheira não teve mais dinheiro para pagar o clube, e deixamos de freqüentá-lo, porque ela não pode entrar como minha dependente. Até que consegui! Como consegui que ela fosse dependente minha em um dos clubes dos quais sou sócia!"

Cristina — "Num *shopping center*, tínhamos a nossa turminha *gay*. Não tínhamos por que esconder isso... Daí o *shopping* começou a inventar regras para sairmos de lá, porque estavam perdendo a freguesia... No fim, chegaram ao cúmulo de nos barrar na entrada! Mas, com certeza, já colocamos um processo em cima deles!"

[Edith Modesto]

4.3.2 Preconceito racial

Algumas entrevistadas compararam o preconceito racial com o sexual. Por exemplo:

Alice — "A mãe da minha namorada ficou revoltada: 'Você namora aquela negra...' Foi um horror, ela quis bater nela. O pai aceitou... A mãe dela tem um ódio mortal de mim, mas não é pelo fato da filha ser lésbica, é de eu ser negra... Já sofri preconceito no trabalho também. Uma das causas de eu ter sido mandada embora foi isso. Não diretamente, não me falaram isso, mas foi uma das causas. A minha chefe era uma pessoa extremamente preconceituosa... Também aquela coisa: negra, homossexual... Então me tiraram fora."

4.4 A auto-aceitação e a religião

[Você acredita em Deus? Segue alguma religião?]

A maioria das entrevistadas segue alguma religião. A religião mais adotada é a espírita. Por exemplo:

Vivien — "Acredito em Deus, muito. Não vou em igreja. Eu sou batizada na Igreja Católica... Tem muita coisa na Igreja Católica que eu respeito, outras eu acho que não tem nada a ver. A religião que mais me fala ao coração é o espiritismo kardecista."

Teresa — "Olha, eu acredito em Deus porque todos os dias eu vejo como Ele rege a minha vida. Sou kardecista."

Algumas entrevistadas tiveram muita dificuldade em se aceitar porque eram religiosas. Por exemplo:

Mercedes — "Naquela época eu achava a homossexualidade uma coisa má porque me afastava de Deus. E eu ainda acho que a minha opção me afasta de Deus. Eu gostaria de resolver isso."

Muitas entrevistadas acreditam em Deus, mas não seguem nenhuma religião específica. Por exemplo:

Gabriela — "Acredito em Deus, mas não tenho religião. A minha consciência é a minha religião."

Joana — "Acredito em Deus... Tem gente que fala: 'Ah, homossexual vai pro inferno'... Sinceramente, eu estou com minha consciência limpa, não tenho medo

[Vidas em arco-íris]   **[287]**

nenhum. Deus pra mim é amor... Pecador é quem pratica o mal. Eu tenho minha consciência limpa..."

Algumas entrevistadas são católicas ou de outras religiões. Por exemplo:

Sofia — "Eu acredito muito em Deus... Vou à Igreja Católica, às vezes, apesar dela ser muito preconceituosa. Eles dizem que a homossexualidade é doença, pecado etc... Eles são loucos! [risos]"

Graça — "Sim, acredito em Deus. Vou ao meu templo religioso hinduísta. Minha religião fala de amar uns aos outros como irmãos, filhos de Deus. Não explica a homossexualidade. Não creio que Deus fique definindo quem vai ser o quê..."

Fabiana — "Acredito muito em Deus... O que eu curto mais, além do catolicismo, é o budismo, a filosofia de vida deles é muito interessante, dá pra você encaixar na tua vida, no teu dia-a-dia..."

Duas entrevistadas lamentaram a posição da Igreja Católica em relação aos homossexuais.

Irina — "Por que essa proibição [de homossexuais nos seminários, de padres homossexuais e simpatizantes] não veio antes? Porque, por mais retrógrada que a igreja seja, nos últimos tempos, ela tem aberto mais as portas para a sociedade e, com isso, tem de se mostrar mais tolerante... Só lamento que isso contribua ainda mais para a intolerância existente no mundo contra nós, homossexuais, que tem vitimado um homossexual a cada dois dias."

[O que acontece com um jovem homossexual que tem vocação religiosa?]

Irina — "Eu acredito que o desejo de ser padre é inerente ao homem e de seu caráter, e que, para tanto, suprime seus desejos como homem para dedicar-se à causa religiosa e a Deus. No *gay*, penso que ocorre da mesma forma e, para alguns, além disso, como uma forma de reprimir seus desejos com medo de não ser aceito na sociedade."

Roberta — "Eu sou católica. Eu acho uma pena que o Papa seja tão preconceituoso com os homossexuais. Eu acho que a Igreja poderia ter uma outra visão mas, se você considerar que a Igreja levou séculos para mudar pequenas coisas, pra pedir alguns perdões, talvez ela vá se dobrar à causa *gay* daqui a três séculos..."

Algumas entrevistadas estão perdendo a fé em Deus ou acreditam em um Deus particular delas. Por exemplo:

Lúcia — "Eu acho que acredito em Deus."

Ana — "Em Deus, acredito mais ou menos..."

[288] [Edith Modesto]

Vera — "Não sei se acredito em Deus."

Raquel — "Eu acredito em Deus... Mas eu não sei se é esse Deus cristão... Eu estou numa briga interna faz bastante tempo, quanto a essa questão de Deus... A imagem que você tem de Deus é aquela que te impõem... E não vou mais à igreja nenhuma."

Estela — "Não acredito em Deus como as pessoas acreditam.... Que é alguém que está ali pra julgar e castigar... não. Eu acredito que Deus é bondade... Uma boa energia, justiça... Isso eu acredito. Eu não vou a igrejas. Não porque eu me sinta rejeitada, mas porque eu acho que a Igreja tem conceitos completamente ultrapassados, a Igreja Católica principalmente. E a religião causa muita guerra. Estudando história a gente vê que teve muita guerra por causa disso..."

Algumas vivem uma dualidade contrastiva entre o materialismo e a espiritualidade. Por exemplo:

Flora — "Eu sou materialista. Não acredito que Deus tenha nos criado ou tenha criado o Universo. Acredito na física e na teoria da evolução de Darwin. Mas tenho contato com a minha espiritualidade e gosto muito dos santos católicos e tenho, talvez pela minha formação católica, simpatia pela figura de Jesus e da Virgem Maria. Eu rezo a ave-maria sempre que quero agradecer ou pedir forças."

Alice — "Não acredito em Deus, hoje em dia acredito na minha própria força. Eu vou a duas igrejas: vou na Acheropita ou, se não, vou numa igrejinha que tem [local], e fico ali... Não sei o que tem esses dois lugares que me atraem... Vou em busca de tranqüilidade."

Um pequeno número entre as entrevistadas declarou-se atéia. Por exemplo:

Sirleide — "Eu não acredito em Deus... Não tenho religião. Sou atéia. Eu nunca tive religião... Eu digo sempre: 'Se eu acreditar em Deus, eu vou acreditar que ele é muito prepotente, então não acredito'..."

4.5 A bissexualidade

Várias entrevistadas falaram sobre bissexualidade, sem preconceito. Por exemplo:

[Uma mulher hétero pode ter eventuais relações sexuais com lésbicas e continuar hétero?]

Lia — "Se a mulher não for lésbica, ela não consegue nem experimentar uma relação homossexual, porque na hora H pode ser que ela saia correndo."

[*Vidas em arco-íris*]   **[289]**

[Mas e as bissexuais? Você acha que há muita mulher bissexual?]
Lia — "Muitas, na sua grande maioria. Aí você chegou no meu ponto. A minha namorada é bissexual."
Lúcia — "Eu tive relacionamentos com homens... Uma com um menino que inclusive é bissexual... Na época inclusive eu transava mais com meninos do que com menina. Então, esse bissexual me abriu as portas pra esse mundo. Eu tinha 20 anos. Inclusive a primeira mulher com quem eu tive relações sexuais foi com a namorada dele..."

Várias entrevistadas relacionaram-se sexualmente com homens e mulheres, mas não se identificam como bissexuais. Por exemplo:
Maria Rita — "... Eu sempre me achei boa de cama, com os homens... Eu ainda creio, Edith, se é que isso não é apenas lirismo, que apaixonei-me por uma alma, que tem corpo de mulher. Orgasmo a gente pode ter até com cenoura, vibrador... O corpo da minha companheira [nome] me atrai porque me dá prazer, e só. Não vejo outras mulheres com tesão. E nem outros homens. Vejo-os e vejo-as com um enorme senso estético, adoro ver gente bonita, independente do sexo. Fico babando, mas só."
[Você acha que é bissexual?]
Maria Rita — "Não sei se sou bissexual... Complicado, né? Não sei, nem estou muito preocupada em saber. Por ora, minha companheira me preenche. Mais que os homens que eu tive, mas com certeza não pelo seu corpo de mulher. Pela sua alma, pela sua ternura, pela cumplicidade que temos."

Algumas entrevistadas declararam-se bissexuais. Por exemplo:
Rosa — "Sempre me senti atraída por meninos e meninas e achava estranho que nas outras pessoas não fosse assim. Com 9 anos, eu perguntei pro meu irmão se ele achava um menino bonito e ele, é óbvio, disse: 'Eu não sou *bicha* pra achar homem bonito.' Eu estranhei aquilo. Na adolescência, percebi que eu era estranha por não ver diferença e gostar de meninos e meninas. Eu tive namorados e namoradas. Gostava de ambos."
Flora — "Eu já tive relações hétero não como uma tentativa de 'me livrar' da minha homossexualidade, mas porque pintou vontade, pintou tesão e amizade. Tive uns poucos namorados homens — um deles *gay* — que foram relações breves mas agradáveis. Não tenho nenhum problema com o pinto, muito pelo contrário, acho uma das partes do corpo mais bonitas num homem. E gosto de me relacionar sexualmente com homens, quase tanto quanto com mulheres."

[290]   [Edith Modesto]

Lia — "...Eu sou *gay*, mas não sou só das meninas, falo pra qualquer pessoa que me perguntar porque, depois que falei pra minha família, falo pra qualquer um, pra não ter que viver na mentira. Odeio mentir."

Duas entrevistadas tiveram relacionamentos com mulheres casadas.

Alice — "Eu tive uma pseudonamorada de uns seis meses — eu acabei há pouco tempo — que foi uma outra fase, porque essa pessoa é bi e é casada. Foi um rolo. Eu sou lésbica, mas ela fala que precisa dos dois. Escondido do marido [risos]. Sem contar que ela não gosta mais do marido, é uma relação muito nervosa por conta do filho. Ela acabou casando porque ficou grávida, o que eu acho uma besteira..."

Fabiana — "Ela se declarou e rolou alguma coisa com a gente, mas o negócio foi tão sério... Casada, tava com dois filhos pequenos e tinha um nenê bem pequenininho. E ela chegou num ponto que queria se separar do marido, morar comigo e com os filhos... Se você me perguntar como terminou esse relacionamento, eu não sei dizer como foi."

4.6 Violência sexual

Seis entrevistadas (mais de 15%) foram estupradas, mas nenhuma delas disse que isso foi a causa da sua homossexualidade. [ver 1.5 Abuso sexual na infância] Por exemplo:

Fabiana — "Eu me machuquei na faculdade, machuquei a virilha fazendo salto em distância, em atletismo, e cheguei da faculdade com dor na perna, e minha mãe falou: 'Vai no [nome], o massagista', muito conhecido, amigo do meu pai e da minha família... Eu fui e ele me pegou... Eu tinha 21 anos. Eu saí de lá pior do que entrei, mas guardei, porque eu sabia que se eu chegasse em casa e abrisse a boca, meu pai ia lá e ia matar o cara."

[Você acha que esse fato te influenciou pra ser lésbica?]

Fabiana — "Não, porque eu tive oportunidades antes e depois de acontecer... E tem muita gente que é estuprada e não vira *gay*... cada caso é um caso."

4.7 Tratamentos psicológicos e psicanalíticos

[Você já fez tratamento psicológico ou psicanalítico?]

A maioria das entrevistadas nunca fez tratamento psicológico, por motivos diversos. Por exemplo:

[Vidas em arco-íris] **[291]**

Rosa — "Não, nunca fiz terapia. Às vezes eu brinco dizendo que tô precisando fazer análise, até faria se não fosse o tempo e dinheiro, mas não por ser lésbica, e sim pra me conhecer mais a fundo."

Vera — "Eu nunca acreditei em terapia... Tenho medo."

Sirleide — "Particularmente eu acho que fazer tratamento psicológico é uma fraqueza do ser humano..."

Nenhuma entrevistada fez tratamento para deixar de ser lésbica porque elas não acreditam nisso. Algumas desenvolveram o assunto. Por exemplo:

Vera — "Eu nunca tentei deixar de ser homossexual e não acho possível. Quem diz que deixou de ser está se enganando."

Elenice — "A psicóloga me ajudou bastante, a considero uma pessoa enviada por Deus, na minha vida, me fez enxergar outras coisas que eu não enxergava antes, principalmente da questão Deus, homossexualidade, ser humano... Senão eu tinha pirado."

Duas entrevistadas falaram sobre tratamentos de reversão.

Jacira — "Eu tive um cliente, no ano passado, com 20 e poucos anos de idade, que me procurou desesperado porque tinha se descoberto homossexual... Tinha procurado uma psicóloga da cidade pra trabalhar essa aceitação nele... A tal psicóloga era evangélica e, assim que ele disse que era homossexual, ela se atirou de joelhos no chão e começou a implorar a Deus que tirasse o demo do corpo dele... E fez tanto auê que convenceu o coitado a ir falar com o pastor, o bispo, sei lá, da igreja dele pra ser exorcizado... Esse coitado foi exorcizado pelo tal pastor só Deus sabe quantas vezes... A cabeça dele deu um nó terrível... Eu falei: 'Você vai pegar essa psicóloga e vai denunciar no Conselho de Psicologia, o diploma dela vai ser suspenso, ela vai ser chamada às falas... Isso não pode acontecer'... Ele disse: 'Imagina se eu vou fazer isso, aí eu vou ter que assumir que sou homossexual...'"

[O que se poderia fazer para ajudá-lo?]

Jacira — "Eu acho que deveria haver mais informação e que o próprio Conselho de Psicologia e o Conselho de Medicina deveriam se responsabilizar por uma informação maior dos profissionais já formados e por uma informação melhor das faculdades de medicina e de psicologia."

[As faculdades de psicologia e medicina não preparam seus alunos para lidarem com a homossexualidade?]

Jacira — "Se dentro das próprias faculdades de medicina brasileiras e dentro das próprias faculdades de psicologia existe preconceito, o que se espera dos profissionais?

[292]   [Edith Modesto]

Quer dizer, os próprios professores das faculdades de medicina estão formando mal os alunos com relação a essa área da sexualidade. Deveria haver uma obrigatoriedade dentro das faculdades de medicina e psicologia no sentido de elucidar o que é homossexualidade."

Maria Rita — "Sim, já fiz terapia, até por força da minha profissão. Atualmente estou parada por falta de numerário [risos]. Falta absoluta."

[Você já fez ou faria tratamento pra alguém deixar de ser gay?]

Maria Rita — "Que horror, se eu fizesse isso, seria enquadrada na resolução CFP 01/99. Lembro-me de que, quando nem imaginava que um dia estaria casada com uma mulher, eu tive pacientes *gays* e lésbicas... Mas nunca vieram com queixa de querer trocar de lado, e sim por outras perdas e dores originadas em seus relacionamentos, que poderiam ser as mesmas dos héteros."

Uma das entrevistadas aconselha a escolha de terapeuta homossexual.

Laura — "Acho que uma pessoa homossexual deve sempre procurar um terapeuta homossexual, para ser realmente compreendida. Meu problema maior era o complexo de rejeição que eu tinha, e falta de auto-estima. Ela me ajudou um pouco, mas não muito. Acredito que a questão da sexualidade tenha atrapalhado porque ela se sentia perdida..."

Muitas entrevistadas fizeram ou fazem tratamento psicológico para viver melhor. Por exemplo:

Lúcia — "Eu já fiz tratamento psicológico porque eu estava deprimida... Para viver melhor. Na época, eu estava tomando remédio..."

Natália — "Eu fiz e faço terapia no momento. Porque quero me aprimorar, resolver medos, me tornar criativa e mais feliz."

Flora — "Eu faço terapia, não pra resolver a minha homossexualidade, mas para, entre outras coisas, me conhecer melhor e poder lidar, a partir da minha homossexualidade, com esse mundo tão preconceituoso."

Algumas fizeram terapia por imposição de suas mães. Por exemplo:

Lia — "Quando eu contei para minha mãe, ela me levou a um psicólogo, obrigada. Ela ligou para o psicólogo e falou que ele tinha que me curar porque eu era *gay*. E eu fui."

Clarice — "Já fiz terapia, sim... Porque minha mãe insiste em achar que eu sou homossexual porque eu tenho algum nó causado na minha infância... Achei que não havia nenhum mal em fazer terapia por um tempo, já que problemas todos nós temos, e, apesar da homossexualidade não ser um problema para mim, eu tenho outros problemas que com a terapia eu pude entender melhor."

Algumas entrevistadas fariam tratamento para deixar de ser lésbica, se isso existisse. Por exemplo:

Mercedes — "Se existisse um tratamento para eu deixar de ser lésbica, eu acho que faria, para não ter que lidar com todas as incoerências que eu via e vivia. Hoje eu não faria porque não quero perder a minha parceira."

Cristina — "Se tivesse um tratamento seguro pra virar hétero, naquela época, dois anos, que eu não tinha com quem conversar sobre isso, eu faria. Hoje não faria, mesmo porque eu sei que não iria adiantar."

4.8 DSTs e tratamentos médicos

4.8.1 Prevenção contras as DSTs

[Você se preocupa com DSTs (doenças sexualmente transmissíveis)?]

A maioria das entrevistadas disse que se preocupa com DSTs. Por exemplo:

Lia — "Acho que todo mundo tem que se preocupar hoje em dia, mas no meu caso não sei muito o que fazer de diferente porque os meninos ainda usam camisinha — e eu espero que eles usem realmente — mas o que vou fazer? Não tenho como usar camisinha. O que posso fazer é me preservar, como não sair transando por aí."

[Existem doenças sexualmente transmissíveis que a camisinha não protege?]

Carla — "Tomo cuidado, por isso conheço bem minhas parceiras antes de transar. Somos um grupo de maior vulnerabilidade devido à maior prática do sexo oral, daí a preocupação dos órgãos de saúde. Pena que essas instituições não sabem fazer uma campanha adequada para nós. Só usar camisinha não soluciona todos os problemas."

Uma grande parte das entrevistadas não se previne contra DSTs porque:

a) desconhece os métodos preventivos para lésbicas

Maria — "Tomava os devidos cuidados nas relações héteros, confesso que nas homo não sei muito o que fazer. No caso de homo masculino, acho a prevenção mais fácil, mas no caso feminino, como o meu, é mais complicado. Isso me preocupa muito, mas realmente não sei o que fazer."

b) conhece os métodos preventivos que existem para mulheres, mas não usam porque os considera deficientes
Cristina — "O pior é que não tomo cuidados pra não pegar DSTs... Na boa... A proteção para DSTs para lésbicas não tem sentido! Não tem como ficar segurando um plástico na hora do roça-roça... Não tem como fazer sexo oral, lambendo um plástico... Morro de medo... Ser homossexual facilita o contágio, sim. Acho que as lésbicas terão mais Aids do que os homens..."

c) não se preocupa com prevenção
Jussara — "Eu não tomo cuidados... Só não me permito fazer sexo em período menstrual, tanto eu quanto a parceira... Não deixa de ser um cuidado."

d) convenceu-se de que as lésbicas correm menos riscos e não se protege, mesmo fazendo sexo casual. Por exemplo:
Natália — "Já transei sem conhecer a pessoa, sim. Para as lésbicas é um pouco diferente do que para os *gays*. Nós, em teoria, estamos bem menos arriscadas a contrair HIV numa transa. É quase nulo o risco de infecção. Então não tomamos muitos cuidados."

e) transa somente com suas namoradas. Por exemplo:
Rosa — "Lógico que me preocupo, mas agora, dentro do meu relacionamento com a minha namorada [nome], acho impossível acontecer qualquer coisa... Somos superfiéis uma à outra..."
Flora — "Não me preocupo muito com doenças transmissíveis, pois tenho um relacionamento que, além de estável, tem 15 anos e nós não transamos com outras pessoas. E tenho também a segurança de que estamos falando a verdade uma para a outra."

Uma entrevistada alertou para o perigo de contaminação.
Alice — "Numa relação com mulher, você pode pegar doenças... Uma pessoa pode estar com infecção urinária... Sem contar que o aparelho genital feminino é um ninho de bactérias. Tem as práticas onde você pode usar camisinha, usar luva, usar filme, usar... Mas o que acontece? Quando você gosta de uma pessoa você não toma cuidado nenhum."

[Vidas em arco-íris] **[295]**

Somente uma entrevistada afirmou que se previne quanto a doenças sexualmente transmissíveis.

Graça — "Eu tomo cuidados para não pegar doenças... Uso luvas ou mesmo luvinhas de dedos que são distribuídas no Corsini⁷..."

Algumas falaram do perigo do relacionamento sexual com os héteros. Por exemplo:

Lúcia — "Não, eu nunca peguei DST. Eu me lembro desse meu namorado, acho que ele andou com gonorréia uma vez, mas eu acho que não peguei."

[Você se preocupa com a Aids?]

Lúcia — "Eu me preocupo porque eu já fiz muito sexo não seguro com homens... Até me surpreende de que eu não tenha sido contaminada."

[Você acha que ter uma namorada é mais tranqüilo?]

Lúcia — "É muito mais tranqüilo... Mas existem polêmicas... Na verdade, o que as lésbicas mais politizadas sustentam é que é tão necessário você se prevenir ao praticar sexo com lésbicas quanto com homens..."

Um pequeno número de entrevistadas relatou experiências relacionadas à Aids. Por exemplo:

[Seu pai suicidou-se porque soube que estava com Aids?]

Marília — "É... Ele foi supersacana porque não contou pra minha mãe. Provavelmente ela já sabia, não contou, ela não pegou, mas ele começou a ficar doente e ele sempre falava em qualidade de vida... Eu fiquei sabendo das reais causas do suicídio dele um ano depois, que minha mãe me falou. Aí que eu fui entender porque tinha acontecido, [muito emocionada] porque eu sabia que ele estava doente, mas não entendia direito porque ele não tinha esperado sarar, digamos assim, e aí eu fui entender que ele não ia sarar mesmo nunca... [muito emocionada] Edith... fazia tempo que isso não acontecia..."

[A questão se tornou bem complicada pra sua mãe, não é?]

"É... Eu fazia camisetas e eu fiz camisetas para a Parada... Eu fui lá vender camisetas e sobraram algumas, ficaram de pano de chão e está escrito nela Parada do Orgulho Gay. Ela recortou onde estava escrito pra poder usar como pano de chão. Ela não consegue nem ver esse nome por escrito."

---

⁷O Centro Corsini é uma ONG brasileira sediada em Campinas, São Paulo, que, desde 1987, atua nas áreas de pesquisa, prevenção e assistência a portadores de HIV/Aids.

[296]   [Edith Modesto]

Algumas entrevistadas tiveram DSTs. Por exemplo:

Clélia — "Eu já peguei doença com um homem... Eu peguei condiloma. Aí me apareceram umas verrugas, e meu ginecologista falou que devia ser de um relacionamento antigo porque esse vírus fica incubado. Graças a Deus não passei pra minha namorada. E o mais bonito foi que quem me curou foi ela, quem passava o remédio em mim era ela. Se eu estivesse com homem, eu acho que ele não faria isso."

[Esses homens não usaram camisinha?]

Clélia — "Não, eu me arrisquei muito... O primeiro cara com quem transei, descobri depois, ele morreu de Aids. Eu fiz o exame de coração na mão..."

4.8.2 Problemas nas consultas médicas

[Quando você vai ao médico, diz que é lésbica? Eles estão preparados para ouvir isso?]

Algumas entrevistadas relataram problemas em suas consultas a ginecologistas. Por exemplo:

Vivien — "Dizem que a gente tem de tomar cuidados... Por exemplo, a minha ginecologista fala pra tomar cuidado com as mãos, com unhas, pra manter sempre aparadas, limpas... Que a mão é uma coisa suja."

[A sua ginecologista é lésbica?]

Vivien — "Não é. Ela é minha ginecologista há dez anos, faz mais ou menos uns dois que eu contei pra ela que sou lés. Então ela já me conhecia muito, eu não tive essa cara de contar na primeira vez. Demorei... Porque eu já contei uma vez pra uma ginecologista e ela me deu uma aula sobre o equilíbrio da natureza, do homem, da mulher, do encontro perfeito entre o côncavo e o convexo... Eu fiquei meio traumatizada, então eu pensei, não conto mais... Eu tinha uns 19 anos... Eu senti como uma discriminação. Até porque ela não me olhou, ela não me examinou... Pensei: 'Não volto aqui nunca mais'... E não voltei mais lá."

Laura — "...Já disse a ginecologistas que sou lésbica, mas foi um saco. Os ginecologistas não sabem o que fazer com a informação, não têm um plano B quando a mulher não usa preservativos. Deviam ser melhor treinados."

Várias entrevistadas não contaram ao médico que eram lésbicas. Por exemplo:

Tamara — "A última vez que eu fui na ginecologista, eu quis falar pra ela, mas eu não conseguia... Ela perguntava: 'Você teve relacionamento com homens'... E eu: 'Não'... [risos]"

[Vidas em arco-íris] **[297]**

Maria Rita — "Eu ainda não disse aos médicos que sou homossexual, mas comportei-me de forma que eles perceberam..."

Algumas entrevistadas não tiveram problemas nas consultas. Por exemplo:
Pilar — "Há quatro anos conheci uma ginecologista que... Minha menstruação é muito desregulada... E já fazia dois meses que não vinha... Daí ela olhou pra mim e falou: 'Você deve estar grávida.' Eu falei: 'Não, não estou grávida.' 'Mas como que você sabe?' 'Porque eu sou homossexual' — eu falei. Aí ela reagiu normalmente ou [risos] tentou..."

[5] A revelação

5.1 Revelação à família

[Como foi a revelação da sua homossexualidade?]

A maioria das entrevistadas não revelou aos pais a sua homo ou bissexualidade. Por exemplo:
Maria — "Só conversei com alguém sobre isso depois que meu marido descobriu e me vi desesperada. Quanto aos meus pais, não mudou nada porque não contei, nem aos meus irmãos."
Jussara — "Eu só conversei com meu amigo que é *gay*... Meus pais não sabem, mas eles percebem que eu me escondo. Acho que a acolhida da família a um filho homo deveria ser a mesma do que para um filho hétero."

Algumas entrevistadas falaram sobre a dificuldade de aceitação da homossexualidade que as mães religiosas têm. Por exemplo:
Lia — "Acho religião muito legal, mas não gosto de nada que seja radical, então, por exemplo, minha mãe sofre, ela liga pra mim... Ela é uma pessoa maravilhosa, mas ela sofre e chora pra eu ler a Bíblia, pra eu entregar minha vida a Jesus, porque o fato de eu acreditar em Deus pra eles não é o suficiente, tem que pegar a Bíblia, viver sua vida de acordo com os ensinamentos que estão ali... Tudo é pecado, não sei o quê... No fundo, ela quer dizer a mesma coisa que meu pai me falou, que eu ia pro inferno, entendeu? É uma loucura isso."

[298]   [Edith Modesto]

Algumas entrevistadas falaram sobre a dificuldade de se revelarem, porque a família é religiosa. Por exemplo:

Beatriz — "Pra minha irmã mais velha eu falei no ano passado... Como minha mãe morreu muito jovem, minha irmã assumiu a casa com 18 anos e toda a responsabilidade, então eu tenho muito respeito por ela. Ela tem dois meninos lindos e eu pensei: 'Se ela me tira os meus sobrinhos eu piro'... Eu falei: 'Estou namorando uma mulher.' Ela: 'Mas como é isso?' Eu tentei contar a história, mas ela não quis ouvir. 'Que mulher é essa?' Eu falei: 'A fulana'... Ela perguntou: 'Você foi ao médico?' Eu falei: 'Olha, não é uma doença. Isso é o que eu quero, não tente mudar isso'... Ela: 'Tudo bem'... Minha irmã falou: 'Você não vai deixar de ser minha irmã por isso'... Eu adorei isso... Mas também falou: 'Você sabe que perante Deus essa sua escolha está errada... Eu só não quero a moça aqui'... Eu falei: 'Tudo bem, você não quer, a casa é sua, eu respeito'."

[Você acha importante o apoio da família?]

Beatriz — "Eu acho que não deve ser imposto. Você faz escolhas pra sua vida e você tem que conviver com elas... Depois que falei pra minha irmã mais velha, o respeito de irmã continua, só que eu sinto que quebrou aquele elo de união das três irmãs... A gente não admitia que ninguém entrasse no nosso círculo, isso tá quebrado." [emocionada]

[Por que você acha que se quebrou a sua relação com suas irmãs?]

Beatriz — "Uma, por causa da religião. É claro que, se a religião dela não permite, vai ser difícil pra ela aceitar... Por mais que ela respeite a pessoa, a minha opção fere todos os dogmas que ela conhece... Com certeza está quebrada... [emocionada] Outra, que ela deve pensar em como explicar isso pra família, porque, apesar de viver as três juntas, a família é bem maior..."

Várias entrevistadas não se revelaram, mas acham ou sabem que suas mães e a família perceberam a sua homossexualidade. Uma delas defendeu a revelação para a família. Por exemplo:

Lídia — "Eu imagino que meus pais saibam. Ficaram sabendo observando a minha vida afetiva e sempre foram cúmplices. O apoio e o amor da família são sempre importantes, para qualquer pessoa. Me deu mais segurança."

Fabiana — "Eu nunca falei nada, mas eles percebiam... Hoje em dia minha mãe sabe da minha vida... É um livro aberto. Sabe que eu vivo com a minha companheira [nome], incentiva... Em outra ocasião foi meu pai: 'Sabe, eu adoro a fulana... É o melhor genro que já arrumei até hoje... Eu gosto muito dela e quero que vocês sejam felizes.'"

[Vidas em arco-íris]   **[299]**

Várias mães descobriram que suas filhas são lésbicas lendo a correspondência particular delas. Por exemplo:

Gabriela — "Mamãe descobriu fuçando umas coisas minhas... Leu cartas. Surtou. Neguei até o último minuto porque eu tinha 15 anos. Um ano depois, a mãe de uma ex-namorada descobriu que eu estava namorando a filha dela e então ela contou pra minha mãe. Até hoje minha mãe não aceita e faz vista grossa."

Luísa — "Me envolvi com uma amiga de infância e a mãe dela descobriu uma carta. Levou-a aos meus pais, que ficaram estarrecidos, e eu assumi a situação e saí de casa pra morar com ela. Eu tinha 19 anos..."

Alguns pais e mães fingem que não sabem, causando grande angústia às filhas. **Por exemplo:**

Graça — "Quando me percebi, mudei meu relacionamento em casa, me afastei dos familiares... Eles fingem que não sabem e eu finjo que sou aquilo que eles querem. Meus pais souberam através do meu irmão e de fofocas. Minha mãe chorou... E eles fingiram. Meus pais ficaram envergonhados... Pra mim, não ter esse apoio foi difícil no começo, hoje penso nos limites de cada um."

Muitas famílias declaradamente sabem, mas não conversam sobre o assunto. Por exemplo:

Lúcia — "Eu falei pra minha mãe, mas eu nunca falei pro meu pai. É que eu não tenho muito papo com o meu pai... Na minha casa, existe essa lei do silêncio, entendeu?"

Vanessa — "Minha família sabe, mas prefere não tocar no assunto. Mas, se eu falar, tudo bem. Eles dizem que só querem me ver feliz. Não se discute o assunto."

Muitas entrevistadas têm mães com grande dificuldade de aceitar a homossexualidade das filhas:

a) Um pequeno número das entrevistadas percebeu que sua mãe, naquele momento, ainda não podia saber de sua homossexualidade. Por exemplo:

Joana — "Minha mãe não sabe que eu sou, mas ela desconfia muito... Pra ela, é uma aberração... Ela fala que isso é uma doença, que já foi comprovado... Eu tenho 18 anos e, desde que me entendo por gente, eu tenho atração por mulheres. Minha mãe sabe... Por que ela chegou pra minha irmã, chorando: 'Sua irmã está me deixando doida!'... Minha mãe começou a ir ao psiquiatra no Hospital das Clínicas... Começo de síndrome

[300]   [Edith Modesto]

do pânico, depressão... Minha irmã veio falar comigo: 'A mãe falou que se ela souber que você é, se vier de sua boca ela se mata, porque ela não quer isso de jeito nenhum na família dela...'"

b) Várias mães ficaram sabendo por outras pessoas, num momento não adequado. Por exemplo:

Vivien — "Uma outra pessoa contou pra minha mãe. Eu tinha 12 anos, essa menina que contou pra minha mãe tinha 22. Aí minha mãe, eu não me esqueço disso, não vou esquecer nunca na vida que ela me falou: 'Na minha família pode ter puta, galinha, mas mulher-macho não!' E que, se ela me pegasse com a outra, arrebentava a boca das duas."

Algumas entrevistadas falaram sobre os pais serem mais desligados, e não conversarem sobre o assunto. Por exemplo:

Raquel — "Meu pai também é um amor de pessoa, só que ele é o mais ausente de todos. Eu converso com meu pai sobre futebol muito mais do que meus irmãos... Mas ele é um cara que nunca vai perguntar isso..."

Natália — "Meu pai só veio a saber depois, pela minha mãe, e, embora eu já tenha apresentado namoradas pra ele — não como namoradas —, nunca conversamos sobre esse assunto."

Uma minoria entre as entrevistadas teve o apoio do pai. Por exemplo:

Lia — "Meu pai foi um fofo. Porque nesse momento fui procurar meu pai. Eles já estavam separados há uns dois anos e eu fui na casa dele supermal, chorando. E ele disse: 'Minha filha, pode falar qualquer coisa, o que está te afligindo, o que está acontecendo'... Ele já desconfiava. E continuei: 'Contei pra mamãe e a reação dela foi péssima.' E ele teve a reação mais linda do mundo e falou: 'Tudo bem, uma hora vai passar, sua mãe vai pôr a cabeça no lugar e vai ficar tudo bem.'"

Algumas entrevistadas foram casadas com homens e relataram como é complicado para suas mães entenderem a sua homo ou bissexualidade. Por exemplo:

Sirleide — "Quem contou pra minha mãe foi minha irmã mais velha... Que não aceitava, que brigou comigo... Minha mãe ficou muito chateada... E ela perguntou: 'Mas, escuta, eu estou estranhando, você não gostava tanto de homem? Não era namoradeira?'... Eu falei: 'É verdade, mas de repente me deu o estalo'... Ela falou: 'O que é isso? É doença? É sem-vergonhice? É pra provocar... Chamar atenção?'"

[Vidas em arco-íris]   **[301]**

Muitas famílias não aceitaram bem suas filhas lésbicas. Mas somente uma minoria sugeriu que não foram aceitas definitivamente. Por exemplo:

Ana — "Meus pais sabem que sou homossexual. Fugi de casa... Perdi todos os meus amigos da escola... Todos me abandonaram quando eu tinha 18 anos. Me senti só. O problema da minha mãe é o que os outros vão pensar e ela acha que é um problema pra tratamento psiquiátrico. O resto da minha família não quer nem saber de mim. Meus amigos de infância e da escola sumiram... Eu acho que o apoio teria sido fundamental para a minha formação profissional, eu não precisaria ter fugido de casa... Fiquei totalmente só e minha vida profissional foi prejudicada."

Dora — "Eu não tive o apoio da família, mas tive dos meus amigos. Eles me aceitaram numa boa, me apoiaram, acharam legal eu ter me encontrado... Eu acho que o apoio da família decide os rumos que a pessoa pode ter. No entanto, infelizmente, não tive tal experiência pra saber qual é a importância disso."

Às vezes, a aceitação das mães é total, somente na aparência. Por exemplo:

Vivien — "Minha mãe me apoiou muito num momento difícil. Ela foi até num aniversário meu num bar *gay*... Aquilo pra mim foi a maior felicidade do mundo! Até o momento que ela conheceu a minha atual namorada. Ela não tem um tipo muito feminino, então estava na cara que era minha namorada. Um dia, minha namorada chamou a minha mãe de sogra... Nossa, Edith... Ela falou: 'Sogra o caralho! Eu não sou sogra porcaria nenhuma, que sogra o quê!'"

Várias entrevistadas externaram a culpa e a tristeza porque acham que causaram sofrimento às suas mães. E todas elas sofreram com as fases da aceitação materna.

a) Muitas vezes as mães perguntam só para se certificar de que o que temem não é verdade.

Lia — "Ninguém sabia. Minha mãe desconfiava, claro! Meu pai, coitado, nem imaginava. Minha mãe perguntou pra nós e a gente negou. Eu comecei a mentir depois que eu fiquei com essa menina, que eu virei *gay*, porque eu não tinha coragem de contar pra minha mãe."

[Você tinha medo de fazê-la sofrer?]

Lia — "... É muito assim do que os pais idealizam para os filhos. Então eu achei que ia estar acabando com o ideal dela e ela ia ficar muito chateada. Eu não tinha vergonha, só achei que ela não ia entender e ia ser uma merda. E minha mãe é uma pessoa

[302]   [Edith Modesto]

ultra-importante na minha vida e eu não queria perder nada da minha mãe. Um dia, eu acabei contando. Minha mãe perguntou... Ela disse: 'Você pode me falar, sou sua mãe, vou te ajudar.' E eu falei: 'É verdade, a gente namora há dois anos.' Comecei a chorar e na hora em que falei, saiu um peso. Ela ficou atônita, acho que foi a pior notícia que ela recebeu na vida, apesar de ter dito que iria me ajudar."

[Sua mãe tinha a esperança de que fosse somente impressão dela?]

Lia — "É. Na hora foi tudo bem, mas depois de meia hora foi o caos. Foi a segunda vez que apanhei na minha vida, já tinha 21 anos. Ela me proibiu de atender aos telefonemas da minha namorada, de encontrar minha namorada. Proibiu tudo."

[Sua namorada ficou apavorada?]

Lia — "Ficou... Mas minha mãe também não foi nem um pouco fácil. Minha mãe ligou para o pai dela, minha mãe fez um inferno. Minha mãe berrava comigo, dizia coisas chulas, que eu jamais podia imaginar. Um dia ela perguntou: 'Você encontrou a fulana?' Eu falei: 'Encontrei' — de burrice. Aí ela começou a berrar, enlouqueceu: 'Eu aqui te esperando e você esfregando buceta com buceta...'"

b) Se a desconfiança da mãe é confirmada, a culpa é sempre dos outros: namorada, más companhias... Por exemplo:

[Sua mãe achava que a sua namorada tinha aliciado você?]

Lia — "Exatamente. E eu falei que ela estava completamente enganada, que quem deu o primeiro passo fui eu. Ela, não contente com isso, ligou para o pai da menina."

Algumas entrevistadas enfrentaram a oposição dos pais com coragem. Por exemplo:

Sofia — "Meus pais sabem que sou porque contei. De início não aceitaram, cortaram meu carro, mesada, cartão de crédito etc. Daí comecei a trabalhar, andar de ônibus... Fui ganhando dinheiro em uma empresa de informática, entrei na [nome de empresa], comprei meu carro e, quando eles viram que era realmente o que eu queria e isso não iria mudar, passaram a aceitar e a apoiar. Como diz meu pai: 'O importante é você estar feliz!' O resto da minha família... Todos aceitam e respeitam."

Clélia — "Eu cheguei pra minha mãe e falei: 'Manhê, infelizmente eu namoro, eu gosto de mulher, mas de um jeito diferente, assim como a senhora gosta do papai...' Aí, nossa, pra ela foi um choque terrível, foram os seis piores meses da minha vida! Às vezes chegava visita ela falava assim: 'Não sei por que eu tenho essa filha que quer ter um saco no meio das pernas'... Não é uma coisa legal de se ouvir de uma mãe... Até que um dia chegou a minha tia, e a minha sobrinha que é adotada, ela era prostituta, aí a

[Vidas em arco-íris] **[303]**

minha tia falou: 'Eu não sei por que você tá reclamando, porque a tua filha você sabe com quem ela namora... A minha filha não sei com quantos homens ela vai na cama, quantas doenças ela pode trazer pra dentro de casa, se amanhã vou vê-la viva ou vou vê-la numa delegacia policial...' Então a minha mãe me aceitou, ela trata a minha namorada como se fosse a filha dela."

Algumas entrevistadas foram bem aceitas pela família, principalmente pelas mães. Por exemplo:

Vitória — "Minha mãe sabe que eu sou homossexual, eu contei para ela e, desde o início, ela me apoiou, mas sei que ela sentiu medo no início. Meu pai desconfia seriamente de mim, mas ele não gosta que toquem nesse assunto com ele, meu pai é muito nervoso."

Natália — "Quando contei pra minha mãe, ela me acolheu, me aceitou. E minhas irmãs também. Meu pai só veio a saber depois, pela minha mãe, e, embora eu já tenha apresentado namoradas pra ele (não como namoradas), nunca conversamos sobre esse assunto."

[Você não esconde socialmente?]

Natália — "Não, eu não escondo. Mas eu também não saio contando aos quatro cantos. Às vezes a gente precisa não contar, por exemplo, se sabe que pode ser demitida por um chefe preconceituoso. A gente tem que ir descobrindo quais são os limites."

Flora — "Eu já havia catequizado meus pais antes de revelar a eles que eu era lésbica, aos 16 anos. Como eles eram pessoas com um histórico de luta contra a ditadura e pela democracia durante os anos de chumbo, eles sempre incentivaram o diálogo aberto. Então, eles não tiverem outra saída a não ser ouvir o meu lado e procurar aceitar. Com o tempo, eles foram se acostumando com a idéia. Meu pai morreu quando eu tinha 21 e ainda não tinha tido nenhuma namorada mais fixa. Minha mãe, hoje em dia, diz que dos quatro filhos — os outros são héteros — eu sou a que tem o melhor casamento na família. Ela adora a minha namorada, a minha namorada adora a minha mãe, nós viajamos juntas e conversamos tudo abertamente."

5.2 A importância do apoio familiar

Quase todas as entrevistadas afirmaram que o apoio familiar foi ou teria sido fundamental para a sua auto-aceitação.

[304]   [Edith Modesto]

Flora — "Acho que o apoio da família é, como foi para mim, fundamental na vida do homossexual."

Cristina — "Eu acho que o apoio da família é muito importante, é tudo na vida! E por mais que eles não aceitassem, eu ia continuar sendo homo... Eles aceitando me deram mais forças!"

Algumas entrevistadas não tiveram o apoio da família. Por exemplo:

Clarice — "Certa vez minha mãe disse que não era para eu esperar apoio e consideração do mundo... Hoje eu entendo que esse mundo a que ela se referiu se restringia a ela mesma... O apoio da minha família fez e faz falta até hoje, mas não é por isso que eu vou abrir mão do que sou."

Algumas entrevistadas falaram sobre a importância do apoio dos irmãos. Por exemplo:

Lia — "A gente era muito unido, mas eu não tinha coragem de contar pra eles. Minha mãe tinha me ameaçado que, se eu não largasse minha namorada, ela ia contar para os meus irmãos e ela sabia que o que eu mais prezava — mais do que ela e meu pai naquela época — eram os meus irmãos. E aquilo me perturbou... E contei para meus irmãos. Foi o máximo. Minha irmã disse: 'Que legal, eu já imaginava, relaxa, tá tudo bem, a gente adora a sua namorada.' Meu irmão também."

5.3 Revelação à sociedade

Quase todas as entrevistadas temem o preconceito familiar e social. Por exemplo:

Adélia — "Eu escondo porque as pessoas são preconceituosas e elas não têm necessidade de saber... Eu acho que os homossexuais devem se revelar sempre que possível. Eu saio de mão dada, beijo no rosto, faço carinho... As pessoas encarem como quiserem... Sou carinhosa e não vou deixar de fazer isso porque estou na rua, mas sem excessos, para não nos expormos, pois o preconceito é muito grande."

5.4 Revelação no trabalho

A maioria das entrevistadas não se revelou homossexual no trabalho. Por exemplo:

Sofia — "Não escondo! Quem tiver de me aceitar tem de ser como sou! Apenas no trabalho eu não toco no assunto, pois isso poderia me prejudicar profissionalmente... Ainda existem preconceitos da sociedade."

[Vidas em arco-íris]   **[305]**

Lídia — "Eu acho que o homossexual deve se revelar sempre que possível, mas, por exemplo, o trabalho é uma área de risco e sobrevivência. Acho importante manter um emprego, ao invés de manter a dignidade da opção sexual."

Algumas entrevistadas passaram por problemas no trabalho. Por exemplo:
Vivien — "No meu trabalho eu tinha um relacionamento muito legal com o meu chefe. Um dia ele chegou pra mim e falou: 'Eu nunca me meti na sua vida, mas eu acho que você tem que separar as coisas porque o que está acontecendo com você hoje tem influência, tá entrando aqui dentro. Você sabe como as pessoas são, o que elas pensam e eu acho que isso vai acabar prejudicando você. E estou te dando um toque.' Eu fiquei num estado psicológico ruim... Isso me causou muita culpa na época. Foi muito ruim porque teve muita intriga..."

Algumas entrevistadas trabalham em áreas em que os homossexuais são bem aceitos e se revelaram no trabalho. Por exemplo:
Lúcia — "Nos últimos quatro anos, eu estava trabalhando numa assessoria de imprensa de homossexual... Bom, agora vou voltar a trabalhar lá... Lá todo mundo sabia que eu sou homossexual... Não me constrangia pelo comentário dos outros não, pelo contrário..."
Graça — "Faço estágio, fico lá para aprender um pouco mais e, como faço psicologia, a maioria tem que parecer politicamente correta e me engolir."
Flora — "Escondi na faculdade, trabalho, durante pouco tempo, e depois descobri que era melhor ser clara e direta. Hoje, não escondo para ninguém. E, como figura pública, acho mais importante ainda mostrar a minha cara lésbica. Eu trabalho num meio mais permissivo, o artístico. Nunca tive qualquer problema interno no trabalho por ser homossexual."
[Você acha que o homossexual deve revelar-se sempre?]
Flora — "Acho que o adolescente que depende emocional e financeiramente dos pais deve avaliar muito se deve ou não contar para os pais que é *gay*. Mas acho que o importante é ir trabalhando e construindo um caminho para sair do armário."

Algumas entrevistadas preferem trabalhar com *gays*. Por exemplo:
Ana — "No trabalho, eu prefiro chefe homo porque são melhores chefes. Eu nunca tive problemas no trabalho... Sou respeitada. Os homos se defendem no mercado de trabalho... Eu tenho experiência disso."

[306]   [Edith Modesto]

Algumas entrevistadas se assumiram lésbicas no trabalho e nunca tiveram problemas.
Por exemplo:

Laura — "Não tenho problemas no trabalho por ser lésbica assumida. Tanto faz trabalhar com héteros ou homos, só muda se o projeto tiver alguma coisa a ver com homossexualidade. Heterossexuais costumam ser mal-informados e arrogantes a respeito, achando que sabem tudo. Aí complica. Mas, no geral, não tenho preconceitos."

Clélia — "No trabalho, todo mundo sabe. Porque eu acho que é assim: em todo lugar falam da sua pessoa, seja você gordo, magro, negro, amarelo, azul... Então quando cheguei lá eu já falei pra todo mundo: 'Olha, eu sou homossexual...'"

[Você acha que o homossexual deve se revelar sempre?]

Clélia — "Eu acho que deveria, porque você não vive uma vida dupla, você vive uma vida aberta, total, se eu vou num lugar, quem que ela é? Ela é minha namorada, conta no banco, conta conjunta, ela é minha namorada... Minha namorada se chama Bruna. Eu sou uma pessoa mais feliz, sou totalmente verdadeira."

Muitas entrevistadas acham que a revelação pode atrapalhar o trabalho. Por exemplo:

Maria Rita — "No trabalho? Pois é, Edith, aí é o nó. Eu tento me enganar, dizendo a mim mesma que nada mudou, que tenho o mesmo número de clientes... Mas olho nas agendas de anos anteriores, quando ainda era casada com um homem, tudo '*comme il faut*', e vejo que eu passava praticamente todas as tardes, das 14 às 18, atendendo no consultório.... Hoje, tenho poucos clientes, proporcionalmente ao que tinha. Menos da metade, talvez um quarto do que tinha. Mas não sei se é por minha orientação sexual — que, embora não comentada, com certeza é sabida, todos conhecem a minha companheira [nome], moramos juntas, sou escritora e articulista de jornal, família da terra, cidade pequena... — não sei se é por isso, ou por crise mesmo do país, empobrecimento da população, da classe média, que é a que procura psicoterapia. Isso porque vejo que outras colegas também se queixam, também reduziram drasticamente seus atendimentos. Talvez, quem sabe, pelas duas coisas juntas?"

Muitas entrevistadas não são a favor de se revelarem ou se mostrarem abertamente como homossexuais. Por exemplo:

Ana — "Não devemos nos revelar."

Carla — "Não escondo, simplesmente não comento, e nem saio divulgando aos quatro cantos. Pois ainda há um preconceito na sociedade e isso pode prejudicar e muito a minha vida. Também revelar socialmente eu acho demais."

[Vidas em arco-íris] **[307]**

[6] Vida adulta

6.1 Aparência pessoal

[Você se acha bonita, charmosa, elegante?]

A maioria das entrevistadas não valoriza muito a beleza física e/ou a elegância de acordo com a moda. Por exemplo:

Mercedes — "Não me preocupo com roupas... Detesto me cuidar e comprar e vestir roupas pouco confortáveis. Acho que sou desligada da minha aparência por conta de não ter grande auto-estima. Faço o necessário para viver em sociedade, para não ser inapropriada, para agradar minha companheira... Mas ela reclama de minha falta de vaidade."

Vera — "Me acho bonita e charmosa, mas não cuido muito da minha aparência por falta de tempo. Me preocupo com roupas... Prefiro as que mostrem menos o corpo... estilo meio roqueiro."

Várias entrevistadas disseram que estão gordas demais. Por exemplo:

Teresa — "Sei que eu não sou feia porque as pessoas costumam falar: 'Você é uma mulher bonita'... Hoje eu olho pra mim e penso: eu tô gorda! O que se destaca em mim hoje é barriga, peito e bunda, porque é aí que eu engordo. Eu não tenho me sentido bem com isso."

Natália — "Sou bela, mas atualmente não estou com minha bola cheia. Engordei vinte quilos em um ano. Preciso sair desta e quero! Faço o tipo meio maluquinha, meio *hippie*, roupas claras, molinhas, largas."

Luísa — "Me acho bonita sim, muito atraente, praticamente irresistível [risos]. Mas sou relaxada, e estou acima do peso, e não tenho conseguido controlá-lo."

Várias entrevistadas têm um estilo pessoal de se vestir. Por exemplo:

Ana — "Me acho charmosa. Cuido da minha aparência, mas nem tanto, e procuro me sentir bem com um estilo próprio até mesmo no vestuário."

Vitória — "Eu não me considero uma mulher linda, mas estou num padrão normal de beleza. Às vezes faço dietas, mas não gosto de fazer ginástica... Gosto de roupas escuras, eu e minha namorada curtimos o estilo gótico."

[308]   [Edith Modesto]

Várias entrevistadas são vaidosas. Por exemplo:

Estela — "Me acho bonita, sim. Eu cuido muito da minha aparência: quinhentos cremes e ginástica... Sou bem vaidosa... Eu uso pintura pra sair à noite... Adoro saia."

[Você acha que faz sucesso, na comunidade, uma garota de saia?]

Estela — "Acho que usar saia faz mais sucesso entre aquelas que têm estereótipo [masculinizadas]... Eu quero uma mulher feminina, entende? Mas eu acho que é tão normal usar saia..."

Gabriela — "Me acho bonita, ainda mais porque tenho um jeito doce de ser. Me preocupo com roupas! Odeio quem anda malvestido. Se for estilo, meu estilo é *patricinha*: roupas de grifes, sempre no salão, na ginástica etc."

Rosa — "Elegante... Não tenho, ainda, tendência pra engordar, tô com 57 quilos — tenho 1,72m... Tenho um estilo pessoal de me vestir: gosto de cortar minhas camisetas, tirar a gola e as mangas. Desfio as minhas calças, gosto de vestidos, tops... Gosto de pulseiras, correntes, miçangas..."

A maioria das entrevistadas disse que a sua homossexualidade não é visível para as outras pessoas. Por exemplo:

Maria — "Não dá pra perceber a minha homossexualidade de forma alguma."

Gabriela — Impossível dizer que sou homo, pois as pessoas já têm na cabeça a idéia fixa de lésbica sendo masculinizada e eu não sou."

Muitas entrevistadas disseram ou sugeriram que não se importam de parecer homossexuais. Por exemplo:

Vera — "Acho que a minha homo é visível, sim, pelo meu jeito masculino..."

Mercedes — "Não tenho o estereótipo agressivo/assumido de homossexual, mas dá pra perceber."

Algumas entrevistadas se orgulham de seu jeito mais masculino, andrógino... Por exemplo:

Teresa — "As pessoas olham para mim e vêem que eu sou mais menininho. É porque eu adoro uma camiseta solta, eu sou realmente relaxada, não que eu tenha essa coisa de camisa, gravata? [risos]"

Clélia — "Eu não me acho bonita, eu me acho charmosa, eu tenho... Sei lá, alguma coisa... Quando entro num lugar, umas pessoas ficam olhando diferente. Eu percebo... Geralmente, a menininha procura uma menina, não sei se mais macho, mais masculina, meio diferente delas, pra proteger, pra ficar do lado delas."

Algumas entrevistadas não usam saias. Por exemplo:

Flora — "Visto as roupas que gosto, sem obedecer uma moda ditatorial. Gosto de roupas masculinas, mais largadas. Há muito tempo parei de usar saias e vestidos. Na verdade, nunca gostei de usar, desde criança. Depois de adulta, resolvi que não precisava, só por ser mulher, vestir saias. Mas minha namorada usa."

[Os gays são mais vaidosos do que as lésbicas?]

Várias entrevistadas acham os *gays* mais vaidosos do que as lésbicas. Por exemplo:

Vivien — "Eu acho que há uma diferença... É claro que a gente vê que os homossexuais masculinos seguem um padrão de beleza da moda. Hoje não é bonito ser fortão, malhadão e tal? Você vê que eles têm essa preocupação em estar malhado..."

Estela — "Eu imagino que a beleza é mais importante para o *gay*, porque o homem tem mais aquele apelo sexual. Então a aparência é muito importante. É como um pavão."

Algumas entrevistadas têm tatuagem. A maioria delas já pensou nisso. Por exemplo:

Flora — "Tenho três tatuagens, e já escolhi a próxima. Fiz porque acho bonito. Demorei até achar os desenhos certos. Tenho uma sereia no braço direito, um touro no esquerdo e uma frase de minha escritora favorita na cintura, nas costas. E acho que as lésbicas se tatuam mais do que as héteros — as que não são roqueiras."

Cristina — "Sim, eu tenho uma cobra no pé e uma tribal com uma cobra nas costas. As tatuagens não indicam que eu sou homossexual..."

Algumas entrevistadas são motoqueiras. Por exemplo:

Fabiana — "Eu gosto de estar bem à vontade... [risos.] Sou motoqueira..."

Raquel — "Na adolescência, me chamaram de *sapatão* por causa desse jeito de moleque... Eu não sei se eu sou identificável na rua... Todo mundo diz que tem aqueles códigos: relógio na mão direita... Eu não acredito nesses códigos. Visualmente acho que não... Talvez o fato de andar de moto... Eu gosto de manter as unhas sempre aparadinhas... Com roupas, eu me preocupo, mas não é exageradamente. Eu nunca gostei de usar saia... E agora tenho a desculpa ótima pra minha mãe: 'Mãe, como é que eu vou usar saia andando de moto?'..."

[310]   [Edith Modesto]

6.2 Divertimentos

[Você tem um passatempo preferido?]

A preferência de passatempo das entrevistadas é bem diversificada. Por exemplo:
Fabiana — "Comecei a aprender a tocar violino... Nunca tive noção de música... E eu saí tocando... Dá uma paz, uma tranqüilidade..."
Beatriz — "Meus passatempos são pintar e escrever. Eu escrevo poesias, contos pequenos..."
Tamara — "Eu gosto de jogos de tabuleiro, gosto de andar de bicicleta... Jogar futebol."
Graça — "Amo cinema! Adoro teatro!"

6.3 Amizades e lugares de encontro

[Onde você vai passear, conhecer pessoas?]

A maioria das entrevistadas freqüenta bares e boates, GLS e heterossexuais, e tem amigos homossexuais e heterossexuais. Por exemplo:
Flora — "Eu gosto de estar entre pessoas amigas, sejam elas homossexuais ou hétero. Não gosto de viver em guetos, ou em grupos homogêneos, tipo só hétero, ou só homo, ou só mulheres. Mas pessoas *gays* sempre fizeram parte do meu cotidiano."

Muitas entrevistadas fizeram questão de dizer que seus amigos são heterossexuais. Por exemplo:
Ana — "As minhas amigas, na maioria, são hétero."
Vera — "Não vou a bares homo. Meus amigos são hétero, na maioria."

Algumas entrevistadas são radicalmente contra locais especializados em homossexuais...
Rosa — "Detesto guetos!"
Cristina — "Sobre guetos... Tipo dos *gays* que andam só em lugares *gays*... Isso é errado! Não podemos nos esconder mais do que já somos escondidos... Temos de abrir nossa vida pra todos e não ficar em guetos GLS."

...mas outras entrevistadas são totalmente a favor. Por exemplo:
Bruna — "Freqüento bares, boates GLS e amo estar nesses lugares, acho esse é o meu mundo, eu sempre brinco falando que devia existir *shopping*, restaurante, tudo específico pra homossexuais porque aí eu não ia sair [risos] desses lugares."

[Vidas em arco-íris] **[311]**

Algumas falaram da dificuldade de tomar atitude pra conhecer pessoas em bares. Por exemplo:

Dora — "Acho difícil namorar, porque você tem de ter atitude. Geralmente as meninas ficam esperando... Todas as meninas têm o mesmo problema básico que é ficar esperando a outra tomar atitude. É claro que se você é mais bonita, é muito mais fácil."

Tamara — "Quando eu saí do armário, eu vim pra [cidade]... Arranjei um emprego melhor e comecei a ir pra barzinho procurar namorada... Eu chegava nos bares e ficava dura... Eu sou supertímida, mas eu ia..."

Uma minoria entre as entrevistadas criticou os bares lésbicos. Por exemplo:

Laura — "Tenho amigos *gays* e héteros. Sem dúvida, encontrar namoradas pode ser um problema, já sofri muito com isso porque não gostava dos bares de São Paulo, achava tudo muito baixo nível."

Vivien — "Eu fui a muitos bares. Olha, a minha opinião pessoal, Edith, é que você começa a ir a bares — se sai pra noite — você encontra sempre as mesmas pessoas, nos mesmos lugares. Não que seja impossível você conhecer alguém no bar, legal pra você namorar ou até pra ser seu amigo... Mas os bares, no fundo, começam a ficar meio melancólicos porque parece que tá todo mundo à caça de alguém e ninguém encontra ninguém."

6.4 Identificação entre lésbicas

[Como as lésbicas se reconhecem?]

A maioria das entrevistadas disse que as lésbicas se reconhecem pelo olhar. Por exemplo:

Graça — "Se reconhecem pelo olhar."

Teresa — "Eu costumo falar que um olho é cínico e o outro olho é clínico [risos]. O cínico olha e pensa assim: 'Olha, mocinha, você está de batom, toda pintada, mas você é *gay*' [risos]. E o clínico olha e pensa assim: 'Tudo bem, você está com um vestido longo maravilhoso, você tá linda, mas alguma coisa em você diz que você é *gay*.' O cínico é mais de sacanagem: 'Olha, bonitinha, você é *gay* mesmo, não tem jeito não!' [risos]. É um sexto sentido, eu acho."

[312]   [Edith Modesto]

Algumas entrevistadas explicaram como reconhecer lésbicas de outras maneiras. Por exemplo:

Vitória — "É um elo de almas... É como se a gente se visse na rua e nossas almas se reconhecessem."

Cristina — "As lésbicas se reconhecem, sim! O meu *gaydar* — tipo de radar *gay* — [risos] é muito forte... Mas não sei explicar como!"

Algumas entrevistadas falaram sobre sinais visíveis, índices de homossexualidade...

Vivien — "Tem algumas coisas que a gente percebe, que a gente vê que fica padronizado: por exemplo, 99,9 % das lésbicas usam unha curta. Quase ninguém usa unha comprida por uma questão de praticidade."

Outras entrevistadas discordam. Por exemplo:

Jacira — "Achei uma bobeira quando saiu uma reportagem na [nome da revista]... A mulher dizendo que as mulheres *gays* se identificam porque elas usam relógio no braço direito, porque elas usam unha curta... Não é nada disso... Você bate o olho e você percebe que a energia da pessoa é semelhante à sua..."

6.5 Sexo casual

[Você já transou com alguém que acabou de conhecer?]

A maioria das entrevistadas nunca transou com alguém que acabara de conhecer. Por exemplo:

Lia — "Não, eu nunca transei com alguém que acabei de conhecer."

Clarice — "Não! Para eu ter um relacionamento sexual, eu preciso amar a pessoa."

Várias entrevistadas transaram com pessoas que tinham acabado de conhecer, mas não é o que costumam fazer. Por exemplo:

Flora — "Já transei com pessoas que eu não conhecia, ou melhor, que conheci imediatamente antes da transa. Não foi ruim, mas também não é o tipo de transa que me faz feliz."

Laura — "Já transei com quem tinha acabado de conhecer e foi horrível. Não faz meu gênero, detesto sexo casual."

[Vidas em arco-íris]   **[313]**

Uma entrevistada transou por presentes.

Maria — "Nunca transei com quem acabei de conhecer... Mas já recebi presentes para transar, porque era conveniente na época."

Uma entrevistada gosta de sexo casual.

Raquel — "Já transei com quem acabei de conhecer... no mesmo dia... Eu não conhecia, mas meus amigos conheciam, então eu tinha aquela meio confiança... E achei que foi bom... e acho que há possibilidade de acontecer de novo, sim."

Algumas entrevistadas transaram com homens que tinham acabado de conhecer. Por exemplo:

Lúcia — "Já transei com mulheres que tinha acabado de conhecer... Transei com poucas mulheres comparado com o que eu transei com homens..."

Maria Rita — "Sim. Foram duas vezes, com homens: uma, eu tinha acabado de me separar do primeiro marido. A outra foi quando fiquei viúva, antes de me casar de novo..."

[Há **dark room** *nos bares e boates para lésbicas?]*

Todas as entrevistadas disseram que não há *dark room* em boates só de lésbicas. Algumas falaram da dificuldade de ter um local só para mulheres. Por exemplo:

Alice — "Boate que eu saiba que tenha *dark room* somente feminino, eu nunca vi. O que tem são locais como o bar [nome], que era um lugar pra ser o bar das meninas, mas a freqüência... Ontem eu fui lá, estava praticamente meio a meio... Os meninos estão lá... Eu vou em bar, mas não muito... Uma porque não tenho companhia, eu não gosto de sair sozinha... Nunca vi *dark room*..."

6.6 Uso de drogas

[Há ligação entre ser homossexual e o uso de drogas?]

Uma minoria entre as entrevistadas, mesmo sendo perguntada, falou sobre drogas e relacionou-as à condição de exclusão social em que os homossexuais vivem. Por exemplo:

Luísa — "Na adolescência, tive um forte envolvimento com drogas, que só diminuiu, ou controlou-se, após um grave problema de saúde que tive aos 16 anos.. "

[314]   [Edith Modesto]

6.7 Namoro

[Você tem namorada? Já teve? É fácil arrumar namorada?]

A maioria das entrevistadas tem namorada e acha fácil arrumar namorada. Por exemplo:

Sofia — "Não acho difícil arrumar namorada porque sempre fico com alguém que eu quero."

Graça — "Acho fácil arrumar namorada... Basta querer."

Natália — "Não acho difícil arrumar namorada, sempre apareceram, depois que eu me aceitei."

Algumas acham difícil arrumar namorada. Por exemplo:

Adélia — "É difícil arrumar namorada, quando não se está no meio. A minha atual namorada, eu arrumei num grupo de *e-mails*."

Vera — "Nunca tive namorada... Acho difícil arrumar namorada, porque a população é menor e é mais difícil assumir."

[Você está vivendo uma história de amor?]

Algumas entrevistadas estão vivendo um grande amor. Por exemplo:

Adélia — "Tenho uma namorada com quem transei minha primeira vez e única. Quero ter um relacionamento que dure pra sempre. Meu plano é oficializar o meu namoro com a minha gata e casar com ela um dia e ser feliz."

Vitória — "Perdi a virgindade com a minha atual namorada, assim como ela também era virgem. Não somos casadas, mas sonhamos morar juntas um dia, e se possível, no futuro, até teremos um filho por inseminação artificial e, se possível, também eu quero adotar uma criança."

Clélia — "Acho que o momento mais difícil da minha vida foi quando, uma vez, a gente estava um pouco distante uma da outra e ela acabou ficando com uma outra pessoa... Mas, ao mesmo tempo que foi difícil, foi bonito porque ela falou pra mim, que ela precisava ficar com essa pessoa, porque precisava ter certeza do que ela sentia por mim... E eu não sei de onde eu tirei forças pra falar: 'Vai, vai e fica e, se você não gostar, volta...' E foi o que aconteceu. Foi um dia só que aconteceu e acho que foi o pior momento da minha vida, acho que a dor que eu senti não se compara a nada! Agora a época mais feliz da minha vida é o momento que eu estou vivendo com ela, porque a gente sonha juntas... Nós temos os mesmos ideais... É tudo de bom o que eu estou vivendo com ela."

[Vidas em arco-íris]   **[315]**

Muitas entrevistadas contaram como foi a descoberta de seu primeiro e único amor lésbico. Por exemplo:

Raquel — "Eu me apaixonei... Ela foi o primeiro amor... Até o primeiro beijo foram uns três meses mais ou menos... aí, no primeiro beijo, um monte de conflitos... Até acontecer a primeira noite foram mais uns três meses... Foi uma coisa que foi acontecendo, foi sendo sentido e pensado ao mesmo tempo... Foi tranqüilo, levou tempo... Ela teve muita paciência comigo."

Vivien — "Aquilo que eu vivi com ela foi a minha primeira experiência sexual mesmo. E aquilo que eu senti foi muito grande, foi muito forte. E foi muito natural."

Algumas entrevistadas falaram sobre a dificuldade de as pessoas se entregarem a uma relação. Por exemplo:

Vanessa — "Acho difícil arrumar namorada, sim. As pessoas estão com medo de se entregar a uma relação. Assim, fica difícil. Conheci uma garota de quem gostei. Mas ela foi tão difícil, criou tantos obstáculos, que desisti. Ela tinha medo de tudo, não arriscava nada."

Alice — "...A gente morava na mesma cidade, a gente se via todo dia. Quando foi pra morarmos juntas, eu tive medo... Por causa do gênio dela, por causa de mim, por causa da minha família, misturou tudo."

Algumas entrevistadas estavam sem namorada. Por exemplo:

Sofia — "Atualmente estou solteira. Já tive três relacionamentos duradouros: o primeiro, um ano; o segundo, oito anos e meio e o terceiro dois anos."

Dora — "Agora estou sem namorada. A primeira menina que eu namorei, eu tinha 23 anos."

6.8 Casamento/Relacionamento estável

6.8.1 Casamento heterossexual anterior

Várias entrevistadas eram casadas com homens, quando encontraram seu grande amor. Por exemplo:

Maria — "Já fui casada com um homem, e adoraria casar-me legalmente com minha atual namorada, pois já moramos juntas e seria bom saber que temos tanto direito como qualquer casal."

[316]   [Edith Modesto]

Carolina — "Eu me casei muito cedo, com 18 anos eu estava morando com o meu marido e fiquei dez anos casada. E durante o casamento não teve história nenhuma paralela..."

6.8.2 Casamento

[Você gostaria de se casar legalmente com sua companheira?]

A maioria das entrevistadas gostaria de casar-se legalmente com suas companheiras. Por exemplo:

Lúcia — "Sim, eu gostaria de me casar, pelo que isso implica socialmente assim de direitos, pra poder colocar minha namorada no meu plano de saúde, por exemplo, dividir herança..."

Rosa — "Claro que quero me casar legalmente com ela... Não quero que o que ela ajudou a construir vá pra aqueles cretinos dos meus irmãos que estão em [nome de capital]..."

[Você é casada? Como é a sua vida de casada?]

Algumas entrevistadas vivem casamentos homoafetivos e falaram sobre a sua vida conjugal. Por exemplo:

Casadas há 15 anos ou mais

Lia — "A instituição casar legalmente não me incomoda, já me sinto casada, não é no papel mas me sinto casada. O que acho importante é o depois, entendeu? A gente está junto há vinte anos, se uma morre e quer deixar as coisas pra outra, não pode. Isso é o fim da picada. Você construiu tudo junto com aquela pessoa, tudo com muito amor, é uma história de vida, como é que pode uma coisa ser considerada que não é legal e não te deixar, vai tudo pra mãe, pro pai ou pro irmão da pessoa e pra você não fica nada? Isso acho ruim."

Flora — "Já tive muitas namoradas e sou casada há 15 anos com a mesma mulher. Tenho um relacionamento profundo que está durando por toda a minha vida. Foi acontecendo, sem eu perceber. O que não quer dizer que foi algo inconsciente. Todo dia contribuo, com muito carinho, clareza, diálogo e amizade, para construir e fortalecer meu casamento. Aprendi com mamãe e papai a fazer assim. Aliás, acho que a capacidade para firmar e manter um relacionamento é muito mais uma questão de exemplo que se teve em casa — dos pais — que uma questão hétero ou homo."

[Vidas em arco-íris]   **[317]**

[Como é a convivência, os papéis de cada uma?]

A maioria ressaltou que os casais lésbicos não estipulam papéis conjugais baseados nos casamentos héteros. Por exemplo:

Flora — "A maior vantagem do casamento homossexual é a inexistência da divisão de trabalho doméstico baseado em gênero. Aqui, nós dividimos as tarefas segundo as habilidades de cada uma. Ela faz supermercado, eu guardo as compras. Ela põe a roupa para lavar, eu estendo no varal. Eu cozinho, ela lava os pratos. E assim por diante. Acho que a razão do sucesso do meu casamento é a forte amizade que tenho com minha companheira. Nós somos diferentes em muitas coisas, mas no essencial — ética, ideais humanistas — concordamos."

Mercedes — "Sou casada há muitos anos. Não há casais perfeitos... conviver é difícil, mas há mais pontos positivos do que negativos. Há companheirismo entre nós, embora a rotina do dia-a-dia tenda a estragar tudo. Vivemos batalhando para não deixar de lado o mais importante: nossa amizade."

Várias entrevistadas vivem relacionamentos estáveis de anos. Por exemplo:

Casadas há cinco anos ou mais

Lúcia — "Sou casada há cinco anos... Gostaria de ficar com minha namorada até o fim da vida. Eu gostaria de casar legalmente, pelo que isso implica socialmente em direitos, pra poder colocar minha namorada no meu plano de saúde... Para ter direitos, dividir herança..."

Laura — "Meu último relacionamento durou cinco anos, atualmente estou também numa relação estável. Sou fiel, costumo me envolver profundamente, quero ficar casada até o fim da vida. Acredito em relacionamentos honestos, com troca, partilha de objetivos, ajuda no crescimento das duas. Considero que fui casada, com os problemas e delícias de uma relação a duas pessoas. É difícil dividir um espaço, é gostoso acordar acompanhada. É chato limpar a casa. Acho que homossexuais não têm muitas vantagens sobre hétero, só que a relação permanece apenas enquanto é verdadeira. Como ninguém da família costuma apoiar a relação homo, homossexuais permanecem juntos porque querem. E em geral não têm tanto apoio quando o relacionamento termina, porque os amigos e familiares héteros em geral não levam a relação homo tão a sério quanto a deles. É raro o hétero que entende duas mulheres ou dois homens como realmente casados."

[318]   [Edith Modesto]

Casada há quatro anos
[Como dividem os serviços de casa?]
Lia — "Tudo é dividido. A gente divide o aluguel, o supermercado. Se está faltando alguma coisa eu vou ao supermercado, ou então ela vai, mas todas as despesas a gente divide. Quando tem de limpar, a gente faz junto. É supercompanheirismo. Na minha casa não tem essa coisa de que uma é o homem e a outra é a mulher, um é passivo, outro é ativo."

Casadas há três anos ou menos
Graça — "Sou casada há três anos e sou muito fiel. Sonho com um relacionamento por toda a vida, porque sou super-romântica, carente, apaixonada. No nosso casamento não há papéis definidos, cabeça do casal, mas uma troca de papéis. Eu gostaria de me casar legalmente com ela, porque penso em ter filhos, penso no patrimônio."
Vivien — "Já estou há dois anos e meio casada com a Teresa. Eu sou muito agitada, então eu preciso de uma pessoa que não pegue no meu pé... É difícil arrumar alguém que aceite esse tipo de pessoa... Mas a Teresa é a melhor pessoa do mundo..."
[Como é a vida em comum, a divisão das tarefas?]
Vivien — "Não acho que temos nada muito definido... Por exemplo, eu cozinho muito mal, a Teresa cozinha muito bem, então normalmente ela faz a comida, mas tem algumas coisas que eu sei fazer, por exemplo, salada ou um macarrão. Aí um dia ou outro eu vou lá e faço. Então não está predeterminado. Eu lavo a roupa, ela também lava..."

Algumas entrevistadas já viveram casamentos homoafetivos que terminaram:

a) A maioria falou sobre a dificuldade de manter um relacionamento e do sofrimento da separação.
Vivien — "A gente tinha um relacionamento de oito anos, e era um relacionamento muito bom. Mas eu acho até que nós passamos uns dois anos num relacionamento desgastado, então nós não estávamos vivendo bem mais. E quando apareceu essa pessoa... Ela quis saber... E eu não quis dizer, porque eu tinha certeza na época que não ia ser bom."

b) Algumas falaram sobre a insegurança da falta de apoio legal a esse tipo de união. Por exemplo:

Fabiana — "Eu vivi com essa médica durante oito anos e... o que nós conseguimos, a duras penas, nesses oito anos, juntar dinheiro e comprar um imóvel nosso... só que saiu tudo na confiança, de boca, sem contrato nenhum... ela desmanchou o relacionamento, jogou todas as minhas coisas no consultório da irmã dela, me deixou sem teto e sem chão... fiquei desestruturada total... voltei pra cá, fiquei um tempo com minha irmã... Arrumei um emprego, comecei a trabalhar e conheci a minha companheira, Jacira."

Algumas entrevistadas comentaram como ainda é inovador para os homossexuais a consciência de que podem formar famílias homoafetivas. Por exemplo:
Luísa — "Que *gays* casaram e foram muito felizes, que você conheça? Não se sabe, ninguém viu nem ouviu dizer. Existe uma geração de duas décadas aproximadamente mais que a minha, que iniciou este 'objetivo *gay*', que é casar, morar junto, dividir a vida... velhice e tal. Mas é relativamente novo, distante em relação a experiências vividas efetivamente."

Uma minoria entre as entrevistadas disse que não quer se casar legalmente. Por exemplo:
Beatriz — "Casar... Eu sempre fui anticasamento. Os casamentos que eu conheci nunca deram certo... Depende das pessoas... Eu nunca conheci um casamento homossexual, mas os casamentos heterossexuais têm sempre uma coisa ou outra... Por mais perfeito que fosse o casal, você sempre descobria que eles eram de vidro, que alguma coisa ia quebrar..."
Vivien — "Não. Nunca pensei em me casar legalmente. Não sei, a lei está aí... Eu nunca pensei nela: 'Vamos lá pra casar'... Porque é assim... Hoje está tudo muito aberto, mas pra você casar já pensou convidar toda a família... Vamos para o casamento da Vivien... Eu não sei, Edith, eu não me sinto preparada pra algumas coisas, sabe?"

6.8.3 Relacionamento aberto

Uma pequena parte das entrevistadas falou sobre casamento aberto. Uma delas teve uma amante. Por exemplo:
Sirleide — "Sim, eu acredito em casamento aberto. Eu entendo o que é o amor, eu separo isso de tesão, amor de tesão... Aquela coisa de desejo, de cama, isso é totalmente diferente de amor... Eu posso desejar várias pessoas, mas amar a parceira que

[320] [Edith Modesto]

está comigo, que eu conheço, com quem eu converso, com quem eu convivo, troco experiências... Eu dou força pra ela e ela dá força pra mim... Essa é a pessoa que eu amo, [nome], mas eu posso me relacionar com outras pessoas. Eu me envolvi com uma amiga, [nome], por um ano quase... A gente teve uma relação, só que minha parceira sabia... Então, eu sempre digo pra ela: 'Não, não me envolvi emocionalmente, foi realmente aventura'... Eu tive essa experiência por um ano e terminou."

[Por que você terminou com sua amante?]

Sirleide — "Foi triste perder essa minha amante, porque a gente batia muito de frente... Ela tem uma personalidade difícil e eu também... E ela não aceitava que eu tinha que contar tudo pra minha parceira, porque ela tinha uma parceira fixa também... Ela achava que eu tinha que mentir, e eu não aceitava... Então a gente acabou se desentendendo e separou..."

[Você tinha duas e ela também?]

Sirleide — "Ela também. Ela tinha a mulher dela e eu a minha mulher... Só que eu contava pra minha mulher... Ela não aceitava contar pra mulher dela, ela queria esconder tudo, mentir... Então a gente começou a discutir, brigar por causa disso, e foi uma fase triste."

Irina — "Quando o relacionamento começa fechado, não dá... Para o meu relacionamento, eu nem cogito, minha companheira não aceita... Mas eu tenho amigos [*gays*] militantes, que vivem relacionamentos abertos [nomes]. A maioria dos militantes que eu conheço tem relacionamento aberto..."

[Mas existe afetividade entre o casal?]

Irina — "Sim. Eles se gostam muito... [nomes] estão sempre telefonando um para o outro... Se gostam muito. Com os outros é só sexo... São dois homens..."

[E filhos?]

Irina — "Bom, quando eu comecei a militar no movimento, entrei pelas novas famílias GLTTB e pensava que seria impossível relacionamento aberto e filhos. Mas eu conheço tantos casais hétero que têm relacionamento aberto e freqüentam casas de *swing*, e vivem essa relação sem que isso afete a vida de seus filhos..."

6.9 A questão da fidelidade

[Você é fiel à sua namorada?]

A maioria das entrevistadas é fiel a suas namoradas. Por exemplo:

Jussara — "Já tive três namoros sérios. O mais longo foi de oito meses. Eu sou muito fiel. Homossexual não pensa só em sexo, pensa em estabilidade emocional."

Vanessa — "Tinha uma namorada de cinco anos. Eu sou fidelíssima! Terminei quando senti que tinha me balançado por outra pessoa. Não queria ir para a cama com uma e me sentir culpada ou desejando outra. Não acho isso correto..."

Algumas entrevistadas tentam ser fiéis. Por exemplo:

Beatriz — "Eu quero ser fiel... Eu digo que eu quero ser fiel porque fica uma situação tão complicada... Eu gosto da minha namorada [nome]... Mora em outra cidade... Estou investindo pra caramba, eu quero que dê certo, só que eu também estou namorando uma garota da minha cidade... Estou me afastando da garota da minha cidade, mas eu não quero magoar ela... É uma situação chata porque eu não consegui sair de uma relação e entrei de cabeça em outra... Estou tentando..."

[As lésbicas trocam muito de parceiras?]

Poucas entrevistadas disseram ou sugeriram que trocam ou trocavam muito de parceiras. Por exemplo:

Cristina — "No momento estou sem namorada. Já namorei cinco gurias, por quatro meses, dois meses... Sinceramente, não tendo a ser fiel nos meus relacionamentos... [risos] Mas, não por ser lésbica, também era assim com os homens... É uma característica minha."

Carla — "Não tenho no momento. Já tive umas vinte e alguma coisa... A média das minhas namoradas era de uma por mês, mas já tive relacionamentos que duraram anos. Não acho difícil arranjar namorada, o difícil é encontrar uma mulher legal. Atualmente sou fiel nos meus relacionamentos. Nunca fui casada... Fui muito convidada por mulheres, mas nunca casei... Se as lésbicas trocam muito de parceiras? Eu que o diga."

6.10 Opção por filhos

[Você pensa em ter filhos?]

A maioria das entrevistadas pensa em ter filhos biológicos, transando com amigos ou por inseminação. Por exemplo:.

Natália — "Não tenho filhos, mas quero ter. Gostaria de fazer da maneira natural, transando, e que fosse com algum homem que eu já conheça, que eu admire como

[322] [Edith Modesto]

pessoa e que seja belo. Tenho já um amigo *gay* em mente, quem sabe... Minha namorada, em princípio, é contra o método natural, e também deixa bem claro que se eu tiver um filho, ela vai me ajudar a criar, vai dar amor, mas ele será de minha inteira responsabilidade no caso de uma separação ou para qualquer outro efeito. Estou amadurecendo a idéia."

Adélia — "Eu gostaria de ter filhos biológicos, mas não consigo encontrar um pai que seja uma linda mulher! [risos]"

Raquel — "De uns quatro anos pra cá, eu comecei a sentir vontade de ter filho. Aí eu conheci um cara... Já conhecia fazia um tempo, mas virou meu amigo, unha e carne, que também é *gay,* e um dia, falando com ele, de brincadeira, que eu queria ter um filho, ele falou: 'Eu também quero ter um filho'... A gente conversou muito sobre isso e a gente decidiu que a gente vai ter um filho e nós vamos — até que eu não arrume ninguém e ele não arrume ninguém — morar na mesma casa e depois a gente vê o que acontece."

[Ele pretende ser pai mesmo?]

Raquel — "Ele quer ser pai mesmo... Ele pretende atuar como pai, ele quer ter um filho também, não quer só fornecer o esperma... Mas eu quero adotar também, além de ter um filho... Eu quero ter dois pelo menos, um meu e um adotado..."

[Vocês conversaram também sobre a possibilidade de a criança ter algum problema porque seus pais são homossexuais?]

Raquel — "A gente conversou sobre isso e a gente chegou à conclusão de que ele não vai ter problema, não... As coisas se naturalizam... Você lidando tranqüilamente com aquilo... Talvez possa acontecer de ele sofrer preconceito, assim como tem criança que sofre preconceito porque é negro, porque tem defeito físico... E as pessoas têm que lidar com isso..."

Uma menor parte das entrevistadas pretende adotar. Por exemplo:

Clarice — "Gostaria de ter filhos adotados, por enquanto... Talvez eu venha a mudar de opinião."

Graça — "Eu gostaria de ter um filho adotado."

Algumas entrevistadas querem filhos, não importa se adotados ou biológicos. Por exemplo:

Lídia — "Eu gostaria de ter um filho adotado ou com um amigo parceiro."

[Vidas em arco-íris] **[323]**

Rosa — "Adoção, inseminação, sei lá, numa dessas, que eu me separe da minha namorada [nome] e ache um homem por aí... Eu o educaria pra aceitar a minha bissexualidade."

Algumas entrevistadas gostariam de ter filhos, mas vêem muitas dificuldades para tal objetivo. Por exemplo:

Clélia — "A gente pensa, não vou dizer que não... Mas é que a situação é difícil, eu acho que é mais a parte financeira... Eu queria estudar, eu queria poder me formar, eu queria poder não só dar uma casa pra mim e pra ela, mas uma casa pra minha mãe, gostaria de dar uma casa melhor pra minha sogra... Por mais que ela não me aceite, mas eu queria dar uma casa melhor pra ela... Tudo que eu queria ter eu gostaria que meu filho tivesse, então é complicado."

Várias entrevistadas não querem filhos, porque elas são homossexuais. Por exemplo:

Luísa — "Não, acho muito complicado um filho de um relacionamento *gay*. Não acho saudável, assim como um filho numa família mal constituída."

Mercedes — "Não optei por ter um filho por conta da homossexualidade. Acho que criança precisa conhecer pai e mãe, papéis de homem e mulher. Acho que um filho criado por mim não gostaria dos homens, já que eu vivo sem eles."

Lia — "Penso muito na criança. Eu não sei como é uma criança ter duas mães."

[Mesmo adotada?]

Lia — "Mesmo adotada."

[Não é melhor ter duas do que não ter nenhuma?]

Lia — "É verdade, pode ser melhor ter duas do que não ter nenhuma. Mas como será para essa criança, por exemplo, na escola: 'Você tem pai?', 'Não, tenho duas mães.' É um assunto que eu ainda tenho que estudar mais."

Algumas entrevistadas não querem filhos por não gostar de crianças ou outros motivos. Por exemplo:

Estela — "É difícil isso, eu não sei ainda, não por ser homossexual... Eu não gosto muito de criança, não gosto de criança chorando, brigando..."

Vivien — "Não sei... Primeiro, eu acho que eu não tenho a menor capacidade psicológica de criar um filho porque é uma responsabilidade tão grande... E outra, meu instinto materno... eu não tenho nenhum. Nem adotar... Eu tenho certeza absoluta de que não quero."

[324] [Edith Modesto]

Algumas entrevistadas falaram sobre a questão da ausência do pai na vida dos filhos de lésbicas. Por exemplo:

Valéria — "Eu sou psicóloga... Não é que as crianças precisem ter um pai. É preciso que tenha alguém que faça a função paterna. Não precisa nem ser um homem, não precisa nem ser uma pessoa do casal... Num casal heterossexual, muitas vezes quem faz a função do pai é a mãe... A que impõe limites. A função paterna e materna são bem específicas, mas não são determinadas pelo gênero. São determinadas pela capacidade da pessoa de fazer isso ou aquilo."

Irina — "Respondo com certeza: uma criança pode ser criada sem pai, ou sem mãe, pois o que ela necessita são modelos, modelos do gênero masculino e feminino, e isso é passado através da convivência com avós, tios, amigos etc."

6.11 A família das lésbicas com filhos

Algumas entrevistadas formaram famílias com filhos (homoparentais). Por exemplo:

Sirleide — "Ficamos juntas por 12 anos... Eu tinha 18 anos, fiquei com ela até 31... Morávamos juntas... Eu trabalhava e ela também. E ela a vida inteira cuidou do meu filho junto comigo, tratando superbem... Uma família normal... Eu digo uma família normal porque eu sou normal, mas a sociedade acha que é diferente... Eu ia na escola do meu filho e sempre deixava claro a minha orientação sexual, nunca escondi de ninguém... Meus vizinhos... Eu digo sempre: 'Fica mais difícil porque a gente esconde'... Porque eu nunca tive uma crítica de frente, se falaram foi por trás e eu nunca fiquei sabendo... Mas os meus vizinhos se davam bem comigo porque eu sempre deixei isso claro... 'Eu vivia com uma mulher, era casada com uma mulher'... Meu filho, na escola, sempre colocou isso..."

[Nunca ninguém ofendeu seu filho?]

Sirleide — "Nunca, nunca... Sempre que perguntavam pra ele: 'E sua mãe?, E seu pai?'... Ele dizia: 'Eu não tenho pai, minha mãe namora com uma mulher'... Ele disse isso pra mim e eu acho que isso já inibia as pessoas de falarem alguma coisa... Na hora que ele falava a verdade..."

Maria Rita — "Mamãe faleceu, eu era casadíssima... casamento hétero. Conheci a minha companheira [nome], quando meu casamento hétero já estava fracassado. Minha companheira se tornou uma espécie de fada madrinha da família. Ajudava as sobrinhas, ia consertar coisas na casa das irmãs, fazer comida, servir como motorista... Pau para toda obra. Todos notavam que eu estava muito mais feliz."

[Vidas em arco-íris]   **[325]**

[Vocês conservou os amigos?]

Maria Rita — "Mudei de amigos.... Os héteros não me procuram mais como antes, poucos sobreviveram à 'metamorfose' [risos]. Éramos casais, e hoje eu sou um casal alternativo... Sinto-me, com certeza, solitária, e essa foi uma das razões de fundar o grupo Famílias Alternativas. Eu sabia que havia uma turma para mim, em algum lugar, e fui em busca."

[Ser filho(a) de lésbica atrapalha o desenvolvimento normal das crianças? Como os seus filhos e neta aceitaram a sua homossexualidade?]

Maria Rita — "Minha companheira e eu temos duas filhas adultas e um filho adolescente — 17 anos —, de meu casamento hétero, e a neta de 12 anos, de quem tenho a guarda legal. Eles sabem que somos homossexuais. Ficaram sabendo por mim, conversando com todos. Desde o princípio, aceitaram com total naturalidade. Eles gostam da minha companheira [nome], a respeitam e tratam ela como se sempre tivesse sido membro da família."

[E os vizinhos?]

Maria Rita — "Continuou tudo normalmente, em relação a vizinhos. Minha companheira veio morar comigo, todos viram, mas nunca fui amiga de vizinhos, talvez falta de oportunidades. Nos tratamos cordialmente, e só."

[E os amigos das crianças sabem?]

Maria Rita — "Os amigos mais íntimos de meu filho adolescente sabem, dormem aqui, adoram minha companheira. Ele só não gosta quando me exponho na imprensa, segundo ele, por causa de outros amigos, que não são tão íntimos, e de eventuais professores, pais de amigos etc. Porque praticamente a cidade toda sabe, mas ele acha desnecessário ficar exposto, e eu respeito. Até por causa da minha profissão..."

[Na escola, você acha que se deve falar com a diretora sobre o assunto?]

Maria Rita — "Não necessariamente... Não de cara. Acho que é preciso conhecer bem a escola, confiar na direção. Não há por que confessar nada. A não ser que a escola seja muito aberta ou já se confie muito em todos."

[Você acha que se deve ensinar as crianças a responder, no caso de os colegas os ofenderem por sua mãe ser lésbica?]

Maria Rita — "Sim, devemos ensinar, eu penso, muito embora, que me conste, nossos filhos ainda não tiveram necessidade de se defender de nada."

[326]   [Edith Modesto]

6.12 A prática da sexualidade

[Você já transou com homem?]

A maioria das entrevistadas, mesmo as que não se consideram bissexuais, já transaram com homens. A maioria quis testar se era mesmo lésbica. Por exemplo:

Alice — "Eu acabei me envolvendo com os meninos, mais pra tirar da cabeça... *Sapatão* é isso, aquilo... Então eu tive relação sexual muito cedo, que acabou me acarretando, depois, ficar fechada pra tudo... Eu devia ter uns 13 ou 14 anos... Foi praticamente para me livrar daquela coisa... Mostrar que eu não era nada daquilo."

Algumas compararam o relacionamento sexual com homem e com mulher. Por exemplo:

Estela — "Namorei com meninos, tive uma grande paixão na época da faculdade que ficou muito marcada, homem mais velho... Mas eu nunca senti atração sexual, eu cheguei a transar, ir pra cama... Chegou a ser legal, mas não me dava vontade de fazer de novo. Com ela, foi um namoro com uma identidade total... Essa é a pessoa que eu procurava e ela pensava a mesma coisa de mim."

Beatriz — "Esse cara, com quem eu perdi a virgindade... A gente se conhecia pela Internet... ele entrou no [grupo virtual]... Era um cara legal, inteligente... Eu falei: 'Tudo bem'... Usei todas as precauções necessárias... Fui. Mas no dia seguinte eu estava preocupada comigo porque foi um ato imprudente."

[Com mulher foi igual?]

Beatriz — "Não, com mulher foi diferente... Com mulher a gente conversou mais, a gente sempre se deixou conhecer mais pra finalmente... Pra ser uma coisa mais completa..."

Várias entrevistadas nunca transaram com homens. Por exemplo:

Fabiana — "Eu não me interessava por rapazes... Só como amigos. Nunca rolou nada."

Raquel — "Nunca transei com homem. Sou virgem de homem. Mas não tenho mais o hímen... Se isso é virgindade, sou virgem [risos]. Eu conheço várias meninas que já ficaram com homens porque queriam provar se era isso mesmo que elas queriam. Conheço outras que namoraram meninos e acabou acontecendo... E conheço outras que não rolou... Comigo foi porque não rolou..."

[Vidas em arco-íris] **[327]**

Algumas entrevistadas namoraram *gays* (homossexuais masculinos). Por exemplo:
Mercedes — "Eu não tinha idéia da minha preferência sexual, aliás acho que me achava uma andróide e só fui perceber minha sexualidade após os 25 anos. Tive dois ou três namoradinhos, coisa rápida. E gostei de dois homossexuais masculinos — *gays*."
Vitória — "... Eu comecei me apaixonando por *gays*, depois por *drag queens*, depois por mulheres. Muitas mulheres se apaixonam por *gays*. Acho que acontece devido aos *gays* serem mais sensíveis, algo que as mulheres procuram nos homens héteros e não encontram."

Quase todas as entrevistadas demonstraram timidez ao falar espontaneamente de suas relações sexuais ou de algo relacionado a elas. Por exemplo:
Rosa — "Tenho dificuldades de falar como é a relação, principalmente no tocante ao sexo. Mas não por ser sexo homossexual, e sim por ser tímida e ter vergonha de falar no assunto..."
Vitória — "Eu e minha namorada temos uma vida sexual ativa, mas nunca fiz sexo com um homem. Fazer amor com minha namorada é maravilhoso, nem sei como descrever."
Teresa — "Eu nunca transei com homem. E não sei falar se sou virgem ou não... Eu acho que eu sou virgem, sim. Para você ver o tanto que me importa, eu nunca me interessei em saber se sim ou se não [risos]."
Natália — "Eu uso vestidos, sandálias, mas gosto de vestir uma cinta com pênis de silicone para transar com minha namorada de vez em quando..."
Vivien — "Eu acho que não tem sentido entre duas mulheres usar essas coisas, preservativos... O tato é uma coisa muito forte... porque todo o envolvimento é tato, mãos... Se você coloca uma coisa de borracha, perde complemente o sentido, o amor... Sou virgem, nunca transei com homem."
[Você tem hímen?]
Vivien — "Humm... Não sei... Não, eu não tenho. Acho que não, Edith, porque, às vezes, a gente usa alguns apetrechos... [risos] Eu sou virgem de relação com homem."

Algumas entrevistadas compararam o ato sexual lésbico com ato sexual entre *gays*, enfatizando o relacionamento mais suave e afetivo das mulheres. Por exemplo:
Alice — "Fica muito chato tomar cuidados contra DSTs... O que vale do prazer é o toque... A pessoa quer que você sinta o sabor dela na sua boca, que você beije ela depois de você ter feito sexo oral com ela... Porque isso é entrega, não vai achar a

[328]   [Edith Modesto]

pessoa suja... Acho que os homens homos têm muito mais rolos pra ter uma relação sexual do que as mulheres..."

[Quais diferenças você acha que há?]

Alice — "Acho que os homens têm uma relação sexual muito mais dolorida, muito mais complicada... Acho que não tem muito carinho... A mulher não, ela busca desde o primeiro fio de cabelo da cabeça da parceira, com mais carinho, com mais cuidado... O relacionamento entre as mulheres é muito mais carinhoso, muito mais afetivo, é muito mais a sensibilidade, é escutar o que a companheira te pede, os sinais que ela dá... Acho que os homens são muito assim: 'É o sexo, eu tive orgasmo, pronto e acabou.' Eu sempre vi o amor entre os homens assim um pouco mais bruto do que o das mulheres."

Lia — "Quando duas mulheres transam tem uma certa delicadeza, uma suavidade, um desenho bonito. Eu sou suspeita pra falar porque eu acho lindo. Aliás, eu acho mulher o máximo, eu adoro, acho lindo, adoro a feminilidade, a sexualidade, o jeito que anda, que senta, que mexe o cabelo. Eu acho muito bonito duas mulheres transando quando são realmente duas mulheres. Quando tem aquela coisa macha, acho que não rola legal, acho que é capaz até de usar... apetrechos... é bem capaz. Bobagem. Agora quando duas mulheres transam é o máximo. Enfim, eu acho superbonito. Já quando dois homens transam é mais agressivo, entendeu?"

[Os homens heterossexuais gostam de ver duas mulheres transando?]

Algumas entrevistadas disseram que os homens heterossexuais gostam de ver duas mulheres transando. Por exemplo:

Lia — "Eu já recebi propostas, é um absurdo. Eles ficam desesperados, eles sonham em ver essa cena. Eu não sei, sinceramente, mas eles sonham. Já ouvi vários amigos meus falar: 'Por favor, deixa eu assistir.' Eu digo: 'Vocês pensam que eu sou puta? Vão lá na minha casa e vão assistir eu transando com a minha namorada?'"

Sofia — "Homens héteros adoram lésbicas, pois se imaginam com duas na cama. Coitados!"

6.13 A Velhice

[Você teme a velhice?]

A maioria das entrevistadas não teme a velhice. Por exemplo:

Vitória — "Penso, sim, na minha velhice, mas não tenho preocupações. Pretendo envelhecer ao lado da minha amada, como qualquer outro casal."

Carla — "Penso em envelhecer e até hoje não tenho a menor preocupação, pois envelhecer com a pessoa amada ao lado é um desejo meu."

Várias entrevistadas preocupam-se com a velhice. Por exemplo:
Flora — Eu penso na velhice e me preocupo porque não deixarei filhos e o Brasil não conta com muitas instituições para idosos onde eu possa me internar quando for velhinha. Ando pensando em fazer uma previdência privada, tipo um pecúlio, para ter grana para pagar uma instituição ou uma enfermeira particular quando não puder mais tomar conta de mim mesma."

[CONCEITOS E OPINIÕES SOBRE A HOMOSSEXUALIDADE]

[1] Definições

[Como você definiria a homossexualidade?]

A maioria das entrevistadas definiu a homossexualidade enfatizando a afetividade. Por exemplo:

Natália — "É pensar numa pessoa do mesmo sexo, quando pensar em beijar na boca, transar, namorar, casar, fazer planos, construir casa, criar filhos, envelhecer juntos, juntas etc."

Vivien — "Eu acho que ser homossexual é você ter, sentir atração, amor, afinidade e desejo sexual por uma pessoa do mesmo sexo que você."

Algumas entrevistadas definiram a homossexualidade como uma característica natural. Por exemplo:

Flora — "A homossexualidade é um aspecto da sexualidade humana. É natural, pois está presente em praticamente todas as outras espécies animais, em maior ou em menor grau. Algumas religiões consideram a homossexualidade como um pecado, mas correntes progressistas destas mesmas religiões já batalham para derrubar esse conceito de pecado. A homossexualidade não é uma doença, física ou psicológica. Nem é uma escolha, visto que todos os homossexuais que conheço têm a nítida sensação de que já nasceram assim. Acho que é uma característica natural, é como ser canhoto."

Fabiana — "Homossexualidade pra mim é a coisa mais natural do mundo... É natural como a pessoa hétero, como a chuva, o nascer do sol..."

Uma entrevistada mostrou as semelhanças entre a homo e a heterossexualidade. Por exemplo:

[332]   [Edith Modesto]

Graça — "Homossexualidade é a mesma coisa que heterossexualidade. A diferença é que são duas pessoas do mesmo sexo que, certamente, têm seus prazeres sexuais e amorosos dessa forma."

[2] Origem ou causas da homossexualidade

[Há causas biológicas, comportamentais, para a homossexualidade? A pesquisa sobre isso é importante?]

A maioria das entrevistadas não acha importante a pesquisa sobre as causas ou origem da homossexualidade. Por exemplo:

Cristina — "Nem um pouco importante... Eu não estou nem aí se dizem que é genético... Não me importo, eu sou feliz assim e não quero saber de onde veio!"

Gabriela — "Não faço questão de descobrir a causa da heterossexualidade também..."

Laura — "Não me importa muito descobrir a causa, mas sim que as pessoas saibam que existem diferenças e que elas são naturais."

Algumas entrevistadas aceitam a investigação científica com restrições. Por exemplo:

Flora — "Como grande apreciadora da Ciência, acho que se pode e se deve investigar fatores biológicos relacionados à homossexualidade. Não gosto de falar em causas porque não acredito que, dentro da complexidade biológica, se possa encontrar uma causa simples. Acho que estamos, em termos de ciência e teoria do conhecimento, caminhando para um consenso de que não existem explicações simples de causa e efeito para fenômenos como o comportamento humano. Basta lembrar do caso do Alan Turing, o inventor do computador, que foi obrigado a fazer um tratamento hormonal para reverter a sua homossexualidade. Naquela época, década de 50, acreditava-se que a homossexualidade tinha causa no desequilíbrio hormonal. Turing [gênio matemático, inglês] tomou doses maciças de hormônio feminino, entrou em depressão profunda e acabou se suicidando."

Algumas entrevistadas disseram que as pesquisas lhes foram importantes por ocasião da descoberta da sua homossexualidade. Por exemplo:

Raquel — "Já foi importante pra mim a pesquisa... Eu acho que essa coisa de buscar a origem está mais quando a gente se descobre... quando a gente se percebe homosse-

[Vidas em arco-íris]   **[333]**

xual há uma preocupação de saber de onde vem isso... 'Por que eu sou diferente?' Se é físico, se é genético, se é psicológico... se é cultural... Acho que no início há essa preocupação e assim foi comigo também. Não descobri a origem [risos] e hoje em dia não estou preocupada com isso, mas também não critico as pesquisas, porque é mais uma forma de se falar sobre o assunto."

Algumas entrevistadas gostariam de saber a origem/causa da homossexualidade. Por exemplo:

Vera — "Eu não sei a causa... Minha mãe perdeu um menino antes de eu nascer, não sei se isso me influiu psicologicamente... Meu pai é meio desligado e ela autoritária... Não sei quais foram as causas... São muitas... Eu acho importante a pesquisa... Porque eu quero me entender."

Luiza — "Acho que ser *gay* faz parte da vida... Eu acho muito importante que se descubra a sua causa, sim, mas não que eu considere sua causa uma anomalia. Acho que só assim viveremos livres da carga de ser errado aquilo que você mais quer."

Muitas entrevistadas acham que a homossexualidade tem origem genética, mas que essa descoberta não vai ajudar a diminuir o preconceito. Por exemplo:

Jacira — "Eu sou bióloga, com mestrado em etologia, que é comportamento animal. . Então, eu raciocino tudo em termos de biologia, porque é o meu conhecimento. Dentro dos grupos de animais, nós encontramos o comportamento hétero, homo e bissexual. Para nós, biólogos, o ser humano é simplesmente mais um animal mamífero, com um raciocínio desenvolvido mas, em termos de natureza, é simplesmente mais um animal O que a gente observa na natureza é que existem animais que eventualmente têm com portamento homossexual mas, a maior parte do tempo, são héteros, ou animais que eventualmente têm comportamento hétero para procriação, mas a maior parte do tempo, como no caso das gaivotas — que a Vange [Vange Leonel — escritora e cantora] até citou numa matéria dela — as fêmeas vivem junto com outra fêmea e só para procriar é que elas se relacionam com o macho. Então, eu acho que também entre os seres humanos vai haver a pessoa que é preferencialmente hétero ou preferencialmente homo, eventualmente homo ou eventualmente hétero, e aquela que é só homo o tempo todo e ponto final. E tem os que são bissexuais também. Eu até imagino que possa haver um componente genético para isso."

[**334**]   [Edith Modesto]

[Se, por acaso, descobrirem que realmente há um fator genético, você acha que isso seria bom? Por quê?]

Jacira — "Tudo na vida tem dois lados... Então, vamos supor que amanhã alguém descubra: 'Realmente é genético', então nós vamos ter o lado bom, porque fica provado que a homossexualidade não é sem-vergonhice, não é tara... 'A pessoa nasceu assim, ela nasce hétero ou ela nasce homo'... Por outro lado, eu li na Internet outro dia: 'Você já pensou se, por exemplo, grupos de linha neonazista tomarem posse desse conhecimento, eles vão dizer: Se é genético, deve ser como uma doença, uma aberração, então vamos fazer um exame em todo mundo e quem acusar o tal gene a gente manda matar...'"

[Então, se descobrirem que há um fator genético não vai adiantar?]

Jacira — "Pra diminuir o preconceito, não vai ajudar, porque eu tenho observado que, quando a pessoa quer ser preconceituosa, ela simplesmente é e pronto, não há o que mude a cabeça dela. Não adianta..."

Algumas não aceitam causas externas. Por exemplo:

Gabriela — "Imagina! Não existe isso de influências externas. É algo que você é ou não é, que te causa arrepios ou não."

Cristina — "Me senti atraída por mulher... Experimentei... Gostei! Minha educação... Meus pais não tiveram nada a ver com isso."

Algumas entrevistadas falaram de um complexo de causas para a homossexualidade. Por exemplo:

Vitória — "Eu acho que a homossexualidade é uma característica da pessoa, uma mistura psicológica com genética... Pode ser reforçada com o convívio social e familiar também, mas não surge a partir desses."

Algumas entrevistadas, bissexuais, acham difícil determinar causas para a homossexualidade. Uma minoria entre elas disse que a homossexualidade é uma escolha. Por exemplo:

Lúcia — "Eu não acho que eu nasci homossexual. Inclusive eu optei pela homossexualidade... enfim, optei por manter relacionamento com pessoas do mesmo sexo, já com 20 e poucos anos, depois de muitas experiências heterossexuais. Eu acho que optei... eu acho que todo mundo nasce heterossexual e daí..."

Lia — "Já pensei em causas... É uma questão um pouco 'confusa' porque, na verdade, eu fico vendo nas pessoas que conheço — e até na minha própria história — como aconteceu... Eu não sei responder. Não sei se é genético. Acho que não é."

[Vidas em arco-íris] **[335]**

[Você acha que pode haver causas diferentes para homens e mulheres?]
Lia — "Nunca pensei nisso, mas acho interessante. Como não acredito que seja genético, não consigo pensar que para o homem seja genético e para a mulher seja uma causa social. Eu não sei responder. Mas não acredito que eu nasci *gay*. Acho que existe de tudo. Acho que cada história é um caso."

Algumas entrevistadas consideram a pesquisa como a comprovação de que os pesquisadores acham a homossexualidade uma doença, algo que possa ser revertido. Por exemplo:
Natália — "Você precisa ver onde quer chegar ao abordar esta questão, senão pode tender para o preconceito. Se você pressupõe que precisa achar uma origem para a homossexualidade, então tem que analisar quais as origens da heterossexualidade também."
Maria Rita — "Descobrir a origem/causa da homossexualidade acho totalmente insignificante. Quando se fica especulando sobre as causas, lá no fundo ainda estamos considerando a orientação sexual como doença, e que ser hétero é ser normal, e ser homo é ser desviado, ou anormal.... Se não, por que não se estudam as razões de ser hétero? Por que é maioria?"

Várias entrevistadas acham que a pesquisa é importante para quem acha que é doença ou sente culpa. Por exemplo:
Beatriz — "Não é genético, não é uma doença que a gente pega... Simplesmente acontece. Pra mim a pesquisa não ia acrescentar nada além do que eu já sei, além do que eu acabei aprendendo com a vida..."
Lia — "Acho que as pessoas que se sentem culpadas por serem homossexuais buscam uma resposta muito mais para não se sentirem tão culpadas. Como eu não tenho culpa, não tenho a menor curiosidade de saber de onde vem, como vem, o que acontece."

[3] Denominações

3.1 Homossexualismo e homossexualidade

[Há diferença de significado entre homossexualismo e homossexualidade?]

A maioria das entrevistadas disse que em homossexualismo há o significado de doença. Por exemplo:

[336]   [Edith Modesto]

Flora — "A homossexualidade é um aspecto da sexualidade humana. A palavra homossexualismo, me parece, é sempre usada com uma conotação de doença, como botulismo etc. Há também uma certa carga derrogatória no termo homossexualismo, como se fosse uma ideologia, tipo comunismo ou neoliberalismo — só que homossexualidade não é ideologia, nem tampouco uma opção ideológica."

Laura — "Sim, há diferença. Homossexualidade é o termo correto, porque está ligado à sexualidade. O sufixo ismo dá a idéia de doença, o que é totalmente contrário ao que se acredita sobre esta variante da sexualidade."

Algumas entrevistadas entendem homossexualidade como mais abrangente e abstrato e homossexualismo num sentido mais concreto e específico. Por exemplo:

Carla — "Homossexualismo seria referente à prática do ato sexual entre indivíduos do mesmo sexo. Já a homossexualidade refere-se a tudo que envolve o mundo homo, desde as atividades sexuais até os comportamentos."

Algumas entrevistadas disseram que a diferença entre as duas palavras não tem importância. Por exemplo:

Sirleide — "Há diferença... Homossexualismo era tratado como doença, então há uma diferença... Mas eu não acho tão importante... Mesmo porque a maioria das pessoas fala homossexualismo... Vai ser difícil mudar... Não é tão importante."

Várias entrevistadas não souberam dizer qual a diferença de significado entre as duas palavras ou acham que essa diferença não existe. Por exemplo:

Cristina — "Sinceramente eu não sei dizer."

Elenice — "Não vejo diferença nenhuma entre homossexualidade e homossexualismo, todos levam pro mesmo caminho."

3.2 Lésbica e *gay*

[Você gosta das denominações gay *para os homens e lésbica para as mulheres?]*

A maioria das entrevistadas gosta das denominações lésbica e *gay*. Por exemplo:

Flora — "Acho as duas palavras muito bonitas e adequadas. *Gay* é alegre em inglês e lésbica tem sua raiz etimológica na ilha grega de Lesbos, onde viveu a grande poeta Sappho, considerada por Platão a décima musa, e que dedicava seus poemas de amor para outras mulheres. Não há o que reclamar com termos tão nobres e felizes!"

[Vidas em arco-íris] **[337]**

Vitória — "Eu me refiro aos homens homossexuais como *gays*, que considero uma palavra simples e sem preconceitos. Eu não me importo de ser chamada de lésbica, realmente sou isso e não acho um nome grosseiro."

Algumas entrevistadas preferem *gay* para homens e mulheres. Por exemplo:
Jacira — "Não gosto da palavra lésbica porque ela é muito cercada de preconceito. Então, prefiro dizer 'a mulher homossexual', ou 'a mulher *gay*'..."
Teresa — "[Risos] Olha, eu sou *gay*... Eu tenho a minha coisa com lésbica e *sapatão*... Eu prefiro *gay*."

Várias entrevistadas não gostam de nenhuma das denominações usadas para homossexuais. Por exemplo:
Graça — "Eu não gosto de ser chamada de nada... Só pelo meu nome mesmo... sou Graça, só, e ponto final."
Gabriela — "As denominações *gay* e lésbica no Brasil já vêm cheias de preconceito. Não gosto de ser chamada de nada... Pra que ficar se referindo a mim como 'aquela que gosta disso ou daquilo'?"

Algumas entrevistadas falaram sobre a palavra *entendida*(o). Por exemplo:
Maria — "O *entendido* é uma expressão antiga, muito antiga."
Sofia — "Não gosto de *gay* e de lésbica! Acho vulgar, prefiro homossexual ou *entendido*(*a*). *Entendidos*! É uma forma carinhosa e direcionada a homossexuais de ambos os sexos..."

3.3 Gírias referentes às lésbicas

3.3.1 *Sapatão* e *sapa*

[O que você acha dos termos usados em lugar de lésbica?]

Quase todas as entrevistadas detestam ser chamadas de *sapatão*. Por exemplo:
Rosa — "Vontade de matar quem chama lésbica de *sapatão*... *Bolacha* só se ouve no meio GLS e eu levo como piada, mas *sapatão,* não... Detesto... Na verdade é o travesti feminino, é o mesmo que chamar um *gay* de *traveco*..."

[338]   [Edith Modesto]

Clarice — "Já fui chamada de *sapatão*, odiei. [risos]"
Vitória — "Só acho grosseiros termos como *bicha* e *sapatão*. *Bolacha* pode até ser um apelido carinhoso, mas *sapatão* passa a impressão de uma lésbica *caminhoneira*, com atitudes masculinas, não gosto disso."

Uma minoria prefere *sapa* a lésbica. Por exemplo:
Estela — "A palavra lésbica é meio forte... Dá um sentimento de doença mesmo. Eu falo sempre *sapa*, abreviação de *sapatão*."

3.3.2 Outras denominações

Algumas entrevistadas conheciam bem as denominações, inclusive regionais, para lésbicas. Por exemplo:

Sapatão, sapata, sapa, caminhoneira, fancha, machorra, entendida, sandalinha...
Lúcia — "Depende... Tem gente que prefere lésbica mesmo, tem gente, já ouvi falar, *bolacha*... Tem gente que prefere *entendida*... *Sapatão* é agressivo, a não ser que seja outra lésbica falando. Depende de como é usada... um hétero dizendo, é ofensivo."
Vanessa — "Existe uma diferença entre as denominações. Por exemplo, *caminhoneiras* são aquelas mulheres bem masculinas e *sandalinhas* são as mulheres mais femininas."
Alice — "Tem *sapa*, *fancha*, que é aquela mais masculinizada, que usa camisa de homem, às vezes não usa *lingerie* nem nada, usa roupa íntima masculina, cueca, usa bota... Tem o que a gente fala que é *sandalinha*, feminina ao extremo, usa batom, luzes no cabelo... E tem o tipo mais normal, onde eu acho que me encaixo, que não vai nem muito para um lado nem muito para o outro."
Cristina — "Pra mim, *machorra* e *sapatão* são aquelas lésbicas masculinas. Eu não sou assim mas, se me chamarem, entra por um ouvido e sai pelo outro..."

Bolacha, Lesbian chic, do babado, leleca, homoafetiva...
Lia — "*Bolacha* é demais. Sinceramente, não sei de onde vem isso. *Sapatão* eu acho um horror, acho feio porque me dá idéia de *sapatão* mesmo... De querer ser homem, masculina, *caminhoneira*. Eu não gosto de nada disso."
Sofia — "Prefiro *entendida* e, pra te falar a verdade, eu nem sei o que é *bolacha*!" [risos]
Flora — "Eu usaria *gay*, ou *bicha*, ou *do babado*..."

[Vidas em arco-íris] **[339]**

Cristina — "Gosto mais de ser chamada de *leleca*. Inventamos esse nome aqui na minha cidade, uma coisa mais meiga do que lésbica... Já fui chamada de *sapatão*, mas não me importo porque sei que é preconceito, e de preconceito, eu saio de perto sem dar satisfações."

Maria Rita — "Ouvi dizer que *lesbian chic* é a mulher homossexual, ou lésbica, que parece mocinha, veste-se como mulher muito feminina, usa maquilagem e jóias etc. Gosto de ser chamada pelo meu nome, Maria Rita, e não pela minha orientação sexual. Mas, se alguém tiver que me qualificar, eu acho a palavra homoafetiva linda, embora ninguém use, porque ninguém entende direito."

Uma entrevistada falou sobre um código secreto que as lésbicas usavam para se identificar e que foi atualizado.

Irina — "Essa história é antiga, vem da época em que ser lésbica era antes ser ativa ou passiva, coisas do tipo, e umas delas, mais elitistas, para se diferenciarem das *caminhoneiras*, inventaram essa história... Diria que foi uma ala machista... [risos] E elas se relacionam à cama. Pois bem, *morango* é a lésbica mais passiva, mais menina... *Abacate* é a lésbica mais ativa, a que se parece mais menino e dela há várias variações, para que se possa acompanhar as demandas que hoje surgiram no mundo da lesbianidade [risos]. Por exemplo, *abacate-jiló*; *abacate-manga-espada*; *abacate-fura-bolo*...

[E o que significam essas palavras?]

Irina — "Ai, que vergonha... [risos].

— *abacate-jiló* é aquela que não se pode nem comer, nem chupar, porque senão amarga. Isto é, ela só se esfrega;

— *abacate-manga-espada* é aquela que só se pode chupar, porque comer... E ela solta fiapos que nem a manga espada e a gente engasga [risos]. Ou melhor, a *abacate-manga-espada* só gosta de sexo oral;

— *abacate-fura-bolo* são aquelas que aceitam somente um dedinho ou dois, coisa leve, sem muito esforço na penetração [risos];

— e *morango,* a mais passiva, a que se parece menina, dela também há variações: *morango-ortodoxo*; *morancate*; *abacatango*. E entre todas essas variações, obviamente também acompanhando as demandas da evolução da espécie, temos os *transgênicos*, que nesse caso é *transgênico* mesmo."

[O que querem dizer com **transgênico***?]*

Irina — "*Transgênico* é aquela lésbica que, de tanta mutação, não sabe mais se é *abacate* ou *morango* e se adapta a qualquer cama e qualquer mulher [risos]. Agora,

[340] [Edith Modesto]

nisso tudo o mais engraçado é ver os *abacates* renegando a raça, porque ninguém quer ser chamada de *fura-bolo*, é feio, e por isso renegam-se a si mesmas, ou tentam ser *morangos*... Mas, enfim, cada um sabe a dor e a delícia de ser o que é... E essas histórias são muito usadas em salas de encontros lésbicos pela Internet."

3.4 Gírias referentes aos *gays*

[O que significa bicha? E viado?]

Algumas entrevistadas comentaram denominações dadas a homossexuais masculinos:

a) Algumas acham que viado é mais pejorativo do que bicha.
Lúcia — "Bem, *bicha* ficou tão usado que já virou gíria... *Viado* já é um pouco mais pejorativo..."
Lia — "Acho um horror, uma bobagem, *bicha* e *viado*. *Viado* acho que ofende bem. Acho pejorativo. *Bicha* é mais aceito, mas também não gosto."

b) Outras acham que bicha é mais pejorativo porque implica em efeminação. Por exemplo:
Carla — "*Viado* é para homem que gosta de alguém do mesmo sexo, porém não tem um jeito efeminado; *bicha*, além de gostar de homem, comporta-se de forma feminina."
Gabriela — "É possível ser *gay*, sem ser *bicha*."

Algumas entrevistadas não se incomodam com as palavras consideradas de calão e com outros apelidos dados aos *gays* e lésbicas. Por exemplo:
Jacira — "E as palavras *viado*, *sapatão*, *bolacha*, *bicha*... Eu encaro de uma forma até divertida, de vez em quando, entre nós homossexuais, a gente usa muito na brincadeira. Meu melhor amigo é *gay*, meu irmão é *gay*... Então, às vezes, eles mesmos brincam..."
Natália — "Eu adoro brincar com todas estas palavras ditas agressivas... Chamo minha namorada de *sapatão* e a mim mesma também, de vez em quando. Tento tirar o caráter negativo que elas receberam durante tanto tempo."

Várias entrevistadas falaram de como a intenção com que a palavra é usada muda seu significado. Por exemplo:

[Vidas em arco-íris] **[341]**

Flora — "*Bicha*, *viado*, *sapata* etc... Eu não tenho problema em ser chamada por nenhum destes nomes. A grande diferença entre o carinho e a ofensa está no modo como é dita a palavra, a intenção com que ela é usada e, claro, quem a está usando. Posso ser chamada de *sapata*, carinhosamente, por uma amiga ou ser agredida verbalmente por uma pessoa que não goste de mim e me chame, raivosamente, de *sapata*! Neste caso, é lógico, não vou gostar!"

[4] Tipos e grupos de homossexuais

[Podemos classificar os homossexuais em diferentes tipos, grupos?]

A maioria das entrevistadas não acredita em classificações por tipos de homossexuais. Por exemplo:

Maria — "Creio que não existem tipos de homossexuais..."

Flora — "Aí entramos num terreno pantanoso da delimitação de definições etc. Foi somente no final do século XIX que se começou a relacionar homossexualidade com identidade pessoal. Antes, não havia os termos homo e heterossexualidade. As pessoas eram pessoas e algumas delas praticavam atos de sodomia. De maneira nenhuma o que faziam na cama definia o que eram. Foi depois da onda cientificista do século XIX que se começou a catalogar e definir categorias sexuais como fetichista, pedófilo, ninfomaníaca, por exemplo. E nessa onda, classificaram também o comportamento homossexual e criou-se uma categoria para abrigar essas pessoas. Só que a sexualidade é muito fluida, plástica e mutante e nem sempre pode ser enclausurada numa categoria fixa."

Algumas entrevistadas aceitam tipos de homossexuais, reagrupados por vários critérios. Por exemplo:

Vitória — "Os tipos diferentes de homossexualidade, que eu acredito existir, são os homossexuais que apenas amam pessoas do mesmo sexo, e os homossexuais que querem se tornar pessoas do sexo oposto."

Sirleide — "Tem o homossexual que é só ativo, ou diz que é só ativo... Tem o que diz que é só passivo... Tem vários tipos. Pras mulheres também: tem a que diz que ela é só ativa, a que é passiva..."

[342]   [Edith Modesto]

4.1 *Barbies, ursos* e outros grupos

A maioria das entrevistadas não conhecia a significação das denominações que diferenciam grupos de homossexuais masculinos. Por exemplo:

Maria Rita — "*Barbie*? Não sei... Além da boneca? Acho que são as tais das *lesbian chics*... é isso? Agora, *urso* não sei direito, acho que deve ser a versão masculina da *Barbie*... Pelo menos, os que eu vi na Parada eram peludões, grandões, espécimes exagerados de machos. Como as *barbies* parecem superfêmeas, os *ursos* lembram supermachos..."

[Quem são os **barbies***?]*

Sirleide — "As *barbies*... São estranhas essas *barbies*... Eu não entendo o comportamento deles... Não sei se é uma coisa de malhar pra chamar atenção... Acho que é... São bem machos, pra chamar atenção mesmo."

[Quem são os **gays fervidos***?]*

Mercedes — "*Gay fervido* é *fashion*, sempre na moda, olha de cima pra baixo, não anda, flutua, adora as baladas, quer ser o centro das atenções e sempre está atrás dos *bofes* — aqueles que juram que são homens — ou então procuram as *barbies*... Alguns homossexuais masculinos, *fervidos*, me enervam."

4.2 *Drag queens* e *drag kings*

[Quem são as **drag queens** *e* **drag kings***?]*

Sirleide — "Eu costumo dizer — aí é minha opinião pessoal — que a *drag* é o travesti chique, que não admite que ele é um travesti. Eu costumo dizer que a *drag* é um travesti chique."

Maria Rita — "*Drags* são travestis caricatos, exibidos nos *shows business*, travestis que exageram em seus salamaleques como meio de ganhar a vida."

Lia — "Tem *drag queen* pra homem e pra mulher é *drag king*."

4.3 Travestis, transformistas e transexuais

[O que é ser travesti? Transformista? Transexual? Eles são **gays***?]*

As opiniões sobre transexuais e travestis foram controversas. No decorrer das entrevistas, muitas entrevistadas falaram sobre as travestis no masculino, demonstrando um certo desconhecimento sobre a questão:

[Vidas em arco-íris]   **[343]**

a) Duas entrevistadas disseram que travestis, transformistas e transexuais formam um grupo diferenciado.

Carla — "Travesti é uma questão complicada, pois há dentre eles os que possuem atividade sexual com indivíduos do mesmo sexo, aqueles que são casados e mantêm uma família, mesmo se transformando. Enquadrá-los seria loucura minha, mas eu diria que eles são uma outra classe."

Cristina — "Travestis, transformistas e transexuais são travestis, transformistas e transexuais. Simplesmente por isso temos de aumentar a sigla GLS pra GLST, algo assim, porque eles são únicos!"

b) Todas as outras entrevistadas disseram que as travestis são ou podem ser consideradas *gays*.

Flora — "Então acho que acabamos usando a palavra homossexualidade para abrigar várias tendências — por uma questão prática. Então, sim, travestis e transexuais podem ser considerados *gays*..."

c) A maioria das entrevistadas disse que os/as transformistas não são homossexuais...

Flora — "Mas transformista — aquele que se traveste só para fazer um trabalho artístico — este não [pode ser considerado *gay*], porque seu objeto de desejo não pertence ao mesmo sexo de origem."

Maria — "Os transformistas brincam com tudo isso, normalmente são homens que se travestem como mulheres por algum motivo qualquer."

...mas algumas entrevistadas discordaram.

Vera — "Um transformista, nem sempre é homossexual..."

Vanessa — "Uma transformista é *gay*..."

d) A maioria das entrevistadas ressaltou que transexuais "não são necessariamente homossexuais".

Laura — "Não, transexuais ou transgêneros não são necessariamente homossexuais. Podem até ser, mas o fato de brincarem ou se afastarem de seu gênero de nascimento não quer dizer que tenham uma orientação sexual homo."

Vera — "Um transexual pode ser homossexual ou não..."

[344] [Edith Modesto]

e) Algumas entrevistadas disseram que transexual é uma travesti operada. Por exemplo:

Maria Rita — "O transexual, segundo uma visão muito simplista, é um travesti que conseguiu ajuda médica, e transformou seu corpo de acordo com o espírito, isso é, tornou-se, através da ciência e da cirurgia, a mulher ou o homem que era interiormente."

Alice — "...Ele não é transexual... Pelo que eu saiba não se operou. Por enquanto ele é só um travesti."

Sirleide — "Eles dizem que eles nascem mulher... Fica complicado, mas eles dizem isso. Tem vários que dizem: 'Eu nasci mulher'... Eles renegam aquele corpo masculino..."

[Mas quem não aceita as características físicas e emocionais do seu sexo não é um/uma transexual?]

Sirleide — "Não, é o travesti mesmo... Que eu inclusive conheço... Eles dizem isso... Porque ele se sente mulher e diz que na essência ele nasceu mulher. O transexual faz a cirurgia, ele é o travesti operado."

[5] Conceitos e preconceitos

5.1 Opiniões das lésbicas sobre a comunidade homossexual

[Várias entrevistadas não gostam de travestis. Por exemplo:]

Clélia — "Eu não gosto desse homossexual que tenta expor uma coisa que não precisa... Você não precisa colocar um terno... Eu também não gosto de travesti. Acho que você não precisa usar uma saia, colocar silicone pra mostrar o que você quer... Você é homem e gosta de homem... Mas cada um é cada um..."

[Você não acha que as travestis não conseguem controlar o seu modo de ser?]

Clélia — "Pode ser... Por isso que nada pode ser condenado, mas é uma coisa que eu não acho legal."

Algumas entrevistadas falaram sobre as dificuldades que enfrentam aqueles que vivem questões de identidade de gênero, assim como, por exemplo, as travestis (os dois gêneros concomitantes) e as pessoas transexuais (gênero oposto ao seu sexo biológico). Por exemplo:

Maria Rita — "Não acho que seja escolha. Pelo contrário, vejo algumas pessoas homossexuais sofrerem muito em tentar, às vezes por sobrevivência, esconder seu ver-

[Vidas em arco-íris]   **[345]**

dadeiro jeito de ser. Eu acho que os efeminados são como são, e pronto. Ninguém escolhe sua raça, nem seu sexo. Como não escolhe também se será mais ou menos feminino, ainda que não seja homossexual."

Sirleide — "...Mas o travesti, por exemplo, ele é travesti, é doído demais pra ele porque ele vai ter um caminho: ou a prostituição ou o salão de cabeleireiro... Fica complicado."

[O que você acha dos gays*? Como é o relacionamento entre os* gays *e as lésbicas?]*

Muitas entrevistadas elogiaram os *gays* ou defenderam a convivência amigável entre *gays* e lésbicas. Por exemplo:

Luiza — "Os homens homossexuais são os mais doces que já conheci. São lindos, cheirosos, inteligentes, cultos, e tudo mais. Alguns são mais distantes, mas em geral são pessoas maravilhosas e muito amigas. Como tudo, há exceções."

Flora — "Não suporto nenhum tipo de misoginia. Não gosto da lésbica que odeia homens nem dos *gays* que odeiam mulheres."

Algumas entrevistadas queixaram-se do preconceito com que são tratadas pelos *gays*. Por exemplo:

Carla — "Em alguns lugares os *gays* se fecham e não dão espaço para nós. Aqui em meu estado é um exemplo disso. Pressuponho que eles não querem se misturar conosco."

Vanessa — "Infelizmente, acho que os *gays* têm preconceito contra as lésbicas. Mas, para mim, a coisa passa por uma questão simples de machismo. Ou seja, repete-se a mesma relação entre homens e mulheres héteros."

Algumas entrevistadas queixaram-se de que o mundo *gay* apresenta perigos. Por exemplo:

Gabriela — "É uma pena haver esse tumulto dentro do mundo *gay*. Se eu não disser que é um mundo à parte eu estaria mentindo... O meu maior fracasso foi descobrir que o mundo *gay* não é tão belo e puro como eu julgava."

5.2 Opiniões sobre promiscuidade

[Os gays *trocam muito de parceiros?]*

A maioria das entrevistadas acha que trocar constantemente de parceiros não é uma característica dos homossexuais, mas da cultura masculina em geral. Por exemplo:

[346]   [Edith Modesto]

Lúcia — "Eu acho que os *gays* não trocam muito de parceiros... Entre os homens homossexuais existe mais a cultura de múltiplos parceiros, mas faz parte da cultura masculina. Eu acho que também existem muitas mulheres que são infiéis..."

Raquel — "Os heterossexuais se casam mais, não necessariamente que eles têm menos relacionamentos que os homossexuais... Os meninos foram criados pra casar, ter mulher, mas nem por isso eles foram criados para serem fiéis; as meninas foram criadas pra casar e pra serem fiéis, pra terem relacionamentos estáveis."

Algumas entrevistadas disseram que os *gays* (homossexuais masculinos) são mais promíscuos do que as lésbicas e os heterossexuais masculinos. Por exemplo:

Roberta — "Já ouvi falar que os *gays* trocam muito de parceiros e constato isso ao vivo e a cores. Acho que trocam de parceiros muito mais do que nós, mulheres. Porque... Acho que eles são criados pra isso... Pra ir à caça... As mulheres pra ficar em casa, sossegadas... Então esses padrões se reproduzem."

Lia — "Trocar muito de parceiros é coisa de homem, é coisa masculina. Eu vejo meu irmão, vejo um monte de amigos meus... Eles têm essa coisa sexual superativa. Agora, que o homossexual é mais promíscuo, sim. Porque não tem esse perigo: "Não vou engravidar ninguém...""

Entre as que concordam com que os *gays* trocam muito de parceiros, a maioria acha que isso é causado pelos problemas psicológicos que o preconceito gera. Por exemplo:

Lia — "Os meninos principalmente não precisam sair transando com um cara por dia. Eu não consigo acreditar que precise. Acho que, se você está sozinho, está carente, faça alguma coisa, se masturbe, não precisa sair por aí trepando, mas eles não seguram uma onda, eles trepam às vezes com mais de um cara por noite."

[Essa ânsia de transar com vários poderia ser um problema psicológico?]

Lia — "Acho que sim. Já ouvi testemunhos de pessoas, que eu fiquei horrorizada, fiquei mal. Às vezes fico enojada e algumas vezes tenho vergonha dessa coisa *gay* por causa disso. Um menino me falou uma vez, e ele tem Aids, que ele foi na boate e entrou no quarto escuro, não transou com ninguém, não penetrou ninguém, mas que pelo menos uns cinco ou seis caras fizeram sexo oral com ele naquela noite."

Maria Rita — "Os *gays* têm dificuldade de estabelecerem relacionamentos estáveis... Mas só por um motivo: por causa do preconceito! Não por alguma característica da homossexualidade em si."

Uma entrevistada afirmou que os heterossexuais são mais promíscuos do que os homossexuais.

Vitória — "Os héteros são os que mais fazem sexo com pessoas desconhecidas... Os héteros fazem isso muito mais que nós..."

5.3 As diferenças entre lésbicas e *gays*

[Comparando as lésbicas aos gays, o que você diria?]

Algumas entrevistadas disseram que os *gays* são mais ligados à moda e mais politizados. Por exemplo:

Lia — "Acho que os *gays* são muito mais ligados na moda, no que é mais fútil..."

Maria — "Acho que lésbicas e *gays* são diferentes, acho que os homossexuais masculinos costumam se assumir mais."

Raquel — "Acho que é muito interessante você dividir o livro em duas partes, porque acho que há uma diferença entre o mundo dos meninos e o mundo das meninas, uma diferença de comportamento, de opiniões... E mesmo essa coisa de atuação na militância, de mostrar a cara, os meninos são muito mais... Não sei muito bem por quê... Não sei se é só isso de a mulher, depois que ela se arruma, ela fica mais acomodada... Eu não sei se é só isso..."

Uma entrevistada disse que os *gays*, como as lésbicas, as travestis e as transexuais, têm demonstrado vontade de formar famílias homoafetivas.

Irina — "Muitas pessoas têm o desejo de ter uma família, como busca da felicidade. Obviamente que, para nós homossexuais, o símbolo família tem um peso maior ainda, por nos tornar normais, nos aproximar do padrão da sociedade."

[Não são preponderantemente as lésbicas que desejam filhos, desejam formar famílias?]

Irina — "É inerente na mulher o desejo de ser mãe, ter família, é uma questão de gênero, não só das lésbicas, mas comum entre as travestis e mulheres transexuais. Penso que essa é a diferença maior, mas temos muitos *gays* em situação de conjugalidade, embora poucos com filhos."

[348]   [Edith Modesto]

5.3.1 Diferenças de comportamento sexual entre lésbicas e gays

A maioria das entrevistadas acha que o sexo é mais importante para os *gays* do que para as lésbicas. Por exemplo:

Lídia — "Eu acho que os *gays* e lésbicas são diferentes uns dos outros, mas ambos são mais sensíveis do que os héteros. A diferença é que as mulheres buscam mais um casamento e os homens buscam mais o sexo pelo sexo."

Gabriela — "Os homens parecem ter mais orgulho de sua sexualidade e as mulheres parecem ser mais veladas. Os *gays* são, pelo menos eu penso assim, mais promíscuos do que as mulheres."

Muitas entrevistadas disseram que os *gays* preferem a quantidade de relacionamentos à qualidade da relação. Por exemplo:

Tamara — "Acho que lésbicas e *gays* têm diferença, sim... São ritmos diferentes... Não vou dizer que o de homens é melhor... Acho que tem estilos... Às vezes acho legal essa coisa de os caras terem um monte de namorados... Acho que tem uma coisa mais masculina de quantidade, de variação... E a mulher é mais de intensidade e de qualidade..."

Algumas entrevistadas disseram ou sugeriram que as lésbicas também trocam muito de parceiras. Por exemplo:

Cristina — "Os héteros são tão promíscuos quanto nós, mas, como o nosso meio é menor, parece que rodamos mais..."

Teresa — "Acho que os *gays* não trocam constantemente de parceiros... Acho que todo mundo faz isso. Só que o masculino mostra esse lado ferrado... Já o feminino não aparece... Fica escondido."

5.3.2 Opiniões sobre a efeminação dos *gays* e a masculinização das lésbicas

[O que você acha das lésbicas mais masculinas e dos gays mais femininos?]

A maioria das entrevistadas disse que a efeminação de alguns *gays* e a masculinização de algumas lésbicas não são uma escolha. Por exemplo:

Graça — "Não existem escolhas... Ser mais masculina ou mais feminino é o modo de ser de cada um."

[Vidas em arco-íris]　**[349]**

Flora — "Eu deploro as pessoas que têm preconceitos com *gays* efeminados e lésbicas masculinizadas. Acho o fim da picada querer receitar uma cartilha de conduta, para homens e mulheres — homossexuais ou não. Acho que a variedade e a diversidade são fatores de enriquecimento de uma cultura e que homens efeminados e mulheres masculinizadas — de novo, homossexuais ou não, pois não acho que masculinização e efeminização sejam prerrogativas exclusivas dos homossexuais —, só contribuem e enriquecem nossa cultura."

Algumas entrevistadas falaram do meio social como um fator agravante da efeminação do *gay* ou masculinização da lésbica. Por exemplo:

Lúcia — "Se ela é masculina, ela pode fazer força, mas ela não vai conseguir ser feminina. E se ela for feminina e for bancar masculina, fica meio ridículo... É uma coisa já antiga, que se acentua com o tempo. O meio com que ela se relaciona e a *bolacha* vai ficar mais masculina, eu acho."

Carla — "O processo educacional é que vai definir o padrão com que o homossexual melhor se identifica. Sendo assim, até mesmo os pais, que em alguns momentos não aceitam a sua homossexualidade, contribuem para nossas características."

Uma minoria das entrevistadas acha que o *gay* ser mais feminino e a lésbica mais masculina é, em parte, uma escolha de comportamento. Por exemplo:

Lia — "Acho que depende muito de cada um. Quando você vai pro *over*, acho que é uma questão de escolha porque a pessoa escolhe ser daquele jeito."

Sirleide — "Acho que tem uns *gays* que gostam de ser efeminados, ou é uma forma de serem aceitos no mundo... Aí eu acho que é uma escolha, porque tem aqueles que são discretos, até por uma questão pessoal e profissional... O *gay* discreto, que não dá pinta, que não é efeminado, ele consegue todos os tipos de trabalho, ele está em todas as áreas..."

[E então você acha que ser muito efeminado, às vezes, é uma escolha de comportamento?]

Sirleide — "Escolha de comportamento. Pode ter vários comportamentos: mais masculino ou mais feminino... Tem aquele que é mais discreto... Mas existe *gay* que é masculino sem fazer força... É por isso que eu digo que há vários tipos de homossexuais."

Algumas entrevistadas não sabem por que alguns homossexuais são mais efeminados ou masculinizadas, mas não gostam disso. Por exemplo:

[350]   [Edith Modesto]

Sofia — "Nesse ponto de efeminado... Muito masculina... Não concordo muito. Na minha opinião, não sei a causa das pessoas não se aceitarem no corpo que têm, mas não curto muito esses tipos de homossexuais, embora respeite cada um, pois quem sou eu para julgar alguém?"

Gabriela — "Eu prefiro as *entendidas* superfemininas... Meus olhos se sentem agredidos vendo *sapas*... Masculinizadas."

5.4 Preconceitos de lésbicas contra lésbicas

[O que você acha das outras lésbicas?]

Algumas entrevistadas falaram de qualidades e características das lésbicas. Por exemplo:

Jussara — "As homossexuais são leais, sinceras, companheiras..."

Fabiana — "As lésbicas são muito fechadas e a sensação que eu tenho é que a maioria não sabe que são ou então sabe que são e não têm coragem de se manifestar..."

Algumas entrevistadas se queixaram que sofrem preconceitos dentro da comunidade homossexual. Por exemplo:

Alice — "Pra falar a verdade, eu sempre namorei mulheres brancas, nunca namorei uma mulher negra e não é preconceito da minha parte, mas as mulheres negras também não namoram mulheres negras, é uma coisa que eu andei percebendo, é muito difícil... Como as gordinhas — que é o caso da minha amiga — ficam jogadas pro lado. Tem preconceito dentro da comunidade por causa da cor, por causa de raça, por causa do tipo de roupa que usa..."

Valéria — "Eu não gosto de lésbicas preconceituosas, de lésbicas que dizem: 'Aquela é *machona*...' Existe isso um pouco forte, na comunidade. As mulheres têm tanta dificuldade em se aceitarem, que elas acham que, pra gente ser aceita pela sociedade, tem de ter um padrão: uma cara bonita, um jeito de vestir, um jeito de se comportar... Eu acho que não. A gente precisa ser a gente mesmo. A gente precisa estar tão confortável com a nossa homossexualidade, que a gente se permita ser como qualquer heterossexual."

Natália — "Acho que nós, homossexuais, devemos ser mais acolhedores e tolerantes com as diferenças. Devemos perceber que ninguém é tão normal, que todos temos nossas extravagâncias, excentricidades e por aí vai. Será que eu devo me considerar menos

[Vidas em arco-íris] **[351]**

sapatão, porque eu não uso cuecas, ou não ponho camisa de mangas compridas por dentro da calça?"

5.4.1 Escolha de parceiras

[Há algum tipo de lésbica de que você não gosta?]

A maioria das entrevistadas não gosta de mulheres masculinizadas. Por exemplo:
Vivien — "Eu particularmente não acho legal você ser masculina demais, se comportar, pensar como homem, eu acho que eu sou homossexual, mas eu sou mulher. Meu instinto é feminino."
Sofia — "Eu não suporto mulheres que se comportam como homens."
Lia — "Para falar a verdade, posso até ser um pouco preconceituosa nesse sentido. Eu não gosto de meninas que querem ser meninos."
[Como pensam essas mulheres que se acham homens?]
Lia — "Elas têm nojo de homem, acham homem a pior coisa da humanidade e eu falo: 'Gente, vocês são loucas?' Aí eu acho que tem alguma coisa que não é certa na cabeça delas, acho que é algum trauma, algum problema.

Algumas entrevistadas disseram que, se fosse pra namorar com mulheres masculinizadas, ficariam com homens. Por exemplo:
Beatriz — "Mulheres masculinizadas eu não gosto... Eu acho que tudo bem, é uma opção, só que se eu quisesse ficar com uma mulher que parece homem, eu ficaria com homem, é bem mais prático."

Uma entrevistada disse que a masculinização das lésbicas pode ser uma característica de origem social.
Lia — "Acho que as lésbicas masculinizadas são as mais antigas..."
[Isso pode ser um indício de que a masculinização das lésbicas é uma característica que tem origem social?]
Lia — "Pode ser, porque na época que elas se tornaram *gays* era muito mais difícil. Hoje, as mais novas convivem melhor com isso, não precisam ficar como homem, mesmo porque cada dia tem mais meninas que estão sendo adeptas e que não eram, e que pelo menos querem ter uma curiosidade e uma experiência pra ver como é que rola."

[352]   [Edith Modesto]

Algumas entrevistadas disseram que podem interessar-se por mulheres um pouco masculinizadas, andróginas... Por exemplo:

Maria — "Normalmente diria que prefiro mulheres femininas, mas ao mesmo tempo lembro de que muitas masculinas já me chamaram a atenção."

Vanessa — "Sei lá, gosto do tipo da minha ex-namorada, meio máscula, mas muito feminina, muito mulher."

Tamara — "Eu gostava de moças mais femininas, quando eu era mais nova, e hoje minha tendência é mais pra mulheres mais masculinas... Eu gosto de mulher com jeitinho assim mais masculino, acho supersexy..."

5.4.2 Opiniões das lésbicas sobre a bissexualidade

[O que você acha da bissexualidade?]

Algumas entrevistadas falaram sobre o preconceito de homossexuais e heterossexuais contra a bissexualidade. Por exemplo:

Rosa — "Não tenho nada contra *gay* e lésbica, só não gosto quando os homossexuais colocam os bissexuais de fora dos que podem usar esse termo."

Luiza — "Os héteros fogem da bissexualidade porque todas as pessoas têm desejo com o mesmo sexo. Assim como os *gays*, mesmo convictos de serem *gays*, podem eventualmente desejar uma pessoa do sexo oposto."

Algumas entrevistadas disseram que não gostam da bissexualidade ou que não acreditam nela. Grande parte delas acredita que é uma desculpa para esconder a homossexualidade. Por exemplo:

Adélia — "Não vejo diferentes homossexualidades... Existem pessoas que não se assumem e transformam a homossexualidade em bissexualidade..."

Vanessa — "Não gosto da postura da [nome de cantora]. Essa história de dizer que é bissexual não me desce. Nunca namorei uma pessoa bissexual e, sinceramente, não me sentiria bem."

5.5 A falta de visibilidade das lésbicas

[Uma entrevistada falou sobre a falta de cultura lésbica positiva.]

Valéria — "Por muito tempo, até pouquíssimo tempo, tudo que se produziu para lésbicas, por lésbicas, sempre teve muita culpa, sofrimento... Se você pegar literatura, por

[Vidas em arco-íris] **[353]**

exemplo, os clássicos, todos, até pouquíssimo tempo atrás os que ousaram falar de amor entre mulheres tinham finais horríveis... Ou culpa, ou medo... Então pra nós, mulheres, o que a gente tem procurado fazer agora é produzir cultura lésbica positiva. A idéia é que as mulheres possam se autorizar, ser felizes... Que elas possam ser o que elas são tranqüilamente, naturalmente, com direito à felicidade... Acho que falta isso para as mulheres, mais do que os homens... Os homens também têm dificuldades, mas eles produzem coisas... A cultura *gay* é muito forte, muito mais presente, e há muito de positivo... E as mulheres não... Sexo entre mulheres não se fala, não existe... 'São amigas...'"

A maioria das entrevistadas disse que as lésbicas não aparecem socialmente porque são mulheres. Acham que é uma questão cultural. Por exemplo:
Rita — "Infelizmente eu concordo. As lésbicas são mais invisíveis do que os *gays*... Acho que, de maneira geral, as mulheres estão na sombra... Mas toda atividade, quando é feita por uma mulher tem de ser dupla, triplamente melhor do que a feita por um homem."
Flora — "Não há, em termos gerais, diferenças de valor entre *gays* e lésbicas. Acho que, por uma questão cultural e por causa da tradição sexista de nossa sociedade, as lésbicas tendem a ficar mais invisíveis. Se há diferenças entre *gays* e lésbicas — e há — é porque a sociedade ainda teima em dividir tarefas e funções como exclusivas do homem e exclusivas da mulher. Com certeza, e graças a muita luta feminista, as mulheres podem fazer muitas coisas hoje em dia. Mas ainda fazem o grosso do trabalho doméstico e, no caso das heterossexuais, tripla jornada para ganhar dois terços do salário de um homem na mesma posição."

Algumas entrevistadas acham que o *gay* aparece mais porque ele não consegue se esconder. Por exemplo:
Vera — "Acho que a mulher se esconde mais. Uma menina masculina pode se dizer séria que o povo acredita... Já os *gays*, é mais difícil esconder o jeito alegre deles."
Ana — "Os *gays* aparecem mais porque são mais declarados... As lésbicas podem se esconder."

Uma entrevistada diz que é preciso se mostrar para, depois, poder passar despercebido.
Valéria — "As pessoas da sociedade, de forma geral, só conhecem o estereótipo, rapazes muito efeminados, as mulheres muito masculinizadas. A parte visível, muito pequena, gera uma idéia falsa de que todos são daquele jeito. A idéia é aumentar e mostrar

pessoas que não tenham nenhuma característica visível a olho nu, que mostrem como nós somos a maioria, que não é diferente em nada, a não ser pelo gênero e que a gente se realiza afetivamente. Quando a gente conseguir tudo que a gente quer, a gente vai se tornar invisível de novo, ninguém mais vai precisar ir na televisão, fazer Parada, porque a gente vai estar integrado. Parece paradoxal, mas a busca da visibilidade é para, como fim último, ser invisível."

Algumas entrevistadas acham que as lésbicas aparecem menos socialmente porque são mais reservadas, retraídas, principalmente quando têm um relacionamento estável. Por exemplo:

Sofia — "Os homens aparecem mais porque as mulheres, quando estão tendo relacionamento, se afastam, se fazendo amor, trocando idéias... E o homem já gosta da vida social, de aparecer com o gato para os amigos... Mas toda regra tem exceção!"

Vanessa — "Acho que as mulheres são mais inibidas. E a mídia usa mais o homem. Voltamos aqui à questão machista, creio."

Algumas entrevistadas disseram ou sugeriram que as lésbicas são mais medrosas. Por exemplo:

Mercedes — "É o medo da não-aceitação pela sociedade: mulheres são mais para dentro, têm menor massa corpórea e não se expõem tanto."

Vivien — "Eu acho em primeiro lugar que a nossa cultura machista até nisso coloca o homem acima. Em segundo lugar, porque a própria mulher não tem a mesma coragem de aparecer. Ela também tem medo, ela não mostra a cara como eles mostram."

Alice — "Uma vez, por conta daquela reportagem pra TV [nome do programa], quando a jornalista entrou no bar [nome do bar], para ver como era o ambiente, a própria jornalista ficou decepcionada porque provavelmente alguém foi lá antes... As meninas se beijam, se abraçam, dançam... e acontece isso mesmo... Mas na hora disseram que foi um tal de correr pro caixa pra pagar a conta, outra correu pro banheiro pra se esconder... As mulheres têm um puta medo, não sei do quê..."

[Mas não é medo de prejudicar a vida delas... A família, o emprego?]

Alice — "Edith, a Laura [Laura Bacellar] conta que, quando ela se assumiu, foi tudo ao contrário e ela acabou tendo mais contatos... Às vezes ela fala: 'Não tenha medo, não vai acontecer nada com você, você pode encarar cara feia, e cara feia você vê mesmo não falando, um a mais um a menos... Você não pode ter medo...' E eu acho que isso é bem verdade."

[Vidas em arco-íris]   **[355]**

5.6 Opiniões das lésbicas sobre os heterossexuais

[Quem é melhor como pessoa, o heterossexual ou o homossexual?]

A maioria das entrevistadas disse que caráter não tem nada a ver com sexualidade. Por exemplo:

Teresa — "Caráter não tem nada a ver se é homossexual, se não é, se é bissexual, se é travesti, transexual, heterossexual..."

Clélia — "Acho que não se mede o caráter pela opção sexual."

Algumas entrevistadas disseram que o homossexual tende a ter melhor caráter e mais sensibilidade do que o heterossexual, pelo fato de ser discriminado. Por exemplo:

Elenice — "Olha, Edith, pelo menos boa parte dos que eu conheço tem melhor caráter do que as pessoas hétero... Não que todas as pessoas hétero não tenham caráter, mas pelo menos a maioria que eu conheço dos homossexuais, eu tiro o chapéu..."

[Por que você acha que isso acontece?]

Elenice — "Eu acho que isso é justamente pelo fato deles serem discriminados pela sociedade... Eles querem provar que são melhores pessoas."

Mercedes — "Acho que homossexuais têm a chance de serem mais sensíveis, aprenderem mais da vida, porque precisam aprender a se adaptar para sobreviver..."

Uma minoria das entrevistadas falou sobre a possível agressividade de quem é discriminado. Por exemplo:

Raquel — "Tem gente que sofre preconceito e fica agressivo... Quer se vingar. Eu já fiz essa piada: 'Você é heterossexual?... Não acredito... Mas você come com garfo e faca? Você é limpinho?'... A gente fica brincando, mas no fundo tem aquela coisa de estar descontando... Mas tem coisas mais agressivas mesmo: gente que não vai a lugar hétero porque acha hétero muito chato... Quando tem aniversário... 'É *gay*?'... Se é *gay*, fica todo mundo muito feliz; se não é, é capaz de nem ir... Tem agressividade, sim."

[356] [Edith Modesto]

[6] Artes e comunicação

6.1 Sensibilidade artística dos homossexuais

[Você acha que os homossexuais têm mais sensibilidade artística do que as outras pessoas e por isso muitos trabalham nessa área?]

A maioria das entrevistadas acha que os homossexuais não têm especial sensibilidade para as artes. Por exemplo:

Rosa — "Eu não acho que os homossexuais têm maior sensibilidade para as artes... Acho que é estereótipo e puro preconceito. Meu irmão é hétero e adora Salvador Dalí."

Algumas entrevistadas disseram que os homossexuais trabalham em qualquer área, mas preferem a área artística porque lhes permite assumir. Por exemplo:

Beatriz — "Acho que essa área artística aceita mais o homossexualismo do que qualquer outra área. Eu trabalhei numa metalúrgica e foi difícil. Você via um cara todo machão dizer: 'Esse cara é um *bicha*, ele não agüenta uma peça pesada'"... Aí vinha uma mulher: 'Aquela mulher é *sapatão*, olha só a caixa que ela pega'... É um mundo de mente muito fechada. A arte não, a arte te dá espaço, ela deixa você ser quem você é e te dá aquela liberdade pra criar."

Estela — "Não, acho que os homos não têm maior sensibilidade para as artes... Eu acho que é mais por gosto, pela beleza e pela arte, e também porque nessas áreas são mais aceitos. Mas acho que um *gay* médico não estaria tão à vontade de se mostrar..."

Flora — "Eu acho que os homossexuais acabam tendo mais sensibilidade para arte porque, freudianamente falando, a arte é uma maneira de sublimação. Ou seja, o homossexual acaba encontrando na arte uma maneira de sublimar sua condição de oprimido. Através da arte ele ou ela podem se sentir especiais, podem brilhar no palco, coisas do tipo."

Algumas entrevistadas disseram que principalmente os *gays* têm maior sensibilidade para as artes. Por exemplo:

Ana — "Eu acho que os homos têm mais sensibilidade pras artes... Os homens principalmente."

Cristina — "Eu quero aprender pintura e gosto de olhar exposições... Eu acho que os homos têm mais sensibilidade para as artes, principalmente os *gays*, porque eles são sempre mais sensíveis do que as mulheres... Não me pergunte por quê, eu não sei."

[Vidas em arco-íris]   **[357]**

6.2 Atuação dos meios de comunicação

[Qual a importância dos meios de comunicação para o homossexual?]

Quase todas as entrevistadas acham que a mídia reforça estereótipos, atrapalhando o homossexual em vez de ajudá-lo. Por exemplo:

Marília — "Com relação à mídia, eu acho que tem um papel fundamental no jeito das pessoas representarem as coisas que ainda estão marcadas pelo preconceito, mesmo pelos estereótipos. E marcadas ainda pela invisibilidade; no primeiro momento só a invisibilidade, você não vê nada, não se fala nada, como se não existisse no mundo homossexuais, depois eles começam a aparecer, mas de uma forma estereotipada... Por exemplo, essa questão da pedofilia. Só tem grande repercussão casos de pedofilia homossexual, quer dizer, parece que não existe pedófilo que seja heterossexual."

Carolina — "A impressão que eu tenho pelo que eu vejo é que em geral os meios de comunicação têm dificultado mais do que ajudado os homossexuais. Um monte de exemplos... Muito freqüentemente, quando aparece um homossexual na televisão, é sempre uma coisa estereotipada, sempre uma visão de que aquilo é um problema..."

Algumas entrevistadas externaram opiniões controversas em relação à cobertura da morte da Cássia Eller [cantora assumidamente lésbica]. Por exemplo:

Marília — "Os meios de comunicação, principalmente a televisão, eu acho que são bem preconceituosos. O jeito que a homossexualidade ou que os homossexuais aparecem na televisão e mesmo nas revistas de maior circulação eu acho bem pejorativo. A não ser quando tem um modismo. Isso que aconteceu com a Cássia Eller... A mídia foi bem favorável à companheira dela [nome], mas eu acho que isso é uma coisa bem específica porque era a Cássia Eller, porque era uma pessoa famosa, então é de um jeito mais comercial."

Jacira — "Meios de comunicação... Eu percebo uma dualidade... Por exemplo, a [nome de revista de assuntos gerais], que já fez reportagens muito legais sobre homossexualidade e ao mesmo tempo se recusa a botar anúncio do Mix Brasil... Eu parei de assinar... E faz aquele baita auê em cima da morte da Cássia Eller, como drogada... Sendo que nem se tinha certeza sobre isso... Quer dizer, vinculando a idéia de homossexualidade com droga... Eu fiquei muito triste outro dia, quando li o livro sexual do [nome de programa cômico de TV]... Eu estou até pra escrever para os *Gays Lawyers* [grupo de advogados *gays*] pra ver se dá pra fazer alguma coisa contra isso."

[358]   [Edith Modesto]

[Qual meio de comunicação trata o homossexual com mais respeito?]

A maioria acha que a Internet respeita mais o homossexual. Por exemplo:

Vera — "A Internet trata o homossexual com mais respeito."

Sílvia — "A Internet, eu acho maravilhosa, é o meio de comunicação que mais auxilia a causa homossexual, divulgação de passeata, de eventos, *sites*, muitos, muitos são bate-papo mesmo pras pessoas saberem que existem outras pessoas iguais que passam as mesmas dificuldades e que podem trocar experiências, ajudar umas às outras e os grupos de discussão."

Uma grande parte das entrevistadas acha que as revistas em geral respeitam o homossexual. Por exemplo:

Lídia — "A mídia que trata o homossexual com mais respeito... Certamente não é a TV. Talvez o jornalismo escrito... Principalmente as revistas."

Roberta — "Eu acho que as revistas tratam melhor, mas nem todas."

Uma minoria entre as entrevistadas apontou o cinema como a mídia que mais respeita o homossexual. Por exemplo:

Vivien — "Ah, o cinema, eu acho que o cinema hoje tá maravilhoso... Tem aí o festival Mix, que mostra filmes *gays* lindos, uma coisa muito legal. Eu acho que o cinema é o melhor de todos pra mostrar a homossexualidade com respeito, com carinho."

Algumas entrevistadas acham que nenhuma mídia trata o homossexual com respeito. Por exemplo:

Maria — "Realmente ainda estou procurando o meio que trata o homossexual com respeito."

Clarice — "Não acho que tenha uma mídia que se diferencie das demais... Todas denigrem a imagem do homossexual de certa forma."

A maioria das entrevistadas acha que a TV é a mídia que mais desrespeita o homossexual. Por exemplo:

Vivien — "Olha, tá mudando um pouco, mas o que mais desrespeita ainda é a televisão porque mostra muito estereótipo e, quando tenta mudar, não consegue manter. Infelizmente eu acho que a televisão é o melhor meio de divulgação e, ao mesmo tempo, é o pior. Porque, hoje, a televisão é tudo para as pessoas aprenderem... Porque Internet..

[Vidas em arco-íris] **[359]**

Não é todo mundo que tem acesso. Mesmo quem tem acesso às vezes nem sabe onde procurar. Fica procurando conhecimento nesses *sites* que na maioria das vezes são de sexo, de putaria... Então a televisão acaba sendo aquele veículo que, na hora do vamos ver, quer mostrar uma coisa boa, mas acaba mostrando uma coisa ruim, porque infelizmente ela vive do ibope."

Roberta — "Principalmente a televisão, eu acho que presta um desserviço pra homossexualidade, a imagem que eles veiculam do *gay*, eu acho preconceituosa, estereotipada, uma imagem completamente distorcida... É muito ruim ver aquilo lá e eu fico imaginando pra mãe, pai, parentes de *gays* vendo aquele tipo de imagem que a gente vê..."

[E a criança que está formando conceitos?]

Roberta — "Exatamente, as que não são *gays* serão os futuros preconceituosos e as que são *gays* são os futuros sofredores [risos]."

Algumas entrevistadas apontam exceções entre os canais de TV e a imprensa escrita. Por exemplo:

Flora — "Entre as TVs, a Globo, sem dúvida, trata o homossexual com mais respeito. Entre os jornais, a *Folha de S. Paulo* e o jornal *O Tempo*, em Belo Horizonte, que tem uma página GLS semanal."

6.3 Imprensa e livros

Algumas entrevistadas criticaram a imprensa escrita em geral. Por exemplo:

Luiza — "Nenhum órgão de imprensa trata o homossexualismo com respeito."

Flora — "Entre as revistas, temos um exemplo negativo, infelizmente, que é a [nome da revista]: preconceituosa, sensacionalista e mentirosa. Eu já fui convidada várias vezes para dar depoimentos à revista como lésbica assumida e sempre recuso. Já tive muitos amigos que se dispuseram a participar de reportagens da [nome da revista] sobre homossexualidade e se arrependeram depois, por causa da edição preconceituosa. O pior é que os repórteres nos abordam dizendo que a matéria vai lançar um olhar simpático e vai dar força para o orgulho *gay* mas, na hora em que a revista sai nas bancas, percebemos que não era nada daquilo. O que parece é que, mesmo sendo os repórteres bem-intencionados, a edição picota o texto e o apresenta com cores sensacionalistas. Isso é desonestidade pura!"

[360]   [Edith Modesto]

6.3.1 Livros

[Você lê livros sobre a homossexualidade?]

A maioria das entrevistadas lê livros sobre homossexualidade, científicos ou não. Por exemplo:

Flora — "Como sou uma pessoa que trabalha com a matéria, leio muitos livros que abordam a questão da homossexualidade. Desde biografias de lésbicas esquecidas pela História, até livros que analisam a homossexualidade sob um ponto de vista da evolução darwiniana. E leio livros não-científicos também: romance, poesia, crônicas etc."

Lídia — "Gosto de livros científicos sobre homossexualidade... Livros sobre antropologia social, porque gosto de me informar. Também leio literatura GLS. Leio a revista para lésbicas [Um outro olhar], que acho bem-feita e bem-intencionada."

Muitas entrevistadas lêem somente romances lésbicos ou feministas. Por exemplo:

Cristina — "Não leio livros científicos. Curto romances lésbicos."

Raquel — "Ultimamente tenho lido mais poesia do que qualquer outra coisa... Mas estou lendo um livro agora de uma feminista; ela trata da questão de gênero, a Rose Marie Muraro [militante feminista e escritora]... Eu não concordo com um monte de coisas que ela fala, mas achei bem interessante..."

6.3.2 Jornais e revistas

[O que você acha de coluna com temática homossexual em revistas e jornais comuns? [não especializados em homossexualidade]]

A maioria das entrevistadas disse que é muito bom que os homossexuais tenham uma coluna semanal em revista para o grande público. Por exemplo:

Lia — "Eu adoro o André Fischer [jornalista], um cara que luta pelas coisas... Ele faz o Mix Brasil."

Vivien — "Eu acho muito legal a *Folha* [jornal *Folha de S. Paulo*], inclusive eu acho que ela tem uma abertura muito maior pro homossexual do que o *Estadão* [jornal *O Estado de S. Paulo*]."

[Você acha que os héteros também lêem a coluna do jornalista gay na revista da Folha?]

Vivien — "Eu acho que todos vão ler. Mas a coluna tem de mostrar a coisa como ela é... Com naturalidade, da forma mais natural possível."

[Vidas em arco-íris]   **[361]**

Mesmo apoiando a existência da coluna *gay*, a maioria das entrevistadas criticou a forma como ela é escrita. Por exemplo:

Raquel — "O André é um *gay boyzinho*. Ele só entende o mundo na óptica dele... Ele acha que o *gay* tem que andar arrumadinho, bonitinho, tem que comprar nas lojas caras... Ele conhece só o mundinho dele, ele pode até conhecer o resto, mas trabalha por dinheiro... Ele está no mundo *gay* por dinheiro... Então ele tem que falar para o público que ele quer atingir..."

[Você está dizendo que, em um veículo para o grande público, o André escreve somente para os gays?*]*

Raquel — "Ele faz isso. Isso é a grande crítica que todo mundo faz a ele... Eu também faço... Ele faz um *marketing* pessoal impressionante! Ele tem a coluna dele e não sei como a revista não percebe... Acho que ela está tentando consertar colocando a Vange [Leonel, jornalista e cantora]. Porque ela fala com conhecimento de causa, porque ela estuda, ela vai atrás... Ela tenta falar sobre a homossexualidade de uma maneira que o hétero possa ler e ver com outros olhos a homossexualidade, o que ele não vê quando lê o André... Ele só sabe falar do mundo *fashion*."

Valéria — "Eu acho que seria bom se a gente pudesse ter as duas coisas: um homossexual que escrevesse para os homos e para os héteros. Já acho um avanço enorme, por exemplo, quando a gente passou do André. Acho que a Vange fala para os heterossexuais e para os homossexuais de forma geral, tentando minimizar preconceitos. Eu acho legal que a Vange fale para todo mundo, porque é uma oportunidade rara de mostrar para as pessoas as idéias e os conceitos equivocados que elas têm... A Vange é uma pessoa iluminada, ela é especialíssima."

[Você gostaria de ter outras colunas nos jornais com temática homossexual?]

Valéria — "O que eu acho que seria legal? Que tanto a Vange como o André pudessem falar um pouco pra todo mundo, tanto para aos *gays* como para os héteros, isso seria legal..."

[O que você acha dos artigos sobre a homossexualidade veiculados em revistas comuns?]

A maioria das entrevistadas lê revistas não-dirigidas (comuns) que veiculam artigos esporádicos sobre a homossexualidade, mas todas elas fizeram críticas negativas sobre a forma como as matérias são feitas. Por exemplo:

[362]   [Edith Modesto]

a) A maioria das entrevistadas enfatizou o despreparo dos jornalistas heterossexuais para realizar as matérias, e o objetivo somente comercial das revistas. Por exemplo:

Vivien — "Eu tava lendo uma [revista feminina tradicional]. Nunca na minha vida que eu ia imaginar que essa revista poderia falar de homossexualismo, seja ele masculino ou feminino. Eu acho que faltam homossexuais que queiram dar entrevistas, mas, na maioria das vezes, os repórteres, jornalistas, querem passar coisas pra revista, vender, igual o Ibope da TV."

Raquel — "Eu andei lendo ultimamente umas revistas de massa... Acho que, se eles querem escrever como é a visão de um repórter heterossexual num lugar *gay*, que avisem: 'Nós queremos mostrar a visão de um hétero', ou então, se eles querem mostrar mesmo e querem falar dos códigos dos homossexuais, que peguem um repórter *gay*, que aí, pelo menos, ele vai falar alguma coisa..."

b) Algumas entrevistadas disseram que as revistas procuram o sensacionalismo, embora isso tenha melhorado ultimamente. Por exemplo:

Jussara — "As revistas comuns tratam a gente com indiferença ou como anormais. Quando o artigo trata a homossexualidade como escândalo, os héteros se interessam. Mas, sobre direitos, leis, lutas na justiça, preconceito... Eles não estão nem aí. Ignorar os homossexuais é a melhor forma de excluí-los de nosso mundo."

Vitória — "Muitas vezes as revistas comuns referem-se aos homossexuais com um preconceito implícito, mas ultimamente andam tratando do assunto com mais naturalidade."

c) Algumas entrevistadas enfatizaram que as revistas desrespeitam as lésbicas. Por exemplo:

Estela — "Geralmente eles tratam a homossexualidade em revista como uma curiosidade... Que nem a [nome da revista], que a repórter que foi no bar achou que todo mundo ia cantar ela e agarrar ela... Na [nome da revista] falaram de como o homem pode conquistar uma lésbica! Isso é ridículo, porque uma lésbica não quer isso..."

Valéria — "Revistas, por exemplo, uma revista masculina horrorosa, o tempo todo que eles mostram lésbicas e dão a entender que, se o cara for esperto, ele pode transar com as lésbicas... É um desrespeito não só com as lésbicas, mas com os próprios leitores."

A maioria das entrevistadas não tem conhecimento de revista dirigida para lésbicas. Por exemplo:

[Vidas em arco-íris] **[363]**

Natália — "Não tenho conhecimento de revista brasileira sobre o assunto, a não ser a *G Magazine*, basicamente uma revista de nus para *gays*."
Vitória — "Não costumo ler revistas assim, apenas algumas vezes li a *G Magazine*, mas ela é direcionada para os *gays*, e não para as lésbicas."

Uma minoria entre as entrevistadas conhece uma revista dirigida às lésbicas. Por exemplo:
Flora — "A revista para lésbicas, *Um outro olhar*, não tem regularidade, não é encontrada em bancas e não gosto da linha editorial. Acabo me informando na Internet, que é mais rápido e mais completo."
Gisela — "Leio a revista *Um outro olhar* e gosto muito."

Algumas entrevistadas falaram sobre uma revista dirigida a homossexuais em geral, que acabou. Por exemplo:
Flora — "Eu lia a revista *Sui Generis*, quando existia. Acho que falta na *G Magazine* justo aquilo que sobrava na *Sui*: inteligência, bons colunistas, mais atenção ao ativismo, mais análises sobre a sociedade etc. Tem outra coisa que gostava muito na *Sui Generis*: era uma revista de *gays* e lésbicas para *gays* e lésbicas, mas não discutia só homossexualidade. Havia artigos sobre música, cinema, comportamento — de preferência com temática *gay*, mas nem sempre — o que era bom..."

Uma minoria das entrevistadas não lê livros ou revistas que tratem de temática homossexual. Por exemplo:
Graça — "Não leio livros, científicos ou não, sobre a homossexualidade. Revistas, em geral não leio..."
Sofia — "Não leio revistas para homossexuais."

6.4 Cinema

[Você assiste a filmes de temática homossexual?]

Todas as entrevistadas gostam muito de cinema. A maioria delas assiste a filmes de temática homossexual e comentaram alguns deles. Por exemplo:
Flora — "Também por obrigação profissional, assisto aos filmes com temática homossexual. Mas também os assisto por gosto pessoal. Alguns não são bons, outros são

[364] [Edith Modesto]

excelentes. Gosto muito do *Minha vida em cor-de-rosa* [*Ma vie en rose* — direção Alain Berliner — Bélgica/França/Inglaterra, 1971] e do *Amigas de colégio*, pois tratam do assunto sob o ponto de vista de crianças e pré-adolescentes homossexuais. O tema é abordado com muita honestidade e lirismo nesses dois filmes. Sinto muita falta de que a homossexualidade seja discutida junto às crianças, e esses dois filmes são um alento, nesse sentido."

Lia — "Já assisti a muitos filmes... Tem alguns que tenho curiosidade de assistir por trabalhar nisso, por ser *gay* e por achar que 90% dos filmes que são feitos são estereotipados e têm final triste. O filme bonito que eu vi, que tem um final feliz, é um filme inglês e se chama *Quando a noite cai* [*When the night is falling* — direção e roteiro de Patrícia Rozema — Canadá, 1994]. Esse filme, por exemplo, lida de uma forma supernormal com a história de uma mulher que descobriu sua homossexualidade depois de muito tempo..."

Gisela — "Sempre que posso, assisto a filmes de temática homossexual. Adorei *Desejos proibidos* [*If these walls could talk 2* — produtora Ellen DeGeneres — direção Jane Anderson e outras — EUA, 2000], é sensível, mostra uma visão da mulher sobre o lesbianismo."

6.5 Televisão

[O que você acha das novelas que têm personagens homossexuais?]

A maioria das entrevistadas está satisfeita com a presença da temática homossexual nas novelas. Por exemplo:

Valéria — "No Brasil, a gente ainda tem muito preconceito, na mídia de todo tipo... Na televisão, apesar de boas tentativas... E eu me lembro de um único casal homossexual que foi legal do começo ao fim... é de uma novela *A próxima vítima* [Sílvio de Abreu, Globo, 1995] que tinha o Sandrinho... Tinha coisas legais naquela novela..."

[E as mulheres nas novelas?]

Valéria — "Até agora não tinha havido possibilidade de ter casais sem estereótipo, que não sejam explodidos... As mulheres explodiram... Há muito tempo atrás, acho que na novela *Vale tudo* [Gilberto Braga, Globo, 1988], tinha um casal de lésbicas também... Que eram amigas... Uma morreu, teve briga pela herança... Mas acho que as mulheres são menos estereotipadas. Colocam mulheres bonitas, talvez pra chocar menos... Novela, na Globo, já teve as *Mulheres apaixonadas* [Manoel Carlos, Globo, 2003/04]... Muito simpático para o público, bonito, bem tratado...

[Vidas em arco-íris] **[365]**

[Então o tratamento tem evoluído pra melhor?]

Valéria — "É... a novela *Senhora do destino*, do Aguinaldo Silva [Globo, 2005] já foi um pouco mais ousada... E isso é possível porque a faixa etária das protagonistas é um pouco mais elevada... E acho muito legal, porque tem toda uma discussão sobre o que as lésbicas estão passando quando se assumem; isso faz que a sociedade se confronte com isso... 'Será que essas pessoas merecem o que estão passando?' Acho que, sem querer, as pessoas acabam pensando."

Flora — "Acho que as novelas, principalmente as globais, retratam os homossexuais de maneira muito correta e simpática, na medida do que é possível mostrar na TV — ainda não podemos ver beijos na boca. A primeira novela a mostrar mais explicitamente personagens *gays* foi *Vale tudo*, da própria Globo."

Algumas entrevistadas não assistem a novelas. Por exemplo:

Vera — "Não gosto de novelas."

Jussara — "Não assisto a novelas, nem com personagens héteros, nem *gays*."

Todas as entrevistadas repudiaram o modo preconceituoso como os homossexuais são tratados nos programas cômicos. Por exemplo:

Carla — "A TV trata o homossexual de uma forma muito ruim e sem graça... Onde o homossexual é sempre uma piada."

Vera — "Todos os programas cômicos ironizam... Odeio! Não assisto a nenhum!"

Flora — "Não dá para ser politicamente correto quando se trata de humor, mas há piadas que são de um mau gosto absoluto. Os programas de humor mais chulo e pastelão sempre tratam o *gay* de maneira caricata."

Algumas entrevistadas assistem a seriados *gays*. Por exemplo:

Gabriela — "Não gosto de novelas. Assisto os seriados da Warner e da Sony... Seriados *gays* dão ibope."

Natália — "Tem coisa de valor sendo mostrada na TV paga, excelentes documentários sobre o tema."

Muitas entrevistadas disseram que há entrevistadores que respeitam os homossexuais. Por exemplo:

Lídia — "Programas de entrevistas, gosto muito dos programas da Marília Gabriela..."

Natália — "Programa de entrevistas, eu gosto muito do Roberto D'Ávila, da Marília Gabriela, do Serginho Groisman. Eu me lembro de ter visto, na adolescência, uma en-

[366]   [Edith Modesto]

trevista com a [nome de cantora], no programa da Marília Gabriela, em que ela dizia que tinha tido relacionamento com mulheres; a Marília e ela tratavam o assunto de maneira normal."

Muitas entrevistadas disseram que vários apresentadores não respeitam os homossexuais. Por exemplo:

Maria Rita — "Infelizmente, a maioria dos programa de TV tratam a homossexualidade de forma a dar ibope, isto é, através de piadinhas esdrúxulas e de caricaturas que não correspondem à realidade. Com total falta de respeito. Nas entrevistas é pior, porque reflete a posição do entrevistador. Nesse sentido, eu prefiro a Leda Nagle, sem dúvida, e alguns entrevistadores da TV Cultura, cujos nomes eu não me lembro."

Maria — "Nos programas de entrevistas, acho que a maioria dos apresentadores, independente da emissora, ridicularizam as pessoas homos, tornando-os uma comédia."

Duas entrevistadas, militantes, falaram, a partir de pontos de vista diferentes, sobre um incidente acontecido em programa de entrevistas na TV.

Valéria — "... Eu acho que a gente tem um discurso que é político, é sério, e eu fiquei muito preocupada quando aconteceu toda a história no programa de TV [nome do programa], onde fomos desrespeitadas... A primeira coisa em que eu pensei foi no Sarau, nas meninas do Sarau [Umas&Outras — grupo de São Paulo]. Isso não podia ficar daquele jeito, porque elas não podiam ver uma coisa daquelas ficar impune. E eu estava muito preocupada, com a idéia de levar a fita gravada pra mostrar no Sarau [Umas&Outras]...

[Por que você não queria que as meninas do grupo soubessem do desacato?]

Valéria — "A Laura [Bacellar — uma das fundadoras do grupo] ficou bastante preocupada... Ela tem muita preocupação com essas coisas que amedrontam, de não ficar batendo nesse discurso sobre homofobia, com os assassinatos... Ela não gosta desse discurso porque na verdade ele acaba inibindo, intimidando as pessoas. A gente tem de mostrar que é muito legal também, normal, tranqüilo, ser homossexual e que as coisas dão bem, dão certo."

[Como você se sentiu no programa?]

Valéria — "Na hora eu me senti muito enganada, porque a gente foi chamada pelo programa, pela [nome da apresentadora] para uma coisa e aconteceu outra... Foi uma coisa completamente alucinada e a gente ficou tão envolvida com a maluquice da coisa que a gente nem pensou em largar tudo e dizer: 'Olha aqui, vão à puta que

[Vidas em arco-íris] **[367]**

pariu que nós não viemos aqui para isso, vamos embora.' Não dá nem pra você tomar uma atitude..."

[Não seria pior tomar uma atitude assim? Um exemplo de "olha como essas lésbicas são..."?]

Valéria — "Eu não queria deixar aquele cara falando sozinho — o advogado também convidado pelo programa —, e não queria também baixar o nível... Isso foi muito difícil, porque a vontade ali, para falar a verdade, era de pular em cima daquele cara e espancar ele, eu não podia..."

[O que vocês fizeram para defenderem-se?]

Valéria — "Nós estamos entrando com uma ação contra a emissora... A partir daí eu penso muito nas nossas brigas pela legislação... Ali no dia, falando com aquele filho-da-puta, eu dizia: 'A lei nos protege, você tem que ver a gente sim'... A nossa exposição não podia servir para intimidar mais as pessoas (homo), a gente foi lá para combater preconceito. Aí você chega lá e aparece um show... Cena absurda. Aí, ao invés de ir lá combater preconceito você vai se sentir intimidada para mostrar para as pessoas: 'Olha, não adianta fazer nada!'"

[Você acha que continua acontecendo esse tipo de coisa?]

Valéria — "Acontece, sim... A mídia não mudou muita coisa. A gente tem mudanças pontuais, como nas novelas, atualmente... A gente não tem uma mudança em relação aos programas apelativos, que exploram as pessoas, que as ridicularizam... E nesse sentido, infelizmente, não me consola saber que os humildes são maltratados, que pessoas com deficiências são maltratadas, negros etc. Eu não me sinto consolada, pelo contrário, eu vejo que a sociedade ainda está muito doente porque liga a televisão e assiste aquilo [nomes de programas de auditório e de entrevistas]. Essa coisas ainda acontecem, sim, com homossexuais. Pelo fato de não terem ficado impunes, porque a gente fez barulho, fez protestos... Isso, de uma certa forma, diminuiu. Somos ainda usados pra escracho, escárnio, mas acredito que menos. Não que a mídia tenha ficado mais consciente, menos homofóbica, mas porque ela está mais temerosa do que isso pode representar, principalmente de perdas financeiras. Talvez a gente não deva ser tão otimista por causa das novelas."

Sirleide — "...Elas (do grupo Umas&Outras) mandam *e-mail* e todo mundo concorda, acredita nelas, e nem viram a fita gravada do programa da [nome da apresentadora de canal de TV] pra criticar e malhar a apresentadora... E todo mundo começa a reproduzir o que elas, do grupo Umas&Outras, falaram... Sabe aquela coisa da reprodução? A mesma coisa que o preconceito? Estão reproduzindo essa história do jeito que

[368]   [Edith Modesto]

a Valéria [Melki Bussin — uma das fundadoras do grupo Umas&Outras] passou, e na realidade não é, tem o outro lado... Tem o lado da apresentadora que realmente não falou nada... Porque tem alguém superior a ela, ela é empregada... Trabalha lá..."

[E a apresentadora foi vaiada na Parada?]

Sirleide — "Ela foi vaiada na Parada por meia dúzia de pessoas, pela turma da Valéria que estava junto com ela. O Beto [de Jesus — ex-presidente da Associação da Parada e presidente do Instituto Edson Neris]... Foi muita contradição porque, veja, o espaço da Parada é vendido... Então ele vendeu o espaço que levou ela como convidada. Não poderia nunca ele pegar o microfone e falar que ela não era bem-vinda na Parada, porque a Parada é um espaço público... Essa briga repercutiu muito, porque eu já tinha falado com a dona da empresa que patrocinou o espaço que eu era contra... Ela falou: 'Sirleide, você, como do CORSA [Grupo CORSA], que é contra, poderia subir no carro pra dar um apoio pra gente?'... Eu falei: 'Tudo bem, subo'... E eu disse pra eles na reunião, porque eu sou uma pessoa superclara... Eu disse: 'Eu vou subir, vou dar esse apoio, porque eu acho que vocês estão batendo na pessoa errada... Sou contra o que vocês estão fazendo com a [nome da apresentadora], porque, se a gente assistir à fita gravada, com frieza, ela não fez nada'... Então eu subi, falei, e a Valéria, depois, mandou um *e-mail* muito desaforado e agressivo, dizendo que eu sou uma pessoa que não tem vergonha na cara... Porque elas foram ofendidas no programa... Eu, inclusive, entrei em contato com meu advogado pra processar ela, por causa disso, porque eu sou uma pessoa que estou militando porque eu acredito na causa homossexual para o bem... Eu acredito que nós temos que lutar por políticas afirmativas... Eu quero uma coisa compensatória pra gente... Eu não quero agredir ninguém, mas eu não quero ser agredida também... Eu não quero desrespeitar ninguém e não quero ser desrespeitada... É esse o ponto entre mim e eles... Eles estão naquela coisa de querer agredir as pessoas para conseguir retorno, não é por aí, não é o que eu quero."

6.6 Internet

Quase todas as entrevistadas disseram que a Internet é o veículo mais importante de todos para o homossexual:

a) Algumas falaram sobre a importância da Internet para agregar a comunidade homossexual, informando e possibilitando a discussão de assuntos de seu interesse. Por exemplo:

Lúcia — "Eu acho a Internet muito importante para o homossexual, porque é uma forma de você estar formando comunidade, fortalecendo você... Você tá agregando essas pessoas no mesmo lugar e fortalece, não?"

Flora — "A Internet foi importantíssima para nós, *gays* e lésbicas. Muitos *sites* são dirigidos ao público GLS e podem se sustentar com um mínimo de recursos. E recurso financeiro foi sempre o principal impedimento para termos mais publicações *gays*."

b) Algumas entrevistadas enfatizaram a importância da Internet para fazer amigos, arrumar namorada e conversar com ela. Por exemplo:

Maria — "Utilizo a Internet com freqüência, faço várias coisas nela, principalmente pesquisa, mas adoro em particular visitar a página *gay*."

Alice — "[risos] Aí é que é legal... Se você entrar no [nome do *site*]... Eu conheci a minha companheira por lá... A maioria dos anúncios são de mulheres homossexuais... As minhas namoradas são todas via Internet. Se você entrar num *chat,* boa parte tem mulheres..."

c) Algumas entrevistadas falaram da importância da Internet pra quem ainda não "saiu do armário". Por exemplo:

Gisela — "Uso muito a Internet... Acho ótima, principalmente para as lésbicas que não freqüentavam lugares de lésbicas, ficavam isoladas e agora podem conversar em salas de bate-papo e participar de grupos de discussão. Foi a realização para mim: finalmente encontrar pessoas da minha aldeia, da minha raça."

Gabriela — "Uso a Internet pra bate-papo, *download* de programas e de música e meus *e-mails*. Com a Internet ficou mais fácil conhecer os que não saem do armário, mais fácil conversar com um homem quando não se é e descobrir mais a respeito."

d) Algumas entrevistadas falaram de ou insinuaram perigos que o uso da Internet pode trazer ao usuário. Por exemplo:

Maria Rita — "Qual o maior defeito da Internet? O mesmo defeito que tem com os héteros: as mentiras e fantasias, e as pessoas que se envolvem com elas."

Cristina — "O defeito é que muita mentira rola solta na Internet. Além disso, é muito fácil um homem entrar com *nick* de mulher e trovar as lésbicas."

e) Algumas entrevistadas falaram de inconvenientes e insuficiência do uso da Internet na militância. Por exemplo:

[370]   [Edith Modesto]

Sirleide — "A Internet é uma nova mídia... E eu tenho uma restrição muito grande... A Internet às vezes é muito negativa, porque ela faz com que as pessoas fiquem muito solitárias, muito ligadas naquela coisa atrás da tela, mandando *e-mail*, mas ela não vai pra discutir."

[Mas a Internet não ajuda os homossexuais que moram em pequenas cidades, no interior dos estados brasileiros?]

Sirleide — "Nesse aspecto tem valor, mas tem outro aspecto que é negativo... Por exemplo, quando eles falam no grupo: 'Nós mandamos *e-mail*'... Eu digo pra eles: 'Lula [Lula Ramires — presidente do Grupo CORSA — depoimento neste livro], acorda, estamos no Brasil, e as pessoas moram na periferia, às vezes não têm dinheiro pra vir aqui, pegar o metrô, quanto mais pra ter computador'..."

[Você está dizendo que a militância está se tornando elitista?]

Sirleide — "Elitista também... Não atinge... A maioria não é atingida. Por exemplo, na Parada, tinha essa discussão das pessoas falarem: 'Mas o que aconteceu? Eu não estou sabendo de nada da entrevista da Valéria na TV... no programa da [nome da apresentadora]... É o povo que não entra na Internet, que faz parte do movimento, o que vai à rua, mas não é a elite... Está ficando elitista..."

Uma pequena parte das entrevistadas disse que a Internet tem para os homossexuais a mesma importância que tem para os heterossexuais. Por exemplo:

Lídia — "A importância da Internet para o homossexual é a mesma que para o hétero."

Vanessa — "Como jornalista, a Internet é o meu instrumento de trabalho. Fundamental para a comunicação e para a informação. Mas faltam mais informações sobre literatura, filmes, notícias, leis..."

[MILITÂNCIA]

[1] Posição do Brasil em relação aos homossexuais

[O que você acha do Brasil em relação aos homossexuais?]

Algumas entrevistadas acham que o Brasil está começando a cuidar dos seus homossexuais. Por exemplo:

Maria Rita — "O gigante está começando a espreguiçar, e as novelas têm muito a ver com isso. Salve, Aguinaldo Silva! [dramaturgo] Além da mídia, os movimentos e ONGs de Direitos Humanos também estão começando a se mexer..."

Raquel — "Eu acho que está melhorando localizadamente... O mais difícil é passar alguma coisa na esfera federal, porque os grupos evangélicos começaram a se fortalecer muito."

Algumas entrevistadas falaram de avanços, conquistas. Por exemplo:

Jacira — "Eu acho que tive a felicidade de me descobrir homossexual justamente no ano em que o Conselho Federal de Psicologia determinou que homossexualidade não era mais doença... Isso foi um grande alívio pra mim, justamente numa época em que os homossexuais estavam mais organizados em grupos... Uma história mais fácil que da Fabiana [companheira], que se descobriu homossexual há vinte anos... Fiquei muito feliz em ver essa lei antidiscriminação."

Muitas entrevistadas acham que o Brasil está longe ainda de cuidar de seus homossexuais. Por exemplo:

Gisela — "O preconceito no Brasil é velado, ninguém diz que tem, mas podem estragar com sua vida, ou até matam. Eu, por ser muito recolhida, nunca sofri violência física por ser lésbica."

Vivien — "Eu acho que deveria haver no Brasil... Em primeiro lugar, as leis que protegem... Protejam os direitos dos homossexuais e até que permitam que os homossexuais se casem e façam uma sociedade conjugal."

[372] [Edith Modesto]

[Você conhece algum outro país em que não tenham preconceito, ou tenham bem menos do que no Brasil?]

Uma pequena parte das entrevistadas soube dar exemplos de países que aceitam seus homossexuais melhor do que o Brasil.

Gisela — "A Holanda é um país muito liberal, aceita os homossexuais, e existem leis que os protegem. Como leis para casamento e partilha de bens e benefícios previdenciários para companheiros."

[Qual estado brasileiro tem um trabalho mais atuante contra a discriminação, o preconceito?]

Quase todas as entrevistadas responderam que não sabiam. Algumas se dividiram entre a Bahia e o Sul do país. Por exemplo:

Vivien — "Eu ouvi falar que é a Bahia. Tem grupos organizados e dizem que o povo não discrimina, que é naturalíssimo."

Rita — "Eu tenho a impressão que o Sul do país é mais avançado nesse sentido... Não sei se pelo tipo de colonização que tiveram, na questão da sexualidade há uma convivência mais respeitosa."

[Mas Salvador não é a cidade do Brasil com menos preconceito?]

Rita — "Dizer que na Bahia, Salvador, não há preconceito é uma mentira... Mesmo em relação ao preconceito racial. Em relação aos homossexuais também não é diferente. Há repressão em relação à homossexualidade."

[2] Defesa dos direitos dos homossexuais

[O que podemos fazer para acabar com o preconceito e a discriminação contra os homossexuais no Brasil?]

As entrevistadas falaram de várias maneiras de diminuir o preconceito. Por exemplo:

Flora — "Acho que podemos fazer muita coisa para mudar essa situação e eu participo ativamente desse processo — o que me enche de orgulho. Há várias maneiras de influir no processo de integração de *gays* e lésbicas na sociedade. Eu o faço através de meu trabalho artístico e jornalístico. E, como artista e colaboradora na mídia, preciso

[Vidas em arco-íris]   **[373]**

estar em contato permanente com os ativistas. Estes são importantíssimos. Há, na verdade, uma multiplicidade de maneiras para atuar na sociedade, não só o ativismo político. O importante é cada um encontrar a sua maneira de atuar e se relacionar com outros grupos e áreas para que formemos um grande corpo de atuação para se acabar com o preconceito e assegurar nossos direitos."

A maioria das entrevistadas falou da ajuda aos pais e parentes de homossexuais para que entendam o que é a homossexualidade e aceitem seus filhos. Por exemplo:
Joana — "Eu gostaria muito de pertencer a alguma associação... Acho que a maioria das famílias com homossexuais precisa de auxílio, pois infelizmente quase todos os pais que descobrem ter um filho homossexual acham que o mundo acabou para eles."
Flora — "Acho que uma das coisas que está faltando aqui no Brasil — já que, de sete anos para cá muitos grupos *gays* surgiram — é exatamente esse tipo de associação de pais e parentes. Se o próprio homossexual sofre muitas vezes com a falta de informação e troca de experiências, imagine seus pais e parentes!"

[Você acha importante que os gays *votem em* gays?*]*

A maioria das entrevistadas coloca empecilhos para votar em candidatos declaradamente *gays*. Por exemplo:
Maria Rita — "Não sei. Acho que, se houver candidatos *gays* e competentes — ambas as condições —, devem ser votados, preferencialmente aos héteros competentes. E entre um *gay* incompetente e um hétero competente, eu optaria pelo segundo."
Vivien — "Eu acho que os *gays* deveriam ter maior representatividade política. O que impede é o medo de sair do armário e mostrar a cara. A pessoa tem medo porque é discriminada e é discriminada porque não tem representatividade política nem defesa legal... Aí não chega a lugar nenhum."
[E por que os gays *não votam em* gays?*]*
Vivien — "Deveriam... É preconceito também. O preconceito do cara se mostrar *gay*, se mostrar pelos *gays*... Pra votar nele, precisa que esse cara *gay,* candidato, ele inspire confiança... Porque é aquilo: o *gay* inspira confiança pra ser cabeleireiro, artista plástico, não pra ser político."

A maioria disse que não votaria em alguém só porque é homossexual; outras preferem votar em simpatizantes. Por exemplo:

[374]   [Edith Modesto]

Marília — "Na Parada eles falam: 'Homossexual vota em homossexual'... Eu acho isso complicado... Eu não votaria numa pessoa só porque ela é homossexual, eu votaria num projeto de ação, então eu precisaria ver outras coisas além só dessa questão da homossexualidade..."

Clélia — "Acho que não precisava ser exatamente um *gay,* pra ser um deputado... Ou uma lésbica, mas eu acho que deveriam ser pessoas simpatizantes, pessoas de mente aberta... Mostrar que não tem por que existir preconceito..."

Rita — "Eu acho importante ter políticos, dona de casa, pedreiros, *office-boys*... Acho importante que a gente tenha políticos que respeitem as pessoas... Se ele assume a sua homossexualidade... Todos deveriam poder assumir."

[Você votou em algum homossexual nas últimas eleições?]

Rita — "Eu nunca uso isso como parâmetro. Nunca votei, mas não porque não vote em *gay* ou lésbica. É porque, pra mim, o motivo vai além... Voto em pessoas comprometidas com uma transformação social, com uma sociedade mais justa, igualitária, fraterna..."

[3] Associações militantes

[Os gays devem se unir em associações para defenderem seus direitos? Você pertence a alguma associação? De que tipo de auxílio a sociedade precisa em relação à homossexualidade?]

Algumas entrevistadas falaram da importância dos grupos militantes. Por exemplo:

Natália — "É importante a congregação de homossexuais em grupos e organizações. Ganhamos força nos unindo para defender direitos, reclamar de ações preconceituosas."

Lúcia — "As associações existem e devem existir... Acho que deveriam ter apoio de todos os tipos: psicológico, jurídico, de saúde... Deveriam estar tentando alcançar o público, através de televisão, de revistas etc."

[Deveria ter, como nos Estados Unidos, uma casa para que o adolescente pudesse ir, se fosse expulso de casa?]

Lúcia — "Eu acho que sim."

[E essa associação não seria acusada de estar aliciando o garoto para a homossexualidade?]

Lúcia — "Provavelmente [risos]."

[Vidas em arco-íris] **[375]**

Uma entrevistada elogiou o trabalho de um escritor e militante *gay*:

Flora — "Eu adoro os textos do João Silvério Trevisan, desde quando escrevia para o jornal *gay Lampião* — do final dos anos 70. Além dele ser um escritor de primeira linha — premiado e reconhecido —, acho os assuntos que ele aborda muito pertinentes e oportunos. Ele é muito correto, incisivo, didático até, e, acima de tudo, inteligente e legitimamente preocupado com a turma. Ele é uma das lendas vivas do movimento *gay* brasileiro."

Algumas entrevistadas falaram de qualidades e defeitos de grupos militantes. Por exemplo:

Alice — "Uma época eu ia às reuniões do CORSA, um dos grupos importantes que trabalham pelos GLBTs... Mas chegou uma época que o contato com o grupo foi ruim... Virou muito aquela pegação, os meninos iam lá pra paquerar. Então eu parei, não vou mais."

Vanessa — "Não pertenço a nenhuma associação. Acho que seria importante que elas dessem apoio emocional e psicológico para saber respeitar e aceitar as diferenças, passando por cima dos preconceitos sociais. Suporte jurídico contra as discriminações também se faz necessário. Creio que o trabalho que o Grupo Arco-Íris — Rio de Janeiro — realiza é excelente."

Algumas entrevistadas não querem participar de grupos ou associações de militância. Por exemplo:

Graça — "Eu não gostaria de participar de nenhum grupo ou associação... Porque acabam tirando a pessoa da realidade e tacando num mundo exclusivista, como se retirassem a pessoa para que seja menos um na comunidade, fica estranho."

A maioria das entrevistadas nunca foi militante e algumas falaram das dificuldades para sê-lo:

a) A maioria não tem tempo. Por exemplo:

Estela — "Eu conheço o trabalho das associações muito por cima, até tenho vontade de ajudar, mas agora não vou conseguir. Faço faculdade à noite... Não poderia me dedicar."

Maria — "Não pertenço a nenhuma associação, até gostaria, pra discutir, trocar experiências, acho que isso é bom pra qualquer pessoa... Seria bom para a família também... Mas a falta de tempo, oportunidade..."

[376]   [Edith Modesto]

b) Muitas não podem e/ou não querem se expor. Por exemplo:

Gisela — "Não, eu não pertenço a nenhum grupo, e não pertenceria, por temer a exposição, mas, se fosse possível ajudar via Internet, faria com todo prazer. Quem assume e a família de quem assume... Como atravessar um rio com uma boiada sem antes oferecer uns bois para as piranhas?"

Marília — "Não, nunca fui militante... Eu me engajaria... Eu comecei agora... Eu tô indo num grupo que se chama Ação Direta, que começou agora... Eu tô muito sem tempo mesmo [risos], eu tô aquela pessoa que esse meu amigo que é do Ação Direta deu uma criticada: 'Parece que só milita na Internet'."

[4] Alguns grupos brasileiros de militância lésbica

[Você é militante? Qual é o seu trabalho dentro da militância?]

Algumas entrevistadas falaram sobre a militância em geral. Por exemplo:

Flora — "Na minha adolescência e começo de vida adulta, eu ia a bares e boates e comecei a freqüentar um grupo lésbico militante, o que foi muito importante para mim, pois percebi que havia muita coisa a ser feita em termos de cidadania para homossexuais. Percebi que, se quisesse viver plena e publicamente a minha homossexualidade, precisaria atuar politicamente em relação ao assunto."

4.1 Grupo CORSA – Cidadania, Orgulho, Respeito, Solidariedade, Amor

Uma militante do Grupo CORSA falou sobre seu trabalho com os professores.

[E o seu trabalho com professores, nas escolas?]

Sirleide — "Aí é um trabalho do CORSA. Não é com criança, é dando palestras para os professores... 'Educando para a diversidade' [Educando para a diversidade: os GLBTs na escola]... Para o professor saber como vai lidar com aluno homossexual dentro da sala de aula... Estou dando as palestras também. Inclusive, uma professora perguntou: 'Mas, se um aluno começa a chamar o outro de *bicha* na minha frente, o que é que eu faço? Até agora eu fico calada'... Eu falei: 'Se você cala, você concorda, você é omissa... Você é a professora na sala de aula'... Então, esse é o ponto de partida: 'Vamos discutir isso', você pega justamente aquele aluno que chamou o outro de *bicha* pra ele discutir, porque ele é entendido no assunto... 'Então vamos discutir isso'...

[Vidas em arco-íris]   **[377]**

4.2 INOVA – Associação Brasileira de Famílias GLTTB

A fundadora do grupo falou sobre a diferença entre a militância dos grupos de socialização, ajuda mútua, e a militância externa e historiou as realizações do seu grupo.

Irina — "Edith, essa história da INOVA nasceu de forma engraçada e curiosa... Fazíamos parte de um grupo de discussão, de ajuda mútua e, nele, tentamos levantar a idéia de uma organização mais política... Muito se fez, muito se suou, mas acho que erramos na dose e erramos em pensar que era a forma ideal...

[Você está dizendo que há dois tipos de militância?]

Irina — "Porque aquele grupo tinha o perfil de discussão, socialização, de ajuda mútua e, com isso, estávamos despersonificando o grupo. Reconhecemos esse nosso equívoco a tempo e esse grupo de pessoas, que tanto queria lutar também externamente pelas famílias GLTTB e pelo afeto, se uniu e criou a INOVA."

[Quais os objetivos básicos da INOVA?]

Irina — "Como o próprio nome diz, temos a intenção de inovar o conceito de família, incluir o afeto como direito fundamental humano e respeitar a diversidade e pluralidade das manifestações do amor."

[Quais os resultados que o grupo já alcançou?]

Irina — "Desde a sua fundação, o grupo tem feito inúmeras parcerias, no sentido de fortalecer a família GLTTB. Resultado disso foi a nossa parceria com o Grupo CORSA e com o GPH — Grupo de Pais de Homossexuais no I Seminário sobre Homoparentalidade [homossexuais com filhos] e Homoafetividade realizado em 2005 na Biblioteca Mário de Andrade, em São Paulo, que, para nossa surpresa, foi sucesso de público. Sucessivamente, realizamos a parceria com o Grupo Minas de Cor com quem realizamos o debate 'Mulher, orientação sexual, desejo e família', também em 2005, na Assembléia Legislativa do Estado de São Paulo, onde contamos com o apoio da Frente Parlamentar e com a Coordenadoria da Diversidade Sexual."

[E como está a sua militância individual?]

Irina — "O meu trabalho individual na militância também cresceu muito, me envolvendo com inúmeros segmentos do meio... E fui escolhida para ser Conselheira do Município de São Paulo para a Diversidade Sexual, atuante no Fórum Paulista e Paulistano, fazendo com que a INOVA tenha visibilidade dentro do movimento nacional."

[378]   [Edith Modesto]

4.3 MoLeCa — Movimento Lésbico de Campinas

Uma militante do MoLeCa, de Campinas (SP) , falou sobre o trabalho do grupo.

Lena — "A idéia de um grupo ou núcleo só de lésbicas veio quando eu estava no Grupo Identidade — que eu ajudei a fundar em 1998. As mulheres sumiam, não ficavam, não tomavam para si o trabalho da militância. Joguei a idéia de fazermos uma reunião só com lésbicas e elas toparam. Aí mandamos cartas para todas as lésbicas que conhecíamos. Essa reunião aconteceu no dia 20 de maio de 2000, no Museu da Cidade. As mulheres que lá estavam — eram sete ou oito pessoas — quiseram formar um grupo só de mulheres, sem ligações com qualquer outro grupo. Entre essas pessoas, estava a Maria Amélia [Maria Amélia Moreno Manarini], que comprou a idéia, está no grupo até hoje, criou o nome "MoLeCa" e é uma das pessoas fundamentais do grupo."

[Quais os seus objetivos?]

Lena — "Desde o início, a idéia era fazer alguma coisa, pra mudar a situação da lésbica na sociedade. Queríamos fazer as pessoas entenderem a homossexualidade feminina. Queríamos lutar, de alguma forma, contra o preconceito, contra a discriminação. Queríamos que as lésbicas deixassem de se sentir culpadas, erradas ou deprimidas por causa de sua sexualidade. Acho que, de forma resumida, esses são os nossos objetivos."

[O que vocês têm conseguido de avanços contra a discriminação e o preconceito?]

Lena — "Em Campinas, participamos, há anos, do Orçamento Participativo e conseguimos verba para vários projetos voltados à população homossexual. Conseguimos fundar o Centro de Referência da População GLTTB, e agora o trabalho da militância será de não deixar que fechem e de reforçá-lo na próxima administração municipal. Em suma, em vários municípios do país, nas capitais, principalmente, conseguimos dos poderes públicos políticas e ações específicas. Mas o trabalho não tem fim."

[Que serviços o MoLeCa presta à comunidade lésbica?]

Lena — "O MoLeCa desenvolveu nesses anos de vida muitos projetos legais, e geralmente voltados à arte. Não sei se por termos tido uma educação feminina e, por não termos traquejo político — que faz parte da educação dos homens —, acabamos por optar por essa via... Fizemos Teatro do Oprimido, duas Mostras de Arte Lésbica, em Campinas, começamos em 2004 o Curso de Cidadania para Lésbicas — um curso de formação política, dada nossa defasagem e a dificuldade de termos lésbicas militando

[Vidas em arco-íris] **[379]**

pela causa. E um monte de outras coisas, fora as milhares de reuniões e atividades que participamos — boletim informativo, participação em fóruns na área da saúde, cartas a políticos, comemorações, etc. Junto com os outros grupos de lésbicas do país — uns 15, no máximo —, estamos fazendo história, estamos criando e desenvolvendo o movimento lésbico no Brasil. E é uma honra participar disso."

4.4 Grupo Famílias Alternativas

A fundadora do Grupo Famílias Alternativas falou sobre os objetivos do grupo e seu desenvolvimento.

[Quais as vantagens de um grupo virtual de ajuda mútua?]
Maria Rita — "Em março de 2002, fundei o grupo virtual Famílias Alternativas. Só vejo vantagens em um grupo de ajuda mútua, como o que fundamos, nossa Falt, ou Famílias Alternativas. As vantagens são a de que podemos trocar nossos medos, nossas alegrias e expectativas, os problemas e soluções relativas a nossas uniões e nossos filhos."

[Há desvantagens?]
Maria Rita — "Não consigo ver desvantagens, Edith. As desvantagens, se é que as há, são as mesmas dos relacionamentos ao vivo: de vez em quando um mal-entendido, uma briguinha, nada que não possa ser superado com uma boa conversa, ainda que virtual."

4.5 Grupo Umas&Outras

4.5.1 O trabalho do grupo

Militantes do grupo Umas&Outras falaram sobre o fortalecimento das mulheres homossexuais em geral. Por exemplo:
Rita — "Participo atualmente do grupo Umas&Outras. O grupo tem o objetivo de fortalecer as mulheres lésbicas... Exatamente pra que elas possam, antes de qualquer coisa, viver bem consigo mesmas. A partir daí, que elas possam sair do seu armário — como chamam — e conquistar outras coisas. Eu nem estou falando de sair na rua e dizer: 'Eu sou lésbica'... Porque quando você tem a sua auto-estima, quando você está bem consigo mesma, você trabalha melhor, você reivindica os seus direitos de cidadã,

[380] [Edith Modesto]

quando você vai ao supermercado, ao médico, quando você vai à reunião de condomínio, quando você vai discutir politicamente... Você nem tem que dizer necessariamente que você é lésbica. O objetivo do grupo é que as mulheres se fortaleçam."

Valéria — "Agora já temos o grupo de literatura, temos oficina de dança, temos a de teatro... Outros grupos... Que partiram do próprio grupo, e elas que tocam: lésbicas de terceira idade que discutem questões específicas dela... Tem o grupo de lésbicas negras que também tem questões diferentes... Todas essas atividades funcionam para fortalecer a auto-estima. E a gente tem um *site* e nele tem consultoria jurídica. E a gente tem uma consultoria psicológica, no *site* também, que é feito por uma mulher hétero... Sem falar que já organizamos duas caminhadas de lésbicas... O primeiro torneio de futsal, foi o primeiro do país... E fizemos debates com a presença de lésbicas do Brasil todo..."

[O grupo aceita bissexuais?]

Valéria — "Tudo isso não significa que o grupo é só pra lésbicas, a gente vem contando com as bissexuais e as mulheres héteros que se identificam ou que se solidarizam com a nossa causa... Também estamos pensando em ser inclusivas, mais do que se vê por aí, e estamos discutindo sobre a questão dos transgêneros."

4.5.2 Razões para um grupo de militância ser somente para mulheres

[As mulheres se sentem intimidadas com a presença masculina?]

Duas militantes responderam que as mulheres ficam intimidadas com a presença masculina.

Rita — "É um pouco por isso. O grupo tem uma característica bastante particular porque não é permitida a presença de homens durante as atividades do grupo ou que ocupem o espaço... Porque a presença masculina... Pela cultura que a gente tem... A presença masculina inibe a fala, a ação... É pra garantir esse espaço pras mulheres poderem se apropriar, se apoderar de sua história."

Valéria — "A gente avalia que é uma dificuldade das mulheres e não uma escolha. Os homens vão tomando conta... E aí as mulheres vão se encolhendo porque elas têm essa dificuldade, não é uma dificuldade das lésbicas, é uma dificuldade das mulheres, é cultural."

4.5.3 Grupo de socialização ou objetivo político?

Todas as militantes afirmaram o objetivo essencialmente político do grupo Umas & Outras. Por exemplo:

Rita — "Eu acho que um grupo cumpre um papel importante... No meu caso particularmente, eu conheci a Valéria [Melki Busin — psicóloga e escritora] que é uma das fundadoras do grupo e durante um tempo eu tinha uma visão de que o Umas&Outras não era um grupo que tinha uma atuação política. E o contato e a convivência foi me mostrando que o grupo tem um papel político revolucionário e importante."

Valéria — "Porque nós fazemos muitas atividades que são vistas como de convivência, festa, videoquê, videoclube, as pessoas pensam que ali é um grupo de socialização. Na verdade, não é. Ele tem uma finalidade eminentemente política, no sentido mais amplo, no sentido de transformar a vida das pessoas. A idéia é se fortalecer ali e levar essa força pro mundo... Mudar a vida. E é isso que estamos vendo acontecer. Em muitos casos, pessoas que chegaram lá totalmente travadas, tensas, hoje saem pra rua, ganham os espaços públicos. Isso pra nós é político. Hoje, somos referência de grupo lésbico no país inteiro, porque estamos provocando transformações."

4.5.4 Histórico do Grupo Umas&Outras

[Como começou o grupo?]

Laura — "Primeiro veio a idéia do sarau. Ele surgiu na casa da Vange Leonel, de uma conversa de se fazer algo que fosse para mulheres, porque há uma reclamação perene de que as mulheres não saem, só os homens aparecem, que permeia todo o discurso homossexual, inclusive o que está sendo passado para os héteros. A idéia era fazer alguma coisa que fosse só para mulheres para permitir que elas aparecessem. Era palpite da Vange que isso criaria um movimento *per si*, nem precisaria muito esforço. De fato bastou abrir o espaço."

Valéria — "A Laura Bacellar falou que ela estava com uma idéia para fazer um sarau, que ela tinha um lugar, que o Serginho [Paulo Sérgio de Pascoali Miguez — ex-livreiro e organizador de eventos, jornalista] tinha cedido o lugar para ela. Ela já tinha falado com a Vange e que a Vange ia fazer a primeira palestra. Na verdade, a gente diz que ela é a coordenadora do sarau e a gente está ajudando. Mas a gente tem bastante liberdade, se eu tenho alguém, por exemplo, você, Edith, foi um convite meu pra fazer a palestra. Primeiro eu apostei, fiz o convite pra você falar da famí-

[382]   [Edith Modesto]

lia e falei: 'Vou consultar'..., aí consultei a Laura e ela topou. O primeiro sarau aconteceu em agosto de 2002."

[Como foi o desenvolvimento do Umas&Outras?]

Laura — "Quando tivemos a idéia do sarau já pensamos no formato. A idéia era fazer primeiro uma palestra, depois a gente abria espaço para o sarau. A Vange foi fazer uma palestra sobre a Xena [personagem de seriado de TV, muito apreciada pelas lésbicas] e falou num pique total."

[No começo, como foi a divulgação?]

Laura — "Totalmente pela Internet. E apareceu gente que não sabia quem é a Vange, quem sou eu, a Valéria. Veio porque ouviu falar que tinha uma reunião de mulheres. Nesse pique eu acho que não importa quem está fazendo, mas sim o ambiente que foi criado... A mulherada estava lá rindo bastante! Caso raro, não é? Caso raro um grupo de mulheres rir. Você já foi em grupo lésbico feminista? Elas têm um pique um pouco mais encrenqueiro, eu acho."

[Como assim, encrenqueiro?]

Laura — "Você vai procurar grupos lésbicos, o que encontra? São grupos pequenos, fechados, de duas meninas só, que não recebem muito bem quem chega. Quando eu comecei a ter uma atuação mais aberta, fui procurar esses grupos e achei um desastre, elas são muito agressivas. Ao invés de dizer: 'Que bom que você está aqui, mais uma mulher', adotam uma linha do tipo. 'Quem é você, o que você está fazendo aqui, você veio roubar minha namorada, então eu não concordo com suas opiniões políticas, não concordo com sua posição pequeno-burguesa'... A gente ouve bobajadas assim."

[E os primeiros resultados?]

Laura — "Depois do sarau, já conseguimos mobilizar várias meninas para darem entrevista para [nome de revista] e outras meninas para darem entrevista para revistas... Então, ao criar esse espaço, algumas mulheres que já estavam com o processo de identidade mais amadurecido se arriscaram de se colocar mais publicamente..."

Laura — Pois é, boa parte do movimento GLTB adota uma postura de vítima, fica listando assassinatos por homofobia, casos de preconceito e violência. O que fica na cabeça das pessoas é que no Brasil, o que mais acontece é isso, o que eu não tenho tanto certeza. Sabe, na primeira página do *Village Voice* [semanário de Nova York], já saiu que o Brasil é superperigoso para viajar; esse tipo de informação negativa vai longe e marca um monte de pessoas. Não concordo com isso. Acho muito melhor dar exemplos positivos, de pessoas que, mesmo neste país preconceituoso onde a gente vive, conseguiram se assumir, trabalhar, ser públicas sem problema. Nós temos uma sociedade violenta, mas eu acho que levar o foco para esse lado é besta, com mulher é uma coisa mais besta ainda, porque o maior problema das mulheres é a falta delas se posicionarem, porque as mulheres não apanham na rua, que eu saiba."

[A militância das mulheres do Umas&Outras é diferente da militância dos homens?]

Laura — "A nossa é uma militância de terceiro milênio, meio desengajada, meio solta... A força do movimento serão mudanças no cotidiano, e isso já está ocorrendo. E é aí que as mulheres vão atuar... Eu acho que se um grupo de mulheres achar que não têm que levar desaforo para casa em relação ao lesbianismo, por exemplo, isso é uma mudança social muito mais forte do que eleger um deputado, porque daí elas começam a agir todo dia, no supermercado, aqui, ali, com a família, com as amigas... Fica um negócio mais eficiente, cria muito mais impacto do que entrar no sistemão... Você muda socialmente quem está no poder."

4.6 Associação Coturno de Vênus

[Quando surgiu a Coturno de Vênus e quais seus objetivos?]

Thais — "Bom, Edith, a Coturno de Vênus surgiu há cerca de dois anos e meio, quando eu e outras militantes vimos a necessidade de montar uma organização para trabalhar exclusivamente com mulheres, principalmente lésbicas. A gente via que havia uma falta de atenção em relação às nossas questões. Dessa necessidade criou-se o jornal alternativo Coturno de Vênus. Foi o nosso primeiro passo para a criação da Associação.

Bem, de lá pra cá a Associação vem crescendo, adquirindo mais e mais visibilidade por conta de ações que realizamos em prol das lésbicas e mulheres em geral, como palestras no Presídio Feminino, mostras de filmes, reuniões mensais tratando de questões relativas à mulher e feminismo, etc. No ano passado nós fizemos a Primeira Parada Lésbica de Brasília, na qual distribuímos kits e informações sobre saúde da mulher, sexo seguro, prevenção de DST/AIDS... e que nos rendeu o prêmio Beijo Livre."

[384]   [Edith Modesto]

[5] Opiniões de militantes lésbicas sobre assuntos importantes

Algumas entrevistadas, militantes, falaram sobre as dificuldades do *outing*. Por exemplo:

Sirleide — "Alguns homossexuais se sentem muito infelizes sem o apoio da família. Eles ficam muito perdidos. Eu digo pra eles: 'Olha, é muito importante, mas não é fundamental o apoio da família, porque se nós pensarmos que é fundamental, nós não vamos viver."

[Você sabe que ainda há jovens, principalmente meninos, que atentam contra a vida porque são homossexuais?]

Sirleide — "Sei... Exatamente porque ficam buscando sempre esse apoio da família e quando essa família nega, expulsa de casa, eles ficam totalmente perdidos... Tem uns que vão pra prostituição, porque eles vão pra rua, encontram travestis que contam uma história pra eles que não é verdadeira, de um universo mágico que não existe... E eles vão pra prostituição... E tem outros que perdem o chão mesmo, porque a família é toda a referência dele... Aí o que acontece? Eles se matam, eles não agüentam a barra... Por isso que eu sempre procuro dizer pra todo mundo: 'É importante, mas não é fundamental o apoio da família... Você vive sem ela.'"

Laura — "Minha família foi sabendo aos poucos. Primeiro contei ao meu irmão, que não era hostil a mim mas deu uma de macho e sugeriu que eu fizesse terapia. A essa altura eu já estava escolada e fiz o maior sermão para ele. Claro que ele foi correndo contar para os meus pais, que preferiram não comentar nada comigo e fingir que nada estava acontecendo. Quando voltei ao Brasil, passei a morar sozinha, por isso era possível tentar fingir que as minhas namoradas eram amigas. No entanto, a umas tantas, por uma escolha de coerência com o que acreditava, acabei assumindo publicamente a minha homossexualidade, pela televisão. Eles ficaram loucos de raiva, disseram que eu estava manchando o nome da família. Eu fiquei muito brava de volta e disse que eles deviam se orgulhar de mim, que eu era corajosa e estava colaborando para a mudança. Foram muitos gritos, mas depois de algumas semanas o clima amainou e hoje eles não aplaudem, mas aceitam. Fazer o quê?"

[Você tinha vergonha de ser lésbica?]

Laura — "No começo, tive vergonha, sim. Depois, conforme li e estudei, fui perdendo a vergonha e me tornando bastante consciente, até virar uma ativista. Acredito que a homossexualidade seja realmente uma alternativa bastante comum da sexualidade humana. Não sei para que serve em termos de evolução ou adaptação da espécie, mas não tenho dúvida de que é intrínseca à humanidade. Claro que, se as famílias entendessem isso, haveria muito menos sofrimento. Porque atração sexual e emocional é algo impossível de controlar ou dirigir. Como nenhuma pessoa pode determinar que amanhã vai se apaixonar por uma loira, ninguém pode resolver que vai sentir tesão pelo sexo oposto. Mas os héteros não entendem isso, sei lá o que acham. É muito chato viver como minoria, mais ainda uma minoria oprimida."

[6] Parada do Orgulho Gay

[O que você acha da Parada? Você já participou?]

A quase totalidade das entrevistadas gosta e elogia muito a Parada como um espaço de visibilidade e de fortalecimento da auto-estima. Por exemplo:

Vivien — "Eu acho a Parada o máximo! Muito legal. Eu acho que é um movimento que tem crescido a cada ano e tem derrubado barreiras da discriminação, do preconceito. Acho que as pessoas cada vez mais estão olhando! Quando a coisa começou, a Parada acontecia mas a sociedade brasileira não queria saber. Acho que hoje ela quer. E a mídia por isso está preocupada em mostrar."

Jacira — "Acho que a Parada está trazendo essa visibilidade tão importante, principalmente a Parada de São Paulo, que está sendo magnífica... A gente pode participar sem dar muita bandeira, porque ninguém sabe se quem está lá é *gay* ou é só simpatizante..."

Muitas entrevistadas criticaram a Parada:

a) A Parada deveria ser um evento mais politizado. Por exemplo:

Marília — "Eu acho maravilhoso o espaço que foi conquistado... Mas tem algumas coisas complicadas, por exemplo, na organização: eu acho que poderia ser dedicada a outro tipo de coisas, mas fica muito só na festa. Poderia ter mais debates, na própria Parada, uma questão política mesmo, colocada abertamente. É um pouco comercial também... Mas acho que é um jeito meio inevitável na nossa sociedade."

[386]   [Edith Modesto]

[Pode parecer um carnaval, o carnaval dos gays?]

Raquel — "A gente tem de atuar em várias frentes, eu acho importante a Parada também. É uma forma de as pessoas verem o *gay,* mas ao mesmo tempo acho que tem de atuar em outra frente também, pra não acharem que é só festa, só carnaval..."

[É o perigo de associar homossexuais a carnaval e pensar em gente descompromissada?]

Raquel — "Exatamente, tanto que, quando eu falei com esse meu amigo que é fotógrafo e foi fotografar a Parada, um outro cara falou assim: 'Como você conseguiu ficar lá, no meio daquele povo... Porque esse povo devia estar tudo bêbado'... Eles acham que é carnaval, ou é drogado, ou é bêbado... Um pouco é culpa da mídia, que só escolhe essas cenas... Homem vestido de mulher... Mas eu acho importante a Parada, mesmo que ainda tenham essa visão de que *gay* é carnaval, é festa... Mas acho importante também essa atuação em outras frentes... O que tem que ficar na mente das pessoas é que é um dia de festa, não que o mundo *gay* é aquela festa, aquele carnaval."

b) Há poucas mulheres que desfilam. Por exemplo:

Alice — "Na verdade, na Parada, eu sinto muita falta da presença feminina, realmente. As mulheres, às vezes, quando vão, se escondem. Acho que não há necessidade... Tudo bem, não quer mostrar o rosto, porque tem um emprego... Eu respeito, mas vá, apareça..."

c) O nome Parada do Orgulho Gay confunde. Por exemplo:

Raquel — "Eu já tive problemas com essa questão Parada do Orgulho Gay... Eu já tive urticária com esse nome, porque eu não tenho orgulho de ser *gay,* eu tenho orgulho de 'ser'..."

d) Algumas entrevistadas deram opiniões controversas sobre o formato da Parada brasileira. Por exemplo:

Roberta — "Eu acho que a Parada lembra o carnaval mas não daria pra ser diferente, eu acho que a Parada do Orgulho Gay tem a cara do brasileiro mesmo, eu acho que é uma forma alegre, irreverente, relaxada de você falar: 'Olha, eu tô aqui, tá?'"

[É um problema somente as **drags** *e as travestis aparecerem na mídia?]*

Roberta — "São eles que aparecem... Dá idéia de que os homossexuais só são assim e não é verdade. Não é que eles estejam errados, é que não são só eles e a gente fica nesse dilema. Eles são minoria... Se você for a qualquer lugar *gay,* você vai se surpreender ao descobrir que, talvez, o que se mostra na mídia quando muito é 5% da comu-

[Vidas em arco-íris] **[387]**

nidade... As *sapas caminhoneiras* e as *bichinhas quebradas*, se chegar a 5% é muito. O resto é gente que se dilui na multidão, nem a gente às vezes percebe..."

Sirleide — "... Há gente boa que tem horror da Parada. Porque você liga a TV e aparecem *drags,* travestis, fantasiados, parece carnaval e eles não são assim... É o que eu penso também. Eu fico muito chateada mesmo. Porque passam a nos enxergar como pessoas que não são sérias."

e) A cobertura jornalística da Parada é péssima. Por exemplo:

Sirleide — "Sempre fui à Parada e me indignei muito com a forma que a televisão mostra a Parada... É sempre um carnaval, mostra sempre as *barbies*, as *drags*, quase não mostra mulher, quase não faz entrevista séria com uma mulher... Eu me indignei."

Algumas entrevistadas não podem e/ou não querem aparecer. Por exemplo:

Raquel — "Em alguns momentos, eu sinto críticas ao meu respeito, dos militantes, porque eles acham que militante tem de sair na rua com cartaz... Acho que não é só isso, que é isso também... Acho muito legal aquele povo no julgamento dos assassinos do Edson Neris, com as faixas... Eu ajudei a escrever vários cartazes... Mas acho que tem que ter gente fazendo outras coisas também... Acho que tem que ter gente comum — entre aspas — que não seja só aquele modelo..."

Raquel — "Nem todo mundo que está na Parada é gente que quer aparecer. Eu tenho um problema particular também, que é a questão da minha mãe, eu não quero que minha mãe fique sabendo me vendo na televisão..."

Uma entrevistada disse que não voltará à Parada e outra a considera um mal necessário.

Pilar — "Eu não iria de novo, eu acho que está muito longe deles conseguirem o que eles querem, aliás eu nem sei exatamente o que eles querem... As mulheres sempre em pequeno papel e eu... Não é uma coisa que me agrada essa Parada Gay."

Maria Rita — "Eu acho a Parada do Orgulho Gay um mal necessário. Um grito de socorro, dado em vozes muito diferentes, mas sempre um grito coletivo. O dia em que homens e mulheres viverem mais o amor de Jesus, de Buda e outros profetas, não haverá necessidade nem de paradas nem de listas."

O Grupo Umas&Outras está organizando caminhadas lésbicas, na época da Parada.

Valéria — "A caminhada acontece na véspera da Parada, sempre no sábado, e a gente conseguiu, com essa forma de organizar, sair na Globo, matéria na *Folha de S. Paulo*,

[388]   [Edith Modesto]

que divulgou toda a nossa agenda de eventos, conseguimos a Rádio Bandeirantes, um monte de mídia. Então o nosso objetivo político de conseguir visibilidade foi muito bem desenvolvido. A gente não quer nunca mais estar vinculada à sexualidade exclusivamente, porque o termo homossexualidade reduz todos nós a isso e somos seres humanos integrais. Então a gente não quer apelação que tem na Parada... Que faz sentido dentro da Parada... Que tem as *drags*, os travestis e os *go go boys* [dançarinos de boates], mas tudo bem... Uma coisa exótica demais ou gozada e supersexualizada, sensual ao extremo. Então a gente quer chamar a atenção, mas de forma criativa, diferente, saindo um pouco desse caminho...

[ANEXO]

[O que você achou da entrevista?]

De modo geral, as entrevistadas gostaram da entrevista. Por exemplo:

Lia — "Achei ótima a entrevista, achei o projeto excelente. Fiquei super à vontade, adorei ter vindo aqui, achei as perguntas superpertinentes..."

Luísa — "As perguntas foram profundas ao abordar o tema, me fizeram refletir bastante..."

Adélia — "Gostei... Este livro será muito útil pra esclarecer as pessoas. Suas perguntas abrangem todos os assuntos."

Algumas entrevistadas reclamaram que a entrevista foi muito longa. Uma delas sentiu falta de perguntas específicas sobre sexo. Por exemplo:

Natália — "Achei a entrevista extensa demais. Acho que você deveria ter ido mais direto ao ponto. Ainda não consegui compreender qual é o seu objetivo com o livro."

Flora — "Achei a entrevista longa, mas me parece que só assim se tira alguma coisa fora do óbvio. Eu talvez ficasse constrangida em responder — não por pudicícia, mas por elegância —, mas senti falta de perguntas específicas sobre sexo. Não senti constrangimento nenhum."

[Você concorda em não ser identificada no livro?]

A maioria das entrevistadas não teria dado o depoimento se fosse identificada. Por exemplo:

Luísa — "Não gostaria de ser reconhecida por envolver questões problemáticas ainda pra toda a sociedade. Eu considero que todos estão evoluindo para a aceitação do fenômeno *gay*, entretanto o resultado não será para esta, ou para a próxima década."

Lídia — "Sim. Se eu fosse identificada, acho que não faria a entrevista... Para proteger minha família e meu emprego."

Maria — "Concordo em não haver identificações, isso deixa as pessoas mais à vontade para falar. E se fosse identificada, pensaria um pouco melhor se faria ou não."

[390]   [Edith Modesto]

Algumas entrevistadas dariam a entrevista, mesmo se identificadas, mas com restrições. Por exemplo:

Vange — "Eu não teria o menor problema em falar se fosse identificada. Apenas acho que não comentaria alguns aspectos da minha vida pessoal, matrimonial, pois sou reservada em relação a isso. O pouco que falei sobre assuntos íntimos foi um esforço pela causa."

Este livro foi composto na tipologia
Times New Roman, em corpo 10/15, e impresso em
papel off-set 75g/m², no Sistema Cameron da Divisão
Gráfica da Distribuidora Record.

Seja um Leitor Preferencial Record
e receba informações sobre nossos lançamentos.
Escreva para
RP Record
Caixa Postal 23.052
Rio de Janeiro, RJ – CEP 20922-970
dando seu nome e endereço
e tenha acesso a nossas ofertas especiais.

Válido somente no Brasil.

Ou visite a nossa *home page*:
http://www.record.com.br